Heidelberger Taschenbücher Band 127

Sammlung Informatik
Herausgegeben von F. L. Bauer und M. Paul

Heinz Schecher

Funktioneller Aufbau digitaler Rechenanlagen

Mit 178 Abbildungen

Springer-Verlag
Berlin · Heidelberg · New York 1973

Dr. Heinz Schecher
Privatdozent an der Technischen Universität München

AMS Subject Classification (1970): 68-A-25

ISBN-13:978-3-540-06275-2   e-ISBN-13:978-3-642-80756-5
DOI: 10.1007/978-3-642-80756-5

Das Werk ist urheberrechtlich geschützt. Die dadurch begründeten Rechte, insbesondere die der Übersetzung, des Nachdruckes, der Entnahme von Abbildungen, der Funksendung, der Wiedergabe auf photomechanischem oder ähnlichem Wege und der Speicherung in Datenverarbeitungsanlagen bleiben, auch bei nur auszugsweiser Verwertung, vorbehalten. Bei Vervielfältigungen für gewerbliche Zwecke ist gemäß § 54 UrhG eine Vergütung an den Verlag zu zahlen, deren Höhe mit vem Verlag zu vereinbaren ist. © by Springer-Verlag Berlin · Heidelberg 1973. Library of Congress Catalog Card Number 73-78799.
Die Wiedergabe von Gebrauchsnamen, Handelsnamen, Warenbezeichnungen usw. in diesem Werk berechtigt auch ohne besondere Kennzeichnung nicht zu der Annahme, daß solche Namen im Sinne der Warenzeichen- und Markenschutz-Gesetzgebung als frei zu betrachten wären und daher von jedermann benutzt werden dürften. Gesamtherstellung: Beltz Offsetdruck Hemsbach/Bergstraße.

Vorwort

Das vorliegende Buch soll den Informatiker mit dem funktionellen Aufbau und den technologischen Grenzen seines Werkzeugs, der digitalen Rechenanlage, vertraut machen. Die ersten acht Kapitel sind aus einer Vorlesung gleichen Titels entstanden, die ich seit einigen Jahren im Rahmen des Informatikstudiums an der Technischen Universität München halte. Der Stoff des letzten Kapitels entstammt aus einer Spezialvorlesung über Peripheriegeräte.

Die Darstellung geht aus von den funktionellen Eigenschaften heute zur Verfügung stehender Bauelemente. Zunächst wird gezeigt, wie aus diesen einfache Baugruppen hergestellt werden können. Nach dieser Vorbereitung kann im Kapitel 3 ausführlich auf den Aufbau verschiedener Versionen arithmetischer Verknüpfungseinheiten eingegangen werden. Nahezu alle diese Operationen besitzen eine „Feinstruktur", d.h., sie sind aus einer Reihe von Elementaroperationen aufgebaut. Das folgende Kapitel demonstriert, wie ein Schaltwerk, das die Steuerung des Ablaufs dieser Elementaroperationen durchführen soll, aufzubauen ist. Insbesondere wird gezeigt, daß es die Einführung besonderer Schnellspeicher, in denen die Art der jeweiligen Abläufe in Form von Mikroprogrammen gespeichert sind, ermöglicht, auch auf dieser untersten Ebene einer Rechenanlage den Vorteil der Flexibilität einer Programmsteuerung zu nützen.

Ein besonderes Kapitel ist dem Befehlswerk gewidmet; hier werden insbesondere die einzelnen Modifikationsarten, die auf Maschinenbefehle angewandt werden, von der Programmierungsseite her begründet, und Vorschläge für deren Realisierung gegeben. Das sechste Kapitel „Arbeitsspeicher" gibt Einblicke in den Aufbau und zeigt die physikalischen Grenzen des Kernspeichers. Kapitel 7 beschäftigt sich mit der Parallelarbeit einzelner Teilwerke einer Rechenanlage. Es werden zwei besonders wichtige Beispiele herausgegriffen, zunächst die teilweise parallele Arbeit der Moduln eines Speicherwerks und die Abarbeitung des Ein-Ausgabe-Verkehrs mit einer Vielzahl zur Parallelarbeit fähiger Kanalwerke. Die Probleme, die im Zusammenhang mit dem automatischen Verkehr Arbeitsspeicher— Hintergrundspeicher auftreten, sind der Kern des Kapitels 8. In diesem Kapitel wird auch ausführlich auf die Halbleiterspeicher sowie auf die Assoziativspeicher eingegangen. Das abschließende Kapitel 9 beschäftigt sich mit den peripheren Geräten. Es geht zunächst auf die magnetomotorischen Speicher, die Lochstreifen- und Lochkartengeräte, Drucker, Plotter, D-A- und A-D-Wandler, Bildschirmgeräte und abschließend auf die wichtigsten Verfahren zur Zeichenerkennung ein.

Wertvolle Anregungen bei der Erstellung und Durchsicht des Manuskripts haben die Herren Professor F. L. Bauer, Professor M. Paul und Dr. W. Hahn gegeben, bei ihnen, sowie bei Frau A. Schumann und Frl. G. Wetzstein, die die Reinschrift besorgten, möchte ich mich herzlich bedanken. Nicht zuletzt gilt mein Dank allen Mitarbeitern des Springer-Verlages, die an der Herstellung des Buches beteiligt waren.

München, im Sommer 1973

H. Schecher

Inhaltsverzeichnis

Einführung 1

1 Digitale Verknüpfungsglieder 5
1.1 Entwicklung der digitalen Verknüpfungsglieder . . 5
1.2 Digitale Verknüpfungsglieder mit Halbleitern . . 6
    1.2.1 Und-Oder-Schaltungen 6
    1.2.2 Negation 7
1.3 Schaltkreisfamilien 8
    1.3.1 Die Dioden-Transistor-Logik-Familie (DTL) 8
    1.3.2 Die Transistor-Transistor-Logik-Familie (TTL) 9
    1.3.3 Die Emitter-Coupled-Logik-Familie (ECL) . 9
1.4 Integrierte Schaltkreise mit Feldeffekttransistoren (MOS-FET-Technik) 9
1.5 Schaltsymbole für die digitalen Verknüpfungsschaltungen 9

2 Aufbau einfacher Baugruppen aus den digitalen Verknüpfungsgliedern 11
2.1 Einbit-Speicher – Flip-Flop 11
    2.1.1 RS-Flip-Flop (RS-FF) 11
    2.1.2 Komplementierendes-Flip-Flop (T-FF) . . 12
    2.1.3 JK-Flip-Flop (JK-FF) 12
    2.1.4 JK-Flip-Flop mit Takteingang (JK-FF) . . 12
    2.1.5 D-Flip-Flop (D-FF) 13
    2.1.6 Master-Slave-Flip-Flop (MS-FF) (Herren-Sklaven-FF) 14
    2.1.7 Monostabile Flip-Flop 14
2.2 Impulserzeuger 15
    2.2.1 Astabile Flip-Flop 15
    2.2.2 Schmitt-Trigger 15
2.3 Binäre und dezimale Zähler 16

Inhaltsverzeichnis

2.3.1	Binäre Zähler mit RS-MS-Flip-Flop (synchron)	16
2.3.2	Binäre Zähler mit RS-MS-Flip-Flop (asynchron)	16
2.3.3	Binäre Zähler mit JK-MS-Flip-Flop	17
2.3.4	Dezimale Zähler	18
2.4	Schieberegister	19
2.4.1	Allgemeines	19
2.4.2	Schieberegister mit Flip-Flop-Ketten	20
2.4.3	Schieberegister mit Ferritkernen	20
2.4.4	Schieberegister mit MOS-FET-Schaltungen	22

3 Funktioneller Aufbau des Rechenwerkes 25

3.1	Allgemeines	25
3.2	Rechenwerke für das binäre und für das hexadezimale Zahlensystem	25
3.2.1	Darstellung negativer Zahlen	25
3.2.2	Serienaddierwerke	29
3.2.3	Paralleladdierwerke	33
3.2.4	Addierwerke für das hexadezimale Zahlensystem	36
3.2.5	Multiplizierwerke	38
3.2.6	Dividierwerke	41
3.3	Rechenwerke für das dezimale Zahlensystem	44
3.3.1	Die wichtigsten in der Praxis verwendeten Codes	45
3.3.2	Dezimales Addier- und Korrekturwerk für den binären Code	48
3.3.3	Addier- und Subtrahierwerk mit Zählern	50
3.3.4	Addierwerke mit Additionstafeln	50
3.3.5	Multiplizierwerke mit Zählersteuerung	51
3.3.6	Multiplizierwerke mit Einmaleinskörpern	52
3.3.7	Multiplizierwerk, bei dem gewisse Vielfache des Multiplikanden verwendet werden	53
3.3.8	Dezimale Dividierwerke	54
3.4	Einrichtungen für die Gleitpunktarithmetik und für die korrekte Rundung	55
3.4.1	Die mathematisch korrekte Rundung	55
3.4.2	Gleitpunktarithmetik bei der Addition und Subtraktion	56
3.4.3	Gleitpunktarithmetik bei der Multiplikation	60
3.4.4	Gleitpunktarithmetik bei der Division	61

Inhaltsverzeichnis IX

4 Die Steuerung der arithmetischen Operationsabläufe, Mikroprogramme 64

4.1 Allgemeines 64
4.2 Verzweigtes Schieberegister als Mikroprogrammspeicher 65
4.3 Umstellbare Binärzähler als Mikroprogrammspeicher 67
4.4 Die Fixierung des Mikroprogramms in einem besonderen Speicherwerk 67
    4.4.1 Magnetkern-Fädelspeicher als Mikroprogrammspeicher 68
    4.4.2 Halbleitermatrix als Mikroprogrammspeicher 70

5 Befehlswerke 71

5.1 Aufgaben der Befehlswerke 71
5.2 Aufbau des Befehlswerks einer einfachen Maschine ohne Adressenmodifikation 72
5.3 Ablauf einiger typischer nicht arithmetischer Befehle 74
    5.3.1 Transportbefehle 74
    5.3.2 Sprungbefehle unbedingt und bedingt . . . 75
5.4 Einrichtungen zum Modifizieren des Adreßteils eines im Befehlsregister stehenden Befehls 76
    5.4.1 Modifikation durch Addition eines Wertes auf den Adreßteil 76
    5.4.2 Modifizierung eines Befehls durch Veränderung der Referenzstufe 80
    5.4.3 Zusätzliche Register im Befehlswerk . . . 83

6 Speicherwerke, vorzugsweise Arbeitsspeicher . . . 88

6.1 Einteilung der Speicherwerke 88
6.2 Selektion, Adressierung, Zugriff 89
6.3 Datensicherungsmaßnahmen beim Speicherwerk . 91
    6.3.1 Datensicherung bei Dezimalmaschinen . . 91
    6.3.2 Datensicherung bei binären und hexadezimalen Maschinen 92
6.4 Magnetkernspeicher 96
    6.4.1 Physikalische Eigenschaften der Magnetkerne 96
    6.4.2 Selektion eines Kerns bzw. einer Kerngruppe 98
    6.4.3 Die Anordnung der Lese- und Sperrwicklungen 101
    6.4.4 Probleme, die infolge der nicht rechteckigen Hystereseschleifen entstehen 102

    6.4.5 Das Impulsprogramm für den Lese-Schreib-
          Zyklus 104
    6.4.6 Treiberverstärker für Kernspeicher 108
    6.4.7 Auswahlschaltungen für die Treiberdrähte eines
          Kernspeichers 107
    6.4.8 Gesamtschaltung eines Kernspeichers . . . 115

7 Parallelarbeit einzelner Teilwerke der Anlage . . . 116

7.1 Allgemeine Gesichtspunkte 116
    7.1.1 Parallelarbeit abhängiger Werke 116
    7.1.2 Parallelarbeit nicht abhängiger Werke . . . 116
7.2 Parallelarbeit bei einem aus mehreren Modulen aufgebauten Speicherwerk 117
    7.2.1 Adressenverschränkung 117
    7.2.2 Aufbau eines Kernspeichers für Parallelarbeit 118
7.3 Einrichtungen, die die Parallelarbeit mit den Ein-Ausgabegeräten ermöglichen (Kanalwerke) . . . 122
    7.3.1 Allgemeines 122
    7.3.2 Aufgaben eines Kanalwerks 122
    7.3.3 Standard- und Schnellkanäle 123
    7.3.4 Aufbau eines Kanalwerks 123
    7.3.5 Das Ein-Ausgabe-Befehlswerk 125
    7.3.6 Das Vorrangwerk 142

8 Automatischer Verkehr zwischen Arbeitsspeicher und den Hintergrundspeichern 150

8.1 Grundsätzliche Überlegungen 150
8.2 Lageinvariante und eingriffsinvariante Programme 151
8.3 Identische Abbildung des Inhalts eines zusammenhängenden Teils des Hintergrundspeichers auf den Arbeitsspeicher 153
    8.3.1 Einrichtungen zur Beschleunigung des Wechselvorgangs 153
    8.3.2 Das Master-Slave-Prinzip bei Speichern . . 155
8.4 Nichtidentische Abbildung des Hintergrundspeichers auf den Arbeitsspeicher 156
    8.4.1 Allgemeines 156
    8.4.2 Seitenweise-identische Abbildung des Hintergrundspeichers auf den Arbeitsspeicher (paging) 157
    8.4.3 Segmentierung 172
8.5 Schlußbetrachtungen zum Kapitel 8 196

Inhaltsverzeichnis XI

9 Die peripheren Geräte 197
9.1 Gemeinsame Gesichtspunkte 197
9.2 Massenkernspeicher 198
9.3 Bewegte magnetische Schichten als Datenträger
   (Magnetomotorische Speicher) 199
   9.3.2 Allgemeines 199
   9.3.2 Trommelspeicher 207
   9.3.3 Plattenspeicher 208
   9.3.4 Magnetbandspeicher 210
   9.3.5 Magnetkartenspeicher 215
9.4 Lochkartengeräte und Lochstreifengeräte . . . 215
   9.4.1 Allgemeine Gesichtspunkte 215
   9.4.2 Lochstreifengeräte 218
   9.4.3 Lochkartengeräte 219
9.5 Druckwerke 220
   9.5.1 Allgemeines 220
   9.5.2 Mechanische Zeilendrucker 221
   9.5.3 Nichtmechanische Zeilendrucker 223
9.6 Plotter (X-Y-Schreiber) 225
   9.6.1 Analog arbeitende Plotter 226
   9.6.2 Digital arbeitende Plotter 226
9.7 Analog-Digital-Wandler 228
   9.7.1 Analog-Digital-Wandler für geometrische
         (Zwischen-) Größen 228
   9.7.2 Analog-Digital-Wandler für zeitliche (Zwischen-) Größen 230
   9.7.3 Analog-Digital-Wandler für Frequenz-(Zwischen-) Größen 231
   9.7.4 Analog-Digital-Wandler nach dem Stufenkompensationsverfahren 232
9.8 Digital-Analog-Wandler 233
   9.8.1 Digital-Analog-Wandler für geometrische
         Größen 233
   9.8.2 Digital-Analog-Wandler für elektrische
         Größen 233
9.9 Konsolen, Bildschirmgeräte, Satellitenrechner, Datenstation 234
   9.9.1 Konsolen 234
   9.9.2 Bildschirmgeräte 236
   9.9.3 Satellitenrechner, Datenstation 242
9.10 Automatische Zeichenerkennung 243
   9.10.1 Allgemeines 243

9.10.2 Allgemeiner Aufbau technischer Erkennungsgeräte 244
9.10.3 Verfahren zur Abtastung der Zeichen . . 244
9.10.4 Aussondern der Merkmale 247
9.10.5 Klassifikation 249

Literaturverzeichnis 253

Namen- und Sachverzeichnis 255

Einführung

Eine elektronische Rechenanlage ist aus einer Vielzahl von Schaltwerken *(sequential networks)*, die zum Teil nebeneinander, zum Teil in ineinandergeschachtelter Arbeitsweise die vorgegebenen Probleme lösen, aufgebaut.

Ein Schaltwerk besteht aus einem kombinatorischen Netzwerk K, mit einer gewissen Anzahl (m) von Eingängen und einer gewissen Zahl (l) von Ausgängen – welche Schaltfunktionen der Eingänge sind – und aus einer Reihe speichernder Elemente Sp. Ein gewisser Teil der Ausgangsklemmen (manchmal auch alle) ist mit diesen Elementen verbunden.

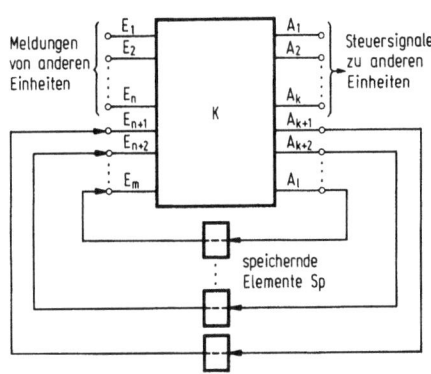

Abb. 1
Teilwerk als sequentielles Netzwerk

Die Ausgänge der Speicherelemente wirken wieder zurück auf den Eingang des kombinatorischen Netzwerks.

Wird so ein Schaltwerk synchron betrieben, so bedeutet dies, daß zum Zeitpunkt t_0 ein gewisser Satz von Eingangsvariablen angelegt wird, zum Zeitpunkt $t_1 = t_0 + \Delta t$ ein anderer usw. Durch die speichernde Eigenschaft des Rückkopplungszweigs wird erreicht, daß die Information der im vorherigen Schritt ausgewählten Elemente bis zum nächsten Schritt erhalten bleibt. Das kombinatorische Netzwerk ist also, wenn ein Eingangssignal eintrifft, durch einen Teil der Eingangsvariablen bereits voreingestellt. Man spricht auch von einem Zustand des Schaltwerks. Die maximale Anzahl z der Zustände ergibt sich in einfacher Weise aus $z = 2^k$ wenn k die Anzahl der Bits ist, die im Rückkopplungszweig gespeichert werden kann.

Erweitert man die speichernden Elemente durch ein Speicherwerk, in dem je nach dem gespeicherten Inhalt eine bestimmte Informationstransformation von der Information der eingegebenen Adresse in die des aufgerufenen Zelleninhalts durchgeführt wird, so entstehen sehr universelle Schaltwerke, deren Abläufe sich durch Inhaltsveränderungen in den Speicherwerken leicht modifizieren lassen. Solche Schaltwerke bilden die Basis jeder elektronischen Digitalanlage.

Betrachten wir Abb. 2. Hier ist der Grundaufbau einer größeren Anlage gezeigt. Eine solche Anlage enthält eine oder mehrere arithmetische Einheiten, ebensoviele Befehlswerke, ein Arbeitsspeicherwerk und einige Kanalwerke, um nur die wichtigsten Teile zu nennen. Jede dieser Einheiten ist als Schaltwerk aufgebaut. Die Information für die Steuerung dieser Teilwerke ist jeweils in besonders konstruierten Speichern in Form sogenannter Mikroprogramme abgelegt. Da der Ablauf dieser internen Steuerungen im allgemeinen nicht von außen her verändert wird, kann sie in sogenannten Festwertspeichern (engl.; *read only memories (ROM)*) festgehalten sein. Die Ausgangssignale dieser Schaltwerke wirken steuernd auf die Bauteile der betreffenden Einheit, die vom logischen Aufbau aus gesehen tiefer in den sogenannten Register- und Gatterebenen liegen.

Mit den angedeuteten, in ihrem Bereich voll arbeitsfähigen Teilwerken allein erhält man aber noch keine funktionsfähige Rechenanlage. Sie ergibt sich erst, wenn wir diese Teilwerke genauso wie diese es selbst mit den Einheiten in der Register- und Gatterebene tun, durch ein „darüber gebautes" Schaltwerk steuern. Man nennt den kombinatorischen Teil dieses Schaltwerks das zentrale Leitwerk der Anlage. Als Speicher im Rückkopplungszweig wird hier der Arbeitsspeicher der Anlage verwendet. Die jeweilige Steuerung, die zur Lösung einer bestimmten Aufgabe notwendig ist, besorgt ein im Arbeitsspeicher abgelegtes Programm. Dieses Programm muß in einer dem Schaltwerk verständlichen Sprache, der sogenannten Maschinensprache, abgefaßt sein.

Damit der Programmhersteller nicht die Eigenheiten dieser von Maschine zu Maschine stark schwankenden Maschinensprachen erlernen muß, wird meistens ein Programm in einer problemorientierten Sprache geschrieben, dieses dient dann als Quellenprogramm für das Maschinenprogramm, welches in einem Übersetzungslauf von der Anlage erzeugt wird.

Bei einer betriebssystemgesteuerten Anlage kommt nun noch ein weiteres Niveau hinzu. Waren es auf der Ebene der Maschinenprogramme gewisse Mikroprogramme, die nach bestimmten Regeln zu starten oder auch zu unterbrechen waren, so sind es jetzt die Programme ganzer Aufgaben, die vom Betriebssystem, welches hier die Stelle eines Superleitwerks vertritt, nach bestimmten Regeln zur Bearbeitung zugelassen und unterbrochen werden. Als Speicherwerk wird hier wie bei der Maschinenprogrammsteuerung der Ar-

Einführung

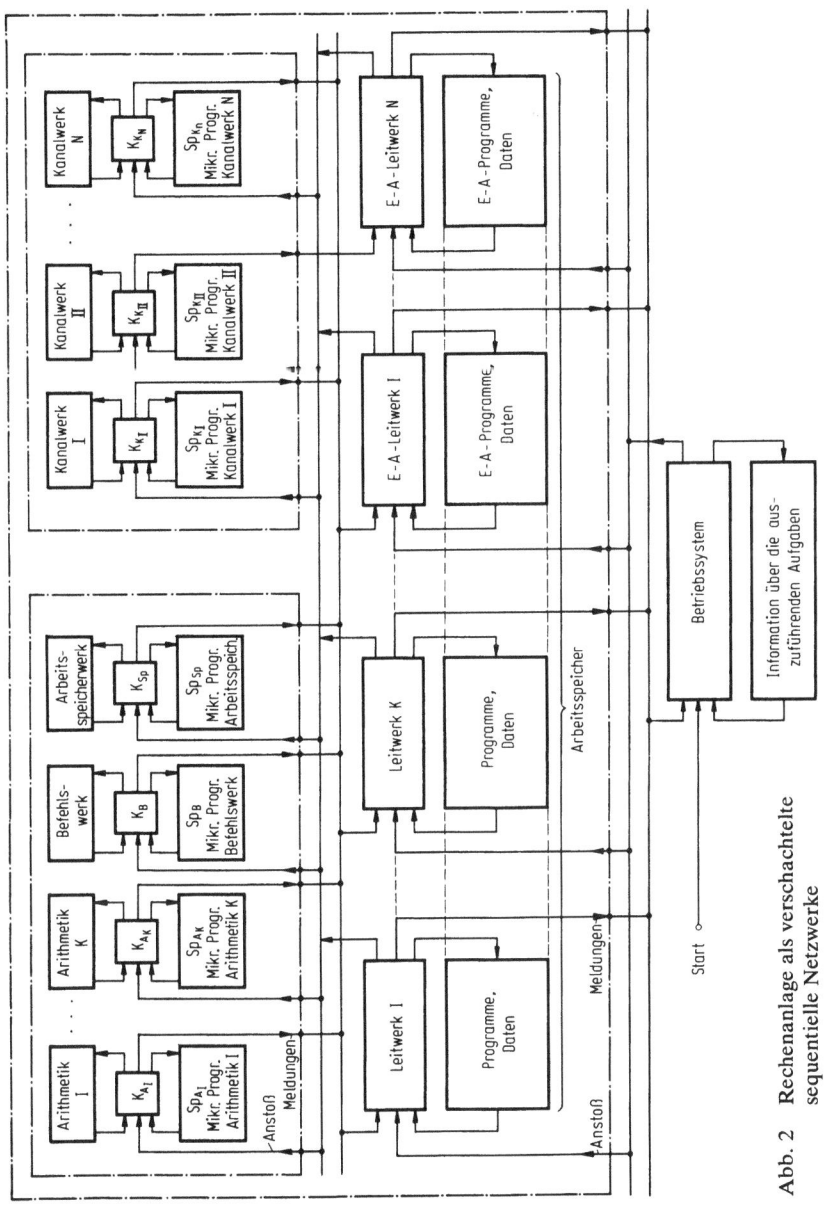

Abb. 2 Rechenanlage als verschachtelte sequentielle Netzwerke

beitsspeicher verwendet, der aber durch verschiedene Hintergrundspeicher erweitert ist.

In diesem Buch soll der funktionelle Aufbau sowie das Zusammenspiel der einzelnen Teilwerke elektronischer digitaler Rechenanlagen erläutert werden. Dabei werden gewisse Grundkenntnisse der Physik und Elektrotechnik vorausgesetzt. Die schaltungstechnischen Feinheiten der heute gebräuchlichen Schaltkreisfamilien sind zwar für das Verständnis des Stoffes – es wird mit wenigen Ausnahmen nur bis zu den Schaltsymbolen der elementaren Glieder auf der Gatter- und Registerebene gegangen – nicht unbedingt erforderlich, jedoch bringen Kenntnisse auf diesem Gebiet dem Leser einige Vorteile. Es sei hier auf die unter [4, 6, 9, 10, 12, 13, 19, 20] angegebene Literatur verwiesen.

1 Digitale Verknüpfungsglieder

Wir bringen in diesem Kapitel eine kurze Zusammenfassung der wichtigsten Eigenschaften und die funktionelle Beschreibung der Grundbausteine.

1.1 Entwicklung der digitalen Verknüpfungsglieder

Digitale Verknüpfungsschaltungen wurden zum ersten Mal in der Elektrotechnik im größeren Rahmen verwendet. Sie sind in der ersten Zeit ausschließlich durch Schalter realisiert worden.

Die wichtigsten digitalen Verknüpfungsschaltungen sind die „oder-", „und-" und die Negationsschaltung.

Beispiele:
Die Oder-Schaltung wird z. B. verwendet, wenn man eine Klingel von zwei Stellen aus betätigen will.

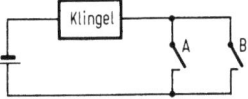

Abb. 3
Beispiel einer Oder-Schaltung

Die Und-Schaltung ist etwa in unseren abgesicherten Starkstromkreisen realisiert.

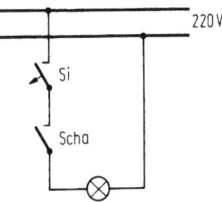

Abb. 4
Beispiel einer Und-Schaltung

Die Negation trifft man z. B. bei Feuermeldeanlagen an. Wenn der stromführende Draht D zerstört wird, schließt der Kontakt, und der Alarm wird ausgelöst.

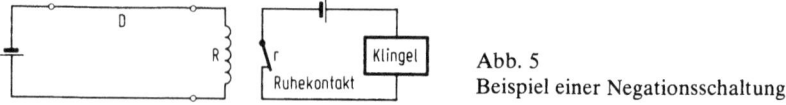

Abb. 5
Beispiel einer Negationsschaltung

Während Oder- und Und-Schaltung mit passiven Schaltelementen auskommen, benötigt man zur Realisierung der Negation ein Relais und eine zweite Stromquelle (aktives Element).

Kontakte haben die Nachteile langsam zu sein und Oxyd- bzw. Sulfidschichten anzusetzen, die ein sicheres Arbeiten in Frage stellen. Sie sind deshalb zum Aufbau von Rechenanlagen schlecht geeignet.

Man könnte nun einfach die Parallelschaltung der Kontakte bei der „Oder-" und die Hintereinanderschaltung bei der „Und-"Verknüpfung durch die entsprechende Schaltung von Halbleiterelementen ersetzen. Das führt jedoch bei der Und-Schaltung zu Pegelverschiebungen in den Eingangsspannungen bei den Transistoren, weil jetzt der zweite Transistor nicht mehr an einem festen Potential liegen kann. Man geht daher im allgemeinen einen anderen Weg.

1.2 Digitale Verknüpfungsglieder mit Halbleitern

1.2.1 Und- Oder-Schaltungen

Belastet man eine Spannungsquelle mit relativ großen Innenwiderstand durch mehrere niederohmige Verbraucher R, so bricht die Klemmenspannung U_k nahezu auf Null zusammen. Bei den in der Abb. 6 angegebenen Widerstandswerten tritt der Zusammenbruch der Klemmenspannung im wesentlichen schon bei der Anschaltung des ersten Lastwiderstandes auf. Die Zuschaltung

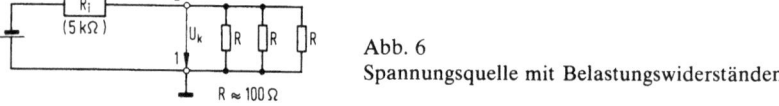

Abb. 6
Spannungsquelle mit Belastungswiderständen

weiterer macht dann nicht mehr allzuviel aus. Umgekehrt steigt die Klemmenspannung nur dann an, wenn alle Lastwiderstände abgeschaltet sind. Diese Tatsache wird beim Aufbau digitaler Verknüpfungsglieder mit Halbleitern benutzt. Bei der Oder-Verknüpfung definiert man das zusammengebrochene Potential als L-Pegel. Es stellt sich ein, wenn wenigstens einer der Widerstän-

1.2 Digitale Verknüpfungsglieder mit Halbleitern

de R angeschaltet wird. Bei der Und-Verknüpfung dagegen muß das nicht zusammengebrochene Potential als L-Pegel definiert werden. Es stellt sich ein, wenn keiner der Widerstände R Strom führt. Bei den digitalen Verknüpfungsschaltungen werden die Widerstände R mit ihren unteren Punkten nicht wie in Abb. 6 an Erde gelegt, sondern mit den zu verknüpfenden Pegeln verbunden. Damit Rückwirkungen über die niederohmigen Widerstände auf die Pegelquellen vermieden werden, ersetzt man die Widerstände durch Dioden. Durch geeignete Wahl des Potentials am Widerstand R_i, der Potentiale, die die Pegel O und L darstellen und der Diodenpolung ergibt eine Schaltung, entweder ein Oder- bzw. Und-Glied, wenn man folgendes beachtet: Bei einem Oder-Glied müssen, wenn alle Eingangsklemmen auf dem Pegel O liegen, die Dioden stromlos sein. Wird eine Eingangsklemme auf den Pegel L gebracht, so muß die entsprechende Diode Strom ziehen. Für das Und-Glied gilt genau das Umgekehrte; hier müssen, wenn alle Eingangsklemmen auf dem Pegel O liegen, die Dioden Strom führen, wird eine Diode auf den L-Pegel gebracht, so muß die entsprechende Diode stromlos werden.

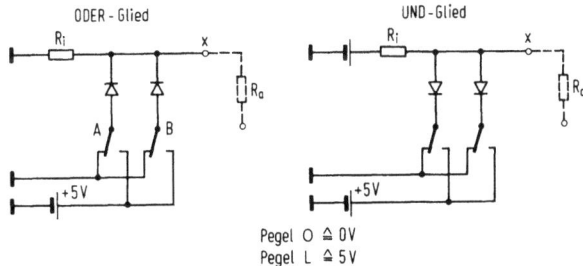

Abb. 7 Digitale Verknüpfungsschaltungen mit Dioden

Man beachte, daß die Ausgangsspannungen immer auf Masse bezogen sind.
Beide Schaltungen haben folgende Nachteile:
a) Der Hub des Ausgangspegels ist immer kleiner als der des Eingangspegels. Daher sind nicht beliebig viele Schaltungsstufen hintereinander möglich.
b) Der Ausgangspegel ist abhängig vom jeweiligen Belastungswiderstand R_a.
c) Bei komplizierteren Netzen können unerwünschte Querverbindungen wirksam werden.

1.2.2 Negation

Sie ist wie in 1.1 gesagt, nur mit einem aktiven Element, z. B. einem Transistor möglich.

Die Negation kann man etwa mit folgender Schaltung realisieren:

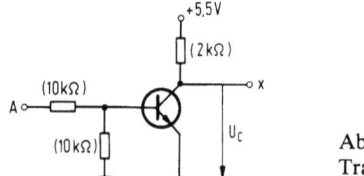

Abb. 8
Transistorschaltung als Negator

Legt man an die Eingangsklemme (Pkt. *A*) eine positive Spannung (z. B. + 5,5 V = Pegel L) an, so wird der Transistor geöffnet, U_c bricht zusammen und die Ausgangsspannung wird ca. 0,3 V (Pegel O). Wenn dagegen am Eingang eine kleine Spannung liegt (z. B. 0 bis 0,5 V = Pegel O), so bleibt der Transistor gesperrt und die Ausgangsspannung beträgt dann 5,5 V (Pegel L).

1.3 Schaltkreisfamilien

Man ist bestrebt, die Netzwerke umfangreicher Anlagen durch wenige Grundelemente zu realisieren. Solche Grundelemente sollen folgende Eigenschaften haben:
- a) Zur Realisierung aller logischen Grundfunktionen sollen nur wenige verschiedenartige Elemente notwendig sein.
- b) Die Ausgangspegel für O und L müssen gleich den Eingangspegeln sein.
- c) Ein Element soll möglichst viele Elemente steuern können. Wieviele Elemente mit dem Eingangsfaktor 1 steuerbar sind, gibt die Anzahl der Auffächerungen am Ausgang (engl.: *fan out*) an.
- d) Ein Element muß von möglichst vielen Elementen gleichzeitig gesteuert werden können („fan in").
- e) Möglichst hohe Schaltgeschwindigkeiten.
- f) Möglichst geringer Leistungsverbrauch.
- g) Möglichst geringes Volumen.
- h) Große Sicherheit gegenüber Störspannungen.

Von den vielen Schaltkreisfamilien, die entwickelt wurden, sind heute vor allem die folgenden im Gebrauch:

1.3.1 Die Dioden-Transistor-Logik-Familie (DTL)

Die Elemente bestehen aus Dioden-Gattern und nachgeschalteten Verstärkern zur Pegelregenerierung und zur Aufhebung der Rückkopplungswege. Durch den nachgeschalteten Spannungsverstärker wird aus der Oder- bzw. Und-Verknüpfung die Nor- bzw. Nand-Verknüpfung.

Die Schaltzeit bei Gattern in dieser Technik beträgt 25 bis 30 ns, der Störabstand 1,3 V und die aufgenommene Verlustleistung etwa 10 mW.

1.3.2 Die Transistor-Transistor-Logik-Familie (TTL)

Hier werden die Dioden des Eingangsgatters durch Transistoren ersetzt. Die Schaltzeiten liegen zwischen 3 und 10 ns, der Störabstand bei 1,1 V, die aufgenommene Leistung je nach Schaltzeit zwischen 20 und 10 mW.

1.3.3 Emitter-Coupled-Logik-Familie (ECL)

Hier wird durch schaltungstechnische Maßnahmen erreicht, daß keiner der verwendeten Transistoren ins Sättigungsgebiet ausgesteuert wird. Dadurch gelingt es, mit der Schaltzeit an die Nanosekunde heranzukommen. Der Störabstand beträgt 0,4 V, die aufgenommene Leistung liegt je nach Schaltzeit zwischen 25 und 60 mW.

1.4 Integrierte Schaltkreise mit Feldeffekttransistoren (MOS-FET-Technik)

In dieser Technik ist eine räumliche Zusammenfassung vieler Elemente in einer Packung möglich (engl.: *high scale integration*). Dies ist dadurch bedingt, daß wegen des geringen Leistungsumsatzes der Feldeffekttransistoren weit mehr Elemente in die Flächeneinheit gepackt werden können, bis die Grenze, bei der eine zu starke Erwärmung eintritt, erreicht ist. Außerdem kann auf Grund des besonderen Aufbaus der Feldeffekttransistoren, auf die sonst notwendigen Isolierwannen im Halbleitermaterial verzichtet werden. Daher ist der Platzbedarf eines Elementes hier weitaus geringer, wie bei den mit bipolaren Transistoren arbeitenden Schaltkreisfamilien. Heute werden bereits ganze Rechenwerke in MOS-Technik in einem Chip untergebracht. Allerdings ist diese Technik „etwas langsam". Die Grenzfrequenz liegt heute bei einigen MHz.

Die Schaltung, der genaue Aufbau sowie typische Eigenschaften der einzelnen Schaltkreisfamilien sind bei Winfried Hahn „Elektronik-Praktikum für Informatiker" im Band 85 dieser Reihe beschrieben.

1.5 Schaltsymbole für die digitalen Verknüpfungsschaltungen

Im folgenden werden die in Abb. 9 gezeigten Schaltsymbole für digitale Verknüpfungsschaltungen verwendet:

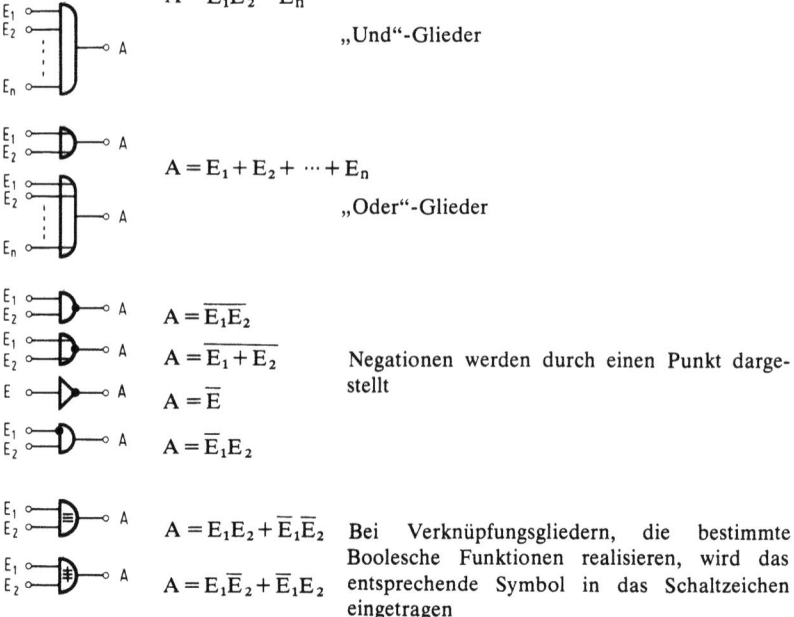

Abb. 9 Schaltsymbole digitaler Verknüpfungsglieder

2 Aufbau einfacher Baugruppen aus den digitalen Verknüpfungsgliedern

2.1 Einbitspeicher – Flip-Flop

Werden zwei Negatoren gleichstrommäßig gekoppelt und zu einem Ring zusammengeschaltet, so ist der eine Negator im O-, der andere im L-Zustand.

Abb. 10   Negatoren mit Rückkopplung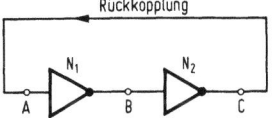

Jeder andere Zustand ist labil. Nehmen wir an, daß etwa beim Einschalten beide Negatoren die gleichen Ausgangsspannungen liefern, so bewirkt eine kleine Schwankung der Spannung am Punkt A z. B. nach oben, ein Zurückgehen der Spannung bei B. Das bewirkt aber ein weiteres Ansteigen der Ausgangsspannung bei C und damit auch von A.

Aus dieser Grundschaltung können eine Reihe von Flip-Flop-Schaltungen mit verschiedenen Eingangs- und Ausgangscharakteristiken entwickelt werden. Sie gehören heute zu den Elementen der einzelnen Schaltkreisfamilien. Ihre speziellen Schaltungen sollen als bekannt vorausgesetzt werden. Hier soll nur kurz an die grundlegenden Eigenschaften der wichtigsten Flip-Flop-Schaltungen erinnert werden.

2.1.1 RS-Flip-Flop (RS-FF)

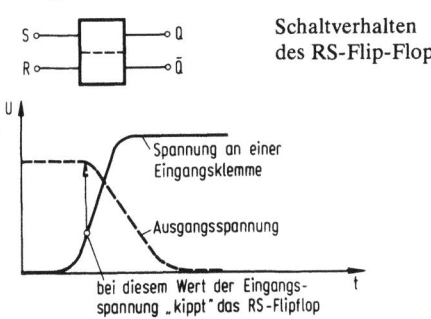

Schaltverhalten des RS-Flip-Flops:

Q	S	R	Q⁺
O	O	O	O
O	O	L	O
O	L	O	L
O	L	L	—
L	O	O	L
L	O	L	O
L	L	O	L
L	L	L	—

Abb. 11
RS-Flip-Flop

Das RS-Flip-Flop besitzt eine Eingangsklemme R zum Löschen (reset) und eine Klemme S zum Setzen (set) des Flip-Flops. Der Wert, bis zu dem die Spannung an einer Eingangsklemme ansteigen muß, um das Flip-Flop umzustellen, ist nicht genau definiert.

2.1.2 Komplementierendes – Flip-Flop (T-FF)

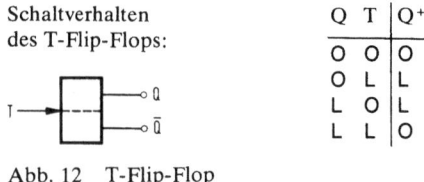

Schaltverhalten des T-Flip-Flops:

Q	T	Q^+
O	O	O
O	L	L
L	O	L
L	L	O

Abb. 12   T-Flip-Flop

Dieses Flip-Flop hat nur einen Eingang T. Ein Signal an diesem bewirkt ein Umstellen des Flip-Flops. Auch hier sind die Schaltschwellen nicht genau definiert.

2.1.3 JK-Flip-Flop (JK-FF)

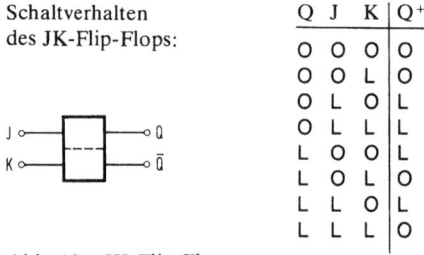

Schaltverhalten des JK-Flip-Flops:

Q	J	K	Q^+
O	O	O	O
O	O	L	O
O	L	O	L
O	L	L	L
L	O	O	L
L	O	L	O
L	L	O	L
L	L	L	O

Abb. 13   JK-Flip-Flop

Wie aus der Zustandstabelle zu entnehmen ist, sind im JK-Flip-Flop RS und T-Flip-Flop vereinigt. Es fehlen definierte Schaltschwellen.

2.1.4 JK-Flip-Flop mit Takteingang (JK-FF)

Alle taktgesteuerten Flip-Flops nehmen erst dann den durch die Pegel an den Eingangsklemmen bestimmten Endzustand an, nachdem ein Hilfsimpuls (Uhrenimpuls) auf eine besondere dafür vorgesehene Eingangsklemme gegeben wurde.

Die Auslösung der Schaltfunktion erfolgt hier bei einer genau definierten Pegelhöhe – seltener bei einer bestimmten Änderungsgeschwindigkeit der

2.1 Einbit-Speicher-Flip-Flop

Spannung des Hilfsimpulses. Hat sich das Flip-Flop nach der Information an den Eingangsklemmen eingestellt, so bleibt es für weitere Pegeländerungen an diesen Klemmen unempfindlich. Eine neue Einstellung erfolgt erst wieder,

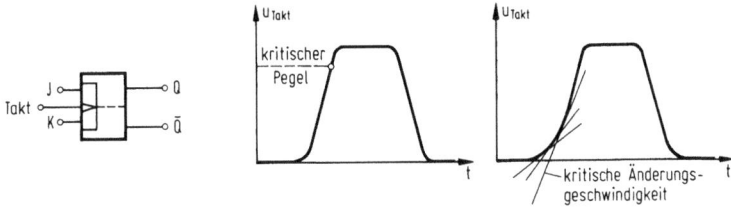

Abb. 14 JK-Flip-Flop mit Taktsteuerung

wenn der Wert- oder die Änderungsgeschwindigkeit der Hilfsimpulsspannung wieder von unten her den kritischen Pegel überschreitet. Dieses spezielle Verhalten eines Flip-Flops ist besonders dann von Bedeutung, wenn dieses innerhalb von Schaltwerken Verwendung findet, in denen die JK-Eingänge mit den Ausgängen anderer Flip-Flops in Verbindung stehen, die durch den gleichen Uhrenimpuls gesteuert werden.

2.1.5 D-Flip-Flop (D-FF)

Schaltverhalten des D-Flip-Flops:

D	Q	TAKT	Q⁺
O	O	O	O
O	O	L	O
O	L	O	L
O	L	L	O
L	O	O	O
L	O	L	L
L	L	O	L
L	L	L	L

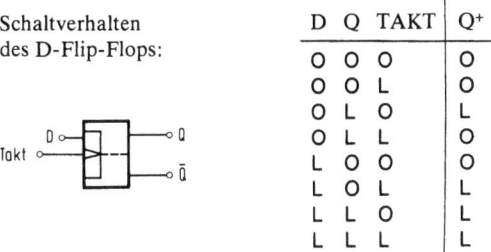

Abb. 15 D-Flip-Flop

Das D-Flip-Flop hat neben dem Takteingang nur einen Eingang D für Information. Seine Ausgänge Q bzw. $\overline{Q}$ nehmen, nachdem der Taktimpuls den kritischen Pegel bzw. die kritische Änderungsgeschwindigkeit überschritten hat, den Zustand des Eingangs D bzw. dessen Komplement an. Bezüglich der Unempfindlichkeit gegenüber Änderungen des Eingangssignals während des Taktimpulses, verhält sich das D-Flip-Flop wie das taktgesteuerte JK-Flip-Flop.

14   2 Aufbau einfacher Baugruppen aus den digitalen Verknüpfungsgliedern

2.1.6 Master-Slave-Flip-Flop (MS-FF) (Herren-Sklaven-FF)

Zwei Gründe sind es hauptsächlich, weswegen die bisher beschriebenen Flip-Flops noch schlecht für den Aufbau allgemeinerer Schaltwerke geeignet sind. Wegen der unterschiedlichen Impulslaufzeiten auf den verschiedenen langen Zuleitungen und wegen der nicht auszuschließenden Toleranzen der Bauelemente ist es nicht möglich, bei allen Flip-Flops den kritischen Pegel zur gleichen Zeit zu überschreiten, was bedeutet, daß sie nicht alle zur gleichen Zeit unempfindlich gegenüber den Signalen an den Eingangsklemmen werden. Dadurch würde ein beträchtlicher Unsicherheitsfaktor entstehen. Andererseits könnte mit den besprochenen Flip-Flops nicht steuernd auf den Taktimpulszug eingegriffen werden, weil dabei immer der gerade wirksame Impuls angeschnitten würde.

Die sicherste Methode, diese Unsicherheiten ohne den Einbau besonderer Verzögerungsglieder zu vermeiden, ist die, daß man die vom Flip-Flop angenommene Information erst dann auf die Ausgangsklemmen desselben durchschaltet, wenn der Taktimpuls bereits abgeklungen ist. Dies gelingt mit einem Doppel-Flip-Flop, von dem das eingangsseitige, der „Herr", im Zeitpunkt 1) (Abb. 16) des Taktimpulses vom ausgangsseitigen, dem „Sklaven", getrennt wird. Zwischen den Zeitpunkten 2) und 3) erfolgt das Einstellen des Herrn gemäß der Information an den Eingangsklemmen. Nach Zeitpunkt 3) werden diese wieder vom Herrn-Flip-Flop getrennt. Erst zum Zeitpunkt 4) erfolgt schließlich der Transfer der Information vom Herrn in den Sklaven und damit auf die Ausgangsklemmen. Fast alle Flip-Flops der verschiedenen Schaltkreisfamilien sind als *Herrn-Sklaven-Flip-Flops* (engl.: *Master-Slave-Flip-Flops MS-FF*) ausgeführt.

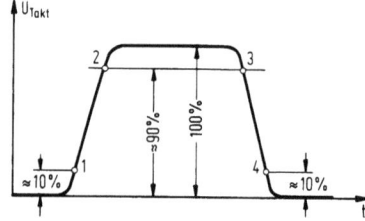

1   Trennen Master-Slave
2   Durchschaltung der Eingangsklemmen auf den Master
3   Trennen der Eingangsklemmen vom Master
4   Einstellung des Slave nach dem Master

Abb. 16   Schaltverhalten eines Master-Slave-Flip-Flops

2.1.7 Monostabile Flip-Flop

Ein monostabiles Flip-Flop hat nur einen stabilen Zustand. Der zweite Zustand ist nur eine gewisse Zeit lang stabil. Diese Zeitdauer hängt allein von internen Bauelementen des Flip-Flops ab.

2.2 Impulserzeuger

Ein solches Flip-Flop entsteht, wenn man von den beiden Gleichstromkopplungen der Negatoren, aus denen ein Flip-Flop aufgebaut ist, eine durch eine Wechselstromkopplung, einem R-C-Glied, ersetzt.

Schaltverhalten des monostabilen Flip-Flops:

E	Q	Q^+	Q^{++}
O	O	O	O
O	L	O	O
L	O	L	O
L	L	O	O

Abb. 17 Monostabiles Flip-Flop

Monostabile Flip-Flops werden zum Erzeugen längerer Impulse, zum Verzögern von Impulsen (mit anschließender Differenzierung der Rückflanke), zum kurzzeitigen Speichern (Speichern eines Referenzsignals für Prüfzwecke) verwendet.

2.2 Impulserzeuger

2.2.1 Astabile Flip-Flop

Ersetzt man die beiden Gleichstromkopplungsnetzwerke eines Flip-Flops durch Wechselstromkopplungen, so erhält man, wenn man speziell R-C-Glieder dazu verwendet, das astabile Flip-Flop.

Die Frequenz und die Impulsbreite der Ausgangsimpulse sind durch die beiden Zeitkonstanten $R_1 C_1$ und $R_2 C_2$ und die Schaltschwellen von Neg 1 und Neg 2 bestimmt. Da diese Größen temperaturabhängig sind, ist die Frequenzkonstanz eines astabilen Flip-Flops nicht allzu gut ($\approx 1\,\%_0$).

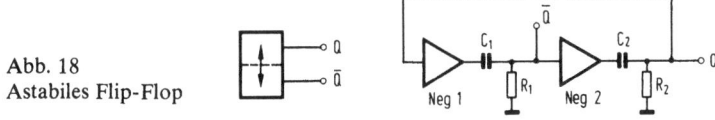

Abb. 18
Astabiles Flip-Flop

2.2.2 Schmitt-Trigger

Der Schmitt-Trigger besteht aus zwei gleichstromgekoppelten Negatoren. Der Unterschied zum gewöhnlichen RS-Flip-Flop besteht darin, daß die eine Kopplung nicht von der Ausgangsspannung auf die Basis wirkt, sondern durch einen gemeinsamen Emitterwiderstand der Transistoren beider Negatoren erreicht wird.

Man verwendet den Schmitt-Trigger hauptsächlich zur Umwandlung nichtrechteckförmiger Signale in rechteckige. Fordert man z. B. für den Takt-

16 2 Aufbau einfacher Baugruppen aus den digitalen Verknüpfungsgliedern

geber einer Rechenanlage eine größere Frequenzstabilität als 1 ‰, so erzeugt man zuerst eine Sinus-Spannung mit einem Quarzgenerator und schaltet einen Schmitt-Trigger nach, um daraus Impulse zu erhalten.

2.3 Binäre und dezimale Zähler

2.3.1 Binäre Zähler mit RS-MS-Flip-Flop (synchron)

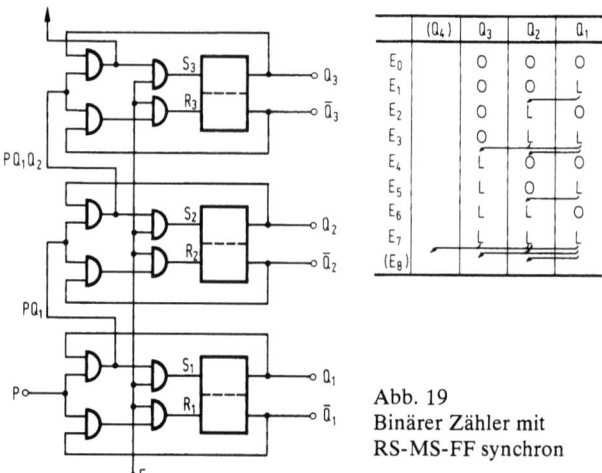

Abb. 19
Binärer Zähler mit
RS-MS-FF synchron

Gezählt werden alle Eingangssignale an E, die während der Zeit eintreffen, in der Punkt P am Pegel L liegt. Die einzelnen Flip-Flops der Kette werden synchron eingestellt. Damit die Gatter des Zählers nicht während eines Zählimpulses umgestellt werden, ist es notwendig, Master-Slave-Flip-Flops zu verwenden.

2.3.2 Binäre Zähler mit RS-MS-Flip-Flop (asynchron)

Differenziert man die Ausgangsspannungen der Flip-Flops der Zählerkette und führt sie den Gattern des jeweils nächsten Flip-Flops zu, so erhält man, da jetzt die einzelnen Flip-Flops nicht mehr gleichzeitig verändert werden, einen asynchronen Zähler. Diese Zähler haben eine geringere Grenzfrequenz.

Anstatt die Ausgangsspannung zu differenzieren, könnte man auch Flip-Flops verwenden, bei denen das Umschalten bei einer bestimmten Änderungsgeschwindigkeit des Eingangssignals ausgelöst wird.

2.3 Binäre und dezimale Zähler

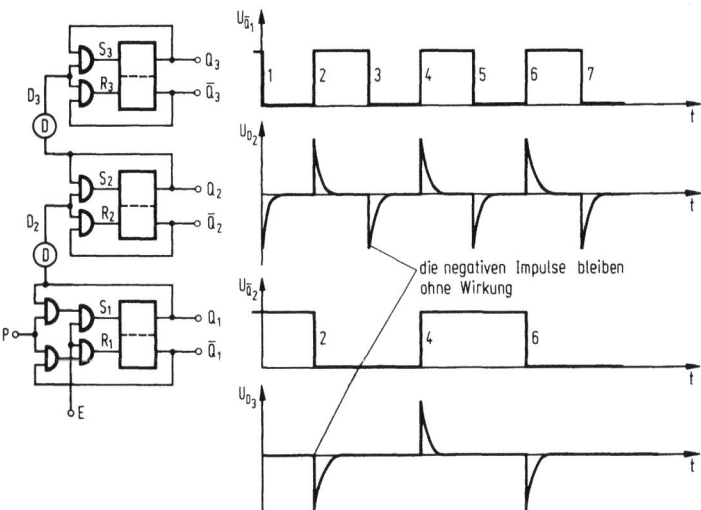

Abb. 20 Binärer Zähler mit RS-MS-FF assynchron

2.3.3 Binäre Zähler mit JK-MS-Flip-Flop

2.3.3.1 Synchrone Zähler

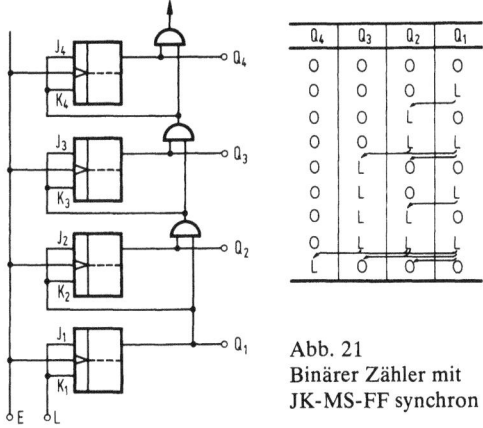

Abb. 21
Binärer Zähler mit
JK-MS-FF synchron

Beim untersten Flip-Flop sind $J = K = L$, d. h. es schaltet bei jedem Impuls um. Die weiter obenliegenden Flip-Flops müssen dann umschalten, wenn alle darunterliegenden Flip-Flops im Zustand L sind (vgl. Reihe der binären

Zahlen). Die *J*- bzw. *K*-Eingänge sind deshalb bei allen Flip-Flops zusammengeschaltet und mit allen weiter untenliegenden Flip-Flop-Ausgängen durch Und-Gatter verknüpft.

2.3.3.2 Asynchrone Zähler

Verbindet man die *J*- und *K*-Eingänge sämtlicher (Master-Slave) Flip-Flop des Zählers mit dem L-Pegel und schaltet die jeweilige Ausgangsklemme Q auf den Steuerimpulseingang des folgenden Flip-Flops, so ergibt sich folgende einfache asynchrone Zählerschaltung: (vgl. Schaltzeitpunkte des Master-Slave-Flip-Flops in 2.1.5).

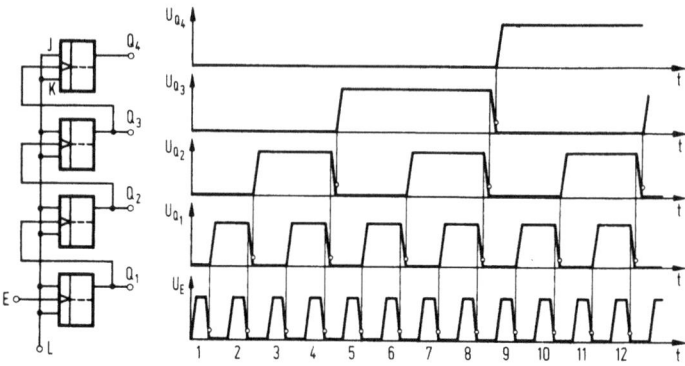

Abb. 22   Zähler mit JK-MS-FF assynchron

2.3.4 Dezimale Zähler

Ein dezimaler Zähler muß 10 verschiedene Zustände zyklisch durchlaufen und nach jedem Zyklus einen Übertragimpuls abgeben.

Der dezimale Zähler für direkten binären Code (BCD) verhält sich von der Null bis zur Neun wie ein binärer Zähler. Beim Überschreiten der Neun jedoch schaltet er zurück auf die Null und gibt einen Impuls ab. Es muß also dafür gesorgt werden, daß die Flip-Flops im Zustand 9 nicht in den Zustand 10, sondern in den Zustand 0 gehen. Dazu wird das Setzen des 2^1-Flip-Flops verhindert und das 2^3-Flip-Flop wird nicht unverändert gelassen, sondern gelöscht.

Ersteres erreicht man durch Anschalten des O-Pegels an den J_2-Eingang mittels der Ausgangsspannung $\overline{Q}_4$, letzteres durch Anlegen des L-Pegels an den

2.4 Schieberegister

Eingang K_4 durch Q_1. Der Übertragsimpuls wird ausgelöst, wenn $Q_1 = Q_4 = L$ ist.

	9	10	9	0
2^3:	L	→ L	L	→ O
2^2:	O	→ O	O	→ O
2^1:	O	→ L	O	→ O
2^0:	L	→ O	L	→ O
	Übergänge beim binären Zähler		Übergänge beim dezimalen Zähler	

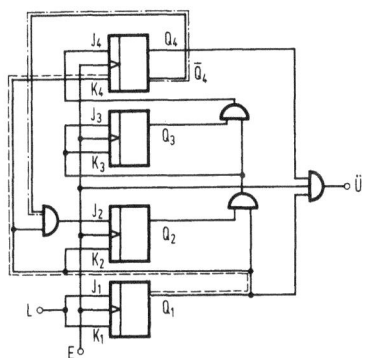

Durch die Verbindung --- wird das Löschen des 2^3-FF bei 9 gesteuert

Durch die Verbindung -·-·- wird das Setzen des 2^1-FF bei 9 verhindert

Abb. 23 Dezimaler Zähler mit JK-MS-FF

2.4 Schieberegister

2.4.1 Allgemeines

Ein Schieberegister besteht aus einer Reihe von bistabilen Elementen (Flip-Flop, Magnetkernen), von denen sich beliebig viele im O- bzw. L-Zustand befinden können. Es soll nun möglich sein, durch einen Impuls den Zustand sämtlicher Elemente auf das jeweilig benachbarte linke oder rechte Element zu übertragen.

Zur technischen Realisierung solcher Schieberegister wird meist einer der beiden Grundgedanken verwendet, die kurz erläutert werden sollen.

Nach dem ersten ist der Zustand, den ein bistabiles Element der Schiebekette nach dem Taktimpuls annimmt, vom rechten oder linken Nachbarn abhängig. Dazu braucht man nur die Ausgänge der Elemente auf die vorbereitenden Eingänge der benachbarten Elemente einwirken zu lassen. Diese Art von Schieberegistern realisiert man am besten durch Flip-Flop-Schaltungen.

Nach dem zweiten Grundgedanken werden zunächst alle Elemente des Registers gelöscht. Sind die Elemente derart, daß z. B. nur beim Übergang vom Zustand L in den Zustand O ein Ausgangssignal abgegeben wird, so braucht dieses nur solange gespeichert zu werden, bis der Taktimpuls abgeklungen ist. Dann kann das gespeicherte Signal dazu verwendet werden, um das rechte oder linke Nachbarelement zu setzen.

Zur Realisierung dieser Art von Schieberegistern werden entweder Ferritkerne, oder in neuerer Zeit meist hochgradig integrierte MOS-FET-Schaltungen, verwendet.

2.4.2 Schieberegister mit Flip-Flop-Ketten

Zum Aufbau dieser Schieberegister verwendet man entweder JK-MS-Flip-Flops oder D-MS-Flip-Flops. Im Punkt 2 der Anstiegsflanke des Taktimpulses (siehe: MS-Flip-Flop) wird das M-FF nach den an den Klemmen J-K anliegenden Pegeln (= Stellung des rechten oder linken Nachbarn) eingestellt. Nach Erreichen von Punkt 3 werden die Eingangsklemmen J und K wieder vom Master getrennt. Im Punkt 4 in der Abstiegsflanke erfolgt die Einstellung des S-Flip-Flops nach dem M-FF.

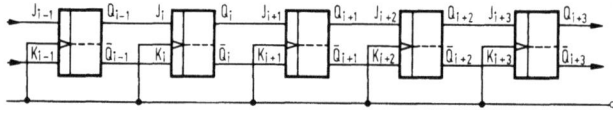

Abb. 24   Schieberegister nach rechts mit JK-MS-FF

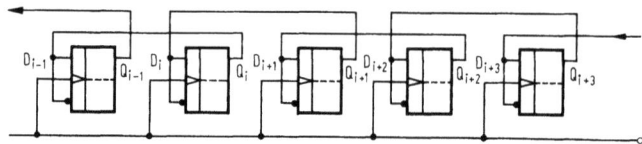

Abb. 25   Schieberegister nach links mit D-MS-FF

2.4.3 Schieberegister mit Ferritkernen

Bei den aus Ferritkernen aufgebauten Schieberegistern wird beim Schieben die Information in allen Kernen durch einen Taktimpuls gelöscht. Dabei werden die gesetzten Kerne ummagnetisiert und geben an der Ausgangswicklung einen Spannungsimpuls ab. Durch diesen Impuls werden entweder Hilfskerne

2.4 Schieberegister

gesetzt, die dann durch einen Nachläuferimpuls auf die gleiche Art die Information an die Nachbarkerne abgeben (two-core-per-Bit Methode), oder man verzögert die Ausgangsimpulse solange, etwa durch ein R-C-Netzwerk, bis der Taktimpuls abgeklungen ist. Der durch den verzögerten Ausgangsimpuls erzeugte Strom durch die Eingangswicklung des Nachbarkernes bringt diesen in den L-Zustand (one-core-per-Bit-Methode).

2.4.3.1 Zwei-Kern-pro-Bit-Methode

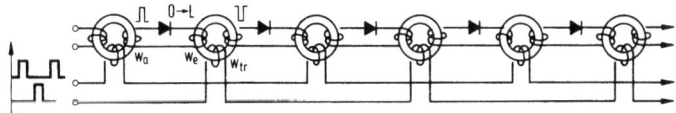

Abb. 26
Schieberegister mit Magnetkernen nach der two-core-per Bit-Methode

Die Dioden in der Abb. 26 sind notwendig, damit ein Kern, der von seinem Vorgänger gesetzt wurde, nicht durch den Nachfolgekern belastet wird. Dieser Kern hat, da er durch den Triggerimpuls gelöscht ist, einen geringen vornehmlich ohmischen Eingangswiderstand.

Die Schieberichtung ergibt sich aus dem Windungsverhältnis wa/we, Grundbedingung für ein sicheres Arbeiten ist eine möglichst rechteckige Form der Hysteresisschleife. In der Praxis erreicht man ein Stör-Nutzspannungsverhältnis von 1:5.

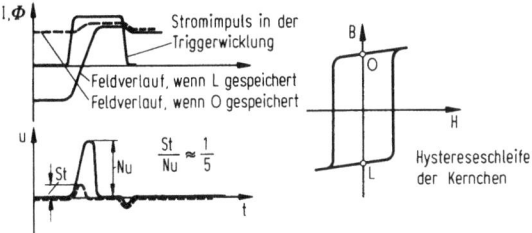

Abb. 27   Ausgangssignale eines Kernchens

2.4.3.2 Ein-Kern-pro-Bit-Methode

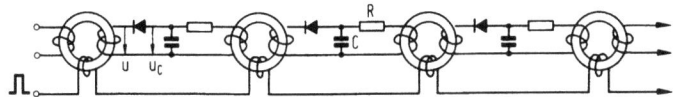

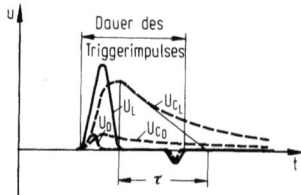

$\tau = R \cdot C >$ Impulsdauer in der Triggerwicklung. Die Schaltung arbeitet nur dann zufriedenstellend, wenn die Dauer des Triggerimpulses nicht zu sehr schwankt.

Abb. 28   Schieberegister mit Magnetkernen nach der one-core-per-Bit-Methode

Vorteil der Kernschieberegister: Die Information hält sich in den Kernen, auch wenn das Netz ausgeschaltet wird.

Nachteil: Zum Triggern sind starke Ströme erforderlich. Diese Register sind langsamer und teurer als Halbleiterregister.

2.4.4 Schieberegister mit MOS-FET-Schaltungen

In jüngster Zeit werden Schieberegister sehr häufig aus hochgradig integrierten MOS-FET-Schaltungen hergestellt. Es ist möglich, in einem einzelnen Si-Kristall Schieberegister mit 1024 Flip-Flops und mehr zu integrieren. Man unterscheidet hier zwischen statischen und dynamischen Schieberegistern. In den ersteren kann die Information beliebig lange in den einzelnen Flip-Flops des Registers stehenbleiben, während bei den letzteren die Information, soll sie erhalten bleiben, dauernd durch das Register laufen muß.

2.4.4.1 Statische Schieberegister

Die Abb. 29 zeigt das Schaltbild eines statischen Schieberegisters. Zu seinem Betrieb ist der dort angegebene dreiphasige Impulszug nötig. Die dritte Phase, deren Anstiegs- und Abfallflanken gegenüber der zweiten Phase etwas verzögert sind, dient zum definierten Aus- und Wiedereinschalten der Flip-Flops und wird intern aus Phase 2 erzeugt. Manche Hersteller erzeugen alle Phasen aus einem extern zugeführten Impulszug innerhalb des Registers. Die Grenzfrequenzen solcher Schieberegister liegen heute bei einigen MHz.

Jede Stufe des Schieberegisters besteht aus 7 Feldeffekttransistoren (FET) und zwei Kondensatoren, welche aus der natürlichen Gate-Source-Kapazität von T_2 und T_7 gebildet werden. Die Transistoren T_3 und T_6 werden nur aus fertigungstechnischen Gründen als FETs ausgebildet, sie wirken aber als Lastwiderstände für T_2 und T_7. Im Ruhezustand sind T_4 und T_5 geöffnet, T_1 ist gesperrt. Jede Stufe wirkt also als Flip-Flop. Soll eine Schiebeoperation eingeleitet werden, so wird zunächst Φ_2 auf den Pegel 0 V gebracht, mit einer Zeitkonstanten von einigen zehn ns folgt auch Φ_3. Dadurch wird zuerst T_4, dann T_5 ausgeschaltet. Auf Grund der Ladungen in C_1 und C_2 kann das seiner Kopplungsleitungen beraubte Flip-Flop noch ca. 20 µs seinen Zustand hal-

2.4 Schieberegister

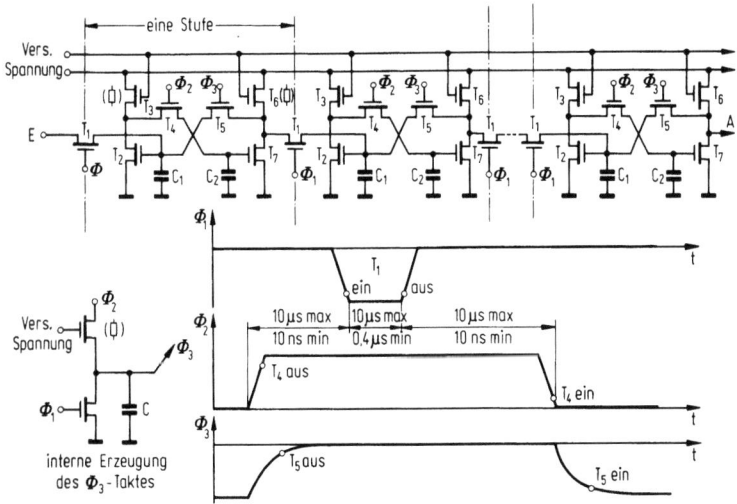

Abb. 29 Statisches Schieberegister aus MOS-Elementen

ten. Innerhalb dieser Zeit wird durch Φ_1 T_1 eingeschaltet. Er überträgt den Zustand des vorangehenden Flip-Flops auf die Kapazität C_1 des folgenden (T_5 ist ausgeschaltet). Nach spätestens 10 μs wird T_1 wieder ausgeschaltet und nach weiteren 10 μs muß Φ_2 wieder negativ werden. Dadurch wird T_4 eingeschaltet. Die in C_1 gespeicherte Ladung kann nun über T_2 und T_4 auch C_2 entsprechend aufladen. Nun erst wird durch Φ_3 T_5 eingeschaltet, wodurch T_2 und T_7 wieder als Flip-Flop wirken. Das verzögerte Einschalten von T_5 bewirkt, daß beide Kondensatoren C_1 und C_2 ihre, dem neuen Zustand des Flip-Flops entsprechenden Ladungen erhalten, bevor beide Koppelwege eingeschaltet sind. Auf diese Weise vermeidet man instabile Zustände des Flip-Flops beim Einschalten der Koppelwege.

2.4.4.2 Dynamische Schieberegister

Der Eingang (Gate) eines Feldeffekttransistors kann als Parallelschaltung einer Kapazität mit einem sehr großen Widerstand aufgefaßt werden. Er kann also kurzzeitig (einige μs lang) zu einer Informationsspeicherung verwendet werden. Wie beim statischen Schieberegister sind auch hier zur Durchführung der Schiebeoperationen mehrphasige Taktimpulszüge notwendig. Als Beispiel soll ein Schieberegister mit 2-phasigem Takt gegeben werden.

Während der Taktimpulse Φ_1 werden T_2 und T_3 leitend und die Zustände an C_1 werden auf C_2 übertragen. Anschließend erfolgt auf gleiche Weise durch

Taktimpulse Φ_2 über T_4, T_5 und T_6 die Übertragung der Zustände an C_2 auf C_1.

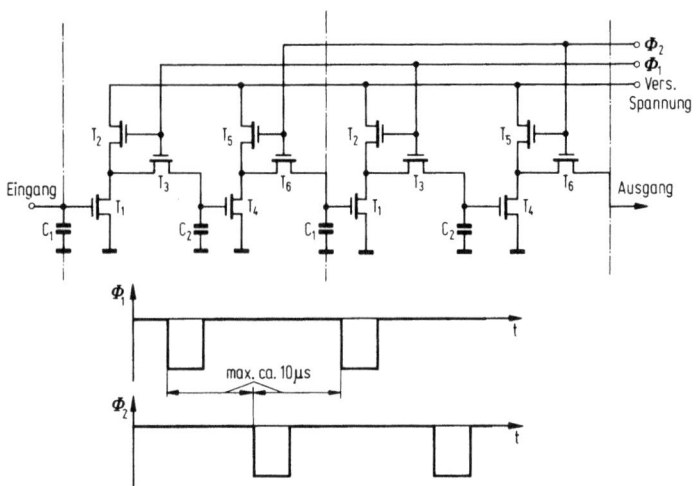

Abb. 30   Dynamisches Schieberegister aus MOS-Elementen

3 Funktioneller Aufbau des Rechenwerks

3.1 Allgemeines

Rechenwerke unterscheidet man einmal auf Grund des verwendeten Zahlsystems. Man verwendet in fast allen praktisch ausgeführten Maschinen entweder das binäre-, das hexadezimale- oder das dezimale Stellenwert-System. Zum anderen kann man die Rechenwerke auf Grund ihrer Arbeitsweise unterscheiden. Neben der serienmäßigen- bzw. parallelen Abarbeitung der einzelnen Stellen sei noch die parallele Abarbeitung gewisser Gruppen genannt, wobei diese selbst serienmäßig verarbeitet werden.

Als Grundvoraussetzung kann angenommen werden, daß das Rechenwerk sich auf eine feste Anzahl von N-Stellen zur Zahlbasis B ($B = 2, 16, 10$) bezieht.

Die verschiedenen Zahlsysteme und die einzelnen Arten der Bearbeitung haben Vor- und Nachteile, die sich innerhalb der verschiedenen Anwendungsgebiete verschieden auswirken. Je nach Anwendungsgebiet trifft man daher alle möglichen Kombinationen an.

3.2 Rechenwerke für das binäre und für das hexadezimale Zahlensystem

3.2.1 Darstellung negativer Zahlen

Schon frühzeitig wurde erkannt, daß die Subtraktion durch die Addition der Komplemente realisiert werden kann und dadurch viele Bauelemente im Rechenwerk bzw. Gatterlaufzeiten eingespart werden können. Allerdings muß dafür Sorge getragen werden, daß die Konstante, zu der die Komplemente gebildet werden, so gewählt wird, daß die Komplementbildung technisch einfach durchführbar ist. Zu technisch einfachen Lösungen führen das Stellen-Komplement und das echte-Komplement. Es sei mit $n = B^N$ die kleinste Zahl, die gerade nicht mehr durch ein N-stelliges Wort dargestellt werden kann, bezeichnet.

3.2.1.1 Darstellung im Stellen-Komplement

Im Stellenkomplement werden die negativen Zahlen durch Subtraktion des Betrags der Zahl von $n-1$ erhalten. Wir wollen für das Folgende eine 4stellige Binärarithmetik ($B = 2$) für ganze Zahlen voraussetzen. Dann ist durch das am wenigsten signifikante Bit dargestellte Größe die Eins und die kleinste gerade nicht mehr durch das Maschinenwort darstellbare ganze Zahl n = LOOOO (16). Bilden wir zu irgendeiner Zahl, z. B. $z = 6$ das Komplement zu $n-1$ (15), so erhalten wir:

```
  LLLL    (15)
 -OLLO    ( 6)
 ─────
  LOOL    ( 9).
```

Wie man sieht, hat das Stellen-Komplement gerade dort Nullen, wo die ursprüngliche Zahl mit L besetzt war und umgekehrt*.

Nun müssen aber Komplemente als solche gekennzeichnet werden. Man nimmt deshalb noch ein Bit hinzu und deklariert dieses als Vorzeichenbit. Wird dieses Bit als ein den anderen Bits gleichwertiges zum Maschinenwort dazugenommen, so wird dadurch der Zahlbereich um den Faktor 2 erweitert; wir bilden daher jetzt das Komplement zur Zahl $32 - 1 = 31$.

Es liegen also alle Komplemente unseres Zahlbereichs

$$0 \leq |z| \leq 15 \text{ im Bereich } 16 \leq |k| \leq 31.$$

Jedes Register wirkt, wenn z. B. fortlaufend die Einheit der am wenigsten signifikanten Stelle addiert wird, als Zähler. Jeder solche Zähler stellt sich, wenn er über seine Kapazität hinaus um eine Einheit weitergezählt wird, wieder auf Null ein. Er wirkt also zyklisch. Man stellt deshalb den Zahlenbereich einer n-stelligen Maschine zweckmäßig als Kreis dar.

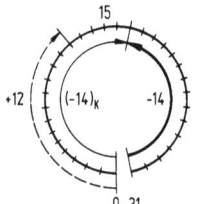

Die Abb. 31 zeigt den Kreis für unsere 4stellige Maschine mit Vorzeichenbit. Dargestellt sind die Zahlen $+ 12$ durch - - - und $- 14$. Der dicke Pfeil entspricht dabei dem Betrag, der dünne dem Komplement zur Zahl 31.

Abb. 31
Zahlbereich einer 4stelligen Binärmaschine

Führt man Rechenoperationen mit positiven Zahlen und Komplementen durch, so kann man das Ergebnis ohne weiteres übernehmen, solange das Intervall 31–0 und der Zahlbereich nicht überschritten wird.

---

* Das Stellen-Komplement wird deshalb für $B = 2$ auch Einser-Komplement genannt.

3.2 Rechenwerke für das binäre und für das hexadezimale Zahlensystem 27

Zum Beispiel ergibt sich für:

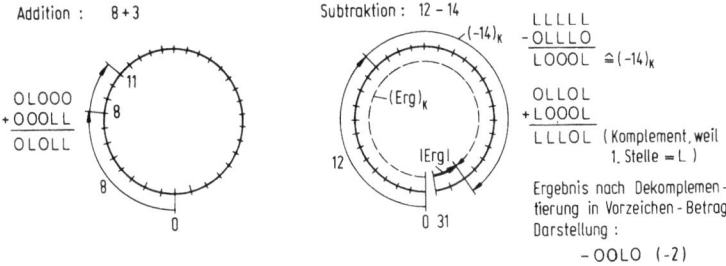

Abb. 32 Beispiel für Addition und Subtraktion ohne Bereichsüberlauf

Wird bei einer Operation das Intervall 0–31 überlaufen, so ergibt sich jedoch:

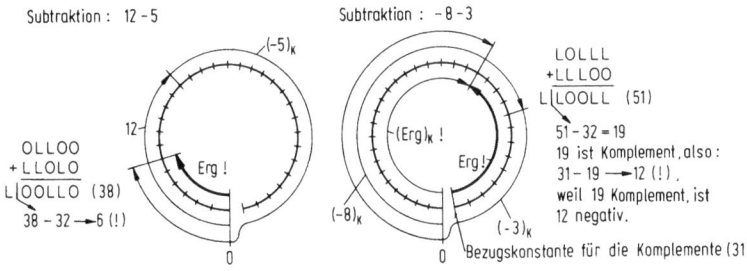

Abb. 33 Beispiel für Rechenoperation mit Bereichsüberlauf

Wie man aus den beiden letzten Beispielen erkennt, sind die Summen jeweils um eine Einheit zu klein. Die falschen Ergebnisse entstehen dadurch, daß bei der Stellen-Komplementdarstellung die Bezugskonstante und die Null bei der zyklischen Darstellung nicht zusammenfallen. Es sind zwei Darstellungen für die Null möglich,

z. B.: OOOOO bzw.:   8 OLOOO
                   − 8 LOLLL
                   ─────────
                    0 LLLLL

Beide Darstellungen sind sinnvoll. Stellen wir uns wieder den Akkumulator des Rechenwerks als Zähler vor, so erkennt man leicht, daß zum Übergang von der Null in der Form LLLLL zur Form OOOOO eine Einheit weitergezählt, oder eine Eins addiert werden muß. Um diese Eins sind die Ergebnisse zu klein. Dieser Fehler kann aber leicht korrigiert werden. Man läßt dazu einfach den Übertrag der am weitesten links stehenden Stelle (Vorzeichenstelle) zurück auf die erste Stelle laufen (engl.: *end around carry*). Bei der Addition einer Eins auf den Registerstand LLLLL ergibt sich dann nicht OOOOO, sondern OOOOL.

Unsere Zahldarstellung hat noch einen Nachteil. Sie bietet keine Möglichkeit, einen Überlauf des Zahlbereichs auf einfache Weise zu erkennen. Dies kann durch das Hinzunehmen eines weiteren Bits (Überlaufsbit) links vom Vorzeichenbit erreicht werden.

Wir bilden die Komplemente jetzt zur Zahl LLLLLL (63). Aus der Abb. 34 erkennt man leicht, daß man in den verbotenen Bereich nur gelangen kann, wenn man zu große positive oder negative Zahlen addiert. Im Bereich der positiven Zahlen lauten die beiden ersten Bit OO, im Bereich der negativen Zahlen LL. Im verbotenen Bereich heißen sie entweder OL oder LO.

Diese Zahldarstellung wird in vielen Fällen bei elektronischen Rechenanlagen verwendet. Ihr Hauptnachteil ist die zweifache Darstellungsmöglichkeit der Null. Dadurch können sich Schwierigkeiten bei Befehlen (z. B. bedingten Sprungbefehlen) ergeben. Deshalb wird bei manchen Anlagen die sogenannte „negative Null" (LL ... LL) gleich nach ihrem Entstehen in die „positive Null" (OO ... OO) umgewandelt.

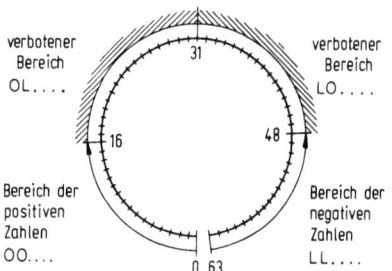

Abb. 34
Zahlbereich mit Überlaufbit

3.2.1.2 Darstellung im echten-Komplement

Im echten-Komplement werden die negativen Zahlen durch Subtraktion des Betrags der Zahl von der kleinsten nicht mehr darstellbaren Zahl n erhalten. Für unsere 4stellige Maschine ist das die Zahl LOOOO.

Man bildet das echte-Komplement (insbesondere, da ja n in der Maschine nicht mehr darstellbar ist) aus dem Stellen-Komplement durch nachträgliche Addition einer Eins. Für die Zahl 6 lautet also das echte-Komplement:

$$\begin{array}{r} \text{L LLL} \\ -\text{OLLO} \\ \hline \text{LOOL} \\ +\phantom{\text{LOO}}\text{L} \\ \hline \text{LOLO} \end{array}$$

3.2 Rechenwerke für das binäre und für das hexadezimale Zahlensystem

Beim echten-Komplement liegen die Null und die Bezugskonstante für die Komplemente auf demselben Punkt des Kreises. Deshalb entfällt hier die Korrektur gewisser Ergebnisse durch den end around carry. Bezüglich des Vorzeichen- und Überlaufbits gelten die gleichen Überlegungen wie beim Stellen-Komplement.

Ein gewisser Nachteil des echten-Komplements ist die Notwendigkeit, bei einer Komplementbildung nach der Negierung der einzelnen Bit-Werte nachträglich eine Eins, die möglicherweise einen Übertrag durch die ganze Zahl hindurch auslöst, aufzuaddieren. Folgt der Komplementbildung eine Addition, so kann diese die Erhöhung des Komplements um Eins durch einen Übertrag in die B^0-Stelle erledigen. Bei einzeln auftretenden Komplementierungen verbraucht die Addition der Eins natürlich Zeit, die sich besonders bei parallel arbeitenden Werken bemerkbar macht. Man stellt daher bei Parallelmaschinen negative Zahlen im allgemeinen als Stellen-Komplemente, bei Serienmaschinen als echte-Komplemente dar.

3.2.1.3 Komplementbildung im hexadezimalen Zahlensystem

Wie im binären Zahlsystem wird auch hier entweder mit dem Stellen- oder mit dem echten-Komplement gearbeitet. Im ersten Fall ist die Konstante, auf die die Komplemente bezogen werden 15 (LLLL), im zweiten 16 (LOOOO). Die Komplementbildung erfolgt innerhalb der Tetraden, wie in 3.2.1.1 bzw. 3.2.1.2 erläutert.

3.2.2 Serienaddierwerke

Sie bestehen aus dem eigentlichen Addiernetzwerk und zwei Schieberegistern, durch die die einzelnen Ziffern der Operanden, beginnend mit den am weitesten rechts stehenden, in den Addierer gelangen. Meist ist das Werk so ausgelegt, daß in einem der beiden Schieberegister der dort stehende Summand (Augend) von der Summe überschrieben wird. Dieses Register wird der Akkumulator der Maschine genannt. Das Schieberegister des Addenden ist im allgemeinen ringförmig geschlossen, so daß die in ihm stehende Zahl durch die Addition nicht zerstört wird. Das Verknüpfungsnetzwerk zur Bildung der Summe muß wegen der möglichen Überträge für 3 Eingangsvariable a_i, b_i, $ü_{i-1}$ und 2 Ausgangsvariable s_i und $ü_i$ ausgeführt sein.

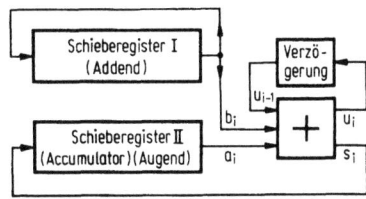

Abb. 35
Serienaddierwerk

Die Schaltung läßt sich direkt aus den Regeln für die Addition dreier einstelliger binärer Zahlen gewinnen.

a_i	b_i	$\ddot{u}_{i-1}$	s_i	$\ddot{u}_i$
O	O	O	O	O
O	L	O	L	O
L	O	O	L	O
L	L	O	O	L
O	O	L	L	O
O	L	L	O	L
L	O	L	O	L
L	L	L	L	L

Es ergibt sich für s_i und $\ddot{u}_i$:

$$s_i = \overline{a}_i\, b_i\, \overline{\ddot{u}}_{i-1} + a_i\, \overline{b}_i\, \overline{\ddot{u}}_{i-1} + \overline{a}_i\, \overline{b}_i\, \ddot{u}_{i-1} + a_i\, b_i\, \ddot{u}_{i-1}$$

$$\ddot{u}_i = a_i\, b_i\, \overline{\ddot{u}}_{i-1} + \overline{a}_i\, b_i\, \ddot{u}_{i-1} + a_i\, \overline{b}_i\, \ddot{u}_{i-1} + a_i\, b_i\, \ddot{u}_{i-1}$$

Zur Vereinfachung dieser Booleschen Funktionen für s_i und $\ddot{u}_i$ zeichnet man die beiden **Karnaugh-Diagramme**. Man erhält:

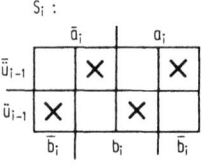
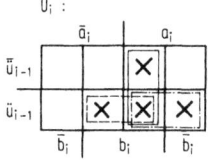

Abb. 36
Karnaugh-Diagramme für ein binäres Addierwerk

Für s_i ist keine Vereinfachung möglich.
Für $\ddot{u}_i$ erhält man aus dem Diagramm: $\ddot{u}_i = a_i\, b_i + a_i\, \ddot{u}_{i-1} + b_i\, \ddot{u}_{i-1}$

Aus der Funktion für s_i und der vereinfachten für $\ddot{u}_i$ kann man folgendes Verknüpfungsnetzwerk konstruieren:

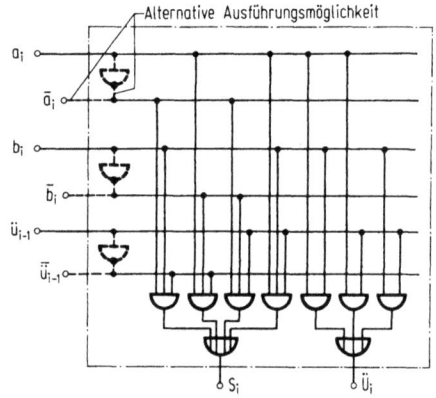

Abb. 37
Vereinfachtes Netzwerk für den binären Addierer

3.2 Rechenwerke für das binäre und für das hexadezimale Zahlensystem

Werden als Schieberegister Flip-Flop-Register verwendet, so können die Negatoren entfallen, da an einem Flip-Flop stets auch der negierte Wert zur Verfügung steht.

Man kann beim Entwurf des Addierers auch so vorgehen, daß man zuerst nur a_i und b_i addiert und dann zur erhaltenen Summe den Übertrag $ü_{i-1}$ zufügt. Dies läßt sich mit zwei hintereinandergeschalteten Addierwerken mit jeweils zwei Eingangsvariablen erreichen. Für ein solches Netzwerk gilt:

a_i	b_i	s_i	$ü_i$
O	O	O	O
O	L	L	O
L	O	L	O
L	L	O	L

$s_i = a_i \overline{b_i} + \overline{a_i} b_i$

$ü_i = a_i b_i$

Der Ausdruck für s_i läßt sich umformen:

$$s_i = a_i \overline{b_i} + \overline{a_i} b_i + \underbrace{a_i \overline{a_i}}_{0} + \underbrace{b_i \overline{b_i}}_{0}$$

$$s_i = a_i (\overline{a_i} + \overline{b_i}) + b_i (\overline{a_i} + \overline{b_i})$$

$$s_i = (a_i + b_i)(\overline{a_i} + \overline{b_i}) = \overline{a_i b_i} (a_i + b_i) \quad \text{(de Morgan)}$$

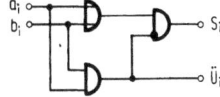

Abb. 38
Schaltung des „Halbaddierers"

Man nennt die obige Schaltung auch Halbaddiererschaltung, weil zur Bildung der vollständigen Summe zweier Binärzahlen mit Übertrag zwei Halbaddierer pro Stelle notwendig sind.

Wir bilden zuerst die Summe zwischen a_i und b_i:

a_i	b_i	s_1	$ü_1$
O	O	O	O
O	L	L	O
L	O	L	O
L	L	O	L

Zur so erhaltenen Teilsumme s_1 addieren wir $ü_{i-1}$

s_1	$ü_{i-1}$	s_2	$ü_2$
O	O	O	O
O	L	O	L
L	O	O	L
L	L	L	O

Nun schreiben wir für s_1 die Argumentwerte a_i, b_i

	a_i	b_i	$ü_1$	s_1	$ü_{i-1}$	s_2	$ü_2$			a_i	B_i	$ü_i$	s_i	$ü_i (= ü_1 \wedge ü_2$
1	O	O	O						1	O	O	O	O	O
				O	O	O	O							
2	L	L	L						6	L	O	O	L	O
3	O	O	O						5	O	L	O	L	O
				O	L	L	O							
4	L	L	L						2	L	L	O	O	L
5	O	L	O					um-	3	O	O	L	L	O
				L	O	L	O		ge-					
6	L	O	O					ordnet	8	L	O	L	O	L
7	O	L	O						7	O	L	L	O	L
				L	L	O	L							
8	L	O	O						4	L	L	L	L	L

(s_2 wurde durch s_i ersetzt)

Man beachte, daß niemals gleichzeitig in beiden Halbaddierern Überträge entstehen. Man erhält $ü_i$ durch die Zusammenfassung von $ü_1$ und $ü_2$ mittels einer Oder-Verknüpfung.

Vergleicht man die Addierschaltung mit 2 Halbaddierern mit der direkt aus der Funktionstafel erhaltenen und nimmt man als Aufwand etwa die An-

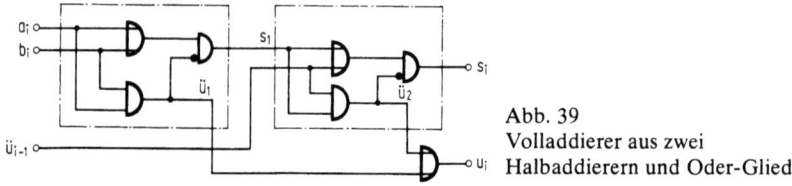

Abb. 39
Volladdierer aus zwei
Halbaddierern und Oder-Glied

3.2 Rechenwerke für das binäre und für das hexadezimale Zahlensystem 33

zahl der Gattereingänge, so ergibt sich ein Verhältnis 14:28. Bei integriertem Aufbau hängt der Aufwand nicht mehr von der Anzahl der Gattereingänge ab. Deshalb realisiert man hier besser die Schaltung mit der geringsten Laufzeit, d. h. die, bei der möglichst wenige Gatter hintereinander geschaltet sind. Bei der Addierschaltung ist dies das Netzwerk, welches sich unmittelbar aus der Funktionstabelle der Disjunktionen von Konjunktionen der Eingangsvariablen und deren Negationen ergibt [8, 11, 18, 23].

3.2.3 Paralleladdierwerke

3.2.3.1 Paralleladdition in zwei Schritten

Parallelwerke bestehen aus einem Akkumulator, auf dessen Inhalt der in einem Hilfsregister stehende Addend addiert werden kann. Sollen alle n Stellen der beiden Summanden gleichzeitig addiert werden, so wären dazu n Volladdierwerke notwendig. Man kann jedoch den Aufwand stark herabsetzen, wenn man zur Ausführung der Addition zwei Taktzeiten zuläßt. Dann können nämlich die Eigenschaften der JK-FF des Akkumulators ausgenutzt werden und es verbleiben nur noch wenige digitale Verknüpfungsglieder zwischen den Registern.

Im ersten Schritt werden die beiden Summanden zunächst ohne Berücksichtigung der entstehenden Überträge addiert. Für diese „Voraddition" gilt folgende Regel:

Steht im Hilfsregister eine O, so bleibt die entsprechende Stelle des AC-Registers unverändert, steht dagegen eine L im Hilfsregister, so wird die entsprechende AC-Stelle negiert.

Hilfsregister	O O L L	(Addend)
AC vor der Add.	O L O L	(Augend)
AC nach der Add.	O L L O	
	Ü	

Zur Realisierung benötigt man n Und-Glieder, die von den Q Ausgängen der Flip-Flop des Hilfsregisters gesteuert werden. Durch diese Glieder wird der Additionsimpuls auf die richtigen Flip-Flops des AC-Registers weitergeleitet. Diese Flip-Flops werden, weil wegen des O-Pegels auf der Steuerleitung $J_i = K_i = $ L ist, umgestellt.

Im nachfolgenden zweiten Schritt werden sämtliche Überträge behandelt. Ein Übertrag tritt dann ein, wenn die i-ten Bit $AC_i = HR_i = $ L sind. Nach der Addition ist dann $HR_i = $ L und $AC_i = $ O. Ist diese Bedingung erfüllt, muß auf die links liegende Stelle $i + 1$ eine L aufaddiert werden. Hatte diese Stelle den Wert O, so wird sie auf L gebracht. Hatte sie dagegen den Wert L, so wird sie zu O und ein neuer Übertrag ausgelöst. Dieser wirkt auf die nächste Stelle, für die das eben gesagte gilt. Man kann die Regel für den Übertrag auch so ausdrücken: Addiert man 2 Zahlen erst ohne Berücksichtigung des Übertrags und bildet denselben durch einen Nachimpuls, so ist ein Übertrag an der Stelle i dadurch zu erkennen, daß HR_i = L und AC_i = O ist. An allen Stellen, wo diese Bedingung erfüllt ist, ändert der Nachimpuls die links davon liegende Stelle des AC, falls diese O ist, auf L. Ist sie bereits L, so werden soviele Stellen links davon von L auf O umgewandelt, bis eine Stelle im AC kommt, die O ist. Diese wird dann auf L umgestellt. Die Abb. 40 zeigt eine Schaltung, die das geforderte leistet. Darüberhinaus ist das AC-Register noch für Rechtsverschiebungen ausgelegt, die für die Durchführung der Multiplikation gebraucht werden.

Beispiel für die Addition zweier Zahlen:

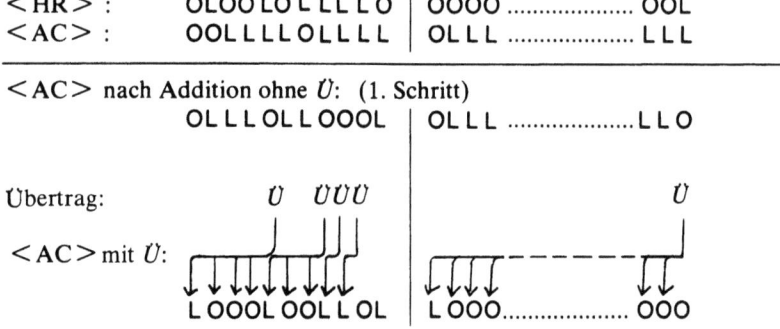

Die Geschwindigkeit dieses Rechenwerks wird von einem durch die gesamten Stellen der Zahl laufenden Übertrag bestimmt. Dieser Übertrag läuft bei jeder Stelle über 3 Schaltglieder. Die Zeit zwischen Punkt 2 in Abb. 16 (Durchschaltung JK auf Master) und Punkt 3 (Trennung JK vom Master) des Taktimpulses muß deshalb größer als die Durchlaufzeit durch alle Glieder gemacht werden.

3.2.3.2 Einschrittiges Paralleladdierwerk

Verwendet man für ein paralleles, n-stelliges Paralleladdierwerk n Volladdierer, so kann man die Addition in einem Schritt erledigen. Die Dauer der Operation ist wieder durch einen, alle Stellen durchlaufenden Übertrag bestimmt. Wie aus der Abb. 37 hervorgeht, müssen dazu $2n$ Verknüpfungsglieder durchlaufen werden. Eine weitere Verkürzung der Operationszeit kann durch eine Zusammenfassung der Überträge (engl.: *carry look ahead*) erreicht werden.

3.2 Rechenwerke für das binäre und für das hexadezimale Zahlensystem

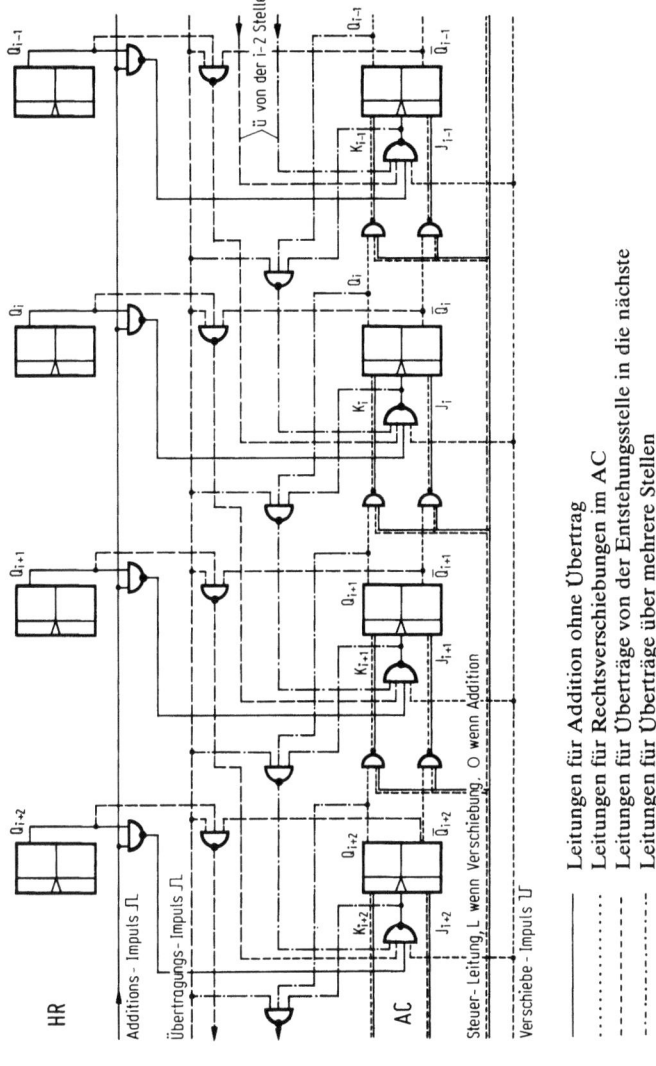

Abb. 40 Paralleles Addierwerk

—— Leitungen für Addition ohne Übertrag
······ Leitungen für Rechtsverschiebungen im AC
– – – Leitungen für Überträge von der Entstehungsstelle in die nächste
– · – · Leitungen für Überträge über mehrere Stellen

3.2.3.2.1 Zusammenfassung der Überträge bei Addierwerken (carry look ahead)

Für die niedrigste Stelle gilt für den Übertrag in die nächste: $U_0 = A_0 B_0$
für die erste Stelle gilt: $U_1 = A_1 B_1 + U_0 (A_1 \overline{B}_1 + \overline{A}_1 B_1)$
oder mit U_0 eingesetzt: $U_1 = A_1 B_1 + A_0 B_0 (A_1 \overline{B}_1 + \overline{A}_1 B_1)$

Verwenden wir die Abkürzung: $S_i' = A_i \overline{B}_i + \overline{A}_i B_i$ und $U_i' = A_i B_i$
so ergibt sich für die weiteren Stellen:

$U_0 = U_0'$
$U_1 = U_1' + S_1' U_0'$
$U_2 = U_2' + S_2' U_1' + S_2' S_1' U_0' = (U_2' + S_2' U_1)$
$U_3 = U_3' + S_3' U_2' + S_3' S_2' U_1' + S_3' S_2' S_1' U_0' = U_3' + S_3' U_2$
$\vdots$

$U_i = U_i' + S_i' U_{i-1}' + S_i' S_{i-1}' U_{i-2}' + S_i' S_{i-1}' S_{i-2}' U_{i-3}' + \ldots S_i' S_{i-1}' \ldots S_2' S_1' U_0'$

Durch die i Konjugationen in dieser Disjunktion werden alle Überträge, die in irgend einer Stelle K ($K = 0,1, \ldots i-1$) rechts der i-ten Stelle entstehen und die infolge von $A_\lambda \overline{B}_\lambda + \overline{A}_\lambda B_\lambda = L$ für alle $\lambda = K+1, K+2,\ldots, i$ bis in die $i + 1$te Stelle laufen, berücksichtigt.

Die Abb. 41 zeigt die Schaltung für so ein Addierwerk. Man beachte, daß die Anzahl der hintereinandergeschalteten Gatter in allen Stellen ≤ 3 ist. Der Aufwand für dieses Rechenwerk ist beträchtlich, da für die Stellen mit höheren Zweierpotenzen sehr viele parallel arbeitende Gatter mit steigender Anzahl von Eingangsklemmen erforderlich sind. Ist n die Stellenzahl, so steigt der Aufwand mit n^3 an. Deshalb wurden bis heute keine ganzen Rechenwerke in dieser Technik aufgebaut. Es bringt jedoch schon gewisse Vorteile mit sich, wenn man die Stellen einer Zahl in Gruppen einteilt und gruppenweise mit der Zusammenfassung von Überträgen arbeitet.

3.2.4 Addierwerke für das hexadezimale Zahlsystem

Addierwerke für das hexadezimale Zahlensystem unterscheiden sich nicht wesentlich von solchen für das binäre System. Serienwerke unterscheiden sich nur, wenn man die Addition tetradenparallel durchführt. Dies kann entweder mit einem Vierbit-Paralleladdierwerk erfolgen, welches die Speicherung eines Übertrags in die nächste Tetrade gestattet, oder man verwendet zur Bildung der Teilsummen sogenannte Additionstafeln (vgl. 3.3.4). Bei Parallelwerken kann die Tetrade als Zahlengruppe verwendet werden, innerhalb der eine Zusammenfassung der Überträge erfolgt (carry look ahead). Sonst unterscheiden sich die Additionswerke hexadezimaler Maschinen nicht von den Werken binärer Maschinen.

3.2 Rechenwerke für das binäre und für das hexadezimale Zahlensystem

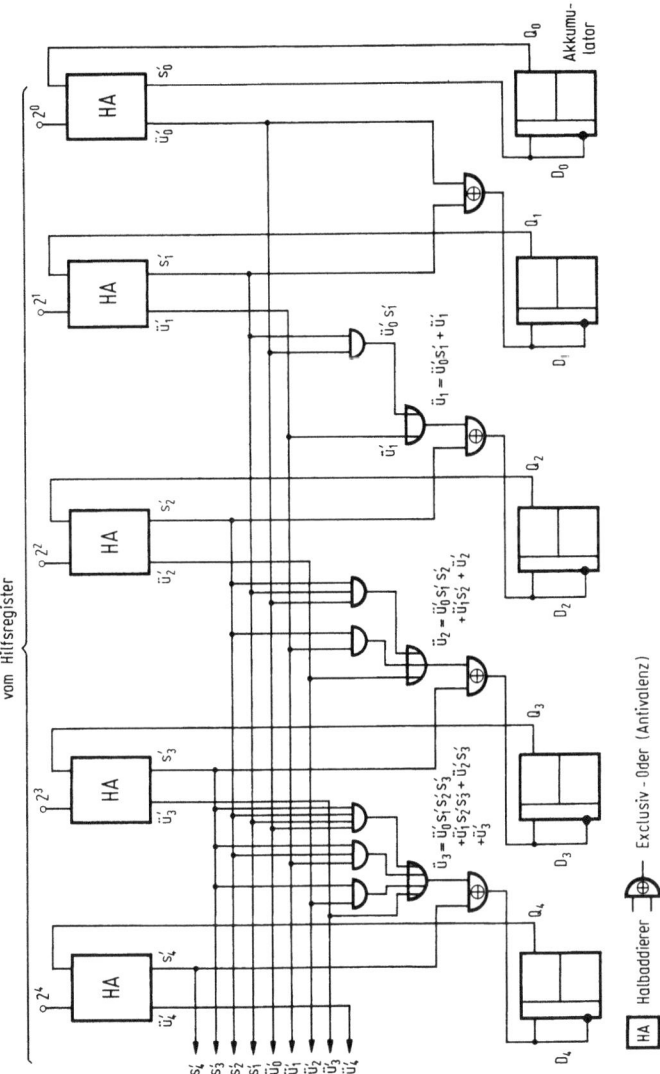

Abb. 41 Paralleladdierwerk mit Zusammenfassung der Überträge (carry-look-ahead)

3.2.5 Multiplizierwerke

3.2.5.1 Positive Zahlen

Das Einmaleins für einstellige Binärzahlen reduziert sich auf die „Und"-Verknüpfung beider Faktoren. Da ein Binärwerk nur 2 Summanden addieren kann, läßt man die Teilprodukte *(TP)* gemäß:

$AC: = 0;$
for $i: = 1$ **step** 1 **until** N **do**
$AC: = AC + TP\ [i]$

im AC hochlaufen. Dazu eignet sich folgendes Werk:

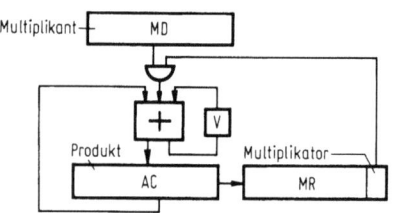

Bei Parallelmaschinen sind die Addiereinheiten samt „Und"-Gatter n-fach vorzusehen

Abb. 42   Einfaches Multiplizierwerk

Ablauf der Multiplikation für die Zahlen LOLO x LLOL:

	<MD>	<AC>	<MR>
Beginn	LLOL	OOOO	LOLO
1. Add.	LLOL	OOOO	LOL<u>O</u>
1. Versch.	LLOL	OOOO	OLOL
2. Add.	LLO	L L OL	OLO<u>L</u>
2. Versch.	LLOL	OL L O	LOLO
3. Add.	LLOL	OL L O	LOL<u>O</u>
3. Versch.	LLOL	OOL L	OLOL
4. Add.	LLOL	LOOOO	OLO<u>L</u>
4. Versch.	LLOL	LOOO	OOLO

Bei der letzten Addition kann ein Überlauf in die 5. Stelle erfolgen. Er wird aber durch die letzte RV wieder in den Zahlbereich geschoben. Das Ergebnis hat $2n$ Stellen; soll es wieder gespeichert werden, so müssen die letzten Stellen (im MR) unter Rundung abgestrichen werden.

3.2.5.1.1 Zeitdauer

Zu einer Multiplikation zweier n-stelliger Zahlen sind n Additionszeiten und n Verschiebungszeiten nötig. Also: $t_m = n(t_a + t_v)$.

3.2 Rechenwerke für das binäre und für das hexadezimale Zahlensystem

Bei Serienmaschinen ist t_a prop. zu n, bei Parallelmaschinen ist t_a in erster Näherung eine Konstante. Daher ist:

$t_m \approx n^2$ für Serienmaschinen und
$t_m \approx n$ für Parallelmaschinen.

3.2.5.1.2 Zeiteinsparungen

In den obigen Betrachtungen wurde für die Addition – ob sie ausgeführt wird oder nicht – die Additionszeit eingesetzt. Man kann Zeit gewinnen, wenn man anstatt eine Null zu addieren, die Addition gar nicht ausführt. Bei Parallelmaschinen läßt sich leicht eine entsprechende Steuerung finden. Man erhält eine Anzahl von Additionen, die gleich der Quersumme des Multiplikators ist, im Mittel also $n/2$. Bei Serienmaschinen, bei denen das AC-MR-Register kein statisches, sondern ein dyn. Schieberegister ist, läßt sich eine Rechtsverschiebung nur schwierig durchführen. Dort ist die Verschiebeoperation ein Bestandteil der Addition. Deshalb kann man dort die Addition nicht einfach weglassen.

Teilt man die Bit des Multiplikators in Gruppen gleicher Länge ein und stellt vor einer Multiplikation alle Vielfache des Multiplikanden mit den Zahlwerten, die diese Bitgruppen annehmen können zur Verfügung, so läßt sich die Zeitdauer für eine Multiplikation verkürzen. Denn jetzt müssen nicht mehr n (n = Bitzahl des Multiplikators) Teilprodukte addiert werden, sondern nur noch n/z (z = Anzahl der Bit einer Gruppe). Allerdings braucht man eine gewisse Zeit, um die Vielfache bereitzustellen; auch entstehen zusätzliche Gatterlaufzeiten, um das Register mit dem richtigen Vielfachen an das Addiernetzwerk anzuschalten.

3.2.5.1.3 Die „einschrittige" Multiplikation

Das Produkt zweier n-stelliger Zahlen ist eine $2n$-stellige Funktion von $2n$ binären Variablen. Es ist möglich, die n^2 Teilprodukte mit einem Schritt zu bilden. Das Zusammenfassen der n^2-Teilprodukte geschieht durch paarweises Zusammenfassen in einer Reihe von Paralleladdierwerken, die wie ein Baum zusammengeschaltet sind.

Wir nehmen der Einfachheit halber an, n sei eine Zweierpotenz. Ein einschrittiges Addierwerk für 2 Zahlen mit n Stellen benötigt n^2 Und-Gatter. Diese wirken auf $n/2$ $n+2$stellige Paralleladdierwerke ein. Diese wiederum versorgen $n/4$ Paralleladdierer mit $n+4$-Stellen usw.

Am Schluß ist ein $2n$-stelliges Paralleladdierwerk angeordnet. So erhält man wegen,

$$n\left(\left(\tfrac{n}{2}+1\right)+\left(\tfrac{n}{4}+1\right)+\ldots+\left(1+1\right)\right) = n(n-1+\operatorname{ld} n)$$
$$z = \tfrac{n}{2}(n+2) + \tfrac{n}{4}(n+4) + \ldots + \tfrac{n}{n}(n+n) = n^2$$

daß die Zahl z der einstelligen Addierwerke bei ungefähr n^2 liegt.

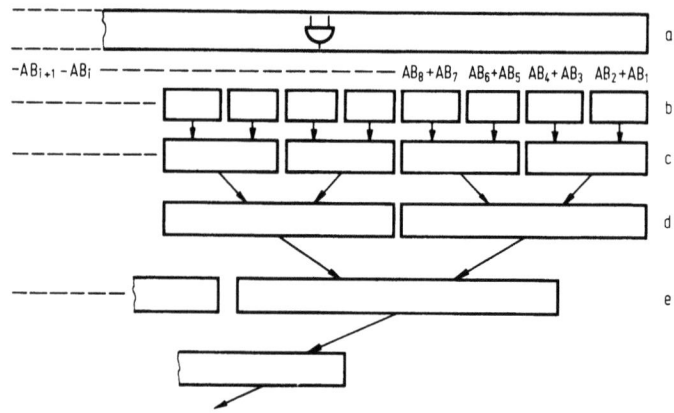

Für n-Stellen sind folgende Einheiten erforderlich: (n ist Zweierpotenz)

a) n^2 UND-Glieder
b) n/2 Addierwerke (n + 2 stellig)
c) n/4 Addierwerke (n + 4 stellig)
d) n/8 Addierwerke (n + 8 stellig)
⋮ ⋮ ⋮
n/n Addierwerk (n + n stellig)

Abb. 43 „Einschrittiges" Multiplizierwerk

Für $n = 32$ ergeben sich also rund 1 000 Und-Glieder und ebensoviel einstellige Addierwerke.

Die Ausführungszeit für eine Multiplikation liegt bei

$$\tau_m = \tau_g + \tau_a \; ld \; n,$$

wenn n eine Zweierpotenz ist, sonst bei

$$\tau_m = \tau_g + \tau_a \; (ld \; n+1).$$

n : Stellenzahl der Faktoren
τ_m: Multiplikationszeit
τ_g: Gatterdurchlaufszeit
τ_a: Additionszeit eines Parallelwerkes

Einschrittige Multiplizierwerke scheinen heute bei der stürmischen Entwicklung der hochgradig integrierten Schaltkreise (engl.: high scale integrated circuits) realisierbar zu werden.

3.2.5.2 *Multiplikation mit negativen Zahlen*

Treten bei einer Multiplikation negative Faktoren auf, so bestimmt man erst aus dem Vorzeichen beider Faktoren das Vorzeichen des Ergebnisses. Dann werden negative Faktoren rückkomplementiert und das Produkt berechnet. Je nachdem, welches Vorzeichen für das Produkt bestimmt wurde, bleibt das Produkt in der berechneten Form stehen oder es erfolgt eine Komplementierung.

3.2 Rechenwerke für das binäre und für das hexadezimale Zahlensystem

Neben diesem allgemein verwendeten Verfahren besteht noch die Möglichkeit, die Multiplikation direkt mit den Komplementwerten auszuführen und das Ergebnis durch die Addition gewisser Korrekturzahlen richtigzustellen.

3.2.5.3 Multiplizierwerke für das hexadezimale Zahlensystem

Multiplizierwerke für das hexadezimale Zahlensystem können ebenso aufgebaut sein wie binäre Werke. Bei schnellen Werken wird vielfach die in 3.2.5.1.2 erwähnte Gruppenbildung durchgeführt, wobei für eine Gruppe meist eine Tetrade gewählt wird. Statt dessen können auch sogenannte Einmaleinskörper verwendet werden. Dieselben werden in 3.3.6 genauer besprochen.

3.2.6 Dividierwerke

Für die Division benötigt man ein Rechenwerk, das die gleiche Anzahl von Registern hat wie ein Multiplizierwerk.

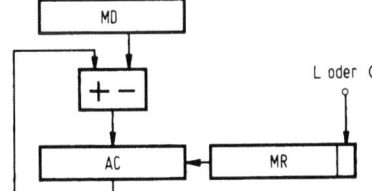

Abb. 44
Einfaches Dividierwerk

Das Verknüpfungswerk muß im Gegensatz zur Multiplikation hier auch subtrahieren (komplementbilden) können.

3.2.6.1 Der konventionelle Ablauf

Zu Beginn steht der Dividend im AC, der Divisor im MD und Nullen im MR. Nun wird der Divisor solange vom Dividenden abgezogen, bis eine negative Differenz entsteht. Dies tritt bei normalisierten Binärzahlen nach der ersten oder zweiten Subtraktion ein. Genügte eine Subtraktion, um den Rest im AC negativ zu machen, so war der Divisor nicht im Dividenden enthalten. Die entsprechende Quotientenstelle ist also O, anderenfalls bei zwei Subtraktionen ist sie gleich L. Nach einer Korrekturaddition, die den Rest im AC wieder positiv macht, erfolgt eine Linksverschiebung AC-MR. Nun wiederholt sich der ganze Vorgang. Am Schluß der Division sind sämtliche Stellen des MR-Registers besetzt. Der Quotient ist damit auf n Stellen berechnet. Der Rest steht im AC-Register.

Es soll nun an einem Beispiel gezeigt werden, wie die einzelnen Phasen der Division ablaufen. Wir wollen dazu wieder eine 4stellige Maschine zugrunde legen. Bei allen Zahlen soll das Komma ganz links vor der vierten

Stelle stehen. Negative Zahlen werden durch das n-1 Komplement dargestellt. Damit das Ergebnis kleiner als Eins bleibt, muß der Dividend kleiner als der Divisor sein (vgl. Gleitpunktarithmetik).

Beispiel:

$q = \frac{a}{b} = 0.5625/0.8125$, binär geschrieben:

$q = \frac{a}{b} = $ OOLOOL/OOLLOL

	\<AC\>	\<MD\>	\<MR\>
Beginn	OOLOOL	OOLLOL	OOOOOO
Subtraktion von OOLLOL, bzw. Addition von LLOOLO	LLLOLL	OOLLOL	OOOOOO
Korrekturaddition	OOLOOL	OOLLOL	OOOOOO
Linksverschiebung AC-MR*	OLOOLO	OOLLOL	OOOOOO
Subtraktion von OOLLOL	⌐OOOLOK⌐	OOLLOL	OOOOOO
2. Subtraktion von OOLLOL	LLOLLL	OOLLOL	OOOOOL
Korrekturaddition	⌐OOOLOR⌐	OOLLOL	OOOOOL
Linksverschiebung AC-MR	OOLOLO	OOLLOL	OOOOLO
Subtraktion von OOLLOL	LLLLOO	OOLLOL	OOOOLO
Korrekturaddition	OOLOLO	OOLLOL	OOOOLO
Linksverschiebung AC-MR*	OLOLOO	OOLLOL	OOOLOO
Subtraktion von OOLLOL	OOOLLL	OOLLOL	OOOLOO
2. Subtraktion von OOLLOL	LLLOOL	OOLLOL	OOOLOL
Korrekturaddition	⌐OOOLLL⌐	OOLLOL	OOOLOL
Linksverschiebung AC-MR	OOLLLO	OOLLOL	OOLOLO
Subtraktion von OOLLOL	OOOOOL	OOLLOL	OOLOLO
2. Subtraktion von OOLOL	LLOOLL	OOLLOL	OOLOLL
Korrekturaddition (Rest)	⌐OOOOOR⌐	OOLLOL	OOLOLL (Quotient)

---

* An diesen Stellen wird der Zahlbereich der Maschine kurzzeitig überschritten. Während der Operation „Division" muß wie bei der Multiplikation die Überlaufskontrolle ausgeschaltet werden.

3.2 Rechenwerke für das binäre und für das hexadezimale Zahlensystem 43

Dezimal ausgerechnet ergibt sich:
  q = 0.5625/0.8125 = 0.6923 + 0.00000625/0.8125 = 0.69230769
Binär ausgerechnet ergibt sich natürlich ein anderer Rest:
  q = O.LOOL/O.LLOL = O.LOLL + O.OOOOOOOL/O.LLOL
dezimal geschrieben ist das:
  0.6875 + 0.00390625/0.8125 = 0.69230769

3.2.6.2 Division ohne Rückstellung des Rests

Im oben gezeigten Schema wird der Divisor solange subtrahiert, bis sich ein negativer Rest ergibt, der dann durch eine Korrekturaddition wieder positiv gemacht wird. Für jede Quotientenstelle müssen 3 oder 4 Operationen durchgeführt werden, von denen sich aber zwei gegeneinander aufheben. Läßt man den negativen Rest einfach stehen und addiert man in diesem Fall den Divisor nach der Linksverschiebung statt ihn zu subtrahieren, so kann man sich pro Quotientenstelle zwei Operationen sparen.

Sollte am Schluß ein negativer Rest verbleiben, so muß dieser korrigiert werden. Der Ablauf der Division ohne Rückstellung des Rests bedeutet eine große Zeitersparnis, ohne daß dabei wesentliche Nachteile in Kauf genommen werden müssen.

Nun soll für das oben durchgeführte Beispiel,
$$q = \frac{a}{b} = \frac{0.5625}{0.8125}$$
die Division ohne Rückstellung des Rests durchgeführt werden:

	<AC>	<MD>	<MR>
Beginn	OOLOOL	OOLLOL	OOOOOO
Subtraktion von <MD>	LLLOLL	OOLLOL	OOOOOO
Linksverschiebung AC-MR	LLOLLL	OOLLOL	OOOOOO
Addition von <MD>	OOOLOL	OOLLOL	OOOOOL
Linksverschiebung AC-MR	OOLOLO	OOLLOL	OOOOLO
Subtraktion von <MD>	LLLLOO	OOLLOL	OOOOLO
Linksverschiebung AC-MR	LLLOOL	OOLLOL	OOOLOO
Addition von <MD>	OOOLLL	OOLLOL	OOOLOL
Linksverschiebung AC-MR	OOLLLO	OOLLOL	OOLOLO
Subtraktion von <MD>	OOOOOL	OOLLOL	OOLOLL

Es ist zu beachten, daß bei Linksverschiebungen von Komplementwerten im n-1 Komplement, der „end around carry" durchgeführt werden muß.

Denn bei jeder Linksverschiebung eines Komplements (= Multiplikation mit 2) wird das Intervall (n-1) bis n überschritten (vgl. 3.2.1). Die Abb. 45

zeigt die Linksverschiebung zweier Komplemente; einmal wird dabei der Zahlbereich überschritten (45 a), einmal nicht (45 b).

Jedesmal, wenn nach einer Addition oder Subtraktion ein positiver Rest im AC entsteht, erhält der Quotient rechts ein L eingesetzt.

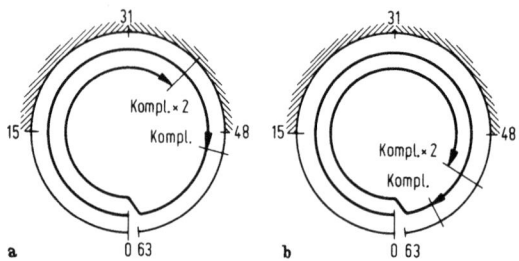

Abb. 45   Linksverschiebungen im n-1-Komplement

Diese Regel sei kurz erläutert: Ist der positive Rest r_i nach einer Subtraktion des Divisors b entstanden, so ist die Sache klar, denn dann war dieser im Rest $2 r_{i-1}$ enthalten. Ein negativer Rest müßte eigentlich ignoriert und wieder auf $2 r_{i-1}$ zurückgegriffen werden (3.2.6.1). $2 r_{i-1}$ muß nochmals mit 2 multipliziert und wieder versucht werden, ob b nun in $4 r_{i-1}$ enthalten ist. Also: $r_{i+1} = 4 r_{i-1} - b$.

Statt dessen kann aber auch der negative Rest $r_i = 2 r_{i-1} - b$ mit 2 multipliziert und b daraufaddiert werden. Man erhält dann:

$$r_{i+1} = 2 (2 r_{i-1} - b) + b = 4 r_{i-1} - b.$$

Die Größe des negativen Rests ist also unmittelbar kein Maß dafür, ob im nächsten Schritt der Divisor im Rest enthalten ist. Man muß vielmehr auf den vorhergehenden Rest zurückgreifen.

3.2.6.3 Dividierwerke für das hexadezimale Zahlensystem

Dividierwerke für das hexadezimale Zahlensystem werden meist geradeso ausgeführt, wie die Werke für das binäre System. Bei den schnellsten Anlagen kann man hier ebenso wie bei den Dezimalmaschinen Vielfache des Divisors zur Verfügung stellen und so die Operationszeit für die Division verkürzen (vgl. 3.3.8).

3.3 Rechenwerke für das dezimale Zahlensystem

Die Verwendung eines binären Rechenwerks setzt eine Konvertierung der von außen kommenden und nach außen gehenden Daten vom Dezimalsystem in

3.3 Rechenwerke für das dezimale Zahlensystem

das Binärsystem und umgekehrt voraus. Diese Einrichtungen verursachen bei kleineren Anlagen einen, im Vergleich zur Gesamtanlage, zu großen Aufwand. Insbesondere aber bei kaufmännischen Anwendungen spricht ein anderer Grund für die Dezimalmaschine. Die Konvertierung gebrochener Zahlen läßt sich nicht ohne Rest durchführen. Dies führt zu Rundungsfehlern, die insbesonders bei Bankabrechnungen stören.

Auch in Dezimalmaschinen werden die Ziffern einer Zahl durch Ja-Nein-Werte dargestellt. Für die Darstellung der 10 Werte einer Dekade sind, da $2^3 = 8$ und $2^4 = 16$, 4 Bit notwendig, wobei 6 Bitkombinationen nicht berücksichtigt werden. Auf Grund dieser Redundanz braucht man zur Speicherung einer Zahl in einer Dezimalmaschine etwa 20 % mehr Bits als dieselbe Zahl in einer Maschine benötigen würde, die das binäre Zahlensystem verwendet.

3.3.1 Die wichtigsten in der Praxis verwendeten Codes

Die Zuordnung von Binärziffern zu den Dezimalziffern einer Dekade nennt man einen Code. Es gibt eine große Menge solcher Möglichkeiten. Die Auswahl eines vernünftigen Codes ist von großer Bedeutung für den Aufwand in der Anlage. Aus Gründen der Fehlersicherheit wählt man manchmal einen Code, der zur Darstellung einer Dezimalziffer mehr als 4 Bits verwendet.

Im folgenden sollen einige Regeln genannt werden, nach denen ein tetradischer Code aufgebaut sein sollte, um einfache Anlagen zu erhalten (vgl. Speiser, Digitale Rechenanlagen 1961, S. 221).

1. Der Code sollte monoton wachsend sein, das heißt, der größeren Dezimalziffer soll auch der größere Binärwert der Tetrade entsprechen.
2. Die Addition zweier Tetraden soll so vollzogen werden können, daß man sie zunächst binär addiert und hernach eine Korrektur anbringt, die möglichst einfachen Regeln gehorchen soll.
3. Wenn zwei Ziffern sich auf neun ergänzen, so sollen auch die zugehörigen Tetraden komplementär sein, also durch Vertauschung von L und O auseinander hervorgehen.
4. Gerade und ungerade Ziffern sollen leicht unterscheidbar sein.
5. Es soll möglich sein, den vier Stellen einer Tetrade Gewichte so zuzuordnen, daß daraus direkt die Dezimalstelle entsteht.
6. Multiplikationen mit 2 und Divisionen durch 2 sollten durch Linksbzw. Rechtsverschiebungen durchführbar sein. Diese Operationen können ohne Korrektur nur dann ausgeführt werden, wenn sichergestellt ist, daß das Ergebnis innerhalb der Dekade bleibt. (Anwendung vgl. 3.3.7)
7. Ziffern, die kleiner als 5 sind, sollen von Ziffern, die größer oder gleich 5 sind, leicht zu unterscheiden sein (Rundung).
8. Der Code soll leicht einzuprägen sein.

Der Zahlentransport in Dezimalmaschinen geschieht meist tetradenparallel.

Es sollen nun die wichtigsten Codes, die den Aufbau einer dezimalen arithmetischen Einheit mit geringem Aufwand gestatten, genannt werden.

3.3.1.1 Der binäre Code

Hier werden den zehn Ziffern 0 bis 9 die entsprechenden Binärzahlen zugeordnet. Er erfüllt die Forderung 3 und 7 nicht. Dieser Code wird auch BCD-Code genannt (von engl.: *binary-coded-decimals*).

3.3.1.2 Der Aiken-Code

Dieser Code hat nicht die Gewichte 8, 4, 2, 1 des binären Codes, sondern 2, 4, 2, 1, also:

	2	4	2	1
0	O	O	O	O
1	O	O	O	L
2	O	O	L	O
3	O	O	L	L
4	O	L	O	O
5	L	O	L	L
6	L	L	O	O
7	L	L	O	L
8	L	L	L	O
9	L	L	L	L

Zahlen unter 5 entsprechen denen im Binärsystem; von 5 bis 9 sind sie binär gelesen um 6 zu groß, da die erste Ziffer statt 8 das Gewicht 2 hat. Dieser Code erfüllt die Forderung 6 und vielleicht 7 nicht.

3.3 Rechenwerke für das dezimale Zahlensystem

3.3.1.3 Der Exzeß-3-Code

Hier werden alle Ziffern einer Dekade Binärziffern zugeordnet, die um drei Einheiten größer sind, also:

0	O	O	L	L
1	O	L	O	O
2	O	L	O	L
3	O	L	L	O
4	O	L	L	L
5	L	O	O	O
6	L	O	O	L
7	L	O	L	O
8	L	O	L	L
9	L	L	O	O

Er erfüllt alle Punkte außer 5, 6 und vielleicht 7.

3.3.1.4 Nichttetradische Codes

Hier soll zunächst der Eins-aus-zehn-Code erwähnt werden. Ein Gerät, welches im Ein-aus-zehn-Code arbeitet, hat zehn Klemmen, von denen immer nur eine ein ausgezeichnetes Potential hat. Besonders häufig wird dieser Code bei peripheren Einheiten verwendet.

Ein anderer Code, der in diese Gruppe gehört, ist der Zwei-aus-fünf-Code. Wie der Name sagt, hat jede gültige Pentade zwei L-Werte, eine Eigenschaft, die zur Fehlererkennung herangezogen werden kann.

0	O	O	O	L	L
1	O	O	L	O	L
2	O	O	L	L	O
3	O	L	O	L	O
4	O	L	L	O	O
5	L	O	L	O	O
6	L	L	O	O	O
7	O	L	O	O	L
8	L	O	O	O	L
9	L	O	O	L	O

3.3.1.5 Alphanumerische Codes

Will man nicht nur Ziffern, sondern auch Buchstaben und Sonderzeichen darstellen, so muß man Codes mit mehr als 4 Zeichen heranziehen. Es werden Pentaden (Fernschreiber) Hexaden-, Heptaden- und Oktadencodes verwendet.

3.3.2 Dezimales Addier- und Korrekturwerk für den binären Code

Das Addierwerk besteht aus vier Volladdierern, die zunächst die Summe der beiden Binärzahlen bilden.

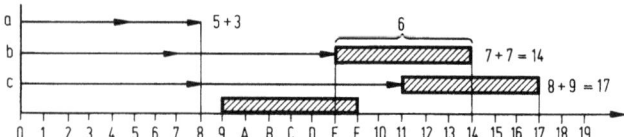

Abb. 46 Vermeidung der Pseudotetraden durch die Korrekturaddition einer Sechs

a) Erreicht die Summe $s = a + b$ nicht das Gebiet der Pseudotetraden A bis F, so kann sie ohne Korrektur übernommen werden. Ergibt sie jedoch eine Pseudotetrade *(b)* oder überschreitet sie das Gebiet der Pseudotetraden *(c)*, so muß die Gebietslänge der Pseudotetraden (= 6) addiert werden. Außerdem wird ein Übertrag in die nächste Dekade erzeugt. Es sei nun die Schaltung, die diese Forderung erfüllt, angegeben:

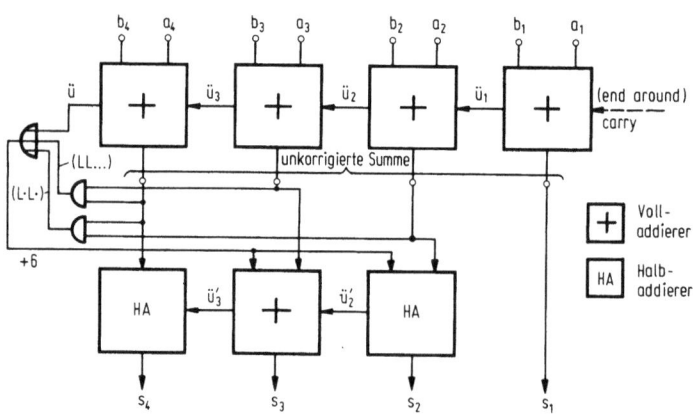

Abb. 47 Schaltung für die Korrekturaddition

Zur Durchführung der Subtraktion muß der eine Summand erst komplemetiert werden. Bezüglich der Wahl des n bzw. n-1 Komplements und der Erkennung eines Komplements bzw. einer Bereichsüberschreitung gelten ähnliche Überlegungen wie bereits in 3.2.1) erwähnt. Verwendet man das n-1

3.3 Rechenwerke für das dezimale Zahlensystem

Komplement, so werden für alle Ziffern einer Dezimalzahl die Komplemente bezüglich 9 ermittelt.

I	0	OOOO	→	9	LOOL	
	1	OOOL	→	8	LOOO	
II	2	OOLO	→	7	OLLL	
	3	OOLL	→	6	OLLO	
	4	OLOO	→	5	OLOL	hier braucht nur das
	5	OLOL	→	4	OLOO	2^0-Bit geändert werden.
III	6	OLLO	→	3	OOLL	
	7	OLLL	→	2	OOLO	
IV	8	LOOO	→	1	OOOL	
	9	LOOL	→	0	OOOO	

Ausgangswert   Komplement

Wie man aus der Umrechnungstabelle erkennt, ist die 2^0- Stelle stets zu invertieren, die 2^1 kann immer unverändert übernommen werden. Zur Bestimmung der 2^2 und 2^3-Stelle muß noch die 2^1-Stelle herangezogen werden.

Die folgende Schaltung leistet die Komplementbildung einer binär verschlüsselten Dezimalzahl.

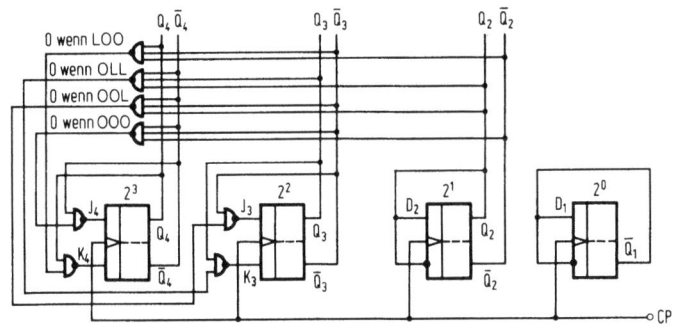

Abb. 48 Schaltung zur Komplementbildung für Dezimalzahlen mit binärer Verschlüsselung (BCD-Code)

Beim Aiken- und Dreiexzeßcode reduziert sich die Anordnung zur Komplementbildung auf die Schaltung des 2^0-Flip-Flops, die jetzt für alle Stellen angewandt wird.

3.3.3 Addier- und Subtrahierwerk mit Zählern

Ein Addierwerk, welches sich besonders für den binären Code eignet, läßt sich aus dekadischen Zählern aufbauen. Da sich ein Zähler leicht für Vorwärts- und Rückwärtszählung einrichten läßt, kann hier die Subtraktion direkt durchgeführt werden. Die Abb. 49 zeigt ein Rechenwerk mit zwei Zählern und zwei Schieberegistern für die Aufnahme der Summanden. Das Ergebnis fällt im AC-Register an. Zunächst werden die am wenigsten signifikanten Stellen des AC- und MD-Registers in die angeschlossenen Zähler geschoben. Dann wird der MD-Zähler nach Null hin abgezählt und gleichzeitig der AC-Zähler bei Additionen vom jeweiligen Stand aufwärts, bei Subtraktionen abwärts gezählt. Wird bei einer Addition die 9 über-, bei einer Subtraktion die 0 unterschritten, so wird ein Übertrag für die nächste Stelle ausgelöst. Er hat zur Folge, daß hier eine Einheit mehr addiert bzw. subtrahiert wird.

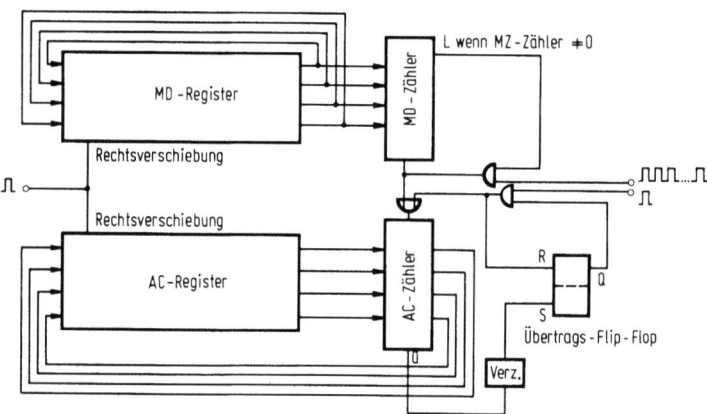

Abb. 49 Dezimales Addier-Subtrahierwerk mit Zählern

Für die richtige Folge der Steuerimpulse muß ein besonderes Operationsablaufsteuerwerk sorgen (vgl. Kapitel 4).

3.3.4 Addierwerke mit Additionstafeln

Eine Additionstafel besteht aus einer zweidimensionalen Matrix mit 2 mal 10 Eingängen und 100 Ausgängen. Die beiden Summanden werden zuerst in den Ein-aus-zehn-Code entschlüsselt, dann auf je einen Eingang der Tafel gegeben. Die Tafel ist so verdrahtet, daß beim Erregen zweier Eingänge genau ein Ausgang angesprochen wird, der die Summe ausdrückt. Von einem entsprechenden Wert an muß ein Übertrag abgespalten werden. Gleiche Ergeb-

3.3 Rechenwerke für das dezimale Zahlensystem   51

nisse werden anschließend durch Oder-Glieder zusammengefaßt. Das Ergebnis fällt also wieder im Ein-aus-zehn-Code an. Die Abb. 50 zeigt einen Ausschnitt aus einer Additionstafel:

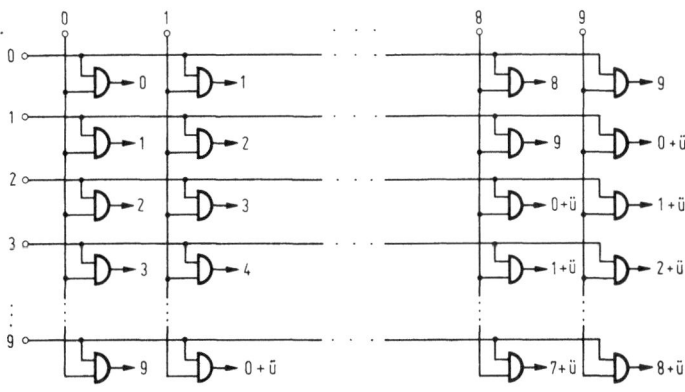

Abb. 50   Teil einer Additionstafel

Selbstverständlich ist die Matrix wegen des kommunikativen Gesetzes der Addition symmetrisch und kann deshalb vereinfacht werden.

3.3.5 Multiplizierwerke mit Zählersteuerung

Bei diesen Multiplizierwerken führt man die Multiplikation auf Additionen zurück. Es wird zunächst der Multiplikand so oft auf das vorher gelöschte AC-Register addiert, wie die am weitesten rechts stehende Stelle des Multiplikators angibt. Dann erfolgen eine Rechtsverschiebung AC-MR und neue Additionen des Multiplikanden, die wieder von der letzten Stelle des MR gesteuert werden. In dieser Stelle steht jetzt die zweitletzte Ziffer des Multiplikators. Dieser Prozeß wird fortgeführt, bis alle Stellen des Multiplikators abge-

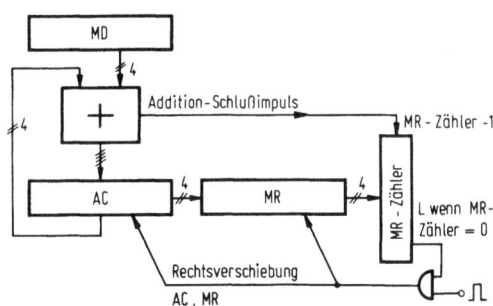

Abb. 51
Multiplizierwerk
mit Zählersteuerung

fragt sind. Die Abbildung 51 zeigt das Schaltbild eines solchen Multiplizierwerks. Der Datentransport ist hier tetradenparallel geführt. Die Dauer einer Multiplikation ist bei solchen Werken abhängig von dem Wert der Ziffern des Multiplikators. Im ungünstigsten Fall müssen bei n-stelligen Operanden $9n$ Additionen durchgeführt werden.

3.3.6 Multiplizierwerke mit Einmaleinskörpern

Zu wesentlich kürzeren Multiplikationszeiten kommt man, wenn man die Vielfachen der einzelnen Stellen des Multiplikanden „schlagartig" zur Verfügung stellt, das richtige Vielfache aussucht und dieses auf das AC addiert. Die Vielfachen können mit Hilfe von Matrizenschaltungen, die ähnlich wie die Additionstafeln aufgebaut sind und die die Ergebnisse des kleinen Einmaleins liefern, gewonnen werden.

3.3.6.1 Serielles dezimales Multiplizierwerk mit Einmaleinskörpern

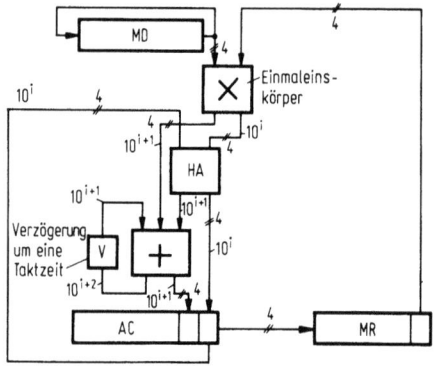

Abb. 52
Serielles, dezimales Multiplizierwerk mit Einmaleinskörper

Der in der Abb. 52 gezeigte Einmaleinskörper verknüpft nur einstellige Zahlen, die Addierwerke ebenso. Es muß also, um zwei n-stellige Zahlen miteinander zu multiplizieren, n^2mal hintereinander der Einmaleinskörper aufgerufen und nach jedem Aufruf die dazugehörigen Additionen ausgeführt werden.

3.3.6.2 Halbparalleles dezimales Multiplizierwerk mit Einmaleinskörpern

Bei dem in Abb. 53 angegebenen Werk werden sämtliche n Stellen des Multiplikanden gleichzeitig mit einer Stelle des Multiplikators mittels n Einmaleinskörpern multipliziert und mit Hilfe von $2n$ dezimalen Addierwerken ($+_{i,1}$ und $+_{i,3}$), die nach Art der Abb. 47 aufgebaut sein können und n speziellen Addierwerken ($+_{i,2}$) auf das AC-Register aufaddiert. Die speziel-

3.3 Rechenwerke für das dezimale Zahlensystem

len dezimalen Addierwerke müssen nur einen Übertrag und eine Dezimalzahl, die immer ≦ 8 ist zusammenzählen. Deshalb kann hier weder eine Pseudotetrade noch ein Übertrag in die nächste Dekade entstehen. Zur Realisierung eines solchen Addierers sind deshalb nur einfache Halbaddierer in den drei rechten Bit und ein Oder-Glied im linken Bit der Tetrade erforderlich. Zur Durchführung einer Multiplikation mit n-stelligem Multiplikator benötigt man $n \cdot t_0$ Sekunden. t_0 ergibt sich aus der Laufzeit durch die Einmaleinskörper und die Addierwerke und der Zeit für eine Rechtsverschiebung im AC-Register.

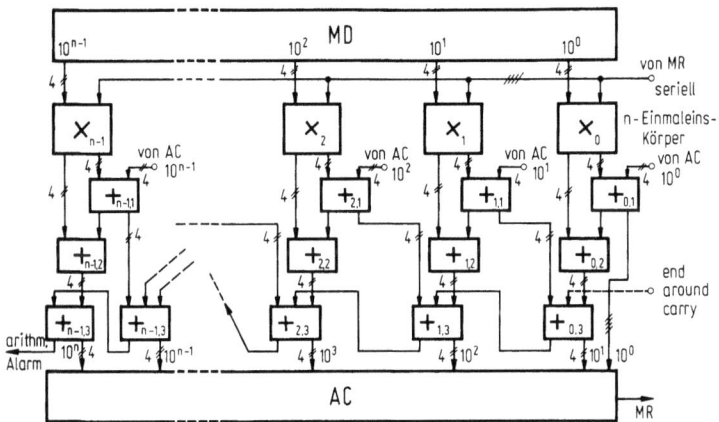

Abb. 53   Halbparalleles, dezimales Multiplizierwerk mit Einmaleinskörpern

Bei einer Dezimalmaschine ist n nur ein Drittel so groß wie bei einer gleichwertigen binären Anlage. Deshalb sind dezimale halbparallele Multiplizierwerke schneller als binäre. Doch ist zum Aufbau des Dezimalwerks ein beträchtlicher Aufwand erforderlich. In diesem Aufwand scheitern auch einschrittige dezimale Multiplizierwerke.

Man kann den Aufwand bei dezimalen Multiplizierwerken bei geringem zeitlichen Mehraufwand stark reduzieren, wenn man die Einmaleinskörper wegläßt, statt dessen nur gewisse Vielfache des Multiplikators zur Verfügung stellt und die Subtraktion zuläßt.

3.3.7 Multiplizierwerk, bei dem gewisse Vielfache des Multiplikanden verwendet werden

Bei Verwendung des binären Codes ist es relativ einfach, durch Linksverschiebung der Ziffern in den einzelnen Tetraden den doppelten Wert der Zahl zu erzeugen. (Natürlich müssen nach der Verschiebung Pseudotraden eliminiert werden und Überträge in höhere Dekaden berücksichtigt werden.) Auf die gleiche Weise läßt sich aus dem doppelten Wert das Vierfache erzeugen.

Ein weiterer Zeitgewinn kann erreicht werden, wenn man bei Stellenwerten > 5 des Multiplikators den Multiplikanden nicht auf das AC aufaddiert, sondern so oft subtrahiert, wie das Komplement dieses Stellenwertes zur Ziffer 10 ausmacht. Natürlich muß dann die nächste Stelle des Multiplikators um eins erhöht werden.

Stellenwert im MR	Es werden folgende Vielfache vom MD addiert.	
0	+ 0	
1	+ 1fach	
2	+ 2fach	
3	+ 1fach + 2fach	
4	+ 4fach	
5	+ 1fach + 4fach	
6	− 4fach	
7	− 2fach − 1fach	folgende Stelle im MR + 1
8	− 2fach	
9	− 1fach	

Braucht man zur Addition des Multiplikanden eine Zeiteinheit, so sind bei der konventionellen Abarbeitung einer Multiplikatorstelle im Mittel fünf Einheiten notwendig, während bei der obengenannten Methode, bei der Vielfache und die Subtraktion verwendet werden, im Mittel 1,35 Zeiteinheiten gebraucht werden.

3.3.8 Dezimale Dividierwerke

Die Division von Dezimalzahlen wird analog der von Binärzahlen ausgeführt. Sie kann mit oder ohne Rückstellung des Rests durchgeführt werden. Der Zeitgewinn, den hier das Verfahren ohne Rückstellung des Rests bringt, ist nicht so groß wie im Binären, da jetzt bis zu 10 Subtraktionen notwendig sein können.

Mehr Zeit läßt sich einsparen, wenn man Vielfache des Divisors zur Verfügung stellt. (Der Divisor befindet sich während der Division im gleichen Register wie der Multiplikand. Die Einrichtungen, die Vielfache zu erzeugen gestatten, können also auch für die Multiplikationen verwendet werden.) Hat man beispielsweise das Fünffache des Divisors zur Verfügung, so kann nach dessen Subtraktion festgestellt werden, ob der Rest positiv ist oder nicht. In einem Fall addiert man forthin den Divisor, im anderen Fall subtrahiert man ihn.

Beim schnellsten Divisionsverfahren werden alle Vielfache des Divisors zur Verfügung gestellt und parallel in neun Vergleichswerken geprüft, welches der Vielfachen erstmals kleiner als der AC-Inhalt ist.

3.4 Einrichtungen für die Gleitpunktarithmetik und für die korrekte Rundung

Wir haben bisher bei allen Rechenoperationen wenig über die Lage des Dezimalpunkts der Operanden und des Ergebnisses gesagt. Man kann mit den besprochenen Festpunktrechenwerken ohne weitere hardware-Zusätze Gleitpunktarithmetik treiben, falls man durch Absprache das Maschinenwort in Mantissen- und Exponententeil unterteilt.

Durch besondere Unterprogramme, die bei jeder Gleitpunktoperation anzuspringen sind, werden dem Rechenwerk erst die Exponenten zugeführt und verarbeitet, dann die Mantissen und schließlich, falls notwendig, wird der Exponent des Ergebnisses noch korrigiert. Bei diesem Verfahren müssen jedoch zur Durchführung einer arithmetischen Verknüpfung eine Menge von Befehlen aus dem Speicher aufgerufen und ausgeführt werden, was natürlich einige Zeit kostet. Daher werden alle diese Operationen bei schnellen Maschinen durch Schaltungsmaßnahmen erledigt. Der arithmetische Gleitpunktbefehl benötigt hier, wie jeder andere Befehl nur zwei Speicheraufrufe. Einer wird benötigt, um den Befehl aus dem Speicher zu holen, der andere, um den Operanden ins Rechenwerk zu bringen.

3.4.1 Die mathematisch korrekte Rundung

Bei allen Gleitpunktoperationen können durch Verschiebeoperationen vor bzw. während der arithmetischen Verknüpfung Überschreitungen der durch den Speicher der Anlage vorgegebenen Stellenzahl auftreten. Um das Ergebnis wieder mit dieser Stellenzahl abspeichern zu können, müssen mehr oder weniger viele Stellen abgeschnitten werden. Dieses Abschneiden sollte jedoch in Verbindung mit einer mathematisch korrekten Rundung geschehen. Unter mathematisch korrekter Rundung versteht man eine Abbildung ϱ der reellen Zahlen auf die Gleitpunktzahlen, $\varrho: \mathbb{R} \to G$, die jedem $r \in \mathbb{R}$ ein nächstgelegenes $g \in G$ zuordnet:

$$\varrho(r) = g \text{ genau dann, wenn } |r - g| \leq |r - g'| \; \forall \, g' \in G.$$

Beachte, daß g durch diese Bedingung noch nicht eindeutig definiert ist. Für $r = 7/2$ erfüllt $g = 3$ wie $g = 4$ die Bedingung. Eine Rundungsvorschrift muß innerhalb der noch bestehenden Freiheit eine eindeutige Rundung festlegen.

Beispiel eines Algorithmus für eine mathematisch korrekte Rundung:

$r = 0$ gibt $g = 0$

$r \neq 0$ a) bestimme e so, daß $B^{e-1} \leq |r| < B^e$
(B ist die Basis des verwendeten Zahlsystems)
Beispiel: Aus $r = 412\,567{,}683$ und $B = 10$ folgt $e = 6$

b) bilde: $r' = \frac{r}{B^{e-t}}$ (t ist die Stellenzahl der Anlage)
Beisp.: $r' = 412\,567{,}683/_{10}2 = 4\,125{,}67683$
bei einer 4stelligen Anlage

c) bilde: $M = [r' + 0.5]$
Beisp.: $M = 4\,126$

d) $g = M \cdot B^{e-t} = m\,B^e\,(m = MB^{-t})$
Beisp.: $g = 4\,126 \cdot 10^2 = 0{,}4126 \cdot 10^6$

Um die Rundung nach dem Algorithmus durchführen zu können, muß am rechten Ende des AC-Registers eine Schutzstelle vorgesehen sein, auf die die halbe Einheit der am weitesten rechts stehenden Stelle des AC-Registers addiert werden kann. Je nach der Darstellung der Gleitkommazahlen kann die Schutzstelle aus einem oder mehreren Bits bestehen. Wird als Basis 2 verwendet, so genügt ein Bit, anders für die Basis 10 oder 16, wo dafür eine Tetrade notwendig ist. Während man bei der Dezimal-Darstellung wirklich eine 5 auf die Schutzstelle addiert, bzw. die am weitesten rechts stehende Dezimalziffer in Abhängigkeit davon, ob der Wert der Schutzstelle ≥ 5 ist, um eine Einheit erhöhen muß, genügt bei der binären bzw. bei der hexadezimalen Darstellung die Prüfung des ersten Bit, das gerade nicht mehr im Stellenbereich liegt. Ist dieses L, so muß in das am weitesten rechts stehende Bit des Registers eine L addiert werden.

Es sollen nun die elektronischen Einrichtungen für die Gleitpunktarithmetik und für die korrekte Rundung beschrieben werden.

3.4.2 Gleitpunktarithmetik bei der Addition und Subtraktion

3.4.2.1 Operanden mit gleichen Exponenten

Wenn die beiden Operanden den gleichen Exponenten haben, können sie ohne vorherige Verschiebung zueinander addiert werden. Tritt weiterhin bei der Addition keine Überschreitung des Zahlbereichs der Mantisse nach oben auf, so ist auch nach der Addition keine Verschiebung nötig. Hierzu ein Beispiel, das – wie alle folgenden – der Einfachheit halber mit 4stelligen Dezimalzahlen angeführt wird:

$$\begin{array}{r} 0{,}6735_{10}3 \\ +\,0{,}1571_{10}3 \\ \hline 0{,}8306_{10}3 \end{array}$$

3.4 Einrichtungen für Gleitpunktarithmetik und für korrekte Rundung

Tritt bei einer Addition oder Subtraktion eine Überschreitung des Mantissenbereichs auf, so muß das Ergebnis durch eine anschließende Rechtsverschiebung mit entsprechenden Exponentenangleich (Denormalisierung) wieder in den richtigen Zahlbereich gebracht werden. Beispiel:

$$0.8752_{10} - 2$$
$$+ 0.4286_{10} - 2$$
$$\overline{+ 1.3038_{10} - 2}$$

Denormalisiert: $\qquad 0.1304_{10} - 1$

Die letzte Stelle des nicht denormalisierten Ergebnisses kommt dabei in die Schutzstelle; ist sie größer oder gleich fünf, so führt die Maschine automatisch eine Rundung aus.

Bei der Erhöhung des Exponenten kann natürlich eine Überschreitung des Exponenten-Zahlbereichs eintreten. In diesem Fall stoppt die Maschine und meldet den Überlauf; meist wird dabei zusätzlich die Nummer des Befehls mit ausgedruckt, der den Überlauf verursachte.

Selbstverständlich kann bei einer Addition oder Subtraktion auch eine Unterschreitung des bei der Eingabe geforderten Zahlbereiches auftreten, d. h. es können führende Nullen hinter dem Komma entstehen:

$$0.3581_{10} 5$$
$$- 0.3548_{10} 5$$
$$\overline{0.0033_{10} 5}$$

Normalisiert: $\qquad 0.3300_{10} 3$

Hier erfolgen anschließend soviele Normalisierungsschritte, bis die erste von Null verschiedene Ziffer am Komma ansteht. Durch diese Normalisierungsschritte werden zwar von rechts Nullen nachgezogen, die eine nicht vorhandene Genauigkeit vortäuschen. Die Normalisierung des Ergebnisses ist aber wegen eventuell folgender Multiplikationen und Divisionen zweckmäßig.

3.4.2.2 *Operanden mit verschiedenen Exponenten*

Bei Operanden mit verschiedenen Exponenten muß man, um eine Überschreitung des Mantissenzahlbereichs schon bei den Verschiebungen zu vermeiden, stets den kleineren Exponent an den größeren angleichen. Der Rechenautomat stellt also zunächst den kleineren Exponenten fest und denormalisiert dann die zugehörige Mantisse so oft, bis beide Exponenten gleich sind. Dann erst nimmt er die Addition vor.

Um die Rundung korrekt durchführen zu können, ist es notwendig, die Schutzstelle im AC richtig zu besetzen. Das gelingt wegen der hier möglichen Denormalisierungsoperationen bei den Operanden nur dann, wenn wir auch im MD-M-Register eine Schutzstelle vorsehen.

Unterscheiden sich beide Exponenten nur um eine Einheit, so erzeugt die letzte Stelle des Summanden mit dem kleineren Exponenten die Schutzstelle des Ergebnisses. Sind bei der Operation führende Nullen entstanden, so werden diese vor der Rundung durch Normalisieren eliminiert. In diesem Falle kann, da jetzt die Schutzstelle des Ergebnisses mit einer Null besetzt ist, die Rundoperation wegfallen. Sind die Exponenten um mehr als eine Einheit verschieden, so werden in jedem Fall gültige Stellen des einen Summanden rechts über die Schutzstelle hinaus ins Leere geschoben. Wie man sich leicht überlegt, kann aber hier bei der Summe im höchsten Fall eine führende Null entstehen. Man erhält das beste Ergebnis, wenn man, nachdem addiert wurde, erst normalisiert und dann rundet. Um dies durchführen zu können, benötigt man im MD- und AC-Register statt einer zwei Schutzstellen.

Es soll als Beispiel ein Gleitpunktaddierwerk angegeben werden, welches Zahlen mit der Basis 2 verarbeitet.

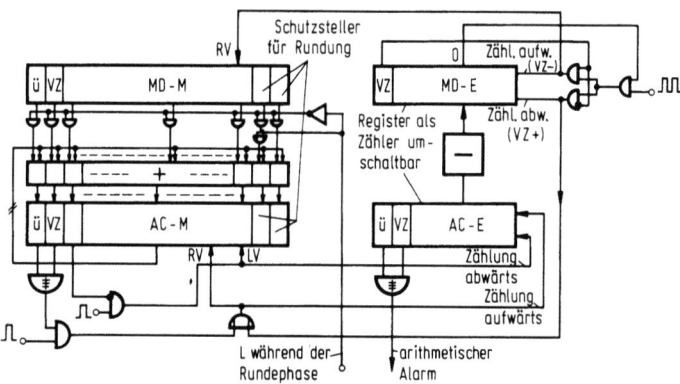

Abb. 54   Steuerungseinrichtungen für die Gleitpunktaddition

Im Rechenwerk sind getrennte Register für die Mantissen und für die Exponenten vorgesehen. Nachdem die Operanden in den Registern stehen, wird zuerst vom Inhalt des Registers MD-E der Inhalt von AC-E subtrahiert, <AC-E> bleibt erhalten.

Ist die Differenz in MD-E negativ, so war Exp. (AC) > Exp. (MD). Die Zahl im MD muß exponentenmäßig der im AC angeglichen werden. Dazu wird MD-E als Zähler betrieben und bis zum Erreichen der Null aufwärts gezählt. Jeder Zählimpuls verschiebt gleichzeitig die Mantisse im MD-M um eine Stelle nach rechts.

Bei positiver Differenz muß der <AC> dem von MD angeglichen werden. MD-E wirkt als Abwärtszähler, er wird bis zur Null abwärtsgezählt, gleichzeitig wird AC-M nach rechts verschoben und AC-E vom jeweiligen Stand aus aufwärts gezählt.

3.4 Einrichtungen für Gleitpunktarithmetik und für korrekte Rundung

Beispiele

Ausgangswerte	Exponenten-angleich	Ergebnis: direkt	normalisiert	denormalisiert	gerundet
$0.2538_{10}2$ $+0.5704_{10}4$	$0.0025\|38_{10}4$ $0.5704\|.._{10}4$	$0.5729\|38_{10}4$	—	—	$0.5729_{10}4$
$0.1006_{10}6$ $-0.9923_{10}4$	$0.1006\|.._{10}6$ $-0.0099\|23_{10}6$	$0.0906\|77_{10}6$	$0.9067\|7_{10}5$	—	$0.9068_{10}5$
$0.1004_{10}-2$ $-0.9992_{10}-3$	$0.1004\|.._{10}-2$ $-0.0999\|2._{10}-2$	$0.0004\|80_{10}-2$	$0.4800\|0_{10}-5$	—	$0.4800_{10}-5$
$0.9873_{10}-2$ $+0.0263_{10}-3$	$0.9873\|.._{10}-2$ $0.0263\|8._{10}-2$	$1.0136\|80_{10}-2$	—	$0.1013\|68_{10}-1$	$0.1014_{10}-1$
$0.9944_{10}4$ $+0.5568_{10}2$	$0.9944\|.._{10}4$ $0.0055\|68_{10}4$	$0.9999\|68_{10}4$	—	$0.1000_{10}5$	$1.0000_{10}4$

Bei einer Exponentendifferenz <2 hat die Rundeoperation des Ergebnisses nach einer wegen führender Nullen durchgeführten Normalisierungsoperation keine Bedeutung (Beispiel 3). Hält man eine beim Exponentenvergleich festgestellte Differenz <2 fest, so kann die Zeit für die Rundeoperation eingespart werden. Nach den Rechtsverschiebungen stehen die beiden Summanden stellenrichtig untereinander, und die Addition bzw. Subtraktion kann durchgeführt werden. Löst diese Operation eine Bereichsüberschreitung aus, so ergeben sich verschiedene Bitwerte in den beiden ersten Stellen (vgl. 3.2.1). Ist dieser Fall eingetreten, wird das Ergebnis in AC-M und AC-E um einen Schritt denormalisiert. Bei der Rechtsverschiebung muß dafür gesorgt werden,

daß die beiden linken Bit von AC-M gemäß dem Vorzeichen von AC-M besetzt werden.
Die Rundung erfordert ein vom Addiernetzwerk abschaltbares MD-M-Register. Während der Rundephase muß bei einer Parallelmaschine an sämtlichen Stellen des Addierers der Wert O anliegen, mit Ausnahme des am wenigsten signifikanten Bits an dem abhängig von der Schutzstelle O oder L liegt. Selbstverständlich werden im allgemeinen die hierfür erforderlichen Gatter mit in das Addierwerk hineingearbeitet [26].
Wie Beispiel 5 zeigt, kann eine Rundeoperation eine Bereichsüberschreitung auslösen; man muß deshalb das gerundete Endergebnis nochmals überprüfen und gegebenenfalls denormalisieren.

3.4.3 Gleitpunktarithmetik bei der Multiplikation

Werden Gleitpunktzahlen in ihrer internen Darstellung miteinander multipliziert, so bleibt das Produkt der beiden Zahlen kleiner als Eins, während sich der Exponent des Ergebnisses als die Summe der Exponenten der Faktoren ergibt:

$$\overset{<1}{\overline{m_1}} \cdot B^{n_1} \times \overset{<1}{\overline{m_2}} \cdot B^{n_2} = \overset{<1}{\overline{m_1 \times m_2}} \cdot B^{(n_1 + n_2)}$$

Für B wird im allgemeinen entweder 2, 10 oder 16 gewählt.
Vor der Multiplikation müssen also nur die Exponenten beider Faktoren zueinander addiert werden; die Prüfung auf Bereichsüberschreitung der Mantisse kann entfallen.
Werden für die Faktoren nur normalisierte Zahlen zugelassen ($1 > m_{Dez} \geq 0.1$, $1 > m_{sed} \geq 1/16$ bzw. $1 > m_{Bin} \geq 1/2$), so kann im Produkt höchstens eine führende Null bzw. eine Tetrade mit führenden Nullen entstehen. Diese wird im allgemeinen durch einen nachfolgenden Normalisierungsschritt eliminiert. Für die korrekte Rundung sind also auch hier zwei Schutzstellen für das Ergebnisregister nötig. Da jedoch das Produkt zweier n-stelliger Zahlen bei fast allen Rechenwerken in der $2n$-stelligen Registerkombination AC-MR in der vollen Stellenzahl anfällt, sind diese Schutzstellen bei der Multiplikation sowieso vorhanden.
Selbstverständlich könnten, wenn man auf die Verwendung des MR-Registers als Zwischenspeicher verzichtet, diese MR-Stellen auch bei der Addition als Schutzstellen dienen.
Die Abb. 55 zeigt die Schaltung eines Gleitpunktmultiplizierwerks. Vor dem Beginn der Multiplikation steht der Multiplikand im MD-M und MD-E, der Multiplikator im MR-M und AC-E. Zuerst wird der Exponent im MD-E auf dem in AC-E aufaddiert. Tritt bei dieser Addition ein Überlauf in der positiven Richtung auf, wird ein arithmetischer Alarm ausgelöst, während ein Überlauf in die negative Richtung, z. B. durch Einsetzen einer Null als Ergebnis aufgefangen werden kann.

3.4 Einrichtungen für Gleitpunktarithmetik und für korrekte Rundung   61

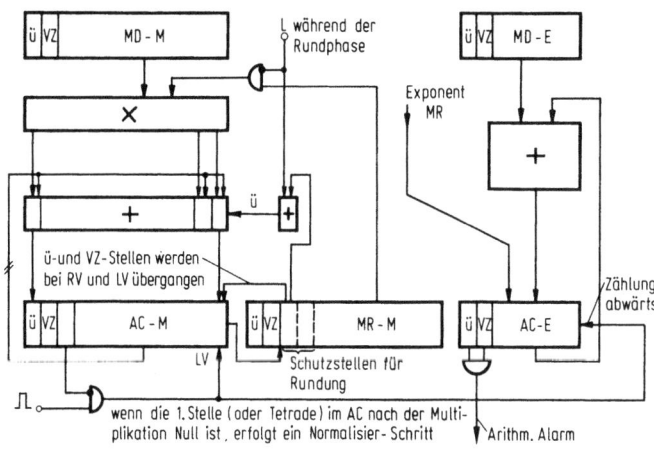

Abb. 55   Steuerungseinrichtungen für die Gleitpunktmultiplikation

Sind die Exponenten addiert, kann die Multiplikation ausgeführt werden. Nach deren Beendigung wird AC-M auf eine führende Null geprüft. Ist eine solche vorhanden, wird ein Normalisierungsschritt in AC-M und MR-M ausgelöst. (Bei allen Verschiebungen in AC-M und MR-M müssen hier die beiden Vorzeichenbit des MR-M übergangen werden.) Am Schluß der Operation wird eine Rundung in Abhängigkeit von der Schutzstelle in MR-M durchgeführt.

Beispiele:

Ausgangszahlen	Ergebnis: direkt	normalisiert	gerundet
$0.7350_{10}5$ $\times\ 0.6283_{10}3$	$0.46180050_{10}8$	—	$0.4618_{10}8$
$0.1231_{10}-2$ $\times -0.1828_{10}1$	$-0.02245344_{10}-1$	$-0.22453440_{10}-2$	$-0.2245_{10}-2$

3.4.4 Gleitpunktarithmetik bei der Division

Bei der Division zweier Gleitkommazahlen ergibt sich der Exponent des Ergebnisses aus der Differenz der Exponenten von Zähler und Nenner.

$$\frac{m_1 \cdot B^{n_1}}{m_2 \cdot B^{n_2}} = \frac{m_1}{m_2} \cdot B^{(n_1 - n_2)} \quad B = 2, 10 \text{ oder } 16.$$

Der Quotient $q = m_1/m_2$ bleibt nur dann im Zahlbereich $q < 1$, wenn der Betrag der Nenner-Mantisse größer als der Betrag der Zähler-Mantisse ist.

Arbeitet man innerhalb der Maschine grundsätzlich mit normalisierten Zahlen, so bleibt das Ergebnis < 10, < 16 bzw. < 2, es reicht also eine Stelle bzw. Tetrade zum Auffangen des Überlaufs aus. Wie bei der Addition wird dann das Ergebnis durch einen Denormalisierungsschritt wieder in den Zahlbereich der Anlage gebracht. Läßt man auch nichtnormalisierte Zahlen zu, so müssen diese entweder vor einer Division normalisiert werden, oder die Maschine muß vorher prüfen, ob der Betrag des Nenners größer als der des Zählers ist. Ist dies nicht der Fall, so wird die Zähler-Mantisse solange denormalisiert, bis die obige Bedingung erfüllt ist. Dann erst kann dividiert werden.

Ist die Zahl im MD-M nicht normalisierbar, d. h. ist die Anzahl der Linksverschiebungen mit Exponentenangleich größer als die Mantissenlänge, so wird der Nenner in der verwendeten Zahldarstellung gleich Null. Die Anlage löst in diesem Fall einen arithmetischen Alarm aus.

Die einfacheren Werke ergeben sich natürlich, wenn man erst die Operanden normalisiert, dann dividiert und schließlich, falls notwendig, einen Denormalisierungsschritt durchführt. Doch werden Gleitkommazahlen oft in hexadezimaler Form dargestellt. Bei einem Normalisierungsschritt gehören hier immer 4 Rechtsverschiebungen zu einer Exponentenerniedrigung um eine Einheit. Die Normalisation wird abgebrochen, wenn die am weitesten links stehende Tetrade $\neq 0$ geworden ist. Dehalb können hier „normalisierte" Zahlen noch bis zu drei führende Nullen besitzen. Man müßte also zum Auffangen eines Überlaufs eine Tetrade vorsehen. Das würde aber die Verwendung der ersten und zweiten Stelle des binären Mantissenwerks als Überlauf-

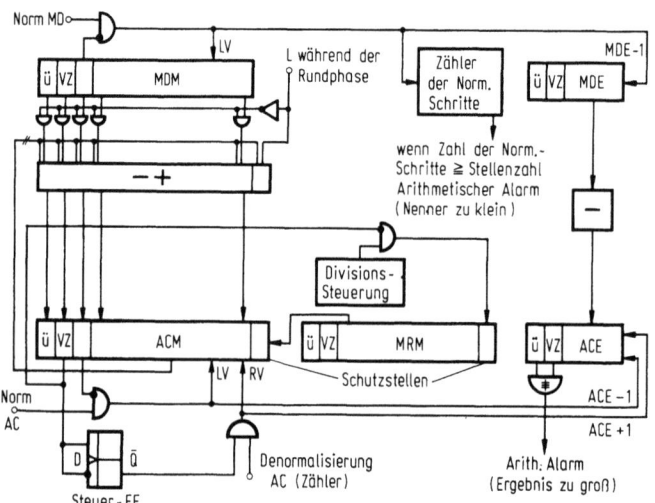

Abb. 56 Steuerungseinrichtungen für die Gleitpunktdivision

3.4 Einrichtungen für Gleitpunktarithmetik und für korrekte Rundung

bzw. Vorzeichenbit durchbrechen. Man wendet daher lieber die Methode der Denormalisierung des Zählers an.

Die Abb. 56 zeigt ein Gleitpunktdividierwerk, bei dem vor der Division der Zähler denormalisiert wird. Um sicher zu sein, mit einem Denormalisierungsschritt auszukommen, werden der Divisor im MD und der Dividend im AC zu Beginn der Operation normalisiert. Dann wird durch eine Subtraktion des Absolutwertes der Mantisse des Divisors im MD-M vom Absolutwert des Dividenden in AC-M geprüft, ob die Bedingung $|<\text{AC-M}>| < |<\text{MD-M}>|$ erfüllt ist. Ist dies nicht der Fall, wird ein Steuer-Flip-Flop gesetzt. Dann wird die Subtraktion durch eine entsprechende Addition aufgehoben. Sowohl die Subtraktion als auch die Addition laufen nicht als Gleitkommaoperationen ab. Sie befassen sich nur mit den Inhalten von MD-M und AC-M und berücksichtigen keinen Exponenten.

Stehen nach der Addition beide Operanden wieder richtig in AC-M und MD-M, wird das Steuer-Flip-Flop abgefragt. Ist es gesetzt, erfolgt ein Denormalisierungsschritt in AC. Dadurch ist jetzt in allen Fällen die Bedingung $|<\text{AC-M}>| < |<\text{MD-M}>|$ erfüllt. Nun wird vom Register AC-E der Inhalt des Registers MD-E subtrahiert. Ein Überlauf löst wie bei der Multiplikation entweder einen arithmetischen Alarm aus oder setzt Null als Ergebnis ein. Jetzt kann die eigentliche Division mit $<\text{MD-M}>$ und $<\text{AC-M}>$ durchgeführt werden. Nach der Division wird meist $<\text{MR-M}>$ nach AC-M überführt.

Zur Durchführung einer korrekten Rundung ist es notwendig, den Divisionsalgorithmus über $n + 1$ Stellen laufen zu lassen. Die jeweils entstandenen Quotientenstellen werden jetzt in die Schutzstelle des MRM eingegeben. Wenn der Quotient nach AC überführt ist, kann die Rundeeinrichtung der Addition benutzt werden.

Beispiele:

Ausgangszahlen: direkt	normalisiert	Zähler denormalisiert	Ergebnis: direkt	denormalisiert	gerundet
$0.2835_{10}4$ $:(-0.5482_{10}2)$			$-0.5171\|4_{10}2$		$-0.5171_{10}2$
$0.8522_{10}1$ $:0.4385_{10}2$		$0.0852\|2_{10}2$ $0.4385\|0_{10}2$	$0.1943\|4_{10}0$		$0.1943_{10}0$
oder: $0.8522_{10}1$ $:0.4385_{10}2$			$1.9434\|4_{10}-1$	$0.1943\|4_{10}0$	$0.1943_{10}0$
$0.0025_{10}3$ $:0.0005_{10}2$	$0.2500_{10}1$ $0.5000_{10}-1$		$0.5000\|0_{10}2$		
oder: $0.0025_{10}3$ $:0.0005_{10}2$		$0.0002\|5_{10}4$ $0.0005\|0_{10}2$	$0.5000\|0_{10}2$		

4 Die Steuerung der arithmetischen Operationsabläufe, Mikroprogramme

4.1 Allgemeines

Wir haben bei der Behandlung der einzelnen Rechenwerkstypen erkannt, daß jede Gesamtoperation aus einfachen Teiloperationen gebildet wird. (Addition ohne Übertrag, Berücksichtigung des Übertrags, Rechts- oder Linksverschiebungen in den Registern, Laden der Register usw.) Damit aus diesen Teiloperationen die geforderte arithmetische Operation gebildet wird, muß eine Steuereinrichtung vorhanden sein, welche für die richtige zeitliche Folge der Grundoperationen sorgt. Man nennt die Folge dieser Grundoperationen, die für die Steuerung einer bestimmten Operation der Maschine nötig sind, auch das zu dieser Operation gehörige *Mikroprogramm.*

Man könnte nun und das wurde bei einigen Maschinen tasächlich durchgeführt, in die Befehlsliste der Anlage nur relativ einfache Grundoperationen, z. B. Addition und Subtraktion, aufnehmen. Soll die Maschine dann etwa multiplizieren, so findet sie das zugehörige Mikroprogramm an einer bestimmten Stelle im Hauptspeicher. Statt des Multiplizierbefehls muß dann einfach ein Unterprogrammsprung auf den Anfang dieses Programms geschrieben werden. Dieses Verfahren hat den Nachteil, daß zur Ausführung einer komplexen Operation viele Speicherzugriffszeiten notwendig sind. Deshalb sieht man für die meisten Anlagen einen besonderen Mikroprogrammspeicher, einen Festwertspeicher vor, dessen Zugriffszeit der Maschinengeschwindigkeit angepaßt ist. Die Grenze, ab der man einen Ablauf durch ein mehr oder weniger fest eingebautes Mikroprogramm steuert *(hardware-Steuerung)* oder durch ein im Hauptspeicher befindliches Programm *(software-Steuerung),* läßt sich nicht genau angeben. Sie hängt von der geforderten Maschinengeschwindigkeit, der Häufigkeit, der Komplexität des zu steuernden Ablaufs und davon ab, ob dieser ein für allemal unveränderlich bleibt und ob er Schritte enthält, die zur Ausführung längere Zeiten benötigen.

Es sollen nun die wichtigsten Methoden besprochen werden, um Mikroprogramme zu speichern. Da die arithmetischen und die sonstigen Operationen einer Anlage, die durch das Mikroprogramm gesteuert werden sollen, im allgemeinen in der Art der Ausführung unveränderlich bleiben, können die dazugehörigen Mikroprogramme in fester Form in der Maschine gespeichert werden.

4.2 Verzweigtes Schieberegister als Mikroprogrammspeicher

Durch den Einbau von Und- bzw. Odergliedern läßt sich ein Schieberegister in zwei Wege aufspalten, bzw. zwei getrennte Wege wieder zusammenführen. Die entsprechenden Schaltungen sehen für ein Register aus D-MS-Flip-Flops etwa folgendermaßen aus:

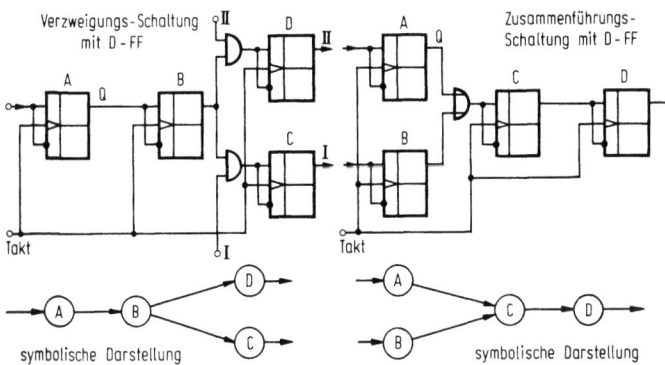

Abb. 57   Verzweigung und Zusammenführung in einem Schieberegister

Die Elemente solcher verzweigter Schieberegister (Flip-Flop- oder Magnetkerne) können dazu verwendet werden, die Steuerimpulse für ein Rechenwerk zu liefern. Wir wollen als Beispiel ein Schieberegister entwerfen, welches eine Addition in dem in 3.3.3 angeführten dezimalen Rechenwerk steuert.

Zuerst müssen wir den Ablauf einer Addition beschreiben. Wir verwenden dazu die Programmiersprache ALGOL 68. Als Beispiel wählen wir die Addition zweier 8stelliger Zahlen 12345678 + 09876120.

Die Verschiebeoperationen im MD- und AC-Register und die Zähloperationen im AC-Zähler werden durch Prozeduren beschrieben. Technisch lassen sich diese Operationen mittels eines Impulses erledigen.

Im beschreibenden Programm verwenden wir folgende Abkürzungen:

ac	= Akkumulator, enthält den Augenden
md	= Register für den Addenden
acz	= AC-Zähler
mdz	= MD-Zähler
ue	= Übertrags-Flip-Flop
stz	= Stellenzähler (in Abb. 49 nicht gezeichnet)
rvac	= Prozedur für eine Rechtsverschiebung im geschlossenen AC-ACZ-Kreis
rvmd	= Prozedur für eine Rechtsverschiebung im geschlossenen MD-Kreis und Einspeisung der am weitesten rechts stehenden Stelle in den MRZ.
aczae	= Prozedur für eine Aufwärtszählung im ACZ (diese Prozedur stellt ACZ bei der Überschreitung der Neun auf Null und setzt UE: = TRUE).

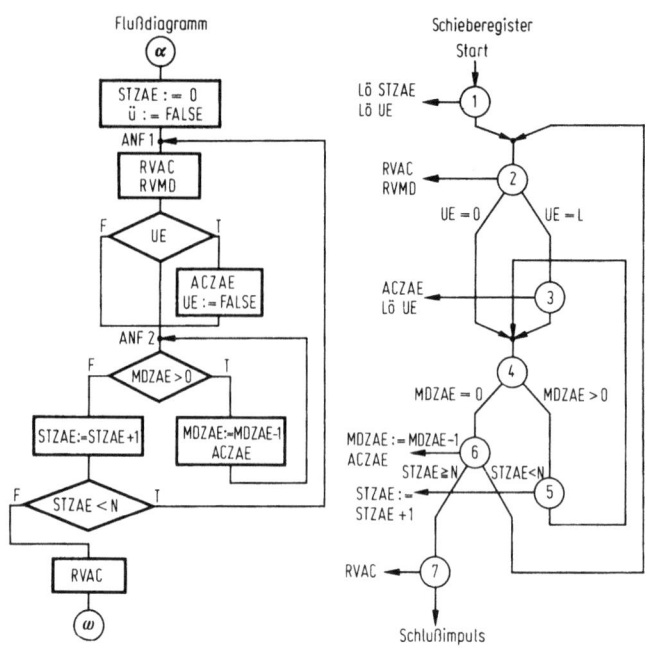

Abb. 58 Gegenüberstellung von Flußdiagramm und Schieberegister

begin c Steuerung einer seriellen Addition c
   ref bool ue = **loc bool**: = **false**; **int** n = 8; **ref int** stz = **loc int** = 0;
   ref int acz = **loc int**; **ref int** mdz = **loc int**;
   ref [1:8] **int** md = **loc** [1:8] **int**: = (0, 9, 8, 7, 6, 1, 2, 0);
   ref [1:8] **int** ac = **loc** [1:8] **int**: = (1, 2, 3, 4, 5, 6, 7, 8);
   proc (ref bool) $aczae$ = (**ref bool** c): (**if** acz **equal** 9)
              then (acz: = 0, ue: = TRUE)
              else acz: = acz + 1 **fi**);
   proc $rvac$ = (: (**int** h;
             h: = acz;
             acz: = ac [1];
             for i **to** $n-1$ **do** ac [i]: = ac [$i + 1$];
             AC [n]: = h));
   proc $rvmd$ = (: (mdz: = md [1];
             for i **to** $n-1$ **do** md [i]: = md [$i + 1$];
             md [n] : = mdz));
stelle: ($rvac$, $rvmd$);
   if ue **then** (ue: = **false**; $aczae(ue)$) **fi**;

zlgn: **if** *mdz* **greater** 0 **then** *(mdz: = mdz − 1; aczae (ue); zlgn) fi;*
  stz: = stz + 1;
  if *stz* **less** *n* **then** *stelle* **fi;**
  rvac;
end

Aus dem Flußdiagramm des beschreibenden Programms können wir direkt die Anordnung des Schieberegisters erhalten.

4.3 Umstellbare Binärzähler als Mikroprogrammspeicher

Statt des verzweigten Schieberegisters läßt sich auch ein binärer Zähler verwenden, der gesteuert durch Spannungspegel aus dem zu steuernden Werk die normale Zählfolge verlassen kann. Dadurch können in gleicher Weise Schleifen realisiert werden wie beim Schieberegister. Die Steuerimpulse für das Rechenwerk müssen allerdings durch eine Entschlüsselungsschaltung, die von allen Flip-Flops des Zählers beeinflußt wird, gewonnen werden.

4.4 Die Fixierung des Mikroprogramms in einem besonderen Speicherwerk

In den 4.2 und 4.3 angeführten Beispielen einer Rechenwerkssteuerung waren die Mikroprogramme durch die Art der Verdrahtung des Schieberegisters und der Steuerimpulsausgänge bzw. durch die Schaltglieder, die die Zählweise des binären Zählers beeinflussen und die Entschlüsselungsschaltung für die Ausgangssignale festlegt.

Durch eine Konzentration der Schaltungen, die vom speziellen Mikroprogramm abhängig sind, lassen sich im allgemeinen Einsparungen an Materialaufwand und an Planungszeit erreichen. Man sieht deshalb einen speziellen Mikroprogrammspeicher vor, in dem alle Mikrobefehle „verdrahtet" vorliegen. Die einzelnen Befehle werden durch ein Adressenregister aufgerufen. Dieses Register wird vom zentralen Steuerwerk der Maschine, z. B. beim Auslösen einer Addition eingestellt. Es muß aber auch durch Sprungbefehle im Mikroprogramm umgestellt werden können. Je nachdem, ob man bei den Befehlen der Mikroprogramme die Technik der Folgeadressen anwendet oder nicht, ist das Adressenregister als einstellbares Register oder als Zähler aufzubauen.

Aus Gründen der Geschwindigkeit und des Aufwandes ist es wichtig, möglichst kurze Mikroprogramme zu erhalten. Man kann hier mit Vorteil Minimierungsverfahren für Schaltwerke einsetzen [8, 11, 18, 22, 23]. Beson-

68   4 Die Steuerung der arithmetischen Operationsabläufe, Mikroprogramme

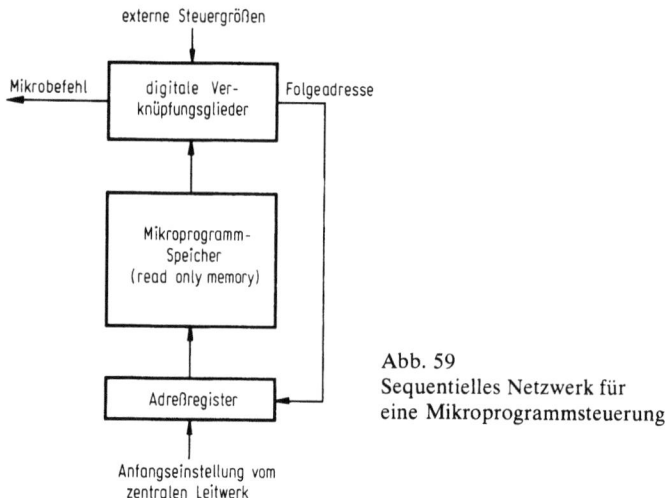

Abb. 59
Sequentielles Netzwerk für
eine Mikroprogrammsteuerung

ders wichtig ist die Beachtung folgender Regel: Man fasse möglichst viele Mikrooperationen, die ohne sich zu stören parallel ablaufen können, zu einem Mikrobefehl zusammen.

Viele Befehle oder Mikrooperationen des Mikroprogramms sind bedingter Art. Ob sie bei einem bestimmten Aufruf ausgeführt werden sollen oder nicht, hängt von Größen ab, die außerhalb des Mikroprogrammspeichers ihren Ursprung haben. Man muß deshalb am Ausgang dieses Speichers digitale Verknüpfungsglieder mit den externen Steuergrößen vorsehen, an deren Ausgängen die endgültigen Mikrobefehle entstehen.

Wir wollen nun auf zwei Ausführungsarten eines Mikroprogrammspeichers eingehen.

4.4.1 Magnetkern-Fädelspeicher als Mikroprogrammspeicher

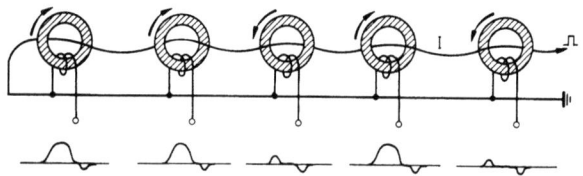

Abb. 60   Magnetkernfädelspeicher als Mikroprogrammspeicher (Prinzip)

4.4 Die Fixierung des Mikroprogramms in einem besonderen Speicherwerk

Fädelt man einen Draht in bestimmter Weise durch eine Reihe von Magnetkernen und schickt durch ihn einen Stromimpuls, so werden, falls alle Kerne vorher im gelöschten Zustand waren, die Kerne gesetzt, bei dem der Strom ein Magnetfeld z. B. im Uhrzeigersinn erzeugt. Diese Kerne geben an der Ausgangswicklung einen Impuls ab. Sieht man so viele Kerne vor, wie ein Mikrobefehl Bit hat, und fädelt so viele Drähte in geeigneter Weise durch dieselben wie das Mikroprogramm Befehle enthalten soll, so erhält man ein Steuergramm, dessen Befehle durch die Fädelungsart bestimmt sind. Jeder einzelne Draht muß durch eine Dekodierschaltung ausgewählt werden. Die Abb. 61 zeigt einen Fädelspeicher mit 32 Zellen a 8 Bit.

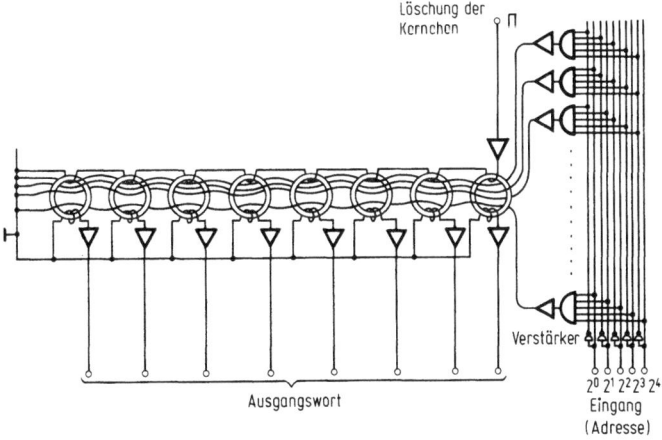

Abb. 61   Ausführungsbeispiel eines Fädelspeichers

Wie man aus der Abbildung leicht erkennt, wirken die Fädelkerne nur als Oder-Glieder zwischen den Ausgängen der Entschlüsselungsschaltung und den Ausgangsleitungen. Ob eine Ausgangsleitung mit einer Leitung der Entschlüsselungsschaltung verknüpft ist, hängt von der Fädelrichtung durch den betreffenden Kern ab.

Störend ist der Aufwand für die Treiberverstärker der Fädeldrähte, sowie der für die Ausgangsverstärker. Werden die Stromimpulse durch die Fädeldrähte genügend stark gemacht (1 A und größer), so ist die Umklappgeschwindigkeit der Kerne so groß, so daß die Durchschaltzeit des Speichers bei Bruchteilen einer µs liegt.

4.4.2 Halbleitermatrix als Mikroprogrammspeicher

Im vorigen Abschnitt wurde bereits erwähnt, daß die Kerne mit den durchgefädelten Drähten funktionell als Oder-Glieder wirken. Diese Oder-Glieder lassen sich natürlich auch durch Dioden oder Transistorschaltungen realisieren.

Man baut in neuerer Zeit solche Mikroprogrammspeicher in integrierter Technik auf. Auf ein Chip lassen sich heute bis zu 8 192 Bit, z. B. zu 1 024 Worten je 8 Bit, mit der notwendigen Entschlüsselungseinrichtung unterbringen. Es hat also bei einer Kapazität von n Worten mit k Bit neben den Stromversorgungsanschlüssen ld n Eingangsleitungen um eine Zelle auszuwählen und k Ausgangsleitungen, auf denen die in der Zelle gespeicherte Information mit einer Verzögerungszeit von ca. 50 ns erscheint.

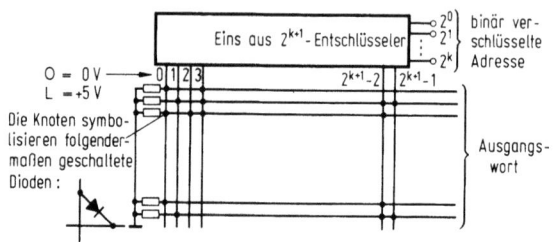

Abb. 62   Diodenmatrix als Mikroprogrammspeicher

Diese so hergestellten Programmspeicher müssen natürlich vom Hersteller mit der jeweils notwendigen Information gefüllt werden. Um den Herstellungsprozeß für eine bestimmte Type solcher Speicher möglichst billig zu gestalten, wird meist folgender Weg gegangen. Man sieht zunächst an allen Kreuzungspunkten der Ausgangsleitungen der Entschlüßlerschaltung und den Informationsausgängen Dioden oder Transistoren vor. Durch die letzte Maske, nur diese ist nach den Wünschen des jeweiligen Abnehmers hergestellt, werden diejenigen Dioden bzw. Transistoren wieder zerstört, die sich an Kreuzungspunkten befinden, wo eine Ausgangsleitung der Entschlüsselungsschaltung die entsprechende Ausgangsleitung des Speichers nicht auf den Pegel L hochziehen soll [7, 3, 5].

5 Befehlswerke

5.1 Aufgaben der Befehlswerke

In den meisten der gebräuchlichen elektronischen Rechenanlagen ist es üblich, Programme und numerische bzw. alphanumerische Daten in ein und demselben Speicher aufzubewahren. Das Rechenwerk ist für alle diese Informationsarten zugänglich. Es können hier also sowohl numerische-, alphanumerische Daten oder auch Befehle verarbeitet werden. Die Befehle stellen aber eine ausgezeichnete Gruppe von Information insofern dar, weil nur sie von der Anlage in einem besonderen Befehlswerk entschlüsselt, manchmal modifiziert, oder mit anderer Information verknüpft werden.

Ist ein Programm ordnungsgemäß aufgebaut, so können vom Speicher her nur Befehle in dieses Werk kommen. Sollte jedoch durch ein fehlerhaftes Programm andere Information ins Befehlswerk gelangen, so würde dort das angebotene Bitmuster entschlüsselt und als Befehl interpretiert. Da dies zu Fehlern führt, die schwer zu identifizieren sind, werden bei vielen Anlagen Befehle durch eine Typenkennung von anderer Information unterschieden. Jetzt kann bei falscher Information im Befehlswerk sofort Alarm gegeben werden (Typenkennungsalarm). Vielfach sind nicht nur Befehle gekennzeichnet, sondern man unterscheidet etwa durch zwei zusätzliche Bit im Wort zwischen Festkommazahlen, Gleitkommazahlen, alphanumerischer Information und Befehlen.

Ein Befehl besteht aus einem Operationsteil und einem oder mehreren Adreßteilen. Häufig sieht man noch einige Bit vor, die eine Modifizierung des Befehls zulassen. Meist gelingt es, die Länge des Befehlswortes dem Zahlwort anzugleichen. Bei Maschinen mit längeren Zahlwörtern (≈ 50 Bit) packt man vielfach zwei Befehle in eine Zelle des Speichers.

Das aus dem Speicher aufgerufene Befehlswort gelangt also im allgemeinen statt ins Rechenwerk ins Befehlswerk. Dort wird es zunächst in einem Register, dem *Befehlsregister* (BR) gespeichert. Das Befehlswerk nimmt nun folgende Operationen vor: Zuerst wird der Operationsteil entschlüsselt. Diese Entschlüsselung führt zum Start der richtigen Mikroprogramme, die die weitere Abarbeitung des Befehlswortes veranlassen. Bei vielen Befehlen muß die Suchelektronik des Speichers aktiviert werden und die durch den Adreßteil des Befehlswortes bestimmte Speicherzelle angewählt und der Transport des Zelleninhaltes z. B. ins Rechenwerk veranlaßt werden. Ist vor der Ausführung des Befehls eine Modifikation notwendig, etwa die Ersetzung des Adreßteils durch einen anderen, oder die Addition einer Konstanten zum Adreßteil, so wird dies ebenfalls durch entsprechende Mikroprogramme durchgeführt.

Zu all diesen Operationen benötigt das Befehlswerk einige Register sowie ein besonderes *Adressenrechenwerk*. Diese Einrichtungen sollen nun besprochen werden.

5.2 Aufbau des Befehlswerks einer einfachen Maschine ohne Adressenmodifikation

Das einfache Befehlswerk besteht, wie die Abbildung 63 zeigt, aus zwei Registern, von denen das eine, das Befehlsregister BR, die Information entweder parallel oder in Serie vom Speicher aufnimmt. Es ist in zwei Teile getrennt. Der eine Teil nimmt den Operationsteil des Befehls auf (BROP), der andere

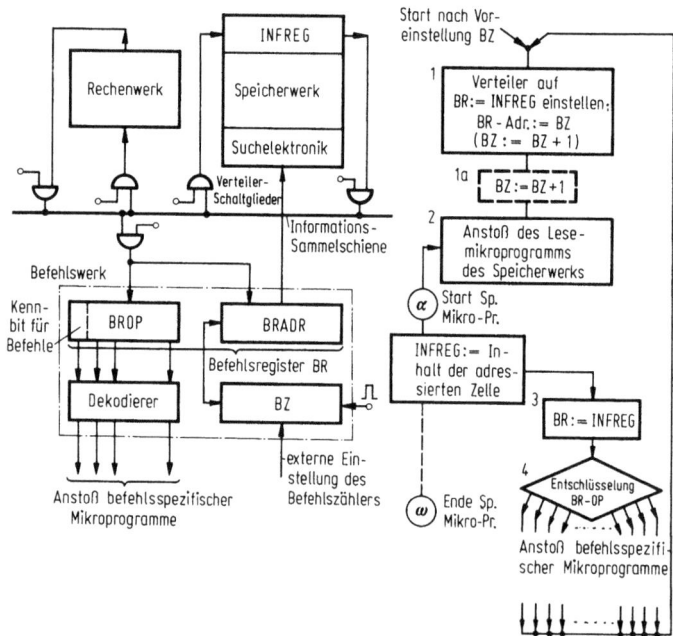

Abb. 63 Blockschaltbild eines einfachen Befehlswerks mit dem Flußdiagramm des Mikroprogramms

5.2 Afubau des Befehlswerks einer Maschine ohne Adressenmodifikation 73

den Adreßteil (BRADR). Bei parallelem Informationsfluß besteht das *BR* aus einer Flip-Flop-Kette, deren Glieder vom Informationsregister des Speichers (INFREG) her gleichzeitig eingestellt werden. Bei seriellem Informationsfluß werden die Flip-Flops so miteinander verbunden, daß ein Schieberegister entsteht. Das Register wird in diesem Fall durch eine einzige Leitung vom Speicher her gefüllt.

Die Flip-Flops des zweiten Registers BZ sind als Binärzähler geschaltet. Die Schaltung dieses Zählers muß so gewählt werden, daß bei paralleler Informationsübertragung die Flip-Flops auf einen beliebigen Wert ein- bzw. umstellbar sind, bzw. bei serieller Übertragung die Zählschaltung auf eine Schieberegisterschaltung umstellbar ist. Das Register BZ hat die Aufgabe, der Reihe nach die einzelnen Befehle des Programms aufzurufen. Wirkt es dabei als Zähler, so kommt eine Sequenz von Befehlen aus fortlaufend numerierten Speicherzellen zur Ausführung. Sprungbefehle stellen dieses Register auf einen neuen Wert um. Man nennt das Register BZ, den *Befehlszähler*.

Außer den beiden Registern BR und BZ enthält das Befehlswerk noch eine Dekodierschaltung, die mit den Ausgängen der Flip-Flops des BROP verbunden ist. Diese Schaltung schlüsselt den Operationsteil eines Befehls auf eine Form um, die es gestattet, die jeweils richtigen Mikroprogramme zu starten.

Das Befehlswerk wird seinerseits durch ein Mikroprogramm gesteuert (vgl. Abb. 63), welches den grundlegenden Ablauf bei der Abarbeitung eines jeden Befehls bestimmt. Strukturell ist dieses Mikroprogramm eine Schleife, die die Maschine bei der Abarbeitung eines Befehls einmal durchläuft. Nach jedem Stop-Befehl bzw. nach jeder Normalisierung der Befehlswerkelektronik wird dafür gesorgt, daß bei einem Start der Maschine als erster der Befehl 1 aus dem Mikroprogrammspeicher geholt wird. Das Mikroprogramm verzweigt sich an Stelle 4, nachdem der Operationsteil entschlüsselt ist, in so viele Äste, wie die Befehlsliste des Rechnerkernes Befehle enthält. Durch alle diese Äste werden Mikroprogramme der verschiedensten Werke der Anlage erreicht. Nachdem diese durchlaufen sind, führen alle Äste zurück zum Punkt 1 des Befehlswerksmikroprogramms.

Im einzelnen läuft folgendes ab: Zunächst wird der Verteiler so eingestellt, daß das nächste aus dem Speicher gelesene Wort ins BR-Register läuft. Dann wird der Inhalt des BZ nach BRADR übertragen und BZ um eine Einheit erhöht. Bei parallelem Informationsfluß kann dies durch einen Mikrobefehl geschehen, bei seriellem Fluß braucht man dagegen zwei. Sodann wird das Mikroprogramm angestoßen, das einen Lese-Schreib-Zyklus im Speicherwerk auslöst. Dadurch wird der Inhalt der durch BRADR bestimmten Speicherzelle, der nächste zur Ausführung kommende Befehl über das INFREG (Informationsregister) und den Verteiler in das BR gelesen. Der Adreßteil dieses Befehls überschreibt dabei natürlich das BRADR. Beim Auslesen aus dem Kernspeicher muß nicht unbedingt der volle Lese-Schreib-Zyklus abgewartet werden, bevor in das Mikroprogramm des Befehlswerks zurückgesprungen wird. Der Rücksprung kann bereits dann erfolgen, wenn die Information aus den Kernen im Informationsregister INFREG angekommen ist. Das Mikroprogramm des Speicherwerks arbeitet dann parallel zum Mikroprogramm des Befehlswerks, den Lese-Schreib-Zyklus des Speichers zu Ende.

5.3 Ablauf einiger typischer nichtarithmetischer Befehle

Es sollen nun für einige Befehle die Mikroprogramme skizziert werden. Diese Programme sind zwischen Kästchen 4 und 1 in das Mikroprogramm für ein Befehlsablauf einzubauen (Abb. 63).

5.3.1 Transportbefehle

Bei den Transportbefehlen wird entweder aus der durch den Adreßteil des im BR stehenden Befehls bestimmten Zelle gelesen, oder es wird in diese eingeschrieben. Die transportierte Information geht oder kommt dabei entweder aus dem Rechenwerk oder einem Werk der Ein- bzw. Ausgabe. Nachdem der Weg für die Information durchgeschaltet wurde, bzw. nachdem sie im Informationsregister des Speichers bereit steht, kann das Speicherwerk gestartet werden.

a) Befehlsspezifisches Mikroprogramm des „Bringe"-Befehls

b) Befehlsspezifisches Mikroprogramm des „Speicher"-Befehls

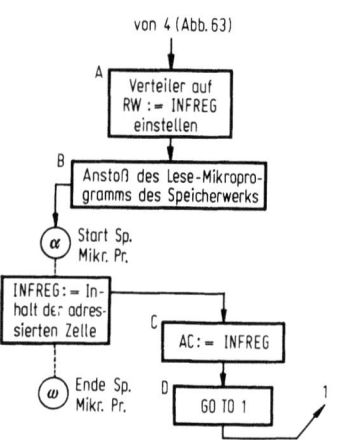
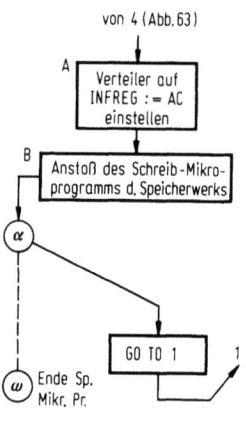

Abb. 64 Befehlsspezifische Mikroprogramme

5.3 Ablauf einiger typischer nichtarithmetischer Befehle

Auch bei den Transportbefehlen braucht nicht der ganze Speicherzyklus abgewartet zu werden. Beim Bringe-Befehl kann, wie beim Auslesen eines Befehls, das Rückschreiben und der Schluß des Speicherzyklus parallel mit dem Befehlswerkmikroprogramm weiterlaufen. Beim „Speichere-Befehl", wo in den Speicher eingeschrieben wird, braucht nur das zu speichernde Wort vom AC ins Speicherregister überführt zu werden, dann kann der ganze Schreibzyklus parallel laufen. Natürlich muß dafür gesorgt werden, daß während eines Parallellaufs nicht der gleiche Speichermodul ein zweites Mal angestoßen wird. Näheres darüber im Abschnitt 7.2 (Parallelarbeit bei einem aus mehreren Moduln aufgebauten Speicher).

5.3.2 Sprungbefehle unbedingt und bedingt

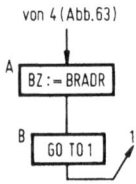

a) Befehlsspezifisches Mikroprogramm für den unbedingten Sprungbefehl

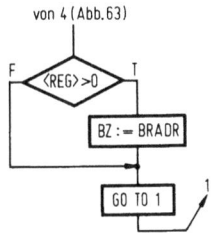

b) Befehlsspezifisches Mikroprogramm für einen bedingten Sprungbefehl, dessen Bedingung sich aus einem Registerinhalt ergibt

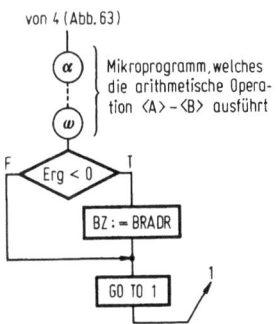

c) Befehlsspezifisches Mikroprogramm für einen bedingten Sprungbefehl, dessen Bedingung sich aus dem Vergleich zweier Registerinhalte $<A>$ u. $<B>$ ergibt. Z. B. Springe, wenn $<A> < <B>$

Abb. 65   Befehlsspezifische Mikroprogramme für Sprungbefehle

Aus den Beispielen erkennt man, daß bei der Abarbeitung eines Befehls häufig zwischen den Mikroprogrammen verschiedener Werke der Maschine gesprungen werden muß. Durch diese Dezentralisierung der Maschinensteuerung ist es möglich, an manchen Stellen gewisse Steueraufgaben parallel laufen zu lassen.

5.4 Einrichtungen zum Modifizieren des Adreßteils eines im Befehlsregister stehenden Befehls

5.4.1 Modifikation durch Addition eines Wertes auf den Adreßteil

Sehr häufig besteht der Wunsch, auf den Adreßteil gewisser Befehle, kurz vor deren Ausführung, Konstante oder auch Größen aufzuaddieren, die sich während des Programmlaufs verändern. Ein Grund warum diese Additionen kurz vor der Ausführung, d. h. im Befehlswerk von einem besonderen Register dem *Modifikationsregister* (MODR) aus durchgeführt werden müssen ist, daß vielfach die aufzuaddierende Größe erst zur Laufzeit bekannt ist, ein anderer, daß man den Befehl im Speicher in seiner ursprünglichen Form beibehalten möchte.

Die Aufaddition einer Konstanten kurz vor Ausführung ist z. B. für bestimmte Befehle einer rekursiv aufrufbaren Prozedur notwendig. Wird sie nämlich innerhalb eines Aufrufs weitere Male von sich selbst aufgerufen, so müßte man eigentlich den von der Prozedur für lokale Größen benötigten Arbeitsspeicher durch Umspeichern kellern und bei jeder Beendigung eines Aufrufs die Rückkellerung vornehmen. Statt dessen geht man besser den folgenden Weg: Man programmiert den Speicher für die lokalen Größen einer Prozedur relativ und ermittelt bei jedem Aufruf derselben den Beginn des freien Speichers. Diese, während des Laufs einer Prozedur konstante Zellennummer addiert man unmittelbar vor der Ausführung der in Frage kommenden Befehle auf deren relativ geschriebene Adreßteile.

Die Modifikationsregister, die den Addenden für die Umwandlung relativer Adreßteile im absoluten Adreßteil enthalten, nennen wir *Basisregister* (BAR).

Variable Größen müssen z. B. dann aufaddiert werden, wenn sich eine Befehlsfolge mit der Verarbeitung von Arrays beschäftigt. Hier ist es üblich, den Transportbefehlen von und zum Array, die Adresse des ersten oder letzten Elements desselben zu geben. Bei der Abarbeitung wird dann jedesmal, wenn so ein Befehl aufgerufen wird, der Inhalt eines Zählers auf den Adreßteil addiert bzw. von ihm subtrahiert. Dieser Zähler wird bei jedem Schleifenumlauf oder auch bei jeder Addition bzw. Subtraktion nach oben bzw. nach unten gezählt.

5.4 Einrichtungen zum Modifizieren des Adreßteils

Man bezeichnet als Modifikationsregister arbeitende Zähler, deren Inhalt im Befehlswerk auf die Adreßteile gewisser Befehle aufaddierbar ist, auch als *Indexregister* (IR).

Von seiten der Elektronik bieten sich eine Menge von Realisierungsmöglichkeiten an, die je nach Maschinengröße bzw. ob das Register vorwiegend als Basis- oder Indexregister verwendet werden soll, mehr oder weniger komfortabel ausgelegt werden. Da die Adressenmodifikation vor der eigentlichen Operation, die der Befehl auslöst ablaufen muß, ist es wichtig, daß diese möglichst wenig Zeit beansprucht. In diesem Punkt unterscheiden sich die meisten Realisierungsvorschläge.

5.4.1.1 Addition einer Adreßgröße auf das Befehlsregister aus dem Speicher

Hier muß durch einen Vorbefehl die zu addierende Größe erst vom Speicher in das Modifikations-Register (MODR) gebracht werden. Der zu modifizierende Befehl erhält ein Kennbit, welches die Addition des Inhalts des MODR

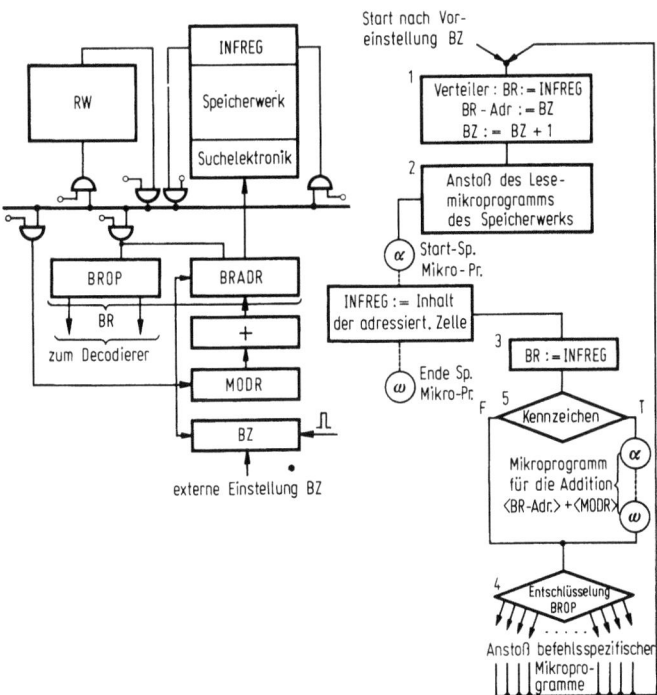

Abb. 66   Befehlswerk und Mikroprogramm für additive Adreßmodifikation

auf den Adreßteil im BRADR bewirkt. Sollen mehrere Befehle mit der gleichen Konstanten modifiziert werden, so kann diese, nachdem sie einmal nach MODR gebracht wurde, dort stehenbleiben.

An zusätzlichen Bauteilen brauchen wir ein Register MODR mit der Länge des Adreßteils, die Verbindung des BRADR mit dem MODR durch ein Addiernetzwerk und einen Ausbau der Verteilerschaltung, der den Weg Speicher – MODR möglich macht.

Der Hauptnachteil der obigen Anordnung ist, daß jede Veränderung des Inhalts des MODR über den Speicher bzw. Zählungen im MODR über das Rechenwerk der Maschine laufen müssen. Insbesondere die Zähloperationen verursachen Transporte von den Registern des Rechenwerks in den Speicher und umgekehrt. Deshalb eignet sich dieser Ausbau besonders für die Verwendung als Basisregister.

Man kann aber durch relativ wenig Aufwand solche Register auch als Indexregister brauchbar machen. Sie werden dazu als Zähler ausgebaut und in der Befehlsliste besondere Zählbefehle für diese Register vorgesehen. Umspeicherungen des Registerinhalts, die bei der Verwendung als Indexregister nicht zu umgehen sind und die häufig in inneren Schleifen vorkommen, können zeitlich verkürzt werden, wenn man in der Anlage einen speziellen *Indexspeicher* mit einer kleineren Zugriffszeit als sie der Hauptspeicher hat, vorsieht. Für diesen Speicher genügt eine kleine Kapazität (≈ 256 Zellen mit Adreßlänge). Er kann heute preisgünstig als Halbleiterspeicher ausgeführt werden (vgl. 8.4.2.1.1).

5.4.1.2 Zweitbefehl als Modifikationsregister

Bei einigen Maschinen, die zwei Befehle pro Wort enthalten, wird folgendes Verfahren für Adressenmodifikationen angewendet: Aus dem Speicher werden bei so organisierten Maschinen immer nur Ganzworte gelesen, deshalb muß das BR für zwei Befehle ausgelegt sein. Nachdem der erste Befehl abgearbeitet ist, wird der Inhalt des linken Teils des BR in den rechten Teil übertragen und schließlich der zweite Befehl ausgeführt.

Nimmt man die Unbequemlichkeit in Kauf, daß ein Befehl, dessen Adreßteil modifiziert werden soll, nur als Erstbefehl in einer Zelle stehen darf und daß die Modifiziergröße immer im nachfolgenden Zweitbefehl stehen muß, so

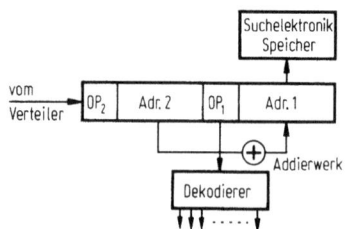

Abb. 67
Benutzung eines doppeltlangen Befehlsregister zur additiven Adreßmodifikation

5.4 Einrichtungen zum Modifizieren des Adreßteils 79

kann man die Erweiterungen im Verteiler und das MODR einsparen. Es genügt für die Adressenmodifikationen, wenn ein Addierwerk zwischen den beiden Adreßteilen des BR vorgesehen wird.

5.4.1.3 Mehrere unabhängige Modifikationsregister

Funktionell unterscheiden sich Basis- und Indexregister nicht. Jedoch ergeben sich aus der Art ihres typischen Einsatzes einige technische Unterschiede, auf die kurz eingegangen werden soll.

Das typische Einsatzgebiet eines Basisregisters ist die Absolutierung relativ geschriebener Adreßteile. Hierbei bleibt aber der Wert, der auf die Adreßteile der Befehle aufaddiert werden muß, innerhalb eines Blocks oder Prozedur, konstant. Deshalb wird meist nur ein Basisregister vorgesehen, hinter welchem ein leistungsfähiger Indexspeicher steht. Dann können die kurzen Umladezeiten in Kauf genommen werden.

Etwas andere Gesichtspunkte ergeben sich durch das Einsatzgebiet eines Indexregisters. Sollen etwa mehrdimensionale Arrays nach irgendwelchen Vorschriften abgearbeitet oder verknüpft werden, so erhält man die einfachsten Programme, wenn es möglich ist, für jede Dimensionsrichtung ein eigenes Indexregister einzusetzen. Es müssen also je nach der Dimensionszahl eines Arrays häufig die Inhalte mehrerer Indexregister auf das BRADR addiert werden, bevor der Befehl schließlich ausgeführt werden kann. Dazu kann am Anfang noch die Aufaddition des Basisregisters kommen. Aus Zeitgründen ist es ratsam, parallel zum Basisregister spezielle Indexregister vor-

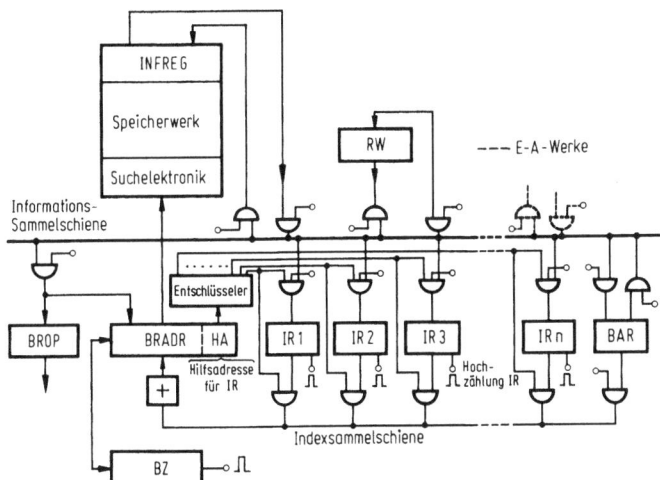

Abb. 68 Befehlswerk mit n unabhängigen Indexregistern und einem Basisregister

zusehen, von denen aus die aufzuaddierenden Werte, ohne erst von einem Indexspeicher geholt zu werden, auf das BRADR addiert werden können. Mit 10 solcher Indexregister dürfte man auch durch die kompliziertesten Programme kommen.

Ein Umladen dieser Register erfolgt nur, wenn die Bearbeitung eines bestimmten Arrays abgeschlossen ist. Die Auswahl und die Anschaltung eines gewissen Indexregisters an das Addierwerk geschieht hier mit Auswahlmatrizen, die mit Halbleitern bestückt sind. Die Zeit, die für die Verbindung eines Indexregisters mit dem Addierwerk notwendig ist, liegt in der Größenordnung 10 ns. Selbstverständlich sind hier die Addiernetzwerke parallel aufgebaut, manchmal sogar für die gleichzeitige Addition mehrerer Summanden eingerichtet, die Indexregister selbst bestehen aus Flip-Flop-Registern.
Im Befehlswort müssen hier natürlich mehrere Bits vorgesehen werden, um das gewünschte Indexregister auszuwählen. Diese Bits kann man als kleinen Zweitadreßteil auffassen. Trotz dieser Maßnahmen ist aber für die Modifikation der Befehl mittels Basis oder Indexregister eine gewisse Zeit nötig. Bei einigen Anlagen wird daher die Modifikationsphase eines Befehls mit der Ausführungsphase des Vorgängers überlappt. Es sind verschiedene Vorschläge bekannt, um Unregelmäßigkeiten, die z. B. wegen Sprungbefehle entstehen, zu beseitigen [14, 17].

5.4.2 Modifizierung eines Befehls durch Veränderung der Referenzstufe

Normalerweise gibt der Adreßteil eines Befehls die Nummer der Speicherzelle an, in der die zu verarbeitende Größe gespeichert ist. Man sagt, zwischen dem Adreßteil und der gespeicherten Größe bestehe eine Referenzstufe. Nun können aber auch Befehle sinnvoll sein, bei denen zwischen Adreßteil und zu verarbeitender Größe keine oder mehrere Referenzstufen bestehen.

5.4.2.1 Verminderung der Referenzstufe auf Null

Liegt zwischen dem Adreßteil und der zu verarbeitenden Größe keine Referenzstufe, so ist der Adreßteil selbst die Größe, die verarbeitet wird. Bei manchen Befehlen ist dies der Normalzustand. Als Beispiel wäre etwa ein Befehl zu nennen, der das Indexregister um soviele Einheiten erhöht, wie der „Adreßteil" angibt. Bei den arithmetischen Befehlen ist die Reduzierung der Referenzstufe dann sinnvoll, wenn es sich um Festkommabefehle handelt, bei denen der eine Operand nicht mehr Stellen hat, als der Adreßteil des Befehls. Bei manchen Anlagen können gewisse Befehle daher mit einem Kennzeichen versehen werden, welches die Referenzstufe auf Null vermindert. Andere Anlagen führen dafür eigene Befehle ein (z. B. addiere Adreßteil).

Technisch läßt sich die Erniedrigung der Referenzstufe am einfachsten dadurch ausführen, daß man bereits im Speicherregister die entsprechenden Kennzeichnungsbit vorentschlüsselt und gleich dafür sorgt, daß der Adreßteil

5.4 Einrichtungen zum Modifizieren des Adreßteils 81

anschließend nicht nach BRADR, sondern ins Rechenwerk läuft. Ist diese Vorentschlüsselung nicht möglich, so muß der Transport vom BRADR ins Rechenwerk nachträglich über einen besonderen Kanal durchgeführt werden.

5.4.2.2 Erhöhung der Referenzstufe

Wichtiger als die Erniedrigung der Referenzstufe ist deren Erhöhung. Zunächst ein Beispiel, bei dem ein Befehl mit zwei Referenzstufen zwischen dem Adreßteil und der zu verarbeitenden Größe gebraucht wird. Nehmen wir an, ein Bringebefehl soll eine Zahl in den AC transportieren, die Adresse dieser Zahl ist aber zum Zeitpunkt der Programmierung nicht bekannt. Der Programmierer weiß nur, daß sie in einer Liste (z. B. den Versorgungszellen eines Unterprogramms) an k-ter Stelle zu finden ist. Wollte er die Zahl, ohne die Möglichkeit der Referenzstufe zu ändern, finden, so wäre dazu ein gewisser Aufwand nötig. Er müßte erst den Inhalt der k-ten Zelle der Liste z. B. in ein Indexregister bringen, den eigentlichen Bringe-Befehl mit dem Adreßteil Null schreiben, und ihn dann durch das Indexregister modifizieren lassen. Eine

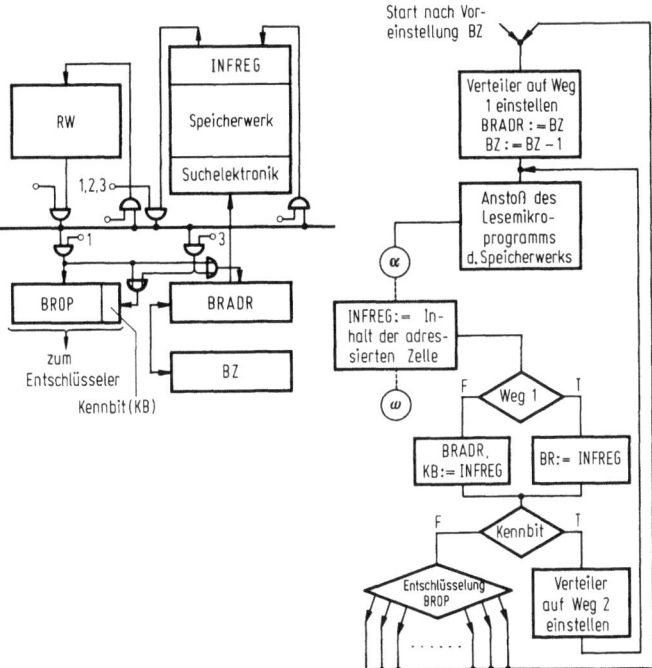

Abb. 69 Befehlswerk und Mikroprogramm für eine Anlage, bei der eine Erhöhung der Referenzstufe möglich ist

kleine Erweiterung im Verteiler und eine Modifikation des Befehlsmikroprogramms machen diese Prozedur unnötig.

Zur Kennzeichnung, ob bei einem Befehl eine Erhöhung der Referenzstufe durchgeführt werden soll, erhält dieser dafür ein Kennbit zugeordnet. Dieses Kennbit wird vor der Entschlüsselung des Operationsteils abgefragt. Ist das Kennbit vorhanden, wird im Verteiler der Weg 3 eingeschaltet und nochmals das Speicherwerk zu einem Lese-Schreib-Zyklus angestoßen.

Beim Aufruf eines so gekennzeichneten Befehls wird also die in seinem Adreßteil angegebene Speicherzelle aufgesucht. Ein Teil ihres Inhalts, nämlich der Adreßteil und das Kennzeichnungsbit für eine eventuell weitere Erhöhung der Referenzstufe, werden ins BR gebracht. BROP bleibt jedoch erhalten. Ist das Kennzeichnungsbit der aufgerufenen Zelle nicht gesetzt, so läuft das Mikroprogramm des Befehlswerks normal zu Ende, andernfalls werden solange weitere Speicherzellen aufgerufen und deren Adreßteil nach BRADR gebracht, bis schließlich eine gefunden wird, in der das Kennzeichnungsbit nicht gesetzt ist. – Man nennt die Adressierung über mehr als eine Referenzstufe auch indirekte Adressierung [16].

5.4.2.3 Mehrfache Adressenmodifikation

Bei manchen Problemen ist es sinnvoll, neben einer Adressenmodifikation durch ein Basis- oder Indexregister noch die Referenzstufe zu verändern. Je nach Anwendungsfall kann dabei die Indexregistermodifikation vor oder nach der Referenzstufenänderung erfolgen. Manchmal ist sogar eine doppelte Modifikation durch Indexregister, nämlich vor und nach der Referenzstufenänderung von Vorteil. Das Aufaddieren des Indexregisterinhaltes vor einer Referenzstufenerhöhung kommt z. B. vor, wenn man eine Liste vorgegeben hat, in der Adressen von Variablen gespeichert sind. Eine Indexregistermodifikation nach einer Erhöhung der Referenzstufe ist notwendig, wenn man z. B. einem Unterprogramm in einer Versorgungszelle die Anfangsadresse eines Arrays vorgibt, und wenn das Unterprogramm alle Elemente des Arrays abarbeiten soll. Der dritte Fall, die Modifizierung durch Indexregister vor und nach der Referenzstufenerhöhung, tritt bei folgendem wichtigen Problem auf: Ein größeres Programm sei in Abschnitte *(Seiten)* eingeteilt. Diese sollen aber nicht in konsekutiven Speicherabschnitten abgespeichert sein, sondern beliebig. Die Zuordnung Seite – und zugehöriger Speicherabschnitt (Kachel) wird in einer Liste *(Kachelliste)* festgehalten. Diese Liste ist seitenmäßig geordnet. Führt nun ein Befehl aus einer Seite heraus in eine andere, so wird zunächst ein Indexregister mit der Seitennummer gefüllt, die erreicht werden soll. Ein anderes erhält als Inhalt die Nummer der gewünschten Zelle in dieser Seite. Der Befehl selbst erhält als Adreßteil die Adresse der nullten Zelle der Kachelliste. Bei Ausführung wird zuerst der Inhalt des ersten IR aufaddiert, dadurch kann die Zelle der Seite in der Kachelliste aufgerufen werden, in der die Anfangsadresse der Kachel steht, die der gewünschten Seite zugeordnet

5.4 Einrichtungen zum Modifizieren des Adreßteils

ist. Diese Anfangsadresse kommt in BR, und auf sie wird schließlich noch der Inhalt des zweiten Indexregisters aufaddiert. Nun steht die Adresse der gewünschten Zelle im BRADR.

Dieser eben skizzierte Vorgang spielt bei modernen Maschinen, die die Bearbeitung mehrerer Programme gleichzeitig zulassen, eine große Rolle. Bei solchen Maschinen wird daher eine besondere Hardware vorgesehen, die das Einstellen von Indexregistern und den expliziten Aufruf einer Referenzstufenerhöhung unnötig macht. Außerdem wird dafür gesorgt, daß der Zeitbedarf für diese Modifikationen ein Minimum wird. Diese Einrichtungen gehören zum Speicherwerk und werden in 8.4.2 eingehend besprochen.

5.4.3 Zusätzliche Register im Befehlswerk

5.4.3.1 Hilfsregister für den Anschluß von Unterprogrammen

Unter den vielen Möglichkeiten, ein Unterprogramm und ein Hauptprogramm so miteinander zu verbinden, daß Information in beliebiger Menge von einem zum anderen und umgekehrt transportiert werden kann, hat sich eine besonders gut bewährt, sie wird daher heute fast ausnahmslos angewandt. Hardwareseitig muß dazu ein spezieller Sprungbefehl vorgesehen werden, der bei der Ausführung die Adresse, der ihm folgenden Zelle (= Stand des BZ), in einem besonderen Register speichert. Wenn bekannt ist, in welchen Zellen relativ zu diesem Sprungbefehl im Hauptprogramm die Information für das Unterprogramm zu finden ist, in welche Zellen Ergebnisse abzuliefern sind und auf welche Zelle zurückzuspringen ist, kann das Unterprogramm leicht so programmiert werden, daß es mit Hilfe des Inhalts, des oben erwähnten Registers, diese Zellen im Hauptprogramm findet.

Sehr häufig werden die „*Versorgungszellen*" für ein Unterprogramm unmittelbar hinter dem Sprungbefehl ins Unterprogramm im Hauptprogramm angeordnet.

Die Abb. 70 zeigt ein Hauptprogramm HP, von welchem an der Stelle *a* aus in ein Unterprogramm UP gesprungen wird. Das Unterprogramm muß mit

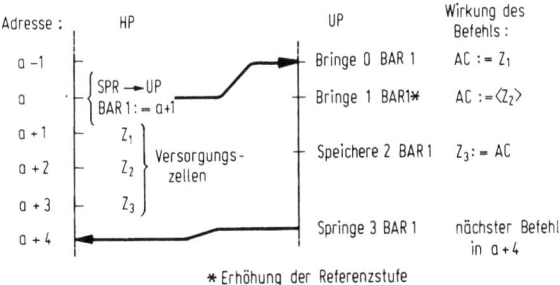

Abb. 70   Unterprogrammanschluß

den Größen Z_1 und Z_2, welche in den Zellen $a + 1$ und $a + 2$ stehen, versorgt werden. Das errechnete Ergebnis Z_3 ist in $a + 3$ abzuspeichern. Der Rücksprung soll auf die Zelle $a + 4$ erfolgen. Zunächst muß der Inhalt des Registers, in welches der Sprungbefehl $a + 1$ hinterlegt hat, in ein Basisregister gebracht werden. Die Adressen der Befehle, die sich auf Zellen des Hauptprogramms beziehen, erhalten die relative Nummer dieser Zelle bezüglich des Sprungbefehls und das Kennzeichen für die Addition des Basisregisters.

Befinden sich in den Versorgungszellen die Adressen der zu überführenden Größen, so muß bei allen Befehlen, die mit solchen Werten arbeiten, nach der Aufaddition des Basisregisters die Referenzstufe erhöht werden.

Problematisch ist das eben erwähnte Verfahren deshalb, weil es nicht möglich ist, einem universell verwendbaren Unterprogramm ein bestimmtes Basisregister fest zuzuordnen. Das Verfahren versagt vollkommen, wenn ein Unterprogramm rekursiv aufrufbar sein soll. Hier bietet sich der Ausweg an, ein spezielles Basisregister grundsätzlich nur für Adreßmodifikationen zu verwenden, wie sie eben beschrieben wurden. Allerdings muß dann, wenn man von einem Unterprogramm in ein anderes springt, erst der Inhalt dieses Basisregisters sichergestellt werden.

Durch den Einbau eines zählenden Hilfsregisters, der Möglichkeit der indirekten Adressierung und beim Vorhandensein eines mit dem Basisregister gekoppelten Speichers, lassen sich alle Probleme bei beliebigen Hierarchien

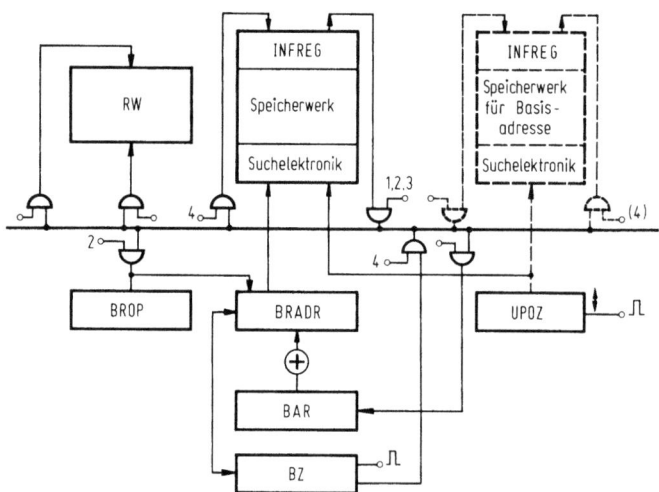

Abb. 71 Befehlswerk für eine Anlage mit speziellem UP-Sprung und Unterprogrammordnungszähler (UPOZ) mit und ohne speziellen Speicher für die Basisadressen

5.4 Einrichtungen zum Modifizieren des Adreßteils

von Unterprogrammen in eleganter Weise lösen. Das zählende Hilfsregister, *Unterprogrammordnungszähler* UPOZ genannt, wird zu Beginn eines Hauptprogramms auf Null eingestellt. Jeder Sprungbefehl in ein Unterprogramm zählt UPOZ um eine Einheit nach oben, jeder Rücksprung aus dem Unterprogramm um eine Einheit nach unten. UPOZ kann entweder mit der Suchelektronik des Hauptspeichers oder mit der eines besonderen Basisregisterspeichers verbunden werden. Im Haupt- oder im Basisspeicher sind soviele Zellen speziell für den hier beschriebenen *Keller* reserviert, wie der Zählbereich des UPOZ ist. Bei jedem Sprung in ein Unterprogramm wird in die durch UPOZ ausgewählte Zelle der Stand des BZ + 1 gegeben. Jeder Befehl des Unterprogramms, der sich auf eine der Versorgungszellen im übergeordneten Programm bezieht, erhält ein besonderes Kennzeichen. Durch dieses Kennzeichen wird über UPOZ wieder die betreffende Basiszelle aufgesucht, und ihr Inhalt auf BROP addiert. Das hier angedeutete *Kellerprinzip* (engl.: stack) hat insbesondere bei der sequentiellen Formelübersetzung große Bedeutung erlangt [2, 15].

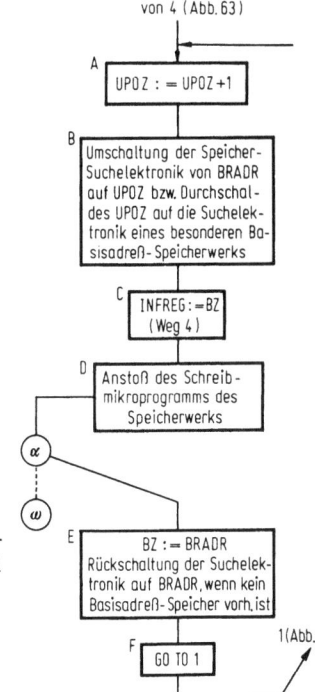

Abb. 72   Mikroprogramm eines Sprungbefehls in ein Unterprogramm

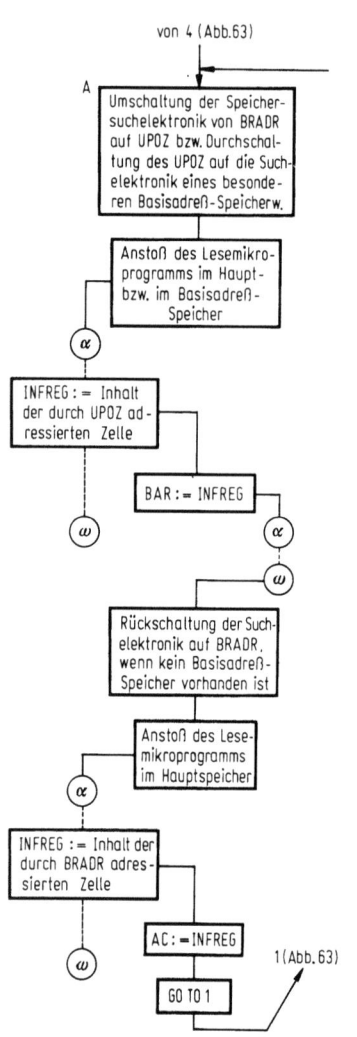

In BROP steht der Code eines Bringe-Befehls und das Kennzeichen für eine Aufaddition des Basisregisters auf das BRADR, in BRADR steht die Nummer der gewünschten Versorgungszelle

Mikroprogramm für die Addition BRADR: = BRADR + BAR

Abb. 73
Mikroprogramm für einen Bringe-Befehl in einem Unterprogramm, der sich auf den Inhalt einer Versorgungszelle bezieht.

5.4.3.2 Hilfsregister für die Steuerung von Sprungbefehlen

Man sollte außer den bedingten Sprungbefehlen, die sich auf den Inhalt von Registern beziehen, die im Hauptdatenfluß der Maschine liegen und deren Inhalt deshalb ständig wechselt, noch solche vorsehen, deren Sprungbedingung von Hilfsregistern abhängt, die ihren Inhalt über längere Zeit behalten.

5.4 Einrichtungen zum Modifizieren des Adreßteils

Man kann die Ein- und Umstellung dieser Register zum Beispiel von speziellen Befehlen der Anlage besorgen lassen. In diesem Falle ist es zweckmäßig, den Inhalt dieser Register durch ein Lampenfeld anzuzeigen. Oder man kann am Bedienungspult der Maschine Schalter vorsehen, die auf ein oder mehrere Register einwirken. Natürlich dürfen diese Schalter nur dann eingestellt werden, wenn der Rechnerkern gestoppt ist.

6 Speicherwerke, vorzugsweise Arbeitsspeicher

6.1 Einteilung der Speicherwerke

Die Speicherwerke lassen sich zunächst nach der Art, der für die Speicherung verwendeten physikalischen Phänomene, unterscheiden. Es sind viele solche auf die Verwendbarkeit für das Speichern von Datenmengen untersucht worden, aber nur wenige führen beim heutigen Stand der Technik auf brauchbare Lösungen. Folgende physikalische Phänomene kommen zur Zeit für die Realisierung eines Speichers in Betracht:

a) Ferromagnetismus (Kernspeicher, magnetomotorische Speicher)
b) Elektrische Ladungsverteilungen (Halbleiterspeicher)
c) Ausbreitung von Schallwellen (Magnetostriktive Drahtspeicher, Glas- bzw. Quarzspeicher)
d) Supraleitung (Kryotron).
e) Optische Speicher (Holographie)

Eine weitere Unterscheidung läßt sich bezüglich der Abgrenzung der einzelnen Bits treffen. Man unterscheidet zwischen Speichern, bei denen jedes einzelne Bit in einem diskreten Element gespeichert ist (Magnetkernspeicher, Flip-Flop-Speicher, Kryotron) und solchen, wo die Speicherung in einem kontinuierlichen Mittel erfolgt (Speicherung auf Magnetschichten, Ultraschallspeicher).

Weiter kann man die Speicher danach unterscheiden, in wievielen Dimensionen die gespeicherte Information angeordnet wurde. Man unterscheidet zwischen ein-, zwei-, drei- und mehrdimensionaler Anordnung der Bits.

Eindimensional sind die Bits bei den Ultraschallspeichern und im wesentlichen bei den Magnetbandspeichern angeordnet. Zweidimensionale Anordnung findet man z. B. beim Trommelspeicher oder beim Plattenspeicher mit einer Platte. Bei einzelnen Kernspeichermodulen oder Plattenspeichern mit mehreren Platten sind die Bits dreidimensional angeordnet.

Zu höheren Dimensionen gelangt man zumindest vom Gesichtspunkt der Auswahlelektronik, wenn man etwa beim Kernspeicher eine Reihe von Speichermoduln vorsieht oder bei einem Magnetkartenspeicher, wo ein bestimmtes Bit durch die x-y-Koordinaten auf der zweidimensionalen Magnetkarte, der Nummer der Karte eines Faches und schließlich durch die Koordinaten *x-y*, die zum gewünschten Fach führen, bestimmt wird.

Auch bezüglich der Möglichkeiten, die gespeicherte Information zu verändern, kann man die Speicherwerke unterscheiden. Es gibt *Lese-Schreibspeicher*, bei denen eine beliebige Veränderung der gespeicherten Informationen, also ein Einschreiben in den Speicher, etwa die gleiche Zeit beansprucht wie das Auslesen. Auf der anderen Seite stehen Speicher, die keine Veränderung der gespeicherten Information zulassen. Man spricht von *Festwertspeichern* oder auch *ROM-Speichern* (von read only memory). Dazwischen gibt es neuerdings die sogenannten *read mostly memories*, einen Speicher, bei dem eine Änderung der gespeicherten Information zwar möglich ist, aber eine sehr viel längere Zeit beansprucht als das Auslesen.

6.2 Selektion, Adressierung, Zugriff

Benötigt man den gesamten Inhalt eines Speichers als ganzes, so bieten sich zur Realisierung verhältnismäßig einfache Anordnungen an. Beispiele hierfür sind etwa elektroakustische Speicher, Filmgeräte oder Hintergrundspeicher in Datenverarbeitungsanlagen, bei denen der gesamte Speicherinhalt (z. B. ein Compiler) in den Arbeitsspeicher gebracht werden muß. Will man nur mit gewissen Teilen der gespeicherten Information arbeiten, so wird eine Selektionseinrichtung nötig, die um so aufwendiger ist, je kleiner die Gruppe von Bits ist, die man aus der Gesamtheit herausgreifen will. Man ist deshalb bestrebt, diese Gruppe möglichst groß zu halten. Ihre optimale Größe hängt jedoch stark davon ab, an welcher Position der betreffende Speicher innerhalb der Anlage verwendet wird.

Bei *Arbeitsspeichern*, die direkt mit den Registern des Rechen- und Befehlswerks zusammenarbeiten, macht man diese Bitgruppe, die man auch als Wort bezeichnet, so groß, daß durch sie gerade eine Zahl oder ein (zwei) Befehl(e) dargestellt werden können. Der Platz in einem kontinuierlichen Speichermedium bzw. die Gruppe von diskreten Speicherelementen, in welchen ein Wort abgespeichert werden kann, nennt man eine Zelle. Im allgemeinen umfaßt sie 16 bis 64 Bits. Bei einigen Anlagen ist hier auch die Selektion einzelner Ziffern oder Zeichen, die durch Bytes (6 bis 8 Bits) dargestellt werden, möglich.

Wird der Speicher dagegen als *Hintergrundspeicher* (Sekundär- oder Tertiärspeicher) verwendet, so ist er so aufgebaut, daß man als kleinste Einheiten nur Blöcke entnehmen kann. Die Länge dieser Blöcke ist von Fall zu Fall verschieden. Kleine Blöcke enthalten etwa 50 Zahlwörter.

Der Aufwand für die *Selektierung* hängt außer von der Wortlänge auch von der Anordnung der Wörter im Speicher ab. Sind in einem Kernspeicher die N Wörter z. B. zweidimensional angeordnet, so liegt die Zahl der Auswahlleitungen im günstigsten Fall bei $2 \cdot \text{entier } \sqrt{n}$, bei dreidimensionaler Anordnung bei $3 \cdot \text{entier } \sqrt[3]{n}$.

Die Selektionseinrichtung erhält ihre Information aus einem Register, in das die Zellennummer des gewünschten Wortes, seine Adresse als Binärzahl eingegeben wurde. (Im Gegensatz zu den Rechenwerken, die verschiedentlich dezimal ausgeführt werden, führt man die internen Steuerungen, also auch die Adressierung des Speichers, immer binär aus. Die Stellenzahl n dieses Register für einen Speicher mit N-Zellen ist dann n = entier log 2 N). Ebensogroß ist die Anzahl der Ausgangsleitungen Q_r der Flip-Flops dieses Registers (ohne die negierten Ausgänge), die zur Ansteuerung der Selektionseinheit verwendet werden können. Für die in Frage kommende Größe von N ist aber log $^2 N < \sqrt[i]{N}$ i = 2, 3, 4, 5, 6, deshalb muß zwischen den Ausgangsleitungen des Adreßregisters und den Selektionsleitungen des Speichers eine Umschlüsselung vorgenommen werden.

Bei vielen Speichern läuft die Information mit konstanter Geschwindigkeit am Schreib- bzw. Lesekopf vorbei (magnetomotorische Speicher oder Ultraschallspeicher). Hier steht für die Selektion neben den räumlichen Dimensionen noch die Zeit zur Verfügung. Man läßt synchron zur Fortbewegung der Information einen Zähler mitlaufen. Durch eine Koinzidenzschaltung zwischen diesem Zähler und dem Adreßregister läßt sich der Schreib- bzw. Lesekopf gerade in dem Augenblick einschalten, in dem die gewünschte Information an dem Kopf vorbeiläuft (9.3.1.2).

Ideal wäre ein Speicher, dessen *Zugriffszeit*, d. h. die Zeit, die verstreicht, bis der Inhalt einer ausgewählten Zelle im Ausgangsregister des Speichers ist, möglichst klein und dessen *Kapazität* (Anzahl der Speicherzellen) möglichst groß ist. Leider steigt die Zugriffszeit bei allen Speichertypen mit der Kapazität mehr oder weniger stark an, so daß es nicht möglich ist, einen beliebig großen Speicher mit der kleinstmöglichen Zugriffszeit zu bauen. Man sieht deshalb eine Hierarchie von zwei, manchmal auch von drei Speicherwerken vor. Das erste, welches direkte Verbindung zum Rechenwerk hat, besitzt eine relativ geringe Kapazität (einige zehntausend Zellen) und eine geringe Zugriffszeit (10 ns bis 1 µs). Technisch wird dieses Speicherwerk heute noch meist als Kernspeicher ausgeführt. Gewisse Teile desselben, wo Zugriffszeiten im Nanosekundenbereich erwünscht sind, baut man auch als integrierten Flip-Flop-Speicher auf. Das zweite und dritte Speicherwerk in der Hierarchie besitzen eine weitaus größere Kapazität (einige Millionen Zellen) bei entsprechend großer Zugriffszeit (einige ms für das zweite, 0,5 bis einige Sekunden für das dritte). Da aber aus diesen Werken die Information immer in zusammenhängenden Blöcken übertragen wird und deshalb Transportoperationen relativ selten sind, fällt diese Zugriffszeit nicht so sehr ins Gewicht.

Man nennt Speicher, bei denen auf jede beliebige Zelle direkt zugegriffen werden kann, ohne dabei andere nichtgewünschte Zellen durchgehen zu müssen „*random-access*"-*memories* (RAM). In einem „random-access"-Speicher kann jede Zelle mit der gleichen Zugriffszeit erreicht werden. Unter den heute gebräuchlichen Speichern trifft dies für den Kernspeicher und für gewisse

Flip-Flop-Speicher zu. Doch rechnet man vielfach auch Speicher, bei denen zwar die Spuren „random-access" ausgewählt werden, innerhalb dieser aber sequentiell ausgeschieden wird, zu den random-access-Speichern. Allerdings muß sich das Hauptgewicht der Selektion auf die Spurauswahl und nicht auf die Auswahl einer Bitgruppe innerhalb einer Spur beziehen. Dies trifft z. B. bei Trommel- und Plattenspeichern, nicht aber bei Bandspeichern zu.

Bei den meisten heute ausgeführten Speicherwerken erfolgt der Zugriff auf eine Zelle über eine *Adresse*. Es sind jedoch auch Speicher denkbar, bei denen die Auswahl der Zellen dadurch erfolgt, daß man Teile ihres Inhalts oder eine bestimmte Funktion ihres Inhalts vorgibt. Man nennt solche Speicherwerke auch *inhaltsadressierte Speicher* oder *Assoziativspeicher*. Für den Aufbau solcher Werke sind Magnetkerne äußerst schlecht geeignet. Das hängt damit zusammen, daß solche Kerne nur zeitlich begrenzte Ausgangssignale abgeben. Mit der Entwicklung der Halbleiterspeicher bieten sich aber viele Möglichkeiten, auch schnelle Assoziativspeicher mit vernünftigem Aufwand herzustellen (vgl. 8.4.3.5.1).

Große Assoziativspeicher, die zu einer bestimmten Informationseinheit eine ganze Kette von Daten hervorbringen, die mit derselben durch eine gewisse Relation, die gleichfalls eingebbar sein sollte, zusammenhängen, wären für Datenbanken die ideale Grundlage. Aus dem biologischen Bereich sind Strukturen bekannt, die die angeschnittenen Probleme in nahezu idealer Weise lösen. Dieser Stand kann mit den heutigen Mitteln der Datenverarbeitung auch nicht annähernd erreicht werden.

6.3 Datensicherungsmaßnahmen beim Speicherwerk

Im Gegensatz zum Rechenwerk wird die Information im Speicherwerk nicht verändert. Sie muß dieses in der gleichen Form verlassen, wie sie eingegeben wurde. Deshalb kann hier, wie bei einem Datenkanal, eine Datensicherung durchgeführt werden. Um diese realisieren zu können, braucht man eine gewisse Redundanz im Maschinenwort. Man kann allgemein sagen, je größer diese Redundanz gemacht wird, um so stärker ist die Absicherung gegen Fehler.

6.3.1 Datensicherung bei Dezimalmaschinen

Bei Dezimalmaschinen die den BCD-Code verwenden, könnte z. B. eine gewisse Datensicherung erreicht werden, indem man auf die Pseudotetraden A bis F prüft. Dies ist allerdings nur eine schwache Kontrolle; sie kann verstärkt werden, wenn man eine Ziffer durch eine Pentade oder Hexade darstellt. Bei einer anderen viel verwendeten Kontrolle wird die Quersumme jeder Tetrade durch ein *Paritybit* auf eine gerade oder ungerade Zahl gebracht. Die Berechnung des Paritybits und die Kontrolle auf ungerade oder gerade Quersumme muß natürlich schnell erfolgen. Wir geben ein Beispiel für eine Dezimalmaschine, in welcher die Ziffern durch Tetraden in binärer Verschlüsselung dargestellt sind.

BCD-Code	Parity-Bit
O O O O	L
O O O L	O
O O L O	O
O O L L	L
O L O O	O
O L O L	L
O L L O	L
O L L L	O
L O O O	O
L O O L	L

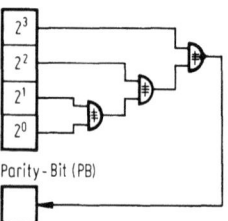

Schaltung für die Erzeugung des Parity-Bits für den BCD-Code, wenn eine ungerade Quersumme verlangt wird

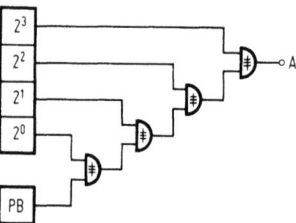

Abb. 74
Parity-Bit beim BCD-Code

Schaltung zur Prüfung auf ungerade Quersumme (Am Ausgang A entsteht bei ungerader Quersumme der Pegel L)

6.3.2 Datensicherung bei binären und hexadezimalen Maschinen

Die einfachste Datensicherung wird dadurch erreicht, daß man die in 6.3.1 erwähnte Methode auf n-Stellen ausdehnt und durch ein Paritybit eine gerade oder ungerade Quersumme erzwingt. Diese Kontrolle ist nicht sehr stark, sie versagt, wenn zwei Bits einer Zahl gleichzeitig verändert werden. Durch ein zweites Paritybit kann die Kontrolle wesentlich verschärft werden.

Aus der Zahlentheorie ist folgender Satz bekannt

$$Z = Q \bmod (B - 1).$$

6.3 Datensicherungsmaßnahmen beim Speicherwerk

Er besagt, daß in einem Zahlensystem mit der Basis B die Zahl Z gleich der Quersumme Q ist, bis auf das Vielfache von $B - 1$. Oder $Z - Q$ ist durch $B - 1$ teilbar. Quersumme Q und Zahl Z ergeben sich aus

$$Q = Z_0 + Z_1 + Z_2 + \ldots Z_n = \sum_0^n Z_i$$
$$Z = Z_0 B^0 + Z_1 B^1 + Z_2 B^2 + \ldots Z_n B^n = \sum_0^n Z_i B^i.$$

Beh.: $Z - Q$ ist durch $B - 1$ teilbar,

Bew.: $Z - Q = \sum_0^n Z_i B^i - \sum_0^n Z_i = \sum_0^n Z_i (B^i - 1)$.

Nun hat aber $B^i - 1$ für alle in Frage kommenden i $(0 \leq i \leq n)$ bei 1 eine Nullstelle, also ist

$$(B^i - 1) = (B - 1) \sum_0^{i-1} A_\nu B^\nu,$$

damit wird

$$Z - Q = \sum_0^n Z_i (B - 1) \sum_0^{i-1} A_\nu B^\nu = (B - 1) \sum_0^n Z_i \cdot \sum_0^{i-1} A_\nu B^\nu.$$

Läßt man also z. B. im Dezimalsystem bei der Quersumme alle Vielfachen von 9 weg und betrachtet den Rest, so ergibt sich derselbe Rest erst wieder für eine Zahl, die von der ursprünglichen um ein Vielfaches von 9 abweicht. Für binäre Zahlen wäre $B - 1$ gleich 1, dadurch wird der Satz trivial. Wählt man die Anzahl der Bit in einem Maschinenwort geradzahlig, so kann man sich die Zahl auch im Vierersystem vorstellen, wenn man für die Darstellung jeder Ziffer zwei benachbarte Bits verwendet. Das rechte Bit hat dann die Wertigkeit 1, das linke die Wertigkeit 2. Bilden wir nach dieser Regel die Quersumme und lassen hier Vielfache von $B - 1$ – also 3 weg – so haben jetzt nur solche Zahlen denselben Quersummenrest, die sich um 3 Einheiten unterscheiden, z. B.

28 $\equiv$ 10 mod 3	Nach Weglassen		1
29 $\equiv$ 11 mod 3	von Vielfachen von 3		2
30 $\equiv$ 3 mod 3	ergibt sich		0
31 $\equiv$ 4 mod 3	als Rest:		1

Ein auftretender Fehler bleibt also nur dann unerkannt, wenn zwei Bits gleichzeitig verändert werden, die noch dazu solche Zweierpotenzen repräsentieren, deren Summe durch drei teilbar ist. Der Rest der Quersumme ist bei dieser Zahldarstellung entweder 0, 1 oder 2. Er kann durch zwei Paritybits zu Null gemacht werden.

Die Prüfung, ob die Quersumme einschließlich der beiden Paritätsbit Null ist, muß natürlich sehr schnell erfolgen, um den Speicherverkehr nicht zu verzögern. Folgende Methode hat sich dafür bewährt:

Man bildet immer die Quersumme aus zwei Bitpaaren und stellt sie durch ein neues Bitpaar dar usw., bis zum Schluß ein Bitpaar übrigbleibt. Bedingung ist nur, daß die Bitzahl des Registers eine Summe von Zweierpotenzen 2^k ist, mit k ganzzahlig und > 0, was bedeutet, daß es eine gerade Anzahl von Bits haben muß.

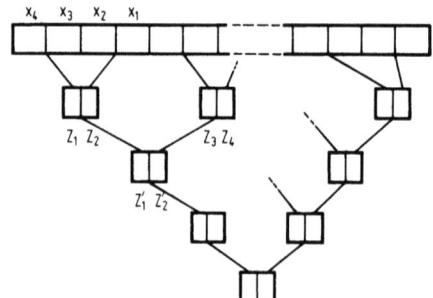

Abb. 75
Bildung der Quersumme
für eine Zahl im Vierersystem

Die Zusammenfassung der einzelnen Bits hat nach folgender Regel zu geschehen:

x_4	x_3	x_2	x_1	Z_2	Z_1	Z_1 wenn:	Z_2 wenn:	
O	O	O	O	O	O			
O	O	O	L	O	L	$x_1 \wedge \bar{x}_2 \wedge \bar{x}_3 \wedge \bar{x}_4$		
O	O	L	O	L	O		$\bar{x}_1 \wedge x_2 \wedge \bar{x}_3 \wedge \bar{x}_4$	
O	O	L	L	O	O			
O	L	O	O	O	L	$\bar{x}_1 \wedge \bar{x}_2 \wedge x_3 \wedge \bar{x}_4$		
O	L	O	L	L	O		$x_1 \wedge \bar{x}_2 \wedge x_3 \wedge \bar{x}_4$	
O	L	L	O	O	O			
O	L	L	L	O	L	$x_1 \wedge x_2 \wedge x_3 \wedge \bar{x}_4$		erste Stufe
L	O	O	O	L	O		$\bar{x}_1 \wedge \bar{x}_2 \wedge \bar{x}_3 \wedge x_4$	
L	O	O	L	O	O			
L	O	L	O	O	L	$\bar{x}_1 \wedge x_2 \wedge \bar{x}_3 \wedge x_4$		
L	O	L	L	L	O		$x_1 \wedge x_2 \wedge \bar{x}_3 \wedge x_4$	
L	L	O	O	O	O			
L	L	O	L	O	L	$x_1 \wedge \bar{x}_2 \wedge x_3 \wedge x_4$		
L	L	L	O	L	O		$\bar{x}_1 \wedge x_2 \wedge x_3 \wedge x_4$	
L	L	L	L	O	O			

				z'_2	z'_1	z'_1 wenn:	z'_2 wenn:	
O	O	O	O	O	O			
O	O	O	L	O	L	$z_1 \wedge \bar{z}_2 \wedge \bar{z}_3 \wedge \bar{z}_4$		
O	O	L	O	L	O		$\bar{z}_1 \wedge z_2 \wedge \bar{z}_3 \wedge \bar{z}_4$	
O	L	O	O	O	L	$\bar{z}_1 \wedge \bar{z}_2 \wedge z_3 \wedge \bar{z}_4$		
O	L	O	L	L	O		$z_1 \wedge \bar{z}_2 \wedge z_3 \wedge \bar{z}_4$	alle weiteren Stufen
O	L	L	O	O	O			
L	O	O	O	L	O		$\bar{z}_1 \wedge \bar{z}_2 \wedge \bar{z}_3 \wedge z_4$	
L	O	O	L	O	O			
L	O	L	O	O	L	$\bar{z}_1 \wedge z_2 \wedge \bar{z}_3 \wedge z_4$		

6.3 Datensicherungsmaßnahmen beim Speicherwerk

Da nur in der vorgegebenen Zahl beide Bits einer Stelle im Vierersystem besetzt sein können, ergibt sich für die Verknüpfungselektroniken ab der zweiten Stufe eine starke Vereinfachung.

Man muß zwischen dem Prüfen der Quersumme einschließlich der beiden Paritätsbit – hier muß sich also das Endergebnis $Z_1^{(n)} = 0$ und $Z_2^{(n)} = 0$ ergeben und dem Neusetzen dieser Bit unterscheiden. Hier wird die Quersumme ohne die Paritätsbit gebildet und dann diese, wenn das Ergebnis 0 ist (ein Vielfaches von 3) Null gesetzt. Ist es von Null verschieden (OL, LO), so erhält man die Paritätsbits durch Negation dieser Werte.

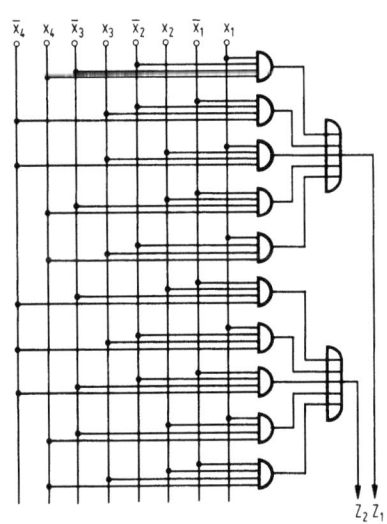

Abb. 76
Verknüpfungselektronik
in der ersten Stufe

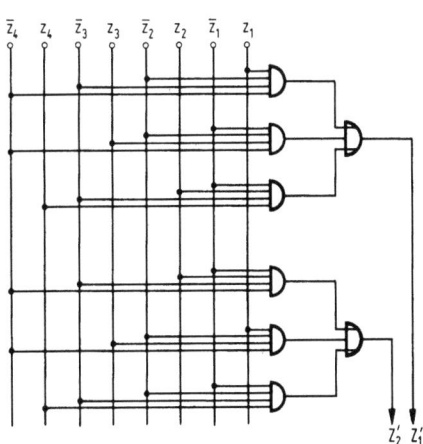

Abb. 77
Verknüpfungselektronik
der weiteren Stufen

6.4 Magnetkernspeicher

Für Speicher, deren Zugriffszeiten im Bereich der μs liegen sollen, verwendet man heute noch fast ausschließlich den Magnetkernspeicher. Durch die ringförmigen Kerne werden die, die einzelnen Bitwerte charakterisierenden Magnetfelder sehr gut konzentriert, so daß keine Gefahr besteht, daß die Information in den Nachbarkernen durch Streufelder beeinflußt wird. Da die Herstellung eines Kernspeichers infolge der komplizierten Fädelungstechnik aufwendig und teuer ist, wurden und werden zahlreiche Versuche unternommen, einfachere Lösungen für einen sonst gleichwertigen Speicher zu finden.

6.4.1 Physikalische Eigenschaften der Magnetkerne

6.4.1.1 Rechteckigkeit

Die Hyteresisschleife der für Speicher verwendeten Ringkerne sollte möglichst rechteckig sein. Ein Maß ist das sogenannte *Rechteckigkeitsverhältnis R* (vgl. Abb. 78). H_m ist dabei der Wert der maximal auftretenden Feldstärke. Wegen des gekrümmten Verlaufs der Hysteresisschleife ist R eine Funktion von H_m. Für praktisch hergestellte Kernmaterialien liegt R um 0,9.

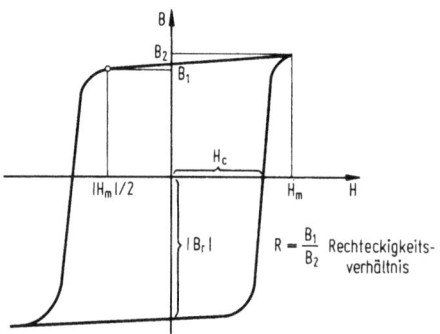

Abb. 78
Hysterese-Schleife

6.4.1.2 Unterschleifen

Wichtig für das Verhältnis Nutzimpuls – Störimpuls ist der Verlauf der Unterschleifen die durchlaufen werden, wenn ein Kern mit $H_m/2$ erregt wird.
Wurde ein Kern durch einen positiven Feldstärkeimpuls H_m vom Punkt O über Punkt S in den Zustand L gebracht, und wird er dann durch einen negativen Impuls $-H_m/2$ erregt, so stellt sich nach dieser Erregung der Zustand 2 ein. Die dabei erhaltene Induktionsänderung $\Delta B = B_1 - B_2$ ist relativ hoch. Bei allen weiteren Erregungen ändert sich die Induktion nur um $\Delta B' = B_3 - B_2$. Dieses Verhalten der Kerne wird beim Lese-Schreib-Zyklus des Kernspeichers ausgenützt.

6.4 Magnetkernspeicher

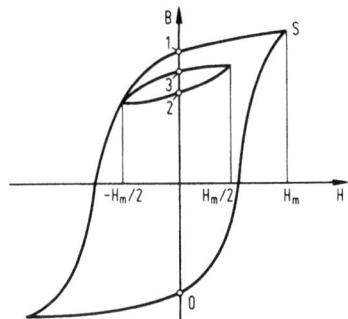

Abb. 79
Unterschleifen

6.4.1.3 Reversible und irreversible Feldänderungen

Wir wollen hier als „irreversible" Feldänderungen solche verstehen, bei denen der magnetische Fluß im Kern das Vorzeichen wechselt. Alle Änderungen des Flusses infolge von Unterschleifen, die natürlich streng genommen auch irreversible Änderungen erzeugen, wollen wir reversibel nennen.

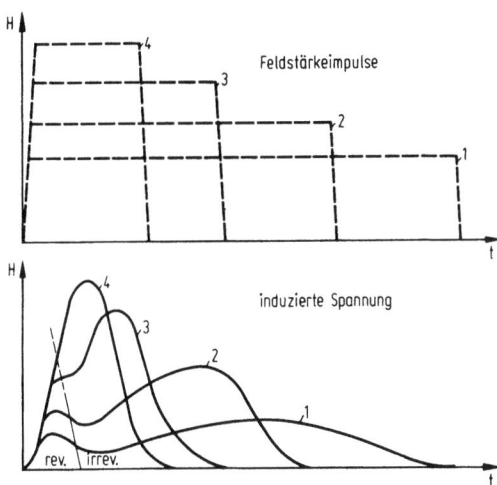

Abb. 80
Zusammenhang zwischen
Feldstärkeimpuls und
induzierter Spannung

Wie die Abb. 80 zeigt, braucht der Ferritkern eine gewisse Zeit, um von einem magnetischen Zustand in den anderen zu gelangen. Während für die reversiblen Feldänderungen (Drehungen der Weißschen Bezirke um kleine Winkel) diese Zeit unabhängig von der Feldstärke ist, ist die Zeitdauer des irreversiblen Teils feldstärkeabhängig. Bezeichnet man τ als die Zeitspanne, nach der der Ummagnetisierungsprozeß zu 90 % abgeschlossen ist, H die wirkende Feldstärke und H_c als die Koerzitivfeldstärke, so gilt:

$$(H - H_c) \cdot \tau = S.$$

S wird als Schaltkonstante bezeichnet. Sie beträgt für die gängigen Ferrite $\approx 10^{-4}$ As/m. Für die meisten Ferritspeicher muß $H \leq 2 H_c$ gewählt werden. Damit wird die kürzeste Schaltzeit, die erreicht werden kann:

$$\tau \approx \frac{S}{H_c}$$

6.4.2 Selektion eines Kerns bzw. einer Kerngruppe

Die Ansteuerung eines Kerns erfolgt mittels Selektionsdrähten, die durch die Kerne des Arrays gefädelt werden. Nur derjenige Kern wird magnetisch irreversibel verändert, bei dem alle durch ihn geführten Selektionsdrähte einen Stromimpuls führen. Man bezeichnet das Verhältnis der auftretenden Feldstärke in dem durch n Selektionsdrähten angesteuerten Kern zu der Feldstärke, die in Kernen auftritt, bei denen $n-1$ Selektionsdrähte Strom führen, als *Selektionsverhältnis*. Bei den meisten ausgeführten Speichern wird ein Kern durch 2 Selektionsdrähte ausgewählt, das Selektionsverhältnis ist dort also 2:1. Damit die Anzahl der Selektionsleitungen für eine gegebene Anzahl von Kernen gering bleibt, ordnet man die Kerne mindestens 3dimensional an (vgl. 6.2). Bei größeren Kapazitäten geht man bezüglich der Anwahl um eine Dimension höher, indem man mehrere 3 dreidimensionale Arrays linear anordnet. Aus fertigungstechnischen Gründen werden die Kerne nur innerhalb einer Fläche gefädelt und die Verbindungen in der 3. Dimension am Rande dieser Kernmatrizen durchgeführt. Vielfach werden Selektionsdrähte nicht nur durch Kerne gefädelt, die auf einer Geraden angeordnet sind, sondern durch alle Kerne einer Ebene. Man spricht dann von Selektionsebenen. Diese Ebenen brauchen nicht mit dem herstellungsmäßig bedingten Ebenen zusammenzufallen.

6.4.2.1 Selektion eines Einzelkerns

In der Anordnung der Abb. 81 wird der gewünschte Kern durch den Schnittpunkt zweier Geraden x, y, die in einer Ebene liegen, bestimmt. Für die n^3 Kerne des Arrays werden 2 n^2 Selektionsdrähte benötigt. Das Selektionsverhältnis ist 2:1.

Bei dem Kernarray der Abb. 82 liegt der ausgewählte Kern im Schnittpunkt dreier orthogonaler Ebenen. Es werden 3 n Selektionsdrähte benötigt; leider ist das Selektionsverhältnis nur 3:2.

Der ausgewählte Kern der Anordnung Abb. 83 liegt im Schnittpunkt einer Geraden mit einer Ebene. Es sind $n + n^2$ Selektionsleitungen notwendig, das Selektionsverhältnis ist 2:1. Die Ebenen, durch die Lesedrähte gefädelt sind, sind hier identisch mit den Selektionsebenen.

6.4 Magnetkernspeicher

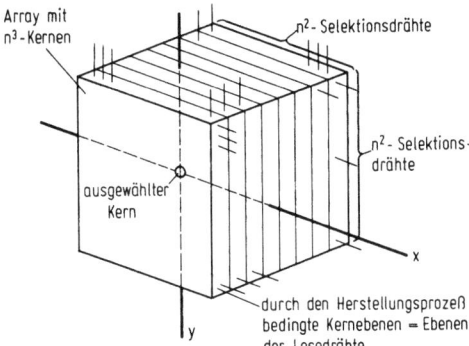

Abb. 81
Auswahl eines Einzelkerns
durch den Schnittpunkt zweier in
einer Ebene liegender Geraden

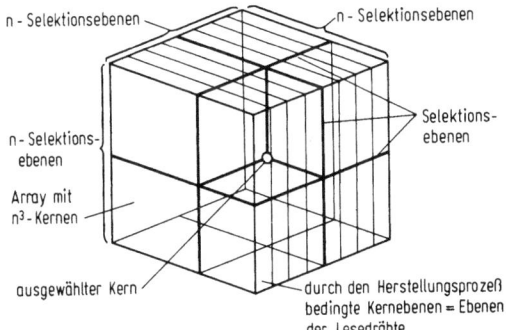

Abb. 82
Auswahl eines Einzelkerns
durch den Schnittpunkt
dreier Ebenen

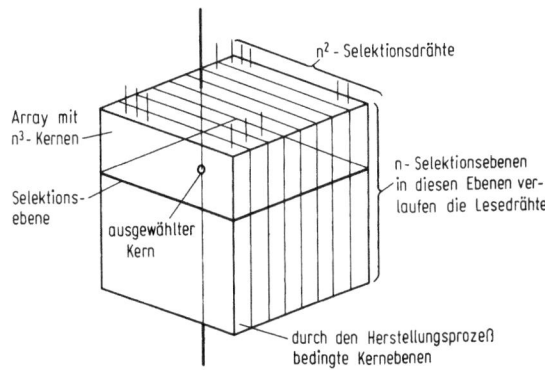

Abb. 83
Auswahl eines Einzel-
kerns durch den Schnitt-
punkt einer Ebene
mit einer Geraden

6.4.2.2 Selektion einer Kerngruppe (Wort oder Byte)

Hier wird die Kernzahl in einer Dimension des Arrays gleich der Wort- oder Bytelänge oder einem Vielfachen derselben gemacht.

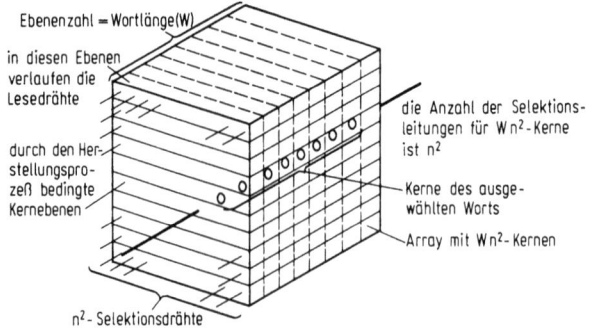

Abb. 84 Auswahl einer Kerngruppe durch die Schnittpunkte einer Geraden mit W-Ebenen (Wortorientierter Kernspeicherarray)

In der Anordnung der Abb. 84 liegen die Kerne eines Worts auf einer von n^2 Geraden. Man nennt einen so aufgebauten Speicher auch wortorientiert. Wegen der großen Anzahl (n^2) von Selektionsleitungen eignet er sich nur für kleinere Kapazitäten. Er hat jedoch den Vorteil, daß mit sehr hohen Feldstärkeimpulsen gelesen werden kann. Da die Kerngruppen nicht durch Stromkoinzidenz ausgewählt werden, wird die Stromstärke, von der die Kerngruppe beim Auslesen gelöscht wird, nur durch die verwendete Drahtstärke begrenzt. Das führt zu sehr kurzen Lesezeiten.

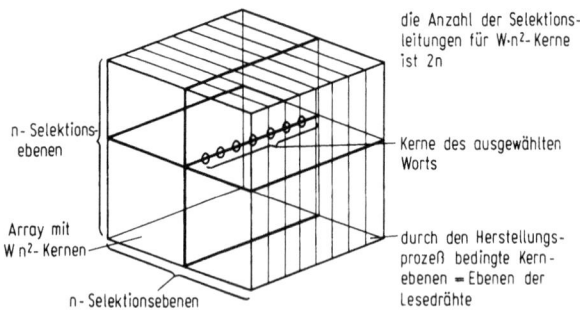

Abb. 85 Auswahl einer Kerngruppe durch die Schnittgerade zweier Ebenen (Normalausführung eines Kernspeichers)

6.4 Magnetkernspeicher

In der Kernanordnung der Abb. 85 ist das ausgewählte Wort durch die Schnittgerade zweier Selektionsebenen bestimmt. Dieses Verfahren wird wegen der geringen Anzahl von Selektionsleitungen ($2n$) sehr häufig benützt. Allerdings sind die Feldstärkeimpulse wegen der teilerregten Kerne auf den beiden Ebenen außerhalb der Schnittgeraden begrenzt (Selektionsverhältnis 2:1).

6.4.3 Die Anordnung der Lese- und Sperrwicklungen

6.4.3.1 Lesewicklung

Sowohl bei den Anordnungen für die Selektion eines Einzelkerns wie auch bei denen für Kerngruppen wirken die Ausgangssignale einer ganzen Kernebene auf einen Leseverstärker. Natürlich darf innerhalb einer solchen Leseebene nur ein Kern ausgewählt werden. Beim Auslesen von Kerngruppen muß also jeder Kern des Wortes in einer anderen Leseebene liegen. Soll in einem nach 6.4.2.2 Abb. 85 organisiertem Speicher ein Wort ausgegeben werden, so schickt man durch 2 Selektionsleitungen x und y je einen Strom von $I_m/2$. Durch diese Ströme werden alle Kerne, die in den durch x und y bestimmten Selektionsebenen liegen, auf $H_m/2$ magnetisiert; die Kerne, die auf der Schnittgeraden der Ebenen liegen, mit H_m. Sie geben ihre Ausgangssignale über die Drähte der Leseebenen an die Leseverstärker und durch diese werden die Flip-Flop des Speicherregisters eingestellt. Der Transport des gespeicherten Wortes erfolgt also parallel.

6.4.3.2 Sperrwicklung

Nach dem Auslesen eines Wortes sind alle seine Kernchen im Zustand O. Da man für einen Speicher grundsätzlich die Forderung stellt, daß ein ausgelesenes Wort im Speicher verbleiben muß, müssen beim Kernspeicher die eben ausgelesenen Kerne wieder in den alten Zustand versetzt werden. Dazu läßt man den Impulsen in den x- und y-Drähten, die das Auslesen besorgten, solche mit entgegengesetzter Polarität folgen. Diese würden aber alle Kernchen des Wortes in den L-Zustand versetzen. Um dies zu verhindern, ist in jeder, durch einen Lesedraht bestimmten Ebene noch ein vierter Draht, der *Sperrdraht* (engl.: inhibit wire) vorgesehen. Diese Drähte sind über Verstärker an die Flip-Flops des Speicherregisters angeschlossen. Die Verstärker sind so ausgelegt, daß in jedem Sperrdraht, dessen zugehöriges Flip-Flop im Zustand O ist, ein Strom fließt, der in sämtlichen Kernchen der Ebene das Feld $-H_m/2$ erzeugt, dagegen soll in den Sperrdrähten, deren Flip-Flops im L-Zustand sind, kein Strom fließen. Wie man sich leicht überlegt, entsteht jetzt nur in den Kernen des ausgewählten Wortes, dessen Sperrdraht keinen Strom führt, das Feld $+H_m$, d. h., nur sie werden demnach in den Zustand L zurückgesetzt.

6.4.4 Probleme, die infolge der nichtrechteckigen Hystereseschleifen entstehen

Bei den meisten Kernspeicheranordnungen wird in gewissen Kernen beim Lese-Schreib-Zyklus eine Feldstärke $\pm H_m/2$ erzeugt. Bei streng rechteckiger Hyteresisschleife würden diese Kerne keinerlei Signal abgeben. In Wirklichkeit werden aber Unterschleifen durchlaufen, die eine bestimmte Induktionsänderung verursachen, durch welche eine gewisse Ausgangsspannung generiert wird. Man nennt diese teilerregten Kerne auch „gestörte" Kerne.

Bei einem Einzelkern ist das von einer Unterschleife erzeugte Ausgangssignal wesentlich kleiner als das Nutzsignal, welches durch das Umklappen des Kerns entsteht (s. Abb. 86).

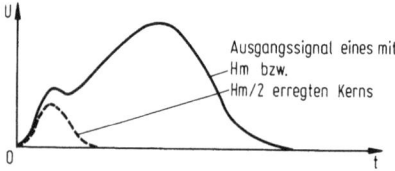

Abb. 86
Nutz- und Störsignal eines Kerns

Wenn jedoch alle Kerne der Zeile und Spalte, in der sich der ausgewählte Kern befindet, mit $H_m/2$ gestört werden, so addieren sich die Störsignale und das resultierende Signal würde das Nutzsignal weit übersteigen. Man fädelt daher den Lesedraht so durch die Kernchen einer Ebene, daß jedes zweite Kernchen ein negatives Signal abgibt. Der Eingang des Leseverstärkers muß jetzt natürlich so ausgelegt werden, daß sowohl positive wie negative Impulse weiterverstärkt werden (Gleichrichter). Die Störimpulse würden sich aufheben, wenn nicht die Induktionsänderung von der Vorgeschichte des Kerns abhängig wäre (vgl. Abb. 79). Das Störsignal größerer Matrizen würde trotz dieser Maßnahme noch größer sein als das Nutzsignal. Man muß sich daher noch weitere Maßnahmen überlegen, um diese Störimpulse auszuschalten.

6.4.4.1 Die Teilerregung nach dem Beschreiben der Kerne

Betrachtet man die Abb. 79, so erkennt man, daß ΔB am größten ist, wenn ein Kern seinen magnetischen Zustand gewechselt hat und wenn er dann teilerregt wurde. Bei weiteren Teilerregungen bleibt ΔB wesentlich kleiner. Nimmt man in den Lese-Schreib-Zyklus grundsätzlich eine Nach-Teilerregung (engl.: post-write-disturb) mit auf und läßt die dabei erzeugten Störimpulse ins Leere laufen, so hat man bei einem Lesevorgang nur noch mit wesentlich kleineren Störimpulsen zu rechnen (vgl. Abb. 79). Um die Sicherheit noch weiter zu erhöhen, wird meist noch die Tatsache ausgenützt, daß das Störsignal, da es von reversiblen Zustandsänderungen herrührt, eine, verglichen mit dem Nutzsignal, geringe Dauer hat.

6.4 Magnetkernspeicher

6.4.4.2 Das Ausblenden des Nutzsignals

Das Nutzsignal erreicht bei allen Kernen, die mit Stromkoinzidenz arbeiten (begrenzter Feldstärkeimpuls) erst dann sein Maximum, wenn das Störsignal bereits abgeklungen ist. Sieht man im Leseverstärker ein Und-Glied vor, auf dessen einen Eingang das Ausgangssignal der Lesewicklung und auf dessen zweiten Eingang ein Impuls gegeben wird, der z. Z. des Maximums des Nutzsignals eintrifft, so hat man das Störsignal fast vollständig eliminiert.

6.4.4.3 Leseverstärker für biopolare Signale und Ausblendung des Nutzsignals

Leseverstärker für Kernspeicher werden heutzutage meist in integrierter Technik ausgeführt.

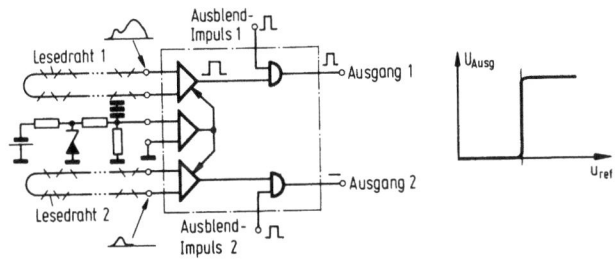

Abb. 87 Leseverstärker in integrierter Ausführung

Die Abb. 87 zeigt einen solchen Leseverstärker. Auf einem Chip vereinigt man zwei Einheiten, die am Ausgang z. B. den Pegel für die TTL-Logik-Familie liefern. Sie sind als sogenannte *Schwellwertverstärker* ausgeführt. Unter einer gewissen vorgebbaren Eingangsspannung gibt der Verstärker den Nullpegel ab. Überschreitet sie diesen Wert, so schaltet er sehr schnell auf den anderen Pegelwert um. Der Schwellwert kann als Referenzspannung am Eingang eines dritten Verstärkers vorgegeben werden. Durch diese Verstärker werden Verschiebungen des Schwellwertes, wie sie z. B. durch Spannungsschwankungen von der Stromversorgung her und durch thermische Einflüsse entstehen können, kompensiert. Am Ausgang der beiden Spannungsverstärker befinden sich Und-Glieder, mit deren Hilfe man mittels des Ausblendimpulses (engl.: strobe-pulse) im richtigen Zeitpunkt den interessierenden Teil des Ausgangssignals ausblenden kann.

Die Referenzspannung sollte größer als die Spitzen der Störimpulse und muß kleiner als die Spitze des Nutzsignals sein. Häufig vorkommende Werte liegen zwischen ± 15 und ± 40 mV. Man erzeugt die Referenzspannung mit Hilfe einer Zenerdiode und nachfolgendem Spannungsteiler. Ausgezeichnet eignen sich dazu die neuerdings entwickelten integrierten Präzisionsspannungskonstanthalter.

6.4.5 Das Impulsprogramm für den Lese-Schreib-Zyklus

Die Ströme in den x-y-Leitungen liegen je nach Größe und Koerzitivkraft der Kerne der Speichermatrizen zwischen einigen hundert mA und etwa einem Ampere. Die Erzeugung solcher Stromimpulse mit Anstiegszeiten von ca. 10 ns ist mit den heute zur Verfügung stehenden Halbleitern keine Schwierigkeit. Für die sichere Trennung Störsignal-Nutzsignal ist es wichtig, das Verhältnis Strom im ausgewählten Kern zum Strom in den Kernen gleicher Zeile bzw. Spalte, das sogenannte Selektionsverhältnis möglichst eng zu tolerieren ($\approx 10\%$). Das bedeutet aber für die Stromimpulse der x- und y-Leitungen eine nur halb so große Toleranz. Da der induktive Widerstand der x- und y-Leitungen wegen der in den verschiedensten Zuständen befindlichen Kernen nicht konstant ist, muß die Impulsquelle als Stromquelle ausgeführt werden, d. h., der Innenwiderstand des Impulsgenerators muß im allgemeinen künstlich erhöht werden.

Die Dauer des Impulses hängt zunächst von den Schaltkonstanten und der Koerzitivkraft des Kernmaterials ab ($\tau = S/H_c$). Zum anderen spielt insbesondere bei größeren Speichermatrizen die Laufzeit der Impulsfront durch die Treiberdrähte eine Rolle. Auf diesen Drähten pflanzt sich ein elektrisches Signal, wegen den, verglichen mit einer Freileitung hohen L- und C-Werten pro Längeneinheit, nur langsam fort ($v = 1/\sqrt{LC}$). Der Wellenwiderstand dieser „Leitung" liegt zwischen 100 und 200 Ω. Die Impulsdauer der Treiberimpulse muß also so groß gewählt werden, daß es auch noch zur sicheren Stromkoinzidenz kommt, wenn der auszuwählende Kern ungünstig bezüglich Leitungsanfang und Leitungsende auf den Treiberdrähten liegt. Dies bedeutet natürlich eine Verlängerung des Lese-Schreibzyklus. Durch die Verwendung mehrerer synchron arbeitender Impulsquellen und durch eine Unterteilung eines zu langen Treiberdrahtes in mehrere Abschnitte, läßt sich diese Verlängerung vermeiden.

Die Abb. 88 zeigt ein Impulsprogramm, wie es häufig bei Kernspeichern benützt wird.

6.4.5.1 Lesen eines gespeicherten Wortes und Zurückschreiben desselben

Durch die zeitsynchronen Leseimpulse in der x- und y-Leitung wird das ausgewählte Kernchen gelöscht. War es im Zustand L, so entsteht am Lesedraht zum Zeitpunkt des Ausblendimpulses ein Signal, dessen Amplitude größer als die Eingangsschwelle des Leseverstärkers ist. Dieses Signal wird im Ausgaberegister des Speichers für den Weitertransport ins Rechenwerk zwischengespeichert. Von gleichem Register aus erfolgt auch die Steuerung der Sperrwicklungsströme. Sie werden für alle Kernebenen unterbunden, aus denen die Information L gelesen wurde. Durch die den Leseimpulsen in kurzem Abstand folgenden Schreibimpulsen entsteht in allen Ebenen, in denen kein Sperrstrom fließt, im ausgewählten Kern das Feld H_m, der Kern wird also gesetzt, in den

6.4 Magnetkernspeicher

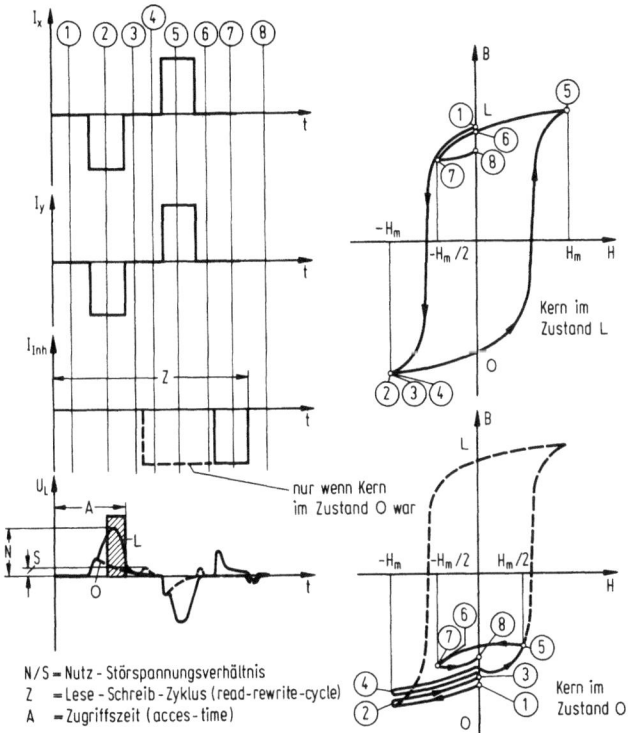

Abb. 88 Impulsprogramm eines Kernspeicherzyklus

anderen Ebenen wegen des negativen Sperrstromfeldes nur $H_m/2$. Nach dem Abklingen der Schreibimpulse läßt man entweder den vorhandenen Sperrstromimpuls noch kurze Zeit nachwirken oder man gibt jetzt einen kurzen Impuls auf die Sperrwicklung. Dieser Impuls hat zur Folge, daß alle Kernchen einer Ebene Unterschleifen durchlaufen. Der magnetische Zustand der Kernchen, in die neu eingeschrieben wurde, nähert sich dabei einem Endzustand, der sich beim Durchlauf weiterer Unterschleifen nur noch wenig ändert.

6.4.5.2 Speichern eines Wortes

Auch hier wird die Zelle, in die geschrieben werden soll, erst ausgelesen. Beim Lesevorgang werden aber die Verbindungen von den Leseverstärkern zum Ausgaberegister unterbrochen bzw. es unterbleibt der Ausblendimpuls. Das Beschreiben der Speicherzelle mit dem im Ausgaberegister befindlichen Wort geschieht wie unter 6.4.5.1 erläutert.

6.4.5.3 Massenkernspeicher

Manchmal verwendet man einen Kernspeicher auch als Sekundärspeicher. Hier kommt es nicht so sehr auf kürzeste Zykluszeit als vielmehr auf große Kapazität an. Man setzt hier Kerne mit nicht zu hohen Koerzitivfeldstärken ein, um hoher Ströme und die damit verbundenen Erwärmungen in den sehr großen Matrizen zu vermeiden. Wegen der endlichen Laufgeschwindigkeit der Impulsfront verbreitert sich jetzt natürlich der Summenimpuls der reversiblen Feldänderungen, so daß die Ausblendung des Nutzsignals immer schwieriger wird. Die obere Grenze der Matrixgröße für Massenkernspeicher aus obigen und auch aus fertigungstechnischen Gründen liegt bei etwa 256 × 256 = 65 536 oder 65 K. Bei schnellen Arbeitsspeichern geht man nur bis 16 K (weiteres über Massenkernspeicher in 9.2).

6.4.6 Treiberverstärker für Kernspeicher

Die Impulsquelle für die x-y-Leitungen des Speichers muß unabhängig von gewissen Lastschwankungen Stromimpulse erzeugen, die neben definierten An- und Abstiegsflanken eine eng tolerierte Amplitude besitzen. Solche Impulse lassen sich mit Stromquellen, d. h. Quellen mit hohem Innenwiderstand erzielen. Die verwendeten Schalttransistoren müssen, um die geforderte Flankensteilheit, die in der Größenordnung einiger 10 ns liegt zu erreichen, eine entsprechend hohe Grenzfrequenz haben.

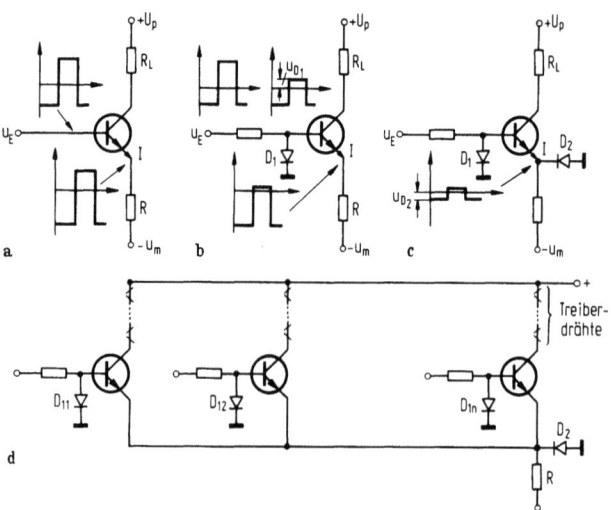

Abb. 89   Treiberverstärker

6.4 Magnetkernspeicher

Es soll nun ein Beispiel für die Endstufe eines Impulserzeugers gegeben werden, der auf der Grundlage des Emitterfolgers und der Tatsache arbeitet, daß bei einem Transistor $I_E \approx I_C$ ist.

Abb. 89a zeigt einen Emitterfolger, der auch im Kollektorzweig einen Lastwiderstand R_L hat. Die Spannung am Emitter folgt bis auf die kleine Spannung U_{BE} ($\approx 0{,}5$ V) der Eingangsspannung U, solange U kleiner als die Spannung am Kollektor ist. Der Emitterstrom und damit auch der Kollektorstrom hängen also nur von U, U_m und R und nicht von R_L ab. Stabilisiert man die Eingangsspannung durch eine Diode auf U_D, so läßt sich der Strom im durchgeschalteten Zustand durch entsprechend konstantes U_m und R leicht innerhalb der geforderten Toleranzgrenze halten (Abb. 89b). Um beim Ausschalten den Strom durch R_L zum Verschwinden zu bringen, müßte man die Eingangsspannung bis unter U_m herunterziehen. Um dies zu vermeiden, bringt man noch eine zweite Diode D_2 an (89c). Diese Diode läßt die Emitterspannung nur um U_D in negativer Richtung wandern. Der Transistor kann, wenn die Basisspannung etwa auf denselben Wert gebracht wird, gesperrt werden. Der Strom I fließt jetzt über D_2 ab.

Wie man sich aus dem Kennlinienfeld Abb. 90 leicht klar macht, verändern Lastschwankungen (ΔR_L) nur die Spannungen, die am Transistor zwischen Emitter und Kollektor und am Lastwiderstand auftreten, sie wirken sich aber nicht auf die Stromstärke I aus.

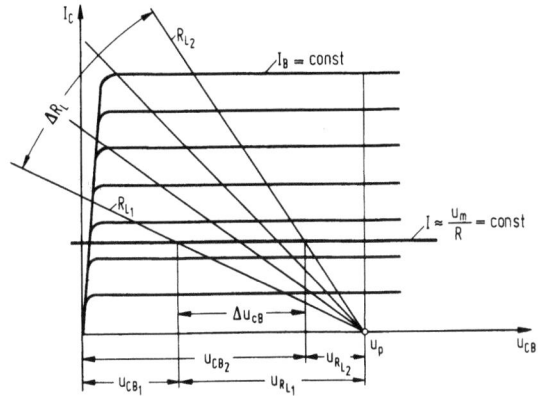

Abb. 90 Ausgangs-Kennlinienfeld eines Treibertransistors

6.4.7 Auswahlschaltungen für die Treiberdrähte eines Kernspeichers

Um aus den $K = m \cdot n$ Worten eines Kernspeichermoduls eines auszuwählen, muß man eine der n waagrechten und eine der m senkrechten Selektionsleitungen bestimmen und mit dem Treiberverstärker verbinden. Dazu wird das

Adreßregister in zwei Teile aufgeteilt und der eine Teil für die Auswahl des senkrechten, der andere für die der waagrechten Selektionsdrähte verwendet. Man wird die Kapazität K eines Moduls so wählen, daß gilt:
$K = n \cdot m$ mit ld n und ld m ganzzahlig.
Die als Binärzahl verschlüsselte Adresse wird also in zwei Teile zerlegt (meist sind diese Teile gleich). Jeder Teil muß nun aus dem Binärcode in den eins aus n- bzw. m-Code umgeschlüsselt werden. Als Schaltungen kommen hierfür entweder der *Schalterbaum* oder die *Codiermatrix* in Frage.

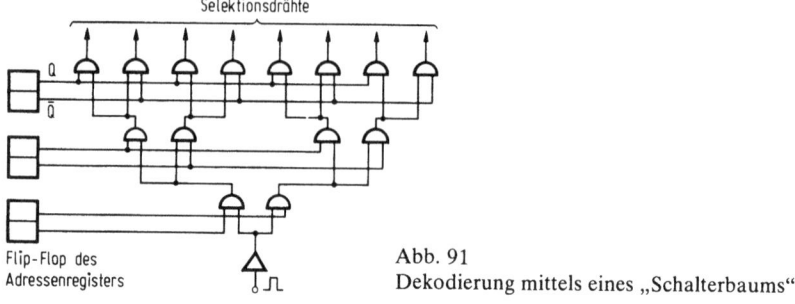

Abb. 91
Dekodierung mittels eines „Schalterbaums"

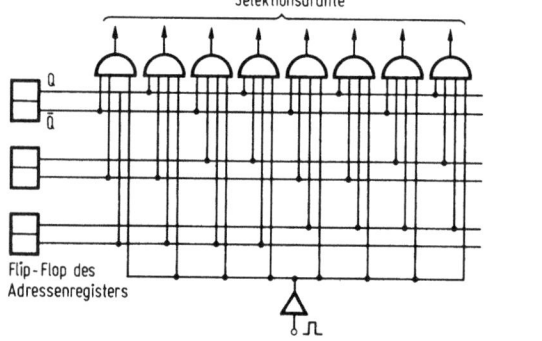

Abb. 92
Dekodierung mittels einer „Matrixschaltung"

Aufwandsmäßig sind beide Schaltungen etwa gleichwertig. Nun läßt sich aber die Matrizenschaltung auf einfache Weise weiter ausbauen. Durch diesen Ausbau wird sie aufwandsmäßig günstiger als die Baumschaltungen.

Bei diesem Ausbau geht man bei der Auswahl des einen aus n Drähten den gleichen Weg, den wir schon bei der Selektion eines Wortes aus der Gesamtzahl aller gespeicherten Worte gegangen sind.

Wir hatten die Kerne zweidimensional angeordnet und konnten dann statt aus n^2 ($n \cdot m$) Kernen zweimal aus je n (einmal aus n und einmal aus m) Drähten auswählen. Bilden wir die beiden Matrizen für die jeweils n Selek-

6.4 Magnetkernspeicher

tionsdrähte so aus, daß wir jeden Selektionsdraht im Schnittpunkt der senkrechten und waagrechten Auswahlleitungen „entspringen" lassen, so brauchen wir zur Auswahl, wenn wir quadratische Speicher- und Auswahlmatrizen voraussetzen, $4 \cdot \sqrt[4]{n}$ Selektionsleitungen. Für einen 64 K-Modul sind also $4 \cdot \sqrt[4]{65\,536} = 4 \cdot 16$ Auswahlleitungen erforderlich. Man braucht zur Entschlüsselung des Adressenregister also nur vier, eins aus 16 Entschlüsseler.

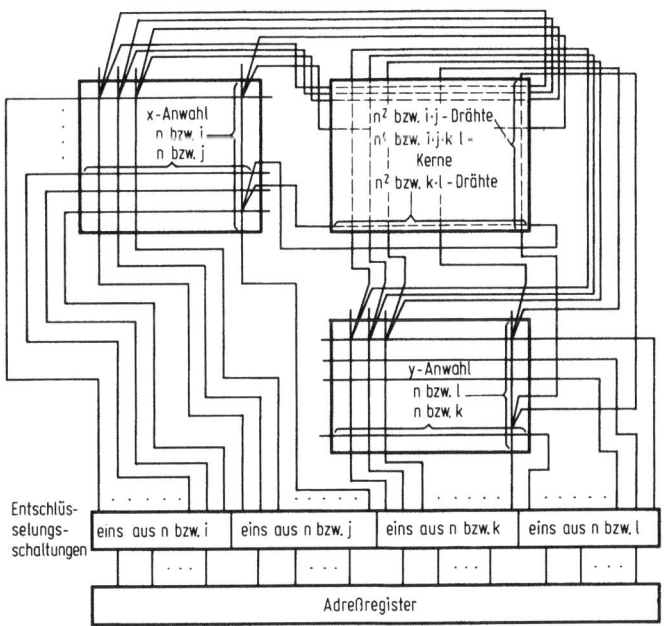

Abb. 93 Anwahl der Kerne eines Speichers mittels zweier Anwahlmatrizen

Bevor wir auf die Realisierung solcher Auswahlmatrizen eingehen, sei noch folgender wichtiger Punkt erwähnt. Die Schaltungen der Auswahlelektronik müssen so ausgelegt sein, daß wesentliche Teile davon, die relativ starken Treiberströme bewältigen können. Als weitere Erschwerung kommt dazu, daß im Lese-Schreibzyklus sowohl positive, wie auch negative Stromimpulse gebraucht werden.

6.4.7.1 Realisierung einer Auswahlmatrix mit Halbleiterelementen

Diese Art der Auswahlmatrizen werden vor allem bei schnellen Kernspeichern mit Zykluszeiten < 1 μs verwendet. Aufwandsmäßig liegen sie höher als die im folgenden Abschnitt behandelten Matrizen, die ferromagnetische Materialien als Grundelemente verwenden. Die Abb. 94 zeigt eine Matrix, bei der Dioden als Schaltelemente benützt werden.

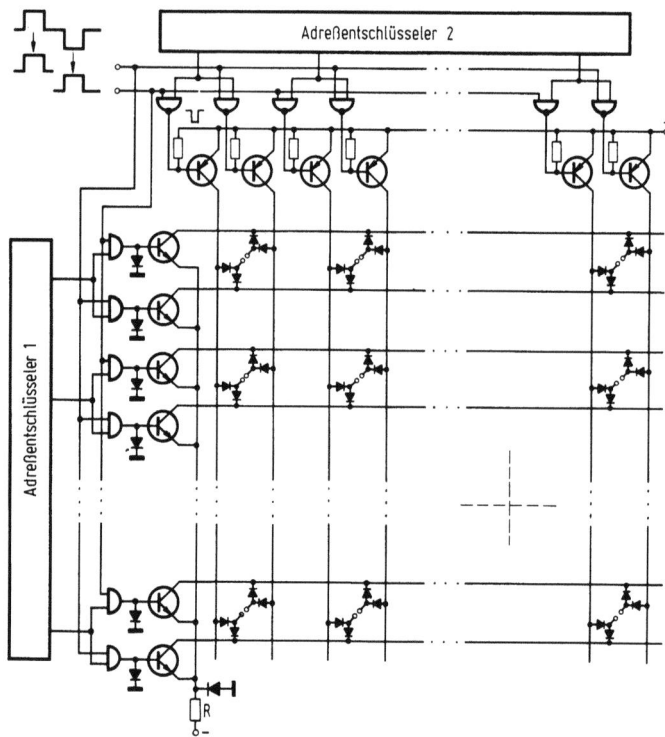

Abb. 94   Anwahlmatrix für beide Stromrichtungen mit Halbleiterelementen

Die x- und y-Auswahlleitungen bestehen jeweils aus einem Drahtpaar. Die vom Entschlüsseler 1 gesteuerten Transistoren wirken als Treiberverstärker, während die vom Enschlüsseler 2 gesteuerten Transistoren mit den Treiberverstärkern in Serie liegen. Beide Transistorengruppen können außer durch die Entschlüsseler noch durch die Lese- bzw. Schreibsteuerleitung beeinflußt werden. In jedem Kreuzungspunkt der senkrechten und waagrechten Leitungspaare ist über vier Dioden einer der x- bzw. y-Drähte des Speichers angeschlossen. Wie man sich leicht aus der Abb. 95 überzeugt, fließt durch den, durch die beiden Entschlüsseler ausgewählten x- bzw. y-Draht, ein durch R und der Versorgungsspannung bestimmter Strom in der einen Richtung, wenn

6.4 Magnetkernspeicher

ein Leseimpuls und der gleiche Strom in der anderen Richtung, wenn ein Schreibimpuls gegeben wird.

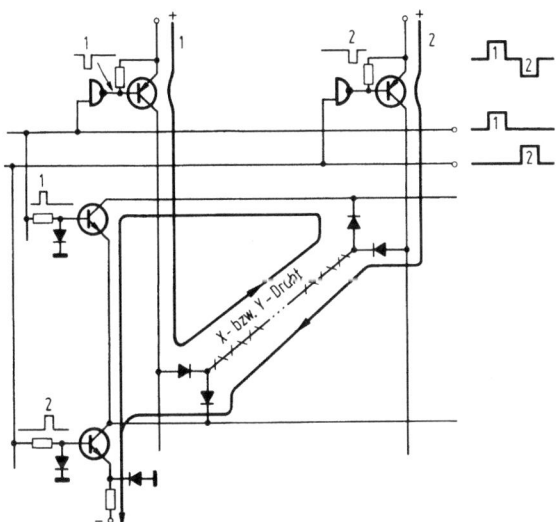

Abb. 95 Verlauf der Ströme durch die Anwahlmatrix

6.4.7.2 Auswahlmatrizen mit ferromagnetischen Elementen

Die Grundbausteine dieser Matrizen sind Ringkerne, ähnlich denen in den Speichermatrizen. Doch ist ihr Durchmesser und ihre Querschnittsfläche wesentlich größer als bei jenen. (Die Durchmesser dieser Kerne liegen im Bereich 5 bis 10 mm). In den Auswahlmatrizen werden die Kerne nicht als Speicher, sondern als Transformatoren verwendet. Den Sekundärkreis dieser Transformatoren bildet jeweils ein x- bzw. y-Selektionsdraht der Speichermatrix. Die Abb. 96 zeigt das Verhalten eines solchen Transformators, wenn an die Primärwicklung eine Impulsquelle angeschlossen wird und wenn im Kern durch einen Vorstrom I_v im Ruhezustand eine negative Feldstärke H_v erzeugt wird, die den Kern im Sättigungsgebiet hält.

Man erhält also auf der Sekundärseite aus einem Impuls ein verschieden gepoltes Impulspaar. Darauf sind die Impulsprogramme des Lese-Schreibzyklusses abzustimmen. Die Anstiegs- und Abfallsflanke der Impulse auf der Sekundärseite hängen vom Verhältnis R/L ab. L ist im wesentlichen durch die Leitungsführung in der Speichermatrix bestimmt und kann nicht beliebig verkleinert werden. Dagegen können die Flanken durch eine Vergrößerung des Widerstandes der Selektionsdrähte verbessert werden. Allerdings steigt dann auch die Leistung an, die pro Impuls in Wärme umgesetzt wird.

112 6 Speicherwerke, vorzugsweise Arbeitsspeicher

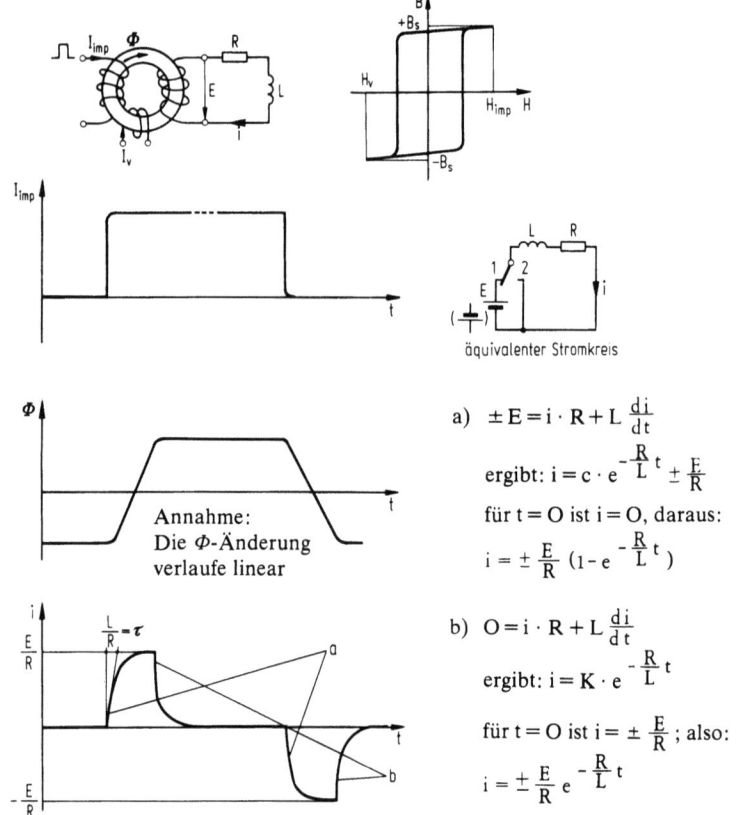

Abb. 96 Übertragung eines Impulses mittels eines Transformators

6.4.7.2.1 Gewöhnliche Matrizen

Man kann das bei den Diodenmatrizen verwendete Grundprinzip auch für Kernmatrizen verwenden.

Im Gegensatz zu den Kernchen einer Speichermatrix brauchen wir bei der Wählermatrix die Feldstärken nicht auf den Wert $H_m/2$ begrenzen. Wir können die Feldstärke durch den Vorstrom sehr groß wählen und haben dann den Vorteil, daß der Kern, in dem sich die Wirkungen des x- und y-Stromes addieren, mit großer Amplitude zu positiven B-Werten und wieder zurück magnetisiert wird. Dadurch werden hohe Schaltgeschwindigkeiten erreicht.

6.4 Magnetkernspeicher

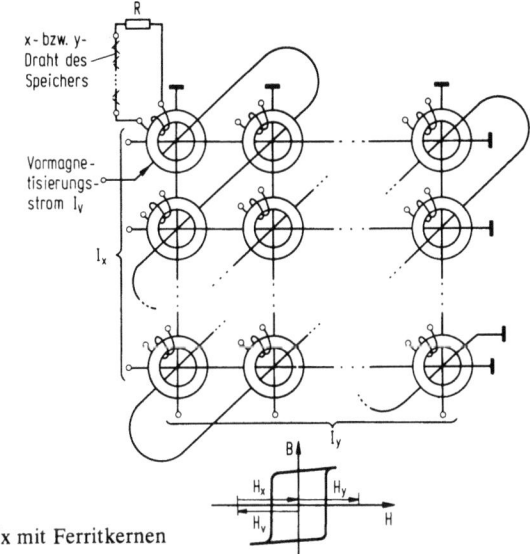

Abb. 97
Anwahlmatrix mit Ferritkernen

6.4.7.2.2 Matrizen, die Kerne mit mehreren Wicklungen verwenden

Für die Wählermatrix, wie sie oben beschrieben wurde, sind noch zwei Entschlüsselungsschaltungen mit Treiberverstärkern für die x- und y-Drähte erforderlich, die die entsprechenden Leistungen liefern müssen. Sieht man Kerne mit mehreren Wicklungen vor, so kann die Entschlüsslerschaltung mit in die Matrix eingebaut werden. Solche Auswahlmatrizen benötigen den geringsten Aufwand. Die folgende Abbildung zeigt ein Beispiel einer solchen Schaltung für die Entschlüsselung von 3 Bit des Adressenregisters.

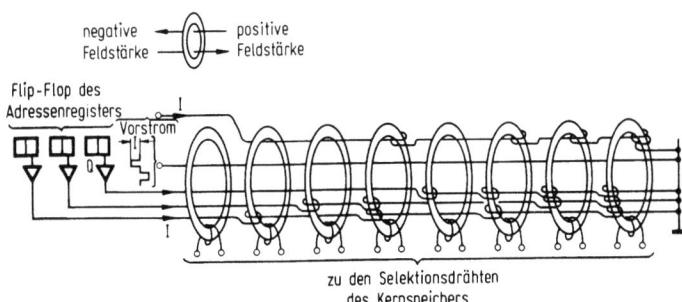

Abb. 98 „Codierte Kernmatrix"

114   6 Speicherwerke, vorzugsweise Arbeitsspeicher

Jedes Kernchen erhält eine Ausgangswicklung und eine Wicklung für das Triggerimpulspaar Tr. Außerdem sind auf die Kernchen Codierungswicklungen aufgebracht, die direkt (über Verstärker) mit den Flip-Flop-Ausgängen des Adressenregisters verbunden sind. Eine Vorstromwicklung sorgt schließlich dafür, daß immer nur in dem Kernchen die Felstärke Null herrscht, welches von den Flip-Flops des Adressenregisters ausgewählt ist. In allen anderen Kernen herrscht eine negative Feldstärke. Durch den Triggerimpuls wird dann nur jenes Kernchen gesetzt und wieder gelöscht. Für das Funktionieren der Schaltung ist es erforderlich, die Stromstärken in den einzelnen Wicklungen

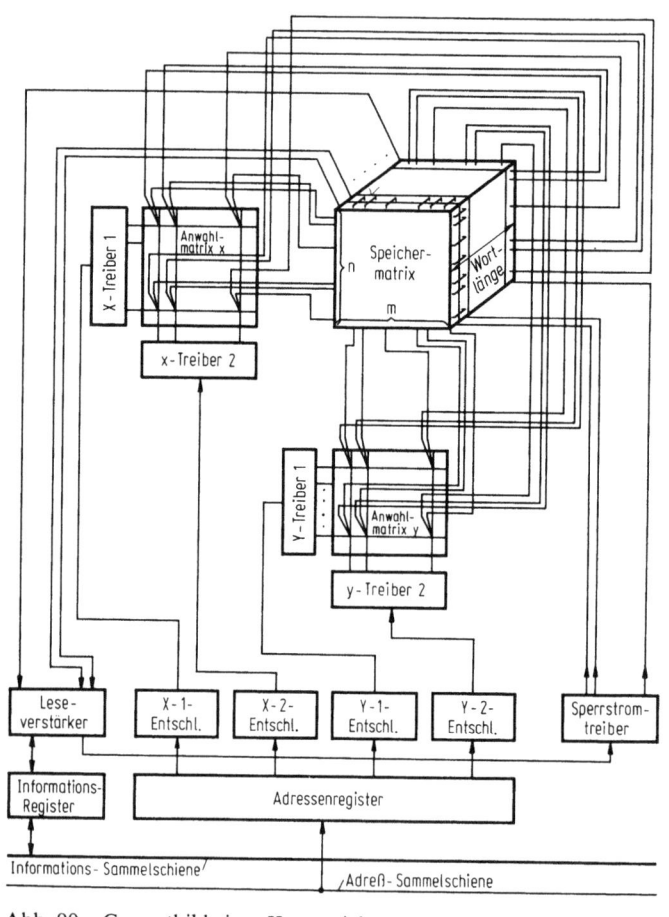

Abb. 99 Gesamtbild eines Kernspeichers

eng zu tolerieren. Auch hier kann die Geschwindigkeit durch große Feldstärkeamplituden groß gemacht werden.

6.4.8 Gesamtschaltung eines Kernspeichers

Die Abb. 99 zeigt die Schaltung eines Kernspeichers mit den notwendigen Zusatzeinrichtungen, wie er heute bei vielen Anlagen verwendet wird. Das Leitwerk für das Speicherwerk, welches das Impulsprogramm für den Lese-Schreib-Zyklus und die Ausblendimpulse für die Leseverstärker erzeugt, ist weggelassen.

7 Parallelarbeit einzelner Teilwerke der Anlage

7.1 Allgemeine Gesichtspunkte

7.1.1 Parallelarbeit abhängiger Werke

Unter einem *abhängigen Werk* soll im folgenden ein Teilwerk einer Rechenanlage verstanden werden, das von anderen Werken angestoßen wird. Bei einer klassischen Rechenanlage sind alle Werke abhängig mit Ausnahme des zentralen Leitwerks, welches die Weiterschaltung von einem Befehl zum anderen besorgt. Eine Parallelarbeit gleichartiger abhängiger Werke ist nur sinnvoll, wenn folgende Bedingungen erfüllt sind:
a) Der Ablauf in einem abhängigen Werk kann so gestaltet werden, daß es bei der Erfüllung seiner Aufgabe nur während des Startimpulses, eventueller Informationsübergaben und während des Schlußimpulses in Verbindung mit dem aufrufenden Werk zu sein braucht.
b) Es sind mehrere solche abhängigen Werke in der Anlage vorhanden.
c) Die Aufgaben, die in abhängigen Werken gleichzeitig behandelt werden sollen, sind voneinander unabhängig. Sollte dieser Punkt nicht vollständig erfüllt sein, so läßt sich durch den Einbau von Warteschleifen an geeigneten Stellen der Mikroprogramme der abhängigen Werke eine partielle Teilarbeit erreichen.
d) Werden mehrere abhängige Teilwerke für die Bearbeitung gleichartiger Aufgaben vorgesehen, so muß es möglich sein, diese Aufgaben möglichst gleichmäßig auf diese Werke zu verteilen.

Beispiele für abhängige Werke, bei denen eine Parallelarbeit möglich ist, sind z. B. die E-A-Kanäle und ein aus mehreren Moduln bestehendes Speicherwerk. Aus a) folgt unmittelbar, daß ein zur Parallelarbeit verwendbares Werk, ein eigenes, selbständig arbeitendes Leitwerk besitzen muß.

7.1.2 Parallelarbeit nicht abhängiger Werke

Dieser Fall tritt bei Anlagen mit mehreren Rechnerkernen ein. Als *Rechnerkern* wird die Vereinigung Rechen-Befehlswerk verstanden. Es sind jetzt also mehrere zentrale Leitwerke vorhanden, die ihrerseits die verschiedenen Werke aufrufen können. Die beiden Rechnerkerne können parallel arbeiten, solange sie nicht die gleichen abhängigen Werke benötigen. Eine brauchbare Lösung der hier anfallenden Aufgaben, allein mit den Mitteln der Elektronik wäre viel zu aufwendig. Der größte Teil der von vielen Nebenbedingungen abhängigen Probleme wird mittels Programme durch ein Betriebssystem gelöst. Auf Teillösungen, die mit elektronischen Mitteln durchgeführt werden, soll später eingegangen werden.

7.2 Parallelarbeit bei einem aus mehreren Moduln aufgebauten Speicherwerk

Bei Magnetkernspeichern können wir alle in 7.1.1 geforderten Punkte, die eine Parallelarbeit sinnvoll erscheinen lassen, erfüllen. Punkt a) ist erfüllt, weil bei einem Kernspeicher die Zeiten für die Informationsübergabe und für den Startimpuls kurz gegenüber dem Lese-Schreib-Zyklus sind. Punkt b) wird durch die Aufteilung des Kernspeichers in mehrere gleichartige Moduln erfüllt. Die Aufteilung müßte zumindest bei den Kernmatrizen aus fertigungstechnischen Gründen sowieso erfolgen. Die Punkte c) und d) werden in sehr guter Weise durch die sogenannte *Adressenverschränkung* erreicht.

7.2.1 Adressenverschränkung

Beim Aufbau eines Speicherwerks aus mehreren Teilen liegt der Gedanke nahe, die Adressierung einfach fortlaufend vorzunehmen. So würde z. B. der erste Modul die Adressen 0 bis n, der zweite $n + 1$ bis $2n$ usw. erhalten. Damit würden aber die Forderungen c) und d) von 7.1.1 verletzt werden. Denn einmal ist es üblich, die Befehle von Programmen in konsekutive Speicherzellen zu geben, zum anderen werden auch Zahlsätze blockweise in aufeinanderfolgenden Zellen abgespeichert. Bei der Ausführung eines Programms würde demnach die Maschine immer mit Speicherzellen eines oder weniger Moduln arbeiten. Hier läßt sich auf einfachste Weise ohne Mehraufwand Abhilfe schaffen. Wird ein Speicher nach der eben besprochenen Weise adressiert, so heißt dies, daß die $\log {}^2n$ rechten Bit des Adressenregisters zur Auswahl einer Zelle im Modul verwendet werden, wenn der Modul n Zellen hat. Die verbleibenden Bit links davon dienen dann dazu, einen der m Moduln auszuwählen (vgl. Abb. 100).

Vertauscht man nun einfach diese Bitgruppen, so bedeutet dies, daß man jetzt, wenn der Inhalt des Adreßregisters um 1 erhöht wird, nicht die im Modul benachbarte Speicherzelle aufruft, sondern im allgemeinen die Zelle des Nachbarmoduls, die mit den selben Treiberdrähten verkoppelt ist. Wird das Adreßregister laufend um 1 erhöht, so werden erst alle Moduln durchlaufen,

118   7 Parallelarbeit einzelner Teilwerke der Anlage

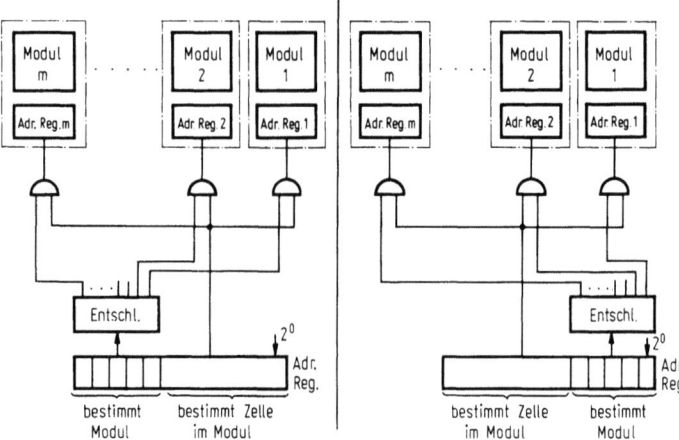

Abb. 100   Adreß-Verschränkung

bevor auf den benachbarten Treiberdraht geschaltet wird. Konsekutive Speicherzellen liegen also in verschiedenen Moduln.

Durch diese Maßnahme ist die Wahrscheinlichkeit, daß nacheinander zwei Speicherzellen aus dem gleichen Modul aufgerufen werden, wesentlich kleiner geworden.

7.2.2 Aufbau eines Kernspeichers für Parallelarbeit

Zunächst erkennen wir aus der Abb. 101, daß jeder Speichermodul sein eigenes Informations- und Adressenregister besitzt. Das Informationsregister muß für die volle Stellenzahl der Maschine ausgelegt sein, während das Adreßregister für einen Modul mit n Zellen nur $\log^2 n$ Stellen besitzt (n ist immer eine Zweierpotenz). Außerdem wird jeder Modul autonom von einem besonderen, ihm zugeordneten Leitwerk gesteuert.

Es soll nun untersucht werden, wie weit sich mehrere Moduln parallel betreiben lassen. Dazu betrachten wir die Impulsdiagramme der Abb. 102.

Die Abb. 102a zeigt das Impulsdiagramm für die Treiberdrähte des Kernspeichers, die Ausgangsspannung für eine gespeicherte L und den Ausblendimpuls. In Abb. 102b ist die Belegung der *Adressensammelschiene* ASS, der *Steuersammelschiene* SSS und der *Informationssammelschiene* ISS bei einem Lesevorgang gezeigt. Der Speicherzyklus wird z. B. durch einen 50 ns Impuls angestoßen. Nun dauert es eine gewisse Zeit, bis die Spannung, erzeugt durch die irreversiblen Feldänderungen im Kernchen, ihr Maximum erreicht hat. Jetzt erst kann die Information über ISS abgeführt werden. Je nach Im-

7.2 Parallelarbeit bei einem aus mehreren Moduln aufgebauten Speicherwerk 119

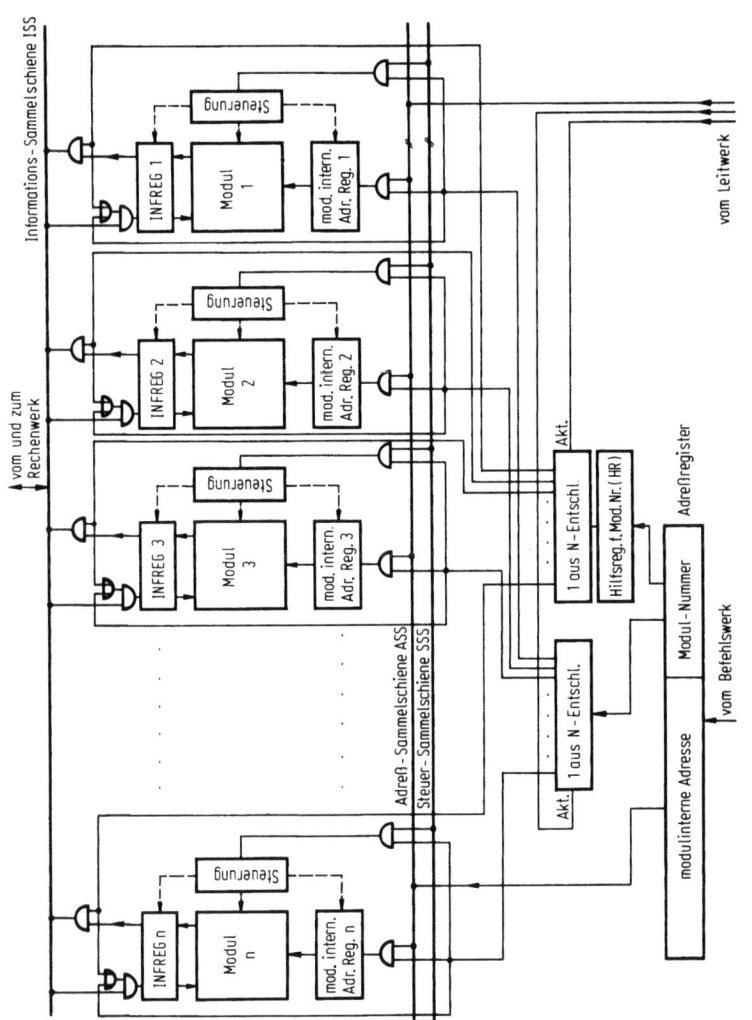

Abb. 101 Kernspeicher für Parallelarbeit

pulsbreite und der Umklappgeschwindigkeit der Kerne entsteht zwischen dem Anstoßimpuls und dem, der das Auslesen der im Informationsregister des jeweiligen Moduls stehenden Information einleitet, eine Lücke, in die ein oder auch zwei Anstoßimpulse für andere Moduln eingebettet werden können. Die Adresse wird mit dem Anstoßimpuls in das jeweilige Adressenregister gegeben, in welchem sie während der ganzen Zykluszeit verbleiben muß. Bei der Einbettung weiterer Anstoßimpulse enthält das zentrale Adressenregister

120   7 Parallelarbeit einzelner Teilwerke der Anlage

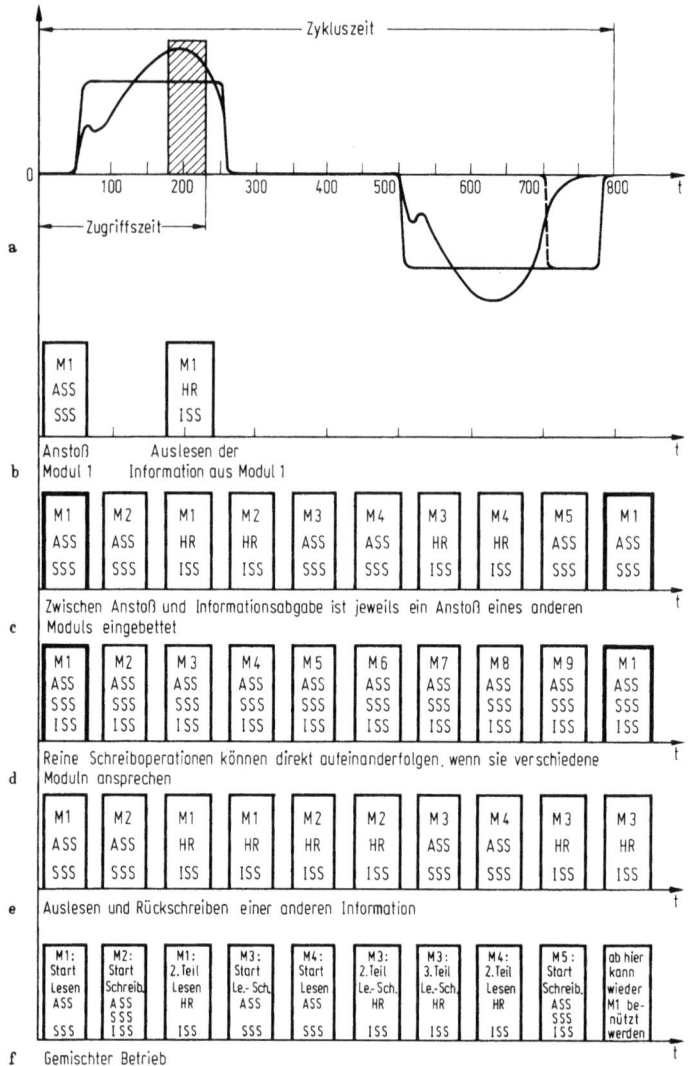

Abb. 102   Belegung der Sammelschienen und des Hilfsregisters

7.2 Parallelarbeit bei einem aus mehreren Moduln aufgebauten Speicherwerk

zum Zeitpunkt des Ausleseimpulses nicht mehr die richtige Adresse. Der Modul, in dem der Lesevorgang angestoßen wurde, könnte nicht mehr gefunden werden. Deshalb sind bei der Einbettung eines weiteren Zyklusanstoßes ein, bei der Einbettung mehrerer entsprechend viele Hilfsregister (HR) erforderlich, in welchen die Teile der Adressen zu speichern sind, durch die der jeweilige Modul bestimmt wird.

Die Abb. 102c zeigt die Belegung der einzelnen Sammelschienen, wenn zwischen den Anstoß- und Ausleseimpulsen jeweils ein weiterer Anstoßimpuls eingebettet wird.

Soll vom Rechnerkern her ein Wort in den Speicher übernommen werden, so kann dieses bereits mit dem Anstoßimpuls in das modulinterne Informationsregister gegeben werden. Die Steuerung wird dann vollständig vom modulinternen Leitwerk übernommen, ohne daß dabei ein externes Element belegt wird (Abb. 102d).

Die Operation „Bringe den Inhalt einer Speicherzelle und überschreibe sie mit einem Wort aus dem Rechenwerk" benötigt drei Impulse von außen. Die ersten beiden sind identisch mit denen der Leseoperation. Der letzte, der, wenn man mit einem Adressenhilfsregister auskommen will, dem zweiten ohne Lücke folgen muß, bewirkt das Einschreiben des neuen Wortes. Dieses Wort muß genügend schnell, nachdem das ausgelesene die ISS passiert hat, über diese in das modulinterne Informationsregister gebracht werden. Von ihm hängt ja der Verlauf der zweiten Hälfte des Impulsprogramms für die Speichermatrix ab (Abb. 102e).

In Abb. 102f schließlich ist eine gemischte Sequenz von Speicherbefehlen aufgeführt.

Außer den Adreß- und Informationssammelschienen muß noch eine weitere für die Übertragung der Steuerzeichen vorhanden sein. Durch diese Steuerzeichen wird entschieden, welche der oben aufgeführten Speicheroperationen ausgeführt wird.

Selbstverständlich wird dafür gesorgt, daß ein Modul, bei dem gerade ein Lese-Schreibzyklus abläuft, nicht ein zweites Mal angestoßen wird. Die Anlage geht in diesem Fall in eine Warteschleife (vgl. Vorrangwerk 7.3.6).

Es mag den Anschein haben, als wäre die Einbettung von nur einem weiteren Lese-Schreib-Zyklus nicht optimal. Selbstverständlich ist es leicht möglich, die Anstoß- und Ausleseimpulse auf 20 ns zu verkürzen und mehrere weitere Anstoßimpulse in die Lücke einzubetten. Dies scheitert jedoch im allgemeinen daran, daß zur Durchführung der Überführungskontrollen (vgl. 6.3.2) relativ viele Gatter benötigt werden, die eine bestimmte Durchlaufzeit ergeben. Man kommt schon bei der Einbettung eines weiteren Anstoßimpulses durch diese Laufzeit in Schwierigkeiten. Weitere Einbettungen würden eine Duplizierung dieser sehr aufwendigen Schaltkreisgruppe erforderlich machen.

7.3 Einrichtungen, die die Parallelarbeit mit den Ein-Ausgabegeräten ermöglichen (Kanalwerke)

7.3.1 Allgemeines

War es bereits bei dem ca. eine μs dauernden Lese-Schreibzyklus eines Kernspeichers wichtig, den Rechnerkern nur während eines kleinen Teils dieser Zeit zu belasten, so gilt dies erst recht für die, verglichen mit dem Kernspeicher, sehr langen Zykluszeiten der Ein-Ausgabe-Geräte (E-A-Geräte). Diese Zeiten beginnen bei der ms und können bis zu einigen Sekunden betragen. Hier ist es also von ausschlaggebender Bedeutung, daß die, die E-A-Geräte versorgenden Werke, die sogenannten *Kanalwerke,* vollständig autonom arbeiten können. Sie werden deshalb von besonderen Leitwerken gesteuert. Diese Leitwerke erhalten vor einem E-A-Vorgang durch die Angabe einer Adresse Zugang zu einem geeigneten E-A-Programm, welches vom Betriebssystem bereitzustellen ist. Zum eigentlichen Start der E-A-Operation ist dann nur noch ein kurzes Hilfsprogramm (vgl. 7.3.5.7.1) nötig. Wie beim Speicher kommt man zu einer effektiven Parallelarbeit erst durch den Einbau mehrerer Kanalwerke. Es ist üblich, je nach Maschinengröße, etwa 4 bis 20 solcher Werke vorzusehen.

7.3.2 Aufgaben eines Kanalwerks

Das Kanalwerk hat die Aufgabe, Information von den Peripheriegeräten in die Rechenanlage und umgekehrt zu transportieren. Diese Information besteht zunächst aus dem Wort oder den Worten, die in den Arbeitsspeicher ein- oder aus ihm ausgegeben werden sollen. Damit der zentrale Rechner dabei möglichst wenig aufgehalten wird, muß man es so einrichten, daß an der Nahtstelle Kanalwerk – Speicherwerk die Worte rasch übergeben werden. Bei langsamen Peripheriegeräten wie Drucker oder Kartenleser, die kontinuierlich arbeiten, bedeutet dies, daß zu bestimmten diskreten Zeitmomenten dem laufenden Programm der Speicherzugriff entzogen wird. Dann erfolgt die Übernahme des im Kanalwerk aufgelaufenen Worts in den Kernspeicher. Anschließend wird für das laufende Programm der Speicher wieder freigegeben. Damit diese Technik durchführbar ist, muß jedes Kanalwerk einige Pufferregister erhalten. Eine weitere Aufgabe im Zuge dieses Informationstransports ist es, das zu übertragende Wort in bestimmte Gruppen aufzuteilen oder es aus bestimmten Gruppen zusammenzusetzen. Wegen dieses diskontinuierlichen Informationstransports ist es möglich, über die Kanalwerke verschieden getaktete Informationsketten zu übertragen. Es ist also nicht notwendig, den Grundtakt einer Anlage, etwa dem eines über ein Kanalwerk angeschlossenen Plattenspeichers, anzugleichen.

Außer der Information, die direkt ein- bzw. ausgegeben wird, muß das Kanalwerk auch noch jene Information übertragen, die zur Steuerung der

E-A-Geräte dient. Das ist die Startinformation für bestimmte Modi der E-A-Geräte, die Information für die Adressierung eines Peripheriegeräts, das Aussenden (bei der Ausgabe) und Empfangen (bei der Eingabe) der Blockendemeldung, die Weiterleitung dieses Zeichens zum Eingriffswerk, um dem Programm, das den E-A-Vorgang gestartet hat, seinen Abschluß zu melden. Außerdem soll das Kanalwerk Fehlermeldungen von E-A-Geräten und vom Speicher her auswerten, den Fehler nach Möglichkeit, z. B. durch eine Wiederholung des E-A-Vorgangs, beseitigen oder eine Fehlermeldung an das zentrale Steuerwerk abgeben. Endlich muß es noch die Information übernehmen, die es zu seiner eigenen Steuerung braucht. Das Aussondern der Steuerzeichen aus der übrigen Information kann z. B. mit sogenannten Fluchtsymbolen geschehen. Diese Symbole kommen in der zu übertragenden Information nicht vor. Beim Empfang eines Fluchtsymbols kann daher das Leitwerk eine Umschaltung vornehmen, die z. B. das nächste Wort in ein Steuerregister leitet. Jedes Kanalwerk muß, damit ein Parallelbetrieb möglich ist, sein eigenes Leitwerk z. B. in Form eines Mikroprogramms haben.

7.3.3 Standard- und Schnellkanäle

Um die Kanalwerke besser auszunützen, sieht man nicht für jedes Peripheriegerät ein eigenes Kanalwerk vor, sondern schließt mehrere Peripheriegeräte (bis etwa 8) an einen Kanal an. Man wählt dafür solche Geräte aus, die nicht oder sehr selten gleichzeitig betrieben werden, oder man arbeitet nach einem Zeitmultiplexverfahren. In diesem Fall ist es möglich, einige hundert langsame Peripheriegeräte (z.B. Fernschreiber) aus einem Kanal zu versorgen (vgl. 9.9.1). Die Übertragungsgeschwindigkeit der einzelnen Peripheriegeräte ist sehr verschieden. Ein Plattenspeicher überträgt z. B. bis 10^7 Bit pro Sekunde, ein Drucker kann nur ca. 10^4 Bit pro Sekunde aufnehmen. Um nicht alle Kanalwerke mit der hohen Übertragungsgeschwindigkeit aufbauen zu müssen, werden meist für die schnellen Geräte sogenannte *Schnellkanäle* eingebaut. An diese Schnellkanäle ist meist nur ein peripheres Gerät angeschlossen. Im Zusammenspiel mit dem zentralen Rechner wird den Schnellkanälen eine höhere Priorität zugeteilt (s. Vorrangwerk 7.3.6).

7.3.4 Aufbau eines Kanalwerks

Ein Kanalwerk besteht zunächst aus einem oder mehreren Pufferregistern (A, B, C). Bei schnellen Anlagen sind alle Flip-Flop dieser Register, die die Bits gleicher Stellennummern repräsentieren, durch Verschiebenetzwerke für zwei Verschieberichtungen miteinander verbunden. Das der Maschine zugewandte Pufferregister kann parallel mit dem Speicher verkehren, während das Pufferregister, an dem die Peripheriegeräte angeschlossen sind, die Information im allgemeinen gruppenparallel (meist in Oktaden) oder auch seriell überträgt. Bei langsameren Kanalwerken wird vielfach auch der Transport von Pufferregister zu Pufferregister gruppenparallel oder seriell durchgeführt.

7 Parallelarbeit einzelner Teilwerke der Anlage

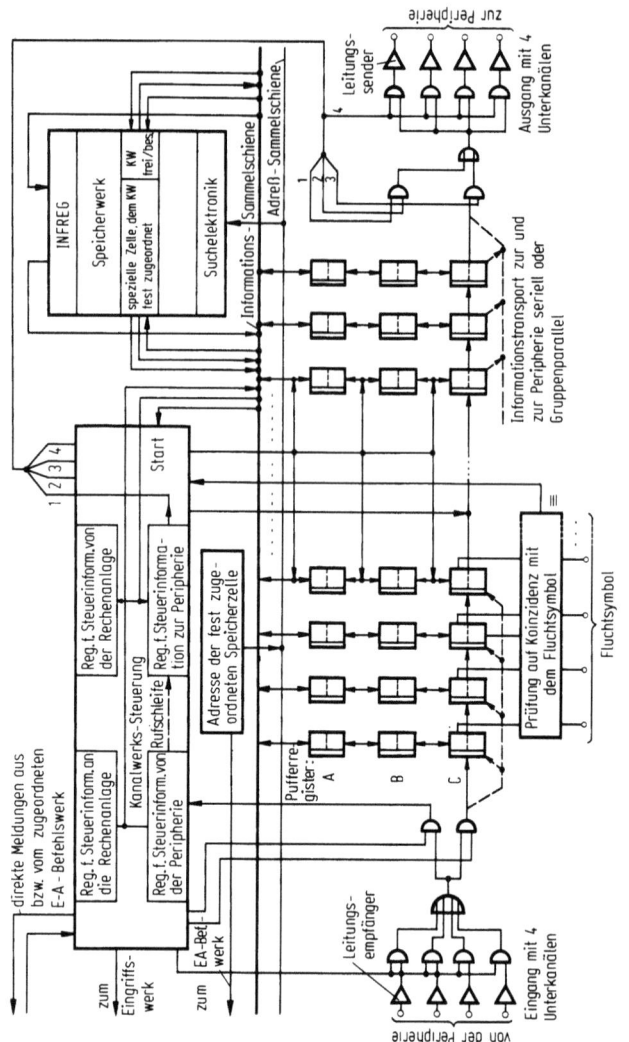

Abb. 103   Aufbau eines Kanalwerks

Sehr schnelle Peripheriegeräte können auch einen wortparallelen Informationstransport zu den peripheren Einheiten notwendig machen.

Weiterhin gehört zum Kanalwerk die Anpaßelektronik auf die Kabelleitungen der Peripheriegeräte. Sind an ein Kanalwerk mehrere Geräte angeschlossen, so müssen durch entsprechende Schaltglieder bestimmte Leitungen ausgewählt werden können. Meist werden die internen Steuerzeichen von und zu den peripheren Geräten ebenfalls durch die Informationsleitungen übertragen und jeweils mit Hilfe von Fluchtsymbolen ausgesondert. Soll z. B. von einem angeschlossenen Gerät Information aufgenommen oder soll Information auf ein solches Gerät gegeben werden, so sendet zunächst das zuständige Kanalsteuerwerk ein Rufzeichen an dieses Gerät. Daraufhin antwortet das Gerät entweder mit dem Freizeichen bzw. mit dem Besetztzeichen, oder aber es gibt eine Störungsmeldung ab. Im ersten Fall wird der E-A-Vorgang abgewickelt, im zweiten geht das Kanalwerk in eine Warteschleife, innerhalb derselben werden periodisch neue Rufzeichen an das Gerät ausgesandt, bis mit einem Freizeichen geantwortet wird. Im Fall der Störungsmeldung wird dies dem Operateur gemeldet.

Das Leitwerk eines Kanalwerks enthält Mikroprogramme, durch die die interne Steuerung dieser Baugruppe bis auf den Speicherzugriff übernommen wird. Vielfach werden diese Mikroprogramme von den peripheren Geräten synchronisiert, die dann im sogenannten Dauerdurchlaufbetrieb (vgl. 9.4.1) arbeiten können.

Zur Übernahme von Information aus der Rechenanlage ordnet man zweckmäßigerweise jedem Kanalwerk eine feste Speicherzelle zu (vgl. 7.3.5.3). Über diese Zelle läuft dann die gesamte Steuerinformation für das und vom Kanalwerk.

Das Kanalwerk bewältigt also den Informationstransport von den Pufferregistern bis zu den peripheren Geräten, führt eventuell Codetransformationen durch, teilt ein Wort in Unterabschnitte ein bzw. setzt solche zu einem Wort zusammen und schaltet evtl. vorhandene Multiplexer um, die die zu überragende Information auf verschiedene Unterkanäle verteilen. Die Adressierung und der Aufruf des Kernspeichers wird jedoch nicht vom Kanalwerk, sondern von speziellen E-A-Befehlswerken vorgenommen.

7.3.5 Das Ein-Ausgabe-Befehlswerk

7.3.5.1 Allgemeines

Die Register der Kanalwerke nehmen vom Speicher Information auf und geben Information an den Speicher ab. Sie verhalten sich also geradeso wie die Register des Rechenwerks. Genau wie das Rechenwerk hat auch jedes Kanalwerk seine interne Steuerung. Nun ist aber ein Rechenwerk für sich allein nur fähig, gewisse, meist arithmetische Operationen einzeln durchzuführen. Zur Abarbeitung eines Programms braucht man neben dem Rechenwerk und dem Speicherwerk noch das Befehlswerk. Das gleiche gilt auch für die Ein-Ausgabeoperationen. Die interne Steuerung eines Kanalwerks reicht gerade dazu aus, gewisse Einzeloperationen wie etwa den Transport eines Wortes von oder zu einem Peripheriegerät zu veranlassen oder ein Steuerzeichen weiterzugeben usw. Ein gesamter E-A-Vorgang schließt aber das Holen der Information bzw. das Abspeichern derselben im Kernspeicher mit ein. Meist wird bei einem E-A-Vorgang nicht nur ein Wort, sondern ein ganzer Block übertragen. E-A-Vorgänge dieser Art können rationell nicht mehr durch ein Mikroprogramm gesteuert werden. Sie benötigen zur Steuerung ein besonderes E-A-Programm, welches genau wie ein Rechenprogramm im Arbeitsspeicher abgelegt wird. Damit die Kanalwerke wirklich unabhängig von den Rechenwerken arbeiten können, ist es notwendig, diese E-A-Programme von einem besonderen Befehlswerk, dem E-A-Befehlswerk abarbeiten zu lassen.

Nun sollen aber auch die einzelnen Kanalwerke unter sich parallel arbeiten können. Es wäre daher an sich nötig, jedem Kanalwerk ein besonderes E-A-Befehlswerk zuzuordnen. Da aber die Geschwindigkeit dieser Befehlswerke groß gegenüber der Ausführungsgeschwindigkeit eines Transportbefehls bei einem langsamen Kanalwerk ist, lohnt sich dieser Aufwand nur bei den schnellen Kanalwerken. Für die langsameren Kanalwerke wird ein E-A-Befehlswerk vorgesehen, welches mehrere dieser Kanäle versorgt.

7.3.5.2 *Befehlsformat der E-A-Befehle*

Im Gegensatz zu den vielen Befehlen, die zur Auslösung von Rechenwerksoperationen und Transportoperationen zwischen Rechenwerk, Befehlswerk und Speicherwerk gebraucht werden, sind zur Steuerung des E-A-Verkehrs nur wenige Befehle nötig. Folgende vier Befehle reichen dafür i. A. aus:

1. Startbefehl der E-A-Operation, er bringt die Startinformation ins Kanalwerk,
2. Transportbefehl (die Richtung des Transports wird von der Startinformation bestimmt),
3. Befehl für Blockendezeichen auf der peripheren Einheit,
4. Stop-Befehl für den E-A-Vorgang.

Der Startbefehl unter 1 darf nicht mit dem Startbefehl für die E-A-Operation verwechselt werden, der sich im Maschinenprogramm des Benutzers befindet. Dieser enthält etwa im Adreßteil die Nummer des Kanalwerks, welches den E-A-Vorgang abwickeln soll. Durch ihn gelangt man zunächst nur in ein Hilfsprogramm (vgl. 7.3.5.7.1). Durch dieses wird dann, wenn das Kanalwerk frei ist, ein E-A-Programm gestartet, welches mit dem Startbefehl 1 beginnt. Die E-A-Befehle wirken nur auf die E-A-Befehlswerke ein und können bei korrektem Ablauf niemals in ein Rechenwerk-Befehlswerk kommen. Deshalb brauchen sie in ihrer Form nicht mit den übrigen Befehlen

7.3 Einrichtungen, die Parallelarbeit mit Ein-Ausgabegeräten ermöglichen

der Maschine übereinzustimmen. Sie können ganz ihrem Verwendungszweck angepaßt werden.

Damit man nicht für jedes E-A-Befehlswerk einen besonderen Befehlszähler und außerdem Sprungbefehle bei den E-A-Befehlen vorsehen muß, wird im E-A-Befehlswerk vielfach das Prinzip der Folgeadresse verwendet.

Außer der Folgeadresse muß der Start- und Transportbefehl noch die Anfangsadresse oder Endadresse der Startinformation bzw. des Datensatzes enthalten. Die von den E-A-Befehlen zu erfassenden Daten sind im allgemeinen in mehreren Maschinenworten blockweise abgespeichert. Sollen sie nacheinander etwa über ein Kanalwerk ausgegeben werden, so ist für den Speicherverkehr ein Indexregister notwendig, welches Zelle für Zelle des Blocks aufruft und wenn die letzte Zelle des Blocks übertragen ist, den Vorgang abbricht. Wegen der Parallelarbeit innerhalb der Anlage werden die E-A-Programme oft unterbrochen. Etwaige im E-A-Befehlswerk vorhandene Indexregister müßten deshalb ständig umgeladen und ihr Inhalt sichergestellt werden. Man kann die Indexregister in diesem Bereich jedoch gänzlich vermeiden, wenn man gewisse Teile des E-A-Befehlsregisters zu Zählern ausbaut (vgl. 7.3.5.4).

Ein E-A-Befehl hat also folgendes Aussehen:

Op. Teil	Folge-Adresse	Blocklänge	Anfangsadresse des Blocks
ca. 2–3 Bit	ca. 12 Bit	ca. 12 Bit	volle Adreßteillänge der Anlage

Meist werden den E-A-Programmen ein bestimmter Speicherbereich des Arbeitsspeichers zugewiesen. Daher braucht die Folgeadresse nur so viel Bit zu haben, um dieses eingeschränkte Speichergebiet überstreichen zu können. Als maximale Blocklänge, die mit einem E-A-Befehl übertragen werden kann, nimmt man meist ca. 1k Worte (eine Seite).

7.3.5.3 Start eines E-A-Programms und Fortsetzung desselben nach Unterbrechungen

Der Startbefehl für eine E-A-Operation im Benutzerprogramm ruft über ein Hilfsprogramm ein bestimmtes Kanalwerk auf. Dieses muß nun seinerseits dafür sorgen, daß der erste Befehl des gerade aktuellen E-A-Programms ins E-A-Befehlswerk gelangt. Das könnte etwa so geschehen, daß man vorher in einem Register des betreffenden Kanalwerks die Adresse des ersten Befehls des E-A-Programms hinterlegt. Dazu wären allerdings adressierbare Register in den Kanalwerken notwendig. Man verlegt daher im allgemeinen diese Register in den Kernspeicher. Jedes Kanalwerk besitzt also im Kernspeicher eine fest zugeordnete Speicherzelle, in der es die Adresse des ersten Befehls eines E-A-Programms finden kann. Der Nachteil dieses Verfahrens, welches einige nicht allgemein verwendbare Speicherzellen im Kernspeicher verursacht, wird hingenommen, da sich diese Speicherzellen immer in dem für den allgemeinen Benutzer gesperrten Gebiet befinden.

Bei Programmunterbrechungen gibt es bei den Schnellkanälen keine Probleme. Jedem Schnellkanal wird ja ein besonderes E-A-Befehlswerk zugeordnet. Tritt eine Unterbrechung auf, so kann der Befehl, der gerade abgearbeitet wird, einfach im Befehlsregister stehenbleiben, um später zu Ende geführt zu werden. Für die langsameren Kanäle sind meist nur Befehlswerke vorhanden, die mehrere Kanäle gleichzeitig versorgen. Hier muß das Befehlswort abgespeichert werden. Dazu eignet sich die erwähnte, jedem Kanalwerk festzugeordnete Speicherzelle.

7.3.5.4. Ablauf einer E-A-Operation

Bevor ein Kanalwerk vom E-A-Startbefehl eines Benutzerprogramms aktiviert wird, müssen folgende Tätigkeiten ausgeführt bzw. folgende Bedingungen erfüllt sein:
1. Es muß ein geeignetes E-A-Programm in dem den E-A-Befehlen zugänglichen Speichergebiet abgespeichert werden, wenn es sich nicht schon dort befindet.
2. In der dem gewünschten Kanalwerk fest zugeordneten Speicherzelle muß die Anfangsadresse dieses E-A-Programms stehen.
3. Am gewünschten Kanalwerk muß ein geeignetes peripheres Gerät angeschlossen sein.
4. Das Kanalwerk darf zum Zeitpunkt des Aufrufs nicht gerade eine E-A-Operation durchführen.

Wir wollen zunächst annehmen, daß die Punkte 1–4 erfüllt sind. Dann läuft folgendes ab:

Der Startbefehl im Benutzerprogramm aktiviert ein Hilfsprogramm, vgl. 7.3.5.7.1, welches das angegebene Kanalwerk startet. Dieser Vorgang dauert einige zehn Mikrosekunden, das Benutzerprogramm kann danach sofort weiterarbeiten.

Das gestartete Kanalwerk stellt zunächst Verbindungen zu einem E-A-Befehlswerk her, falls es kein eigenes Befehlswerk besitzt, gibt die Adresse seiner zugeordneten Speicherzelle ins Befehlsregister-Folgeadresse dieses Werks und startet es.

Das E-A-Befehlswerk holt sich nun das durch die Folgeadresse bestimmte Wort (das ist jetzt der Inhalt der dem Kanalwerk zugeordneten Zelle) ins Befehlsregister. Bei Neustart eines E-A-Programms ist dieser Inhalt immer der unter 7.3.5.2 genannte Startbefehl. (Anders ist es, wenn ein Programm nach einer Unterbrechung wieder aufgenommen wird.) Der erste Befehl wird nun abgearbeitet. Er hat die Aufgabe, die Information, welche das Kanalwerk zur Ausführung des E-A-Vorgangs benötigt, in die Register dieses Werks zu liefern. (Ein- oder Ausgabe, Nr. des Unterkanals, Vorwärts- oder Rückwärtslauf

7.3 Einrichtungen, die Parallelarbeit mit Ein-Ausgabegeräten ermöglichen

eines Bandgeräts, Verschlüsselungsart der externen Information, usw.) Meist kann diese Information in einem Maschinenwort untergebracht werden. Die Blocklänge des Startbefehls ist also im allgemeinen eins. Nach Beendigung dieses Vorgangs wird der nächste E-A-Befehl mit Hilfe der Folgeadresse geholt. Er ist im allgemeinen ein Transportbefehl. Die Adresse des ersten zu transportierenden Wortes steht jetzt als Blockanfangsadresse im E-A-Befehlswerk. Der erste Transport kann ausgeführt werden. Ist dies geschehen, so wird der erste Teil des Befehlsregisters, der die Blockanfangsadresse enthält, um eine Einheit erhöht, während der Teil, in der die Blocklänge steht, um eine Einheit erniedrigt wird. Dazu werden, wie bereits erwähnt, die entsprechenden Teile des Befehlsregisters als Zähler geschaltet. Diese Zähl- und Transportvorgänge werden solange wiederholt, bis die Blocklänge zu Null geworden ist. Dann wird zum nächsten Befehl übergegangen. Es können nun noch weitere Transportbefehle folgen. Ein Abschnitt auf einem Peripheriegerät kann ja von verschiedenen Bereichen des Arbeitsspeichers versorgt werden.

Bei speichernden Peripheriegeräten, sogenannten Hintergrundspeichern, können im Gegensatz zum Arbeitsspeicher keine Einzelworte adressiert werden, sondern nur noch ganze Blöcke. Damit ein Blockanfang erkannt werden kann, wird zwischen zwei Blöcken ein geeignetes Zeichen gespeichert. Dazu kann ein besonderer E-A-Befehl vorgesehen werden, der sogenannte Blockendebefehl. Er veranlaßt, daß das Kanalwerk ein bestimmtes Zeichen an die periphere Einheit abgibt.

Das Ende jedes E-A-Programms bildet der Stopbefehl. Er normalisiert die Register des Kanalwerks, löscht das Besetztzeichen und setzt das Freizeichen für dieses Werk. Außerdem wird dem Benutzerprogramm, welches den E-A-Vorgang ausgelöst hatte, seine Fertigstellung gemeldet.

In manchen Situationen während des Ablaufs eines E-A-Programms ist es wünschenswert zu wissen, welcher Art der E-A-Befehl ist, (z. B. um gewisse vorbereitende Operationen auf einem Peripheriegerät auszulösen). Dies läßt sich durch wenig Aufwand erreichen, wenn man gleich nach Beginn eines E-A-Befehls über Nachfolgeadresse wenigstens die wenigen Bit des Operationsteils in ein dafür vorgesehenes Register bringt.

130   7 Parallelarbeit einzelner Teilwerke der Anlage

7.3.5.5 Realisierungsbeispiele für E-A-Befehlswerke
7.3.5.5.1 E-A-Befehlswerk für einen Schnellkanal

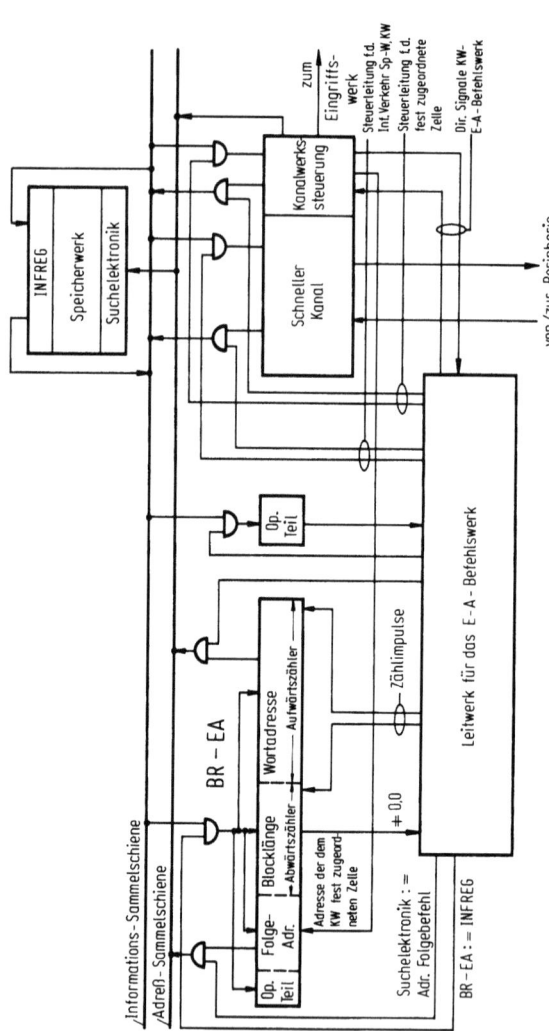

Abb. 104 E-A-Befehlswerk für einen schnellen Kanal

7.3 Einrichtungen, die Parallelarbeit mit Ein-Ausgabegeräten ermöglichen 131

7.3.5.5.2 E-A-Befehlswerk für mehrere langsame Kanäle

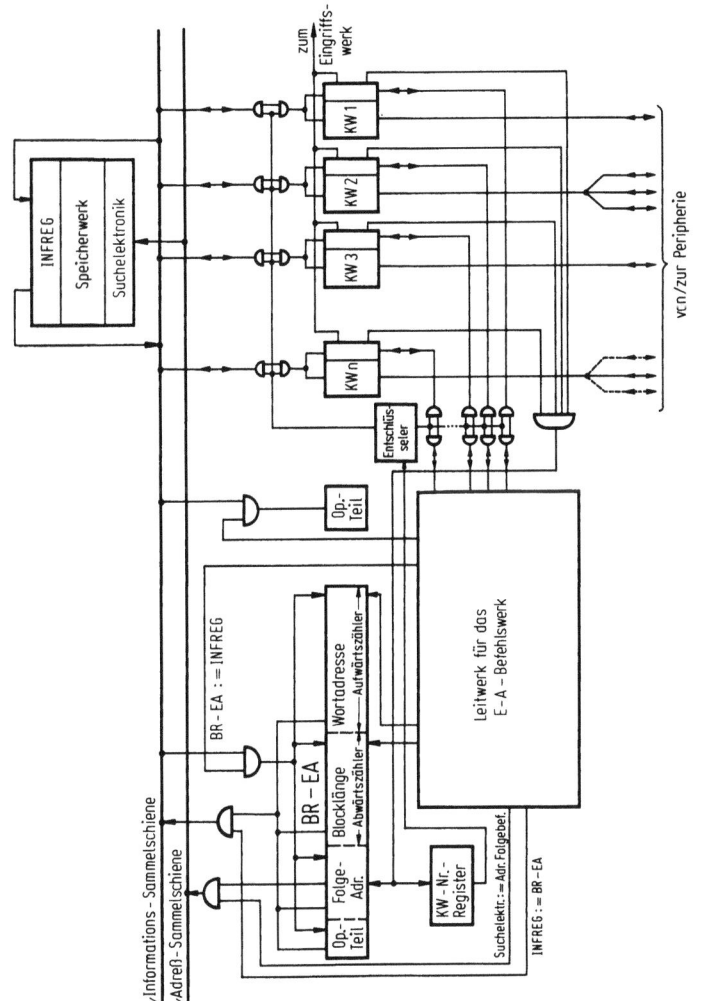

Abb. 105 E-A-Befehlswerk für mehrere langsame Kanäle

Obwohl der Start einer E-A-Operation und auch die Fertigmeldung, sowie Fehlermeldungen vom Kanalwerk angenommen, bzw. weitergegeben werden, übernimmt die zentrale Steuerung der Operation sofort das Mikroprogramm des E-A-Befehlswerks. Von ihm werden die E-A-Befehle entschlüsselt und abgearbeitet. Während das Mikroprogramm des E-A-Befehlswerks neben der Steuerung des eigenen Ablaufs und Starts der Kanalwerke hauptsächlich den Verkehr mit dem Speicher steuert, übernehmen die Mikroprogramme der Kanalwerke die Steuerung des Datentransports von den Pufferregistern zu den peripheren Einheiten und andere Tätigkeiten in diesem Bereich (vgl. 7.3.2). Deshalb ist zwischen dem Mikroprogramm des Befehlswerks und der der Kanalwerke Parallelarbeit möglich. Da es natürlich sowohl im E-A-Befehlswerk, z. B. wegen nicht erteiltem Speicherzugriff, wie auch im Kanalwerk, z. B. wegen einer zu langsamen Peripherieeinheit, zu Wartezeiten kommen kann, durch die der Start des anderen Mikroprogramms verzögert wird, müssen in beiden Mikroprogrammen Warteschleifen vorgesehen werden.

In einem E-A-Befehlswerk, das mehrere Kanalwerke versorgt, muß ein Register vorhanden sein, in welchem während eines E-A-Vorgangs die Nummer des Kanalwerks gespeichert wird, welches den Vorgang auslöste. Dieses Register hält während des ganzen Vorgangs die Verbindung zum Kanalwerk aufrecht.

Wird der E-A-Vorgang zeitweilig wegen eines anderen Programms höherer Priorität abgebrochen, so kann bei einem E-A-Befehlswerk, welches nur ein Kanalwerk steuert, der teilweise abgearbeitete Befehl im Befehlsregister stehenbleiben. Steuert das Befehlswerk mehrere Kanalwerke, so muß dieser erst sichergestellt werden. Er kann jedoch nicht mehr abgespeichert werden, weil der höherrangige Vorgang dem gerade unterbrochenen E-A-Befehlswerk dem Speicherzugriff schon entzogen hat (vgl. Vorrangwerk 7.3.6). Man muß daher entweder für jedes zu steuernde Kanalwerk im Befehlswerk ein Auffangregister vorsehen, in welches der zum Teil abgearbeitete Befehl eines unterbrochenen E-A-Vorgangs abgelegt werden kann. Man kann sich jedoch den Aufwand dieser Register sparen, wenn man das Mikroprogramm des E-A-Befehlswerk folgendermaßen abändert: Jeder neue E-A-Befehl wird, bevor er ins Befehlsregister gelesen und dort modifiziert und ausgeführt wird, erst in die dem Kanalwerk fest zugeordneten Speicherzelle geschrieben. Von dort wird er dann zu jeder Modifikation und zur Steuerung einer Teiloperation ins Befehlsregister geholt, gleich nachdem die Modifikationsoperation abgeschlossen ist, wird der veränderte Befehl wieder in die dem Kanalwerk zugeordneten Zellen zurückgeschrieben. So kann jeder E-A-Vorgang nach einer Unterbrechung neu gestartet werden. Man braucht dazu nur die Adresse der dem betreffenden Kanalwerk zugehörigen Zelle als Folgeadresse aufzurufen. Allerdings muß das E-A-Befehlsregister jetzt in beiden Richtungen Verbindung mit der Informationssammelschiene des Speichers haben.

7.3 Einrichtungen, die Parallelarbeit mit Ein-Ausgabegeräten ermöglichen 133

7.3.5.6 Zeitliche Schwierigkeiten beim E-A-Verkehr

Wir hatten bisher angenommen, daß die Bedingungen 1 bis 4 von 7.3.5.4 erfüllt seien. Die Bereitstellung geeigneter E-A-Programme und die Abspeicherung deren Anfangsadressen in den den einzelnen Kanalwerken zugeordneten Zellen ist zwar nicht schwierig, jedoch erfordert sie eine gewisse Kenntnis der gesamten E-A-Steuerung. Diese Kenntnis kann von keinem Normal-Programmierer erwartet werden. Deshalb läßt man den Aufbau und die Abspeicherung der E-A-Programme von einem Hilfsprogramm durchführen, welches durch geeignete Befehle gestartet wird, durch welche auch die vom Benutzerprogramm stammende und die von ihm benötigte Information über die Art der Ein- und Ausgabe übertragen wird.

Die Bedingung 3 wird meist so erfüllt, daß der Benutzer beim Einsprung in das E-A-Hilfsprogramm, durch welches das E-A-Programm aufgebaut wird, nicht die Nummer des Kanalwerks angibt, sondern ein Symbol für ein für ihn geeignetes E-A-Gerät. Ist kein freigegebenes Gerät dieser Klasse an ein Kanalwerk angeschlossen, so erfolgt eine Meldung an den Operator, der das nötige veranlassen kann.

Am schwierigsten ist es, beim Start einer E-A-Operation, die Bedingung 4 zu erfüllen, nämlich gerade dann zu starten, wenn das angesprochene Kanalwerk frei ist. Die einzelnen Startwünsche müssen dazu in einer Startliste gesammelt und der Reihe nach abgearbeitet werden. Für das Benutzerprogramm können dadurch Wartezeiten entstehen.

Aber auch, wenn der Ein- oder Ausgabewunsch eines Benutzerprogramms erfüllt wird, kann es zu Verzögerungen für dieses Programm kommen. Dann nämlich, wenn es auf Daten zugreifen will, die gerade eingelesen werden oder wenn es Speicherplatz überschreiben will, aus dem gerade Daten ausgegeben werden. In beiden Fällen muß angefragt werden können, ob der betreffende E-A-Vorgang schon beendet ist. Gegebenenfalls muß auf dessen Ende-Meldung gewartet werden.

Alle diese Wartezeiten müssen, bei optimaler Ausnutzung der Anlage, für die Weiterarbeit in anderen Programmen benutzt werden. Dazu sind ständig eine Reihe rechenfähiger Programme im Speicher bereitzustellen. Die Steuerung dieser Vorgänge ist zu umfangreich für reine Hardware-Lösungen. Sie werden daher von Hilfsprogrammen durchgeführt. Meist werden alle Hilfsprogramme, die zur Steuerung der Anlage nötig sind, dazu gehören die erwähnten Befehlsfolgen für die Erstellung der E-A-Programme, sowie die Startinformation für die E-A-Operation und Programme für die Fehlerbehandlung, um die wichtigsten zu nennen, im Arbeitsspeicher aufbewahrt. Für diese Programme ist ein fester Platz dieses Speichers reserviert. Bei manchen Anlagen wird für die unveränderlichen Teile derselben ein read-only-Speicher verwendet. Da ein Großteil der Befehle dieser Programme die E-A-Geräte auf die einzelnen Benutzungsprogramme verteilt, werden sie manchmal *Ver-*

teilerprogramme genannt. Es soll nun ganz kurz auf die Teile dieser Verteilerprogramme, die den E-A-Verkehr steuern, eingegangen werden.

7.3.5.7 Steuerung des E-A-Verkehrs durch das Verteilerprogramm

7.3.5.7.1 Das E-A-Startprogramm

Dieses Programm wird beim Start einer E-A-Operation vom Benutzerprogramm her durch einen Sprungbefehl mit automatischer Rückkehr erreicht. Dieser Befehl kann sowohl einen symbolischen Operationsteil als auch einen symbolischen Adreßteil besitzen. Er wird durch das Leseprogramm auf seine interne Form gebracht. Man nennt solche Befehle häufig auch *„Pseudo-Befehle"*. Die Information, die den speziellen E-A-Vorgang spezifiziert, wird mit der üblichen Unterprogrammanschlußtechnik (vergl. 5.4.3.1) in das Startprogramm übertragen. Mit dieser Information kann nun ein geeignetes E-A-Programm aufgebaut werden, ein Kanalwerk bestimmt und der Startwunsch mit dem Hinweis auf das E-A-Programm und Kanalwerk in einer Liste abgespeichert werden, die *Startliste* genannt werden soll. Ist das betreffende Kanalwerk gerade frei, so erfolgt sofort der Start des E-A-Vorgangs, andernfalls verbleibt es bei dem Eintrag in der Startliste. In beiden Fällen erfolgt ein Rücksprung auf das Benutzerprogramm und die Fortsetzung desselben.

Ein in der Startliste vermerkter Startwunsch muß, wenn er in der Liste hinter dem Startwunsch des gerade laufenden E-A-Vorgangs eingetragen ist warten, bis dessen Schlußmeldung erfolgt. Um den neuen E-A-Vorgang starten zu können, wie in 7.3.5.7.2 näher ausgeführt wird, muß das gerade laufende Programm unterbrochen werden, natürlich so, daß später wieder ohne Fehler weitergefahren werden kann. Dann wird der Start des E-A-Vorgangs gegeben. Man nennt diese Operation, die auf ein laufendes Programm ausgeführt wird, einen Eingriff. Zu seiner schnellen Steuerung ist ein besonderes Werk, das *Eingriffswerk* (vgl. 7.3.5.8), sowie ein besonderer Teil des Verteilerprogramms, das *Eingriffsprogramm* erforderlich.

7.3.5.7.2 Das Eingriffsprogramm I

Nachdem das laufende Programm vom Eingriffswerk nach der vollständigen Ausführung des gerade laufenden Befehls gestoppt ist, wird, ebenfalls von diesem Werk gesteuert, ein Sprungbefehl ins Eingriffsprogramm durchgeführt. Hier werden zunächst die Register des Rechen- und Befehlswerks, deren Inhalt bei der Wiederaufnahme des Problemprogramms wieder benötigt werden, in bestimmten, für das Programm erreichbaren Speicherzellen abgespeichert. Dann wird die gesamte Startliste um eine Blocklänge nach vorn geschoben. Dadurch wird der erste Eintrag, der den eben beendeten E-A-Vorgang auslöste, zerstört. Ist dabei ein neuer Startwunsch an die erste Stelle gerückt, so wird dieser gestartet. Anschließend werden die Register des Rechen- und Be-

7.3 Einrichtungen, die Parallelarbeit mit Ein-Ausgabegeräten ermöglichen 135

fehlswerks wieder mit der abgespeicherten Information des unterbrochenen Programms gefüllt und die Regie an dieses zurückgegeben. (Das Eingriffsprogramm muß in Wirklichkeit noch mehr leisten. Wir müssen daher noch einmal auf dieses Programm zurückkommen.) In der Abb. 106 ist das Zusammenarbeiten eines Benutzerprogramms mit dem Start- und dem Eingriffsprogramm des Verteilers gezeigt.

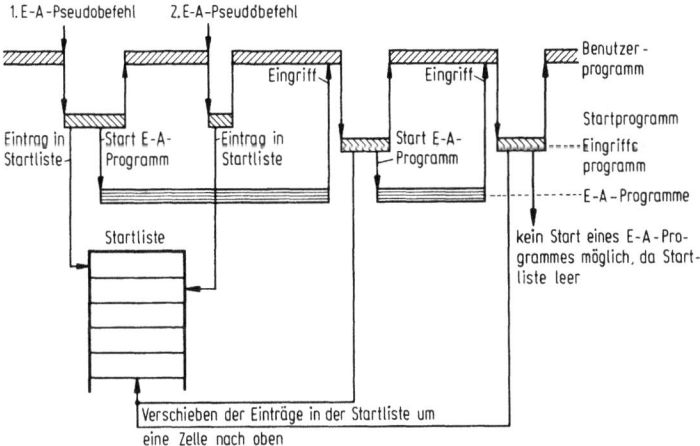

Abb. 106   Zusammenarbeiten eines Benutzerprogramms mit dem Start- und Eingriffsprogramm

7.3.5.7.3 *Das Unterbrechen eines Benutzerprogramms, bis ein von ihm gestarteter E-A-Vorgang abgeschlossen ist*

Es wurde schon erwähnt, daß es manchmal unerläßlich ist, ein Benutzerprogramm solange zu unterbrechen, bis ein von ihm ausgelöster E-A-Vorgang abgeschlossen ist. Dies kann durch die bisher beschriebenen Verteilerprogrammteile noch nicht erreicht werden. Dazu muß ein besonderer Pseudobefehl vorgesehen werden, einige neue Listen eingeführt und das Eingriffsprogramm ergänzt werden.

Der neue Pseudobefehl dient dazu, vom Anwenderprogramm her anfragen zu können, ob ein ausgelöster E-A-Vorgang bereits beendet ist. Dies ist etwa erforderlich, wenn nach einer angestoßenen Eingabeoperation erstmalig auf die eingegebenen Daten zugegriffen werden soll. Auch dieser Pseudobefehl ist ein Rückkehrsprung, er führt in ein besonderes Programm im Verteiler, das wir *Abfrageprogramm* nennen wollen.

Ist ein E-A-Vorgang abgeschlossen, so wird die zugehörige Eintragung in der Startliste vom Eingriffsprogramm gelöscht. Damit wären aber alle Hinweise auf diesen E-A-Vorgang vernichtet. Damit das Verteilerprogramm Auskunft über abgeschlossene E-A-Vorgänge geben kann, muß daher eine weitere Liste erstellt werden, in die bei jedem Abschluß eines E-A-Vorgangs das ihn charakterisierende Symbol eingesetzt wird. Wir nennen diese Liste die *Liste der abgeschlossenen E-A-Vorgänge*. Ordnet man dem Pseudobefehl für die Abfrage das gleiche Symbol zu, so kann das Abfrageprogramm mit Hilfe dieser Liste leicht feststellen, ob ein bestimmter E-A-Vorgang abgeschlossen ist oder nicht. Ist er abgeschlossen, löscht man den Eintrag in der Liste der abgeschlossenen E-A-Vorgänge und läßt das Programm, welches die Abfrage gestellt hat, fortfahren; im anderen Fall muß es gestoppt werden und die Maschine einem anderen Programm übergeben werden. Dazu speichert das Abfrageprogramm die zum Wiederstart notwendigen Informationen in einer weiteren Liste, der *Programmliste*. Da das Benutzerprogramm durch einen Rücksprungbefehl verlassen wurde, genügt hier die Rettung der Rücksprungadresse (evtl. noch den Stand des Unterprogrammordnungszählers). Zusätzlich wird zu diesen Angaben noch das Symbol des E-A-Vorgangs gespeichert, dem die Abfrage gegolten hatte. Irgendwann wird dieser Vorgang abgeschlossen sein. Dann soll wieder in dem Programm fortgefahren werden, welches die Anfrage gemacht hat. Um dies durchführen zu können, muß das Eingriffsprogramm noch etwas erweitert werden.

7.3.5.7.4 Das Eingriffsprogramm II

Zunächst muß für den E-A-Vorgang, dessen Endemeldung das Eingriffsprogramm gestartet hat, der Eintrag in die Liste der abgeschlossenen E-A-Vorgänge gemacht werden. Dann wird die Programmliste nach einem Eintrag mit einem E-A-Symbol abgesucht. (Alle Programme, die in der Programmliste mit einem E-A-Symbol vermerkt sind, warten auf den Abschluß eines von ihnen gestarteten E-A-Vorgangs.) Das E-A-Symbol eines jeden solchen gefundenen Eintrags wird mit dem Symbol des eben abgeschlossenen E-A-Vorgangs verglichen. Wird kein identisches Symbol gefunden, so geht die Regie an das eben unterbrochene Programm zurück. Andernfalls wird in dem Programm weitergerechnet, welches den eben abgeschlossenen E-A-Vorgang ausgelöst hatte. Man findet zu diesem Programm mit Hilfe der Eintragungen in der Programmliste zurück. Vorher wird jedoch in der Liste für die abgeschlossenen E-A-Vorgänge der entsprechende Eintrag gelöscht und die betreffende Zelle in der Programmliste als ausgewertet gekennzeichnet, so daß sie bei nächster Gelegenheit überschrieben wird.

Zum Schluß sei noch an einem Diagramm das Zusammenspiel mehrerer Programme und E-A-Vorgänge gezeigt.

Es soll noch kurz auf zwei Situationen hingewiesen werden, die bisher noch nicht erläutert wurden.

1. Es kann der Fall eintreten, daß ein E-A-Vorgang gerade dann seine Endemeldung abgibt, wenn sich die Anlage in einem Programm befindet, in

7.3 Einrichtungen, die Parallelarbeit mit Ein-Ausgabegeräten ermöglichen

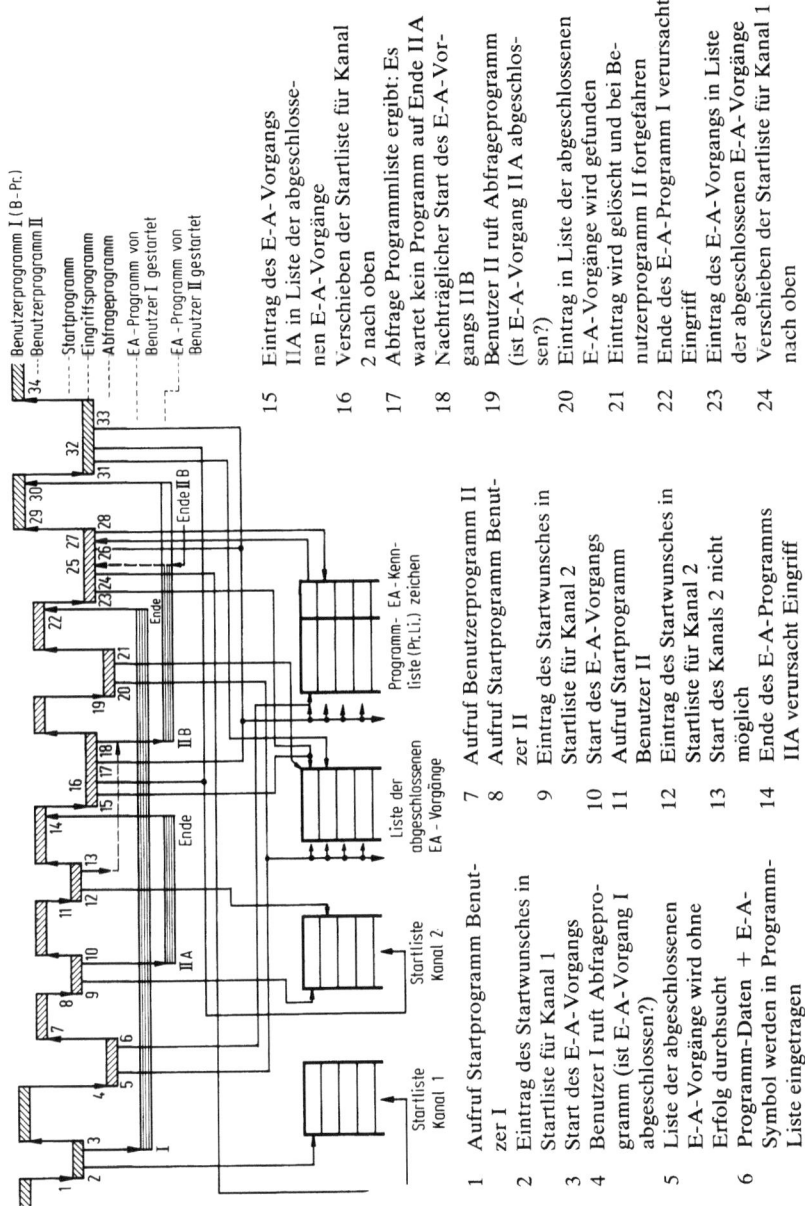

1 Aufruf Startprogramm Benutzer I
2 Eintrag des Startwunsches in Startliste für Kanal 1
3 Start des E-A-Vorgangs
4 Benutzer I ruft Abfrageprogramm (ist E-A-Vorgang I abgeschlossen?)
5 Liste der abgeschlossenen E-A-Vorgänge wird ohne Erfolg durchsucht
6 Programm-Daten + E-A-Symbol werden in Programm-Liste eingetragen
7 Aufruf Benutzerprogramm II
8 Aufruf Startprogramm Benutzer II
9 Eintrag des Startwunsches in Startliste für Kanal 2
10 Start des E-A-Vorgangs
11 Aufruf Startprogramm Benutzer II
12 Eintrag des Startwunsches in Startliste für Kanal 2
13 Start des Kanals 2 nicht möglich
14 Ende des E-A-Programms IIA verursacht Eingriff
15 Eintrag des E-A-Vorgangs IIA in Liste der abgeschlossenen E-A-Vorgänge
16 Verschieben der Startliste für Kanal 2 nach oben
17 Abfrage Programmliste ergibt: Es wartet kein Programm auf Ende IIA
18 Nachträglicher Start des E-A-Vorgangs IIB
19 Benutzer II ruft Abfrageprogramm (ist E-A-Vorgang IIA abgeschlossen?)
20 Eintrag in Liste der abgeschlossenen E-A-Vorgänge wird gefunden
21 Eintrag wird gelöscht und bei Benutzerprogramm II fortgefahren
22 Ende des E-A-Programm I verursacht Eingriff
23 Eintrag des E-A-Vorgangs in Liste der abgeschlossenen E-A-Vorgänge
24 Verschieben der Startliste für Kanal 1 nach oben

Abb. 107 Das Zusammenspiel mehrerer Benutzerprogramme mit E-A-Programmen

25	Bei der Beendigung des E-A-Programms II B herrscht Eingriffssperre	29	Wiederaufruf Benutzerprogramm I
26	Abfrage Programmliste ergibt: Benutzerprogramm I wartet auf Ende von E-A-Programm I	30	Zurückgestellter Eingriff wird freigegeben
		31	Eintrag des E-A-Vorgangs II B in Liste der abgeschlossenen E-A-Vorgänge
27	Daten für Benutzerprogramm I werden bereitgestellt	32	Verschieben der Startliste für Kanal 2 nach oben
28	Daten für Benutzerprogramm II werden ohne E-A-Symbol in Programmliste gespeichert	33	Abfrage Programmliste ergibt: Es wartet kein Programm auf Ende II B
		34	Aufruf Benutzerprogramm I

dem sie durch keinen Eingriff unterbrochen werden darf. Das ist z. B. dann der Fall, wenn gerade das Eingriffsprogramm aufgerufen ist. In solchen Fällen wird der Eingriff solange zurückgestellt, bis die Regie einem anderen Programm übergeben ist.

2. Vielfach gibt man den einzelnen Programmen einer Anlage verschieden hohe Prioritäten. Dann kann die Vergabe der Anlage an ein bestimmtes Programm zu bestimmten Zeitpunkten noch von diesen Prioritäten abhängen. Nach dem letzten Aufruf des Eingriffsprogramms könnte die Regie sowohl dem Programm I als auch dem Programm II übergeben werden. Welches Programm die weitere Steuerung übernimmt, hängt jetzt von der ihm zugeteilten Prioritäten ab.

7.3.5.8 Das Eingriffswerk

Bis jetzt hatten wir Eingriffe betrachtet, die von Fertigmeldungen der Kanalwerke ausgelöst wurden. Es gibt jedoch viele andere Situationen in einer Anlage, die ebenfalls auf einen Eingriff führen. Je nach der Eingriffsursache werden anschließend die verschiedensten Programme angesprungen. So können z. B. mannigfache Fehler einen Eingriff verursachen. Es ist in manchen Fällen möglich, diese von dem, durch den Eingriff angesprungene Programm korrigieren zu lassen. Ist dies nicht möglich, so wird ein Alarm ausgelöst, der dem Operateur bzw. dem Programmierer gemeldet wird. In manchen Fällen kann dann von dieser Seite eine Behebung des Fehlers vorgenommen werden.

Während die nach einem Eingriff in ein laufendes Programm angesprungenen Folgeprogramme sehr verschiedenen Charakter haben können, bleibt die Durchführung des Eingriffs selbst immer gleich. Dabei läuft im wesentlichen folgendes ab:

Auf eine Meldung eines bestimmten Teils der Anlage (z. B. Kanalwerk), wird das laufende Programm nach der Abarbeitung des gerade aktiven Befehls gestoppt und als nächster Befehl ein Unterprogrammsprungbefehl (Sprungbefehl, der die Rückkehradresse speichert, vgl. 5.4.3) in eines der Eingriffsprogramme ausgeführt. In welches dieser Programme gesprungen wird hängt von der Art der Meldung ab, die den Eingriff auslöste. Einige Kompli-

7.3 Einrichtungen, die Parallelarbeit mit Ein-Ausgabegeräten ermöglichen 139

kationen entstehen dadurch, daß im allgemeinen mehrere parallel arbeitende Kanalwerke vorhanden sind, die einen Eingriff auslösen können und daß unter Umständen die Anlage mehrere Rechenwerke enthält. Es soll zunächst ein Eingriffswerk für eine Anlage mit mehreren Kanalwerken, aber nur mit einem Rechenwerk beschrieben werden.

7.3.5.8.1 *Eingriffswerk für eine Anlage mit einem Rechenwerk*

Das Eingriffswerk besteht aus einer Reihe von Auffangregistern, welche die Meldungen von den Kanalwerken, vom Rechenwerk, Speicherwerk oder auch von externen Quellen aufnehmen, die einen Eingriff verursachen. Diese Register können mit Hilfe eines Zählers angewählt und ihre Inhalte in ein zentrales Register des Eingriffwerks überführt werden. Der Zähler wird bei jedem Start des Werks von Null an aufwärts gezählt. Dabei wird jedesmal geprüft, ob das gerade angewählte Auffangregister Information enthält. Das wird solange fortgeführt, bis ein Register gefunden ist, dessen Inhalt von Null verschieden ist. Die Register mit niedriger Nummer werden also gegenüber solchen mit höherer vorrangig behandelt. Dies muß bei der Zuordnung der Auffangregister zu den einzelnen Werken berücksichtigt werden.

Sofort nachdem eine nicht leere Auffangzelle gefunden ist, erfolgt die Einleitung für den Stop des Rechenwerks. Man setzt dazu ein Flip-Flop im Befehlswerk. Dieses Flip-Flop wird jedesmal abgefragt, wenn ein Befehl ausgeführt ist. Ist es gesetzt, wird der nächste Befehl nicht mehr aufgerufen. Statt dessen aber wird eine Meldung ans Eingriffswerk gegeben. Auf diese Meldung muß das Werk eventuell einige Zeit warten. Man muß deshalb hier eine Warteschleife vorsehen. Ein Teil der Wartezeit kann jedoch benutzt werden, im Zentralregister des Eingriffswerks das sogenannte Eingriffswort aufzubauen.

Bei diesem Aufbau wird ein Teil der im Auffangregister vorhandenen Information dazu verwendet, mit Hilfe von Umschlüßlern dem Unterprogrammsprungbefehl, der als nächster ausgeführt werden muß, seinen Adreßteil zu geben. Der andere Teil der Information kann direkt ins Eingriffswort übernommen werden.

Ist die Meldung „Rechner gestoppt" vom Befehlswerk eingetroffen, so kann das Eingriffswort abgespeichert werden. Der aufgebaute Rücksprungsbefehl kommt ins Befehlsregister, der übrige Teil wird im Speicher an einer dafür vorgesehenen Stelle abgelegt. Außerdem wird das Flip-Flop *Eingriffssperre* gesetzt. Dieses Flip-Flop wird durch einen speziellen Befehl zum frühest möglichen Zeitpunkt wieder gelöscht. Erst dann kann ein anderer Eingriffswunsch behandelt werden.

Zum Schluß erfolgt der Wiederstart der Maschine, die jetzt mit dem im Befehlswerk befindlichen Rückkehrsprung beginnt. Außerdem werden das Auffangsregister, dessen Eingriffswunsch gerade behandelt wurde, sowie der Zähler gelöscht. Damit ist das Eingriffswerk für einen neuen Start bereit.

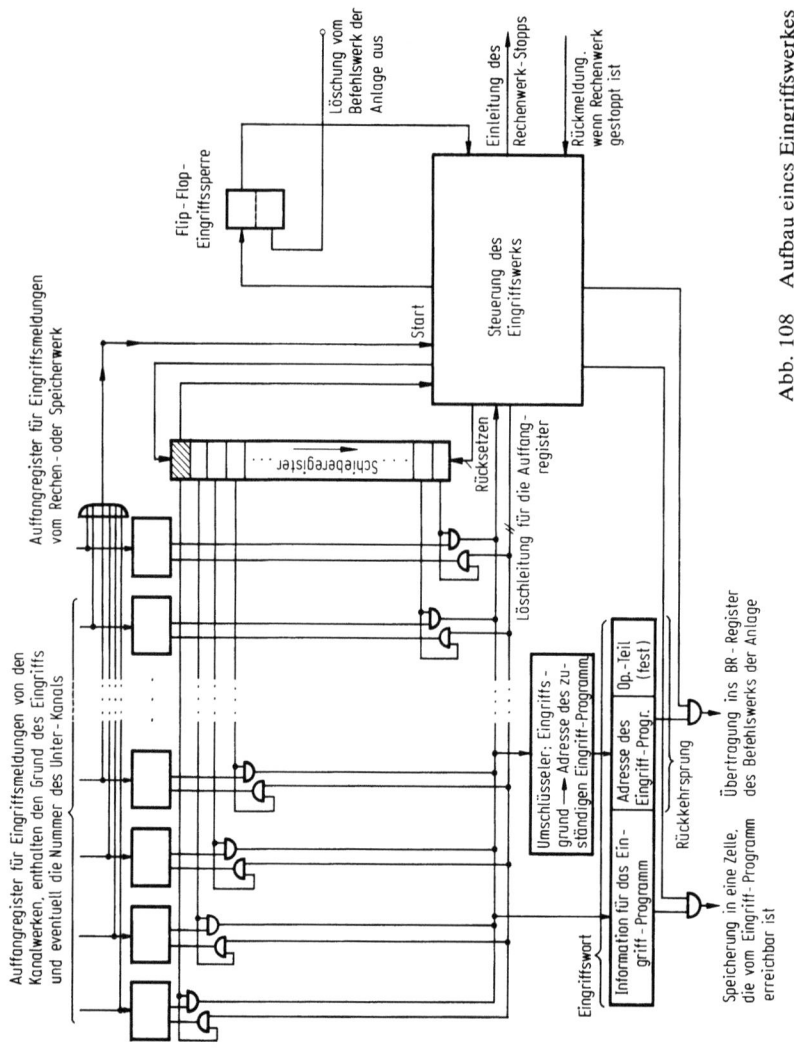

Abb. 108 Aufbau eines Eingriffswerkes

7.3 Einrichtungen, die Parallelarbeit mit Ein-Ausgabegeräten ermöglichen   141

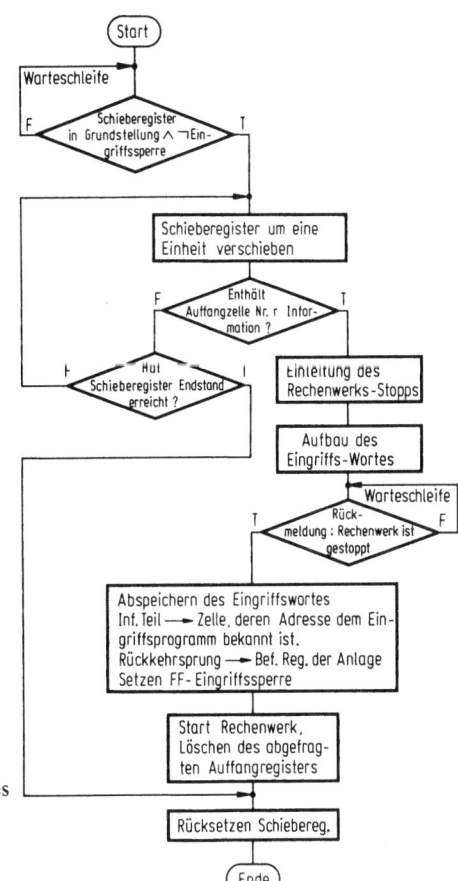

Abb. 109
Mikroprogramm des Eingriffswerkes

7.3.5.8.2 Zusätzliche Einrichtungen im Eingriffswerk, wenn die Anlage mehrere Rechen-Befehlswerke besitzt

Beim Vorhandensein mehrerer Rechen-Befehlswerke, auch Rechnerkerne (engl.: processors) genannt, müssen die Anweisungen, die an diese gerichtet werden (Einleitung des Stopps, Abspeichern des Eingriffsworts, Eingriffssperre und Start des Rechnerkerns), erst einen Verteiler passieren, von dem es abhängt, welcher Rechnerkern die Anweisung bekommt. Die Steuerung dieses Verteilers könnte grundsätzlich auch vom entsprechenden Auffangregister aus erfolgen. Jedoch ergibt sich dann speziell für die Register der Kanalwerke eine Schwierigkeit. Man müßte nämlich jedesmal, wenn ein Kanalwerk von einem bestimmten Rechnerkern gestartet wird, in einem Register desselben hinterlegen, welcher Rechnerkern den Start verursachte. Im Startprogramm müßte also ein Befehl vorhanden sein, der eine Abspeicherung in ein bestimmtes Register der Kanalwerke erlaubt. Man nimmt aber derart spezielle Befehle mit nur kleinem Anwendungsbereich nicht gerne in die Befehlsliste einer Anlage auf. Man kann diesen Befehl vermeiden, wenn man für die Zuordnung Rechnerkern-Kanalwerk gewisse Zellen des Arbeitsspeichers reserviert. Für jedes Kanalwerk ist eine Speicherzelle notwendig. Wird nun einem Eingriffswunsch eines Kanalwerks stattgegeben, so ruft das Eingriffswerk vor dem Aufbau des Eingriffsworts die dem Kanalwerk zugeordnete Speicherzelle auf. In diese hat aber das Startprogramm die Nummer des Rechnerkerns geschrieben, mit dem das Kanalwerk zusammenarbeitet. Sie kann nun beim Aufbau des Eingriffswortes verwendet werden. Selbstverständlich besitzt auch jeder Rechnerkern eine feste Speicherzelle im Arbeitsspeicher, in die das Eingriffswort abgespeichert wird.

7.3.6 Das Vorrangwerk

7.3.6.1 Allgemeines

Genau wie das Rechen- und Befehlswerk einer Anlage müssen sämtliche Kanalwerke direkten Zugriff zum Arbeitsspeicher haben. Die folgende Abbildung zeigt im Prinzip die Verbindungswege zwischen Speicherwerk (SpW), Kanalwerken (KW) und Rechnerkernen (RK) einer Anlage.

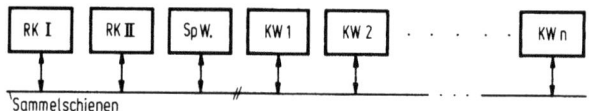

Abb. 110   Sammelschienenverbindung innerhalb eines Rechners

Es kann natürlich die Situation eintreten, daß ein gewisser Speichermodul von zwei oder auch von mehreren Einheiten gleichzeitig aufgerufen wird. Welche Einheit dann zuerst berücksichtigt wird, steuert ein besonderes Werk, das Vorrangwerk.

7.3.6.2 Rangstufen der einzelnen Einheiten der Rechenanlage

Am einfachsten wäre es, die Zugriffswünsche der verschiedenen Einheiten in einer Warteschlange aufzureihen und diese abzuarbeiten. Dabei würde aber die Tatsache unberücksichtigt bleiben, daß gleichlange Wartezeiten sehr verschiedene Wirkungen auf die Gesamtanlage auslösen können, je nachdem, welche Einheit die wartende ist. So wird etwa ein wartender Rechnerkern im

7.3 Einrichtungen, die Parallelarbeit mit Ein-Ausgabegeräten ermöglichen

allgemeinen nur um die wirkliche Wartezeit verzögert. Dagegen können durch ein wartendes Kanalwerk Verzögerungszeiten entstehen, die um Größenordnungen höher liegen als diese. Dieser Fall tritt etwa dann ein, wenn ein Informationsblock seriell auf ein externes Speichermedium, z. B. auf eine Trommel gebracht werden soll. Hier ist die Übertragungsgeschwindigkeit des Kanalwerks durch die Bitdichte auf der Magnetschicht und der Laufgeschwindigkeit der Trommel bestimmt. Wird das Kanalwerk auf der Speicherseite durch Wartezeiten verzögert, so kann die Stelle der Trommel, auf die zugegriffen werden soll, bereits an den Köpfen vorbeigelaufen sein, das bedeutet eine Unterbrechung des Transportvorgangs um die Umlaufzeit der Trommel. Diese liegt aber um 3 bis 4 Größenordnungen über der Zykluszeit des Kernspeichers. Solche Zeitverluste treten natürlich um so häufiger ein, je schneller das angeschlossene Peripheriegerät ist. Sie lassen sich jedoch größtenteils vermeiden, wenn man den schnellen Kanalwerken gegenüber den langsamen und diesen wieder gegenüber den Rechnerkernen eine höhere Priorität zuordnet.

7.3.6.2.1 Dynamische Veränderung der Rangstufe bei den Kanalwerken

Betrachten wir etwa die schnellen Kanalwerke. Sie haben gegenüber den anderen Werken beim Speicherzugriff die höchste Priorität. Besitzt eine Anlage mehrere solcher Kanalwerke, so könnte man innerhalb dieser Gruppe wieder eine starre Rangordnung einführen. Würden nun an diese Kanäle Peripheriegeräte angeschlossen werden, deren Übertragungsrate in der gleichen Größenordnung liegt, so würden durch diese Rangordnung willkürlich einige dieser Geräte bevorzugt, andere benachteiligt. Dies läßt sich durch eine dynamische Rangordnung innerhalb der Gruppe beheben. Bekanntlich haben die schnel-

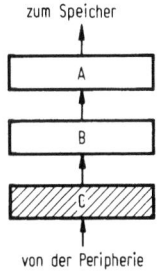

Bei der Eingabe:
Der Kanal hält höhere Priorität, wenn sich im Puffer B Information staut

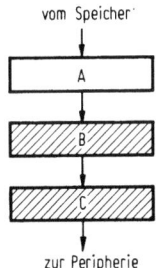

Bei der Ausgabe:
Der Kanal erhält höhere Priorität, wenn Puffer *B* leerläuft

Abb. 111 „Dynamische" Priorität bei einem Schnellkanal

leren Kanalwerke mehrere Pufferregister. Durch die Überprüfung, wie viele dieser Register gefüllt oder leer sind, kann festgestellt werden, ob der Speicherverkehr mit dem Peripheriegerät Schritt hält. Bleibt er zurück, so erfolgt eine Anhebung der Priorität des Kanalwerks. Im Kanalwerksregister C (vgl. Abb. 111) wird der Zusammenbau oder die Zerlegung eines Wortes durchgeführt, die anderen Register (A, B) dienen nur zum Datentransport. Register C wird daher das langsamste sein. Im Falle einer Eingabeoperation ist daher, wenn keine Verzögerungen beim Speicherverkehr auftreten, Register B im allgemeinen leer, bei einer Ausgabeoperation gefüllt. Tritt dagegen eine Verzögerung beim Speicherzugriff ein, so staut sich bei der Eingabe die Information in B, bei einer Ausgabe läuft B leer. Der Zustand des Registers B kann daher benutzt werden, um die Priorität des betreffenden Kanalwerks zeitweise anzuheben.

7.3.6.2.2 Höchste Rangstufe

Wie bereits in 7.2.2 genauer ausgeführt, ist der Lese-Schreibzyklus des Kernspeichers wesentlich länger als die Zeit in der die Verbindungswege vom und zum Speicher von der transportierten Information belegt werden. Besteht ein Speicher aus mehreren Moduln und wird durch die Nachfolgeoperation ein anderer Modul aufgerufen, so braucht nicht der ganze Lese-Schreibzyklus abgewartet werden; der andere Modul kann sofort nach dem Anstoßimpuls des ersteren gestartet werden, allerdings ist es notwendig, wenn der erste Speicheraufruf eine Leseoperation war, zum Zeitpunkt des Antwortsignals, während schon die Nachfolgeoperation läuft, eine gewisse Zeitspanne für die erste Operation auszublenden. Wir müssen nämlich den Modul, in dem die erste Operation gestartet wurde, ein zweites Mal aufrufen, um das gelesene Wort vom modulinternen Informationsregister (vgl. Abb. 101) über die Informationssammelschiene an das zugreifende Werk zu übergeben. Dieser zweite Aufruf eines Moduls nach dem Start einer Leseoperation hat gegenüber allen anderen Zugreifern den höchsten Vorrang, da die Moduladresse, die in einem Hilfsregister (Abb. 101) zwischengespeichert wird, nur solange erhalten bleibt, solange nicht mehr als eine Nachfolgeoperation gestartet ist. Die Steuerung, das heißt die Sperrung sämtlicher Zugreifer beim Eintreffen des Antwortsignals nach dem Start einer Leseoperation, wird vom Vorrangwerk gemeinsam mit dem Speicherwerk-Mikroprogramm besorgt.

Aus diesen Überlegungen ergibt sich folgendes Gesamtbild der Rangstufen bei Speicherzugriffen

Rangstufe 1 (höchste Rangstufe)	Teiloperationen eines bereits laufenden Lese-Schreib-Zyklusses
Rangstufe 2	Schnelle Kanalwerke, bei denen die Gefahr eines Informationsstaues bei der Eingabe oder ein Leerlaufen der Register bei der Ausgabe besteht (SK')

7.3 Einrichtungen, die Parallelarbeit mit Ein-Ausgabegeräten ermöglichen 145

Rangstufe 3   Schnelle Kanalwerke (SK)
Rangstufe 4   Langsame Kanalwerke (LK)
Rangstufe 5   Rechnerkerne (RK)

7.3.6.3 Realisierung eines Vorrangwerkes

Das Vorrangwerk steuert die Reihenfolge, mit der gleichzeitige Zugreifer auf den Kernspeicher berücksichtigt werden. Da es von vornherein nicht bekannt ist, ob neben einem bestimmten Zugriffswunsch noch weitere vorhanden sind, muß jeder Speicherzugriff über das Vorrangwerk laufen. Das heißt aber, die Elektronik des Vorrangwerks muß so aufgebaut sein, daß dadurch die Speicherzugriffszeit so wenig wie möglich vergrößert wird.

Die Abb. 112 zeigt eine Möglichkeit, ein Vorrangwerk zu realisieren. Hat eines der mit dem Speicher korrespondierenden Werke einen Zugriffswunsch, so setzt es das ihm zugeordnete Eingangs-Flip-Flop im Vorrangwerk (linke senkrechte Reihe). Die Durchschaltung der Ausgänge dieses Flip-Flops auf das eigentliche Vorrangwerk erfolgt nur dann, wenn der Modul des Speichers, auf den zugegriffen werden soll frei ist. Dazu wird über die Moduladresse, die in einem Register des Zugreifers steht, beim betreffenden Speichermodul festgestellt, ob dieser belegt ist. Solange dies der Fall ist, erscheint am zweiten Eingang des betreffenden Und-Gliedes U_1 der Nein-Pegel. Das folgende Schaltnetz ist so ausgeführt, daß das jeweilige Eingangs-Flip-Flop das zugehörige Ausgangs-Flip-Flop nur dann setzen kann, wenn nicht gleichzeitig ein höherrangiges Eingangs-Flip-Flop gesetzt ist. Vom Ausgangs-Flip-Flop wird dann der Speicherzyklus gestartet. Die Verzögerungszeit, die die Verknüpfungsglieder des Vorrangwerkes hervorrufen, ist gering, da die Signale nur wenige Glieder hintereinander durchlaufen müssen.

Im skizzierten Vorrangwerk sind für die schnellen Kanalwerke (SK) zwei Vorrangstufen vorgesehen. Wird von einem schnellen Kanalwerk bei einer Eingabe ein Stau vor dem den Speicher zugewandten Pufferregister, oder ein Leerlaufen der Pufferregister bei einer Ausgabe gemeldet, so schaltet das entsprechende Kanalwerk den gesetzten Zustand des Eingangs-Flip-Flops auf das zugehörige Engpaß-Flip-Flop durch. Dieses Flip-Flop entzieht allen anderen schnellen Kanalwerken, die in ihrer normalen Rangstufe arbeiten, den Vorrang. Dem Kanalwerk, in dem ein Engpaß festgestellt wurde, wird durch dieses Flip-Flop die erhöhte Rangstufe zugewiesen.

Innerhalb einer Rangstufe sind die einzelnen Zugreifer nicht gleichberechtigt, ihre Priorität nimmt mit höherer laufender Nummer ab. Dies muß beim Anschluß der Peripheriegeräte an die einzelnen Kanalwerke bedacht werden.

Das Vorrangwerk ist nur arbeitsfähig, wenn es vom Mikroprogramm des Speicherwerks gesteuert wird. Am einfachsten verläuft die Steuerung beim Mikroprogramm für das Einschreiben in den Speicher. Wie in 7.2.2 gezeigt wurde, genügt dafür ein Anstoßimpuls. Ist der durch die Adresse bestimmte

146 7 Parallelarbeit einzelner Teilwerke der Anlage

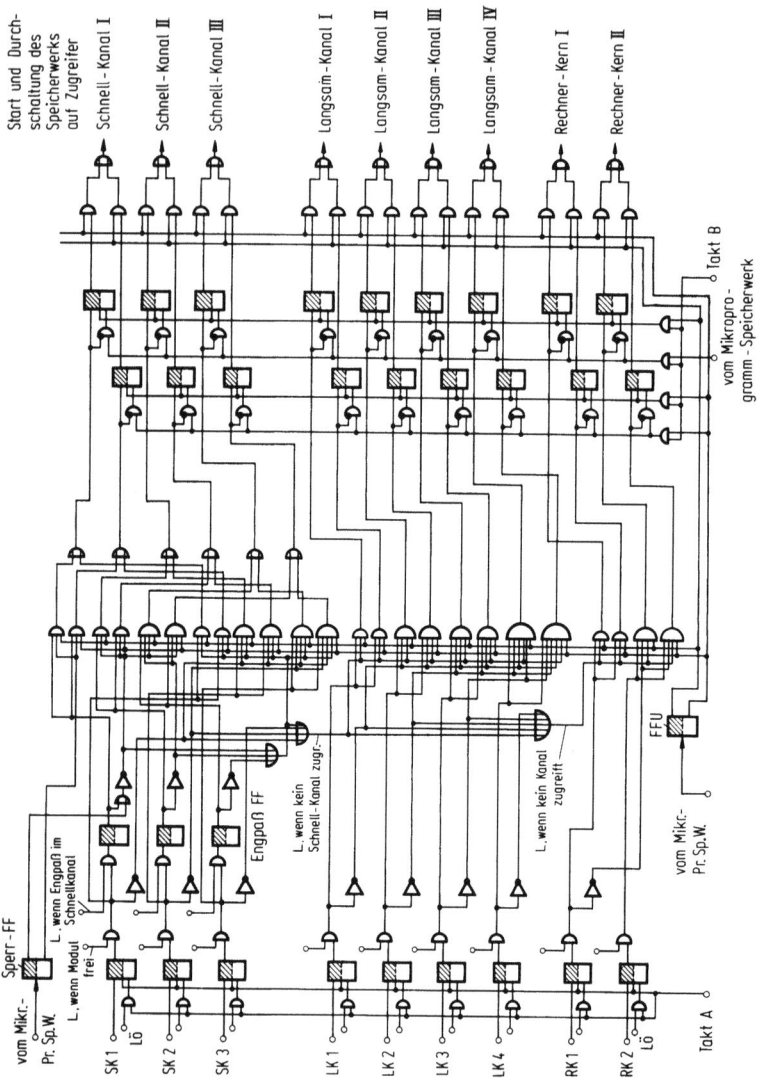

Abb. 112 Realisierungsmöglichkeit eines Vorrangwerkes

7.3 Einrichtungen, die Parallelarbeit mit Ein-Ausgabegeräten ermöglichen 147

Speichermodul frei, so wird je nach Stellung des Flip-Flops-U das entsprechende Ausgangs-Flip-Flop entweder der Gruppe 1 oder 2 gesetzt. Dieses Flip-Flop veranlaßt, daß die Informations-, Adreß- und Steuerleitungen vom betreffenden Kanalwerk oder Rechnerkern zum Speicherwerk durchgeschaltet werden und der Anstoß des Speichermikroprogramms „Abspeichern" erfolgt. Nach dem Anstoß kann dann das Speicherwerk allein weiterarbeiten. Die betreffenden Ein- und Ausgangs-Flip-Flops können also schon nach einem Bruchteil der Speicherzykluszeit wieder gelöscht werden, der arbeitende Speichermodul wird allerdings während der gesamten Zykluszeit dem Vorrangswerk als besetzt gemeldet. Nachdem das Eingangs-Flip-Flop gelöscht ist, kann der jetzt ranghöchste Zugreifer sein Ausgangs-Flip-Flop setzen.

Natürlich muß dafür Sorge getragen werden, daß nicht etwa während des Startimpulses eines gewissen Zugreifers ein höherrangiger ebenfalls sein Ausgangs-Flip-Flop setzt. Man erreicht dies, indem man den beschriebenen Vorgang mit 2 Taktphasen A und B steuert. Während dieser Phasen läuft bei einem Einschreibvorgang in den Speicher folgendes ab:

(Die während der Taktzeit A_r ablaufenden Teile einer schon gestarteten Operation werden zunächst ignoriert, sie werden im nachfolgenden Takt A_{r+1} beschrieben.)

Taktzeit A_1: Während dieser Zeit müssen Zugriffswünsche an den Mastern der Eingangs-Flip-Flop anliegen. Mit dem Abklingen des Taktimpulses A_1 werden sie in die Slaves übernommen und damit für das Vorrangwerk wirksam.

Taktzeit B_1: Während dieser Zeit können die Ausgangssignale der Eingangs-Flip-Flops über die Gatter des Vorrangwerks auf die Master der Ausgangs-Flip-Flops einwirken. Am Schluß der Taktzeit B_1 wird die Information vom Master in den Slave übernommen.

Taktzeit A_2: Durch das gesetzte Ausgangs-Flip-Flop erfolgt die Durchschaltung desjenigen Zugreifers, der Vorrang erhalten hat, auf das Speicherwerk. Außerdem wird das Speicherwerk gestartet. An den Eingängen der Eingangs-Flip-Flop liegt jetzt außer inzwischen neu aufgetretenen Zugriffswünschen noch die Löschinformation für das Flip-Flop an, dessen Ausgangs-Flip-Flop mit dem vorigen B_1-Impuls gesetzt wurde. Am Schluß des Takts wird also dieses Eingangs-Flip-Flop gelöscht. (Die zu diesem Löschvorgang notwendigen Gatter sind im Schaltbild weggelassen.)

Taktzeit B_2: War die angestoßene Speicheroperation ein Abspeichern, so wird vom Speichermikroprogramm, an das die Operation angestoßene Ausgangs-Flip-Flop ein Pegel angelegt, durch den das Flip-Flop beim Abklingen des B_2-Impulses gelöscht wird, falls nicht etwa die Ausgangsspannungen der Gatter des Vorrangwerks dieses Löschen verhindern.

Etwas komplizierter verläuft die Steuerung, wenn es sich um einen Lesevorgang im Speicherwerk handelt. Hier muß, nachdem die Adreß- und Steuerleitungen zum Zugreifer durchgeschaltet sind und das Speicherwerk gestartet ist, wie schon in 7.2.2 gezeigt, etwas gewartet werden, bis die Information am Ausgang des Speicherwerks erscheint. Während dieser Zeit kann in einem anderen Modul eine neue Operation gestartet werden. Dazu sind allerdings im Vorrangwerk einige Vorkehrungen nötig. So muß die Zahl der Ausgangs-Flip-Flops verdoppelt sowie ein Umschalt-Flip-Flop FFU und ein Sperr-Flip-Flop FFSp vorgesehen werden. Es soll nun der Ablauf einer Leseoperation an Hand eines Taktplanes erläutert werden:

Start Speicherwerk 1. Zugreifer
- Taktzeit A_1: wie bei der Abspeicheroperation, jedoch zusätzlich: Umschalten des Flip-Flop U am Ende der Taktzeit.
- Taktzeit B_1: wie bei der Abspeicheroperation
- Taktzeit A_2: wie bei der Abspeicheroperation, jedoch zusätzlich: Umschalten des Flip-Flops U (FFU) am Ende der Taktzeit.

Start Speicherwerk 2. Zugreifer
- Taktzeit B_2: Durch das Umschalten des U-Flip-Flops gelangt der nächste Zugriffswunsch in die zweite Gruppe der Ausgangs-Flip-Flops, die Information in der ersten Gruppe bleibt noch erhalten.
- Taktzeit A_3: Übernahme neuer Zugriffswünsche in die Eing. FF. Der Speicher wird auf den Zugreifer in der zweiten Gruppe der Ausgangs-Flip-Flops durchgeschaltet und in einem anderen Modul ein weiterer Lese-Schreib-Zyklus gestartet. Am Schluß der Taktzeit A erscheint die gelesene Information des bei A_2 gestarteten Lesevorgangs im Informationsregister des Moduls. Durch sein Mikroprogramm wird in diesem Falle das Setzen des Sperr-Flip-Flops FFSp vorbereitet, so daß es am Schluß des Taktes mit dem FFU umgeschaltet werden kann. Außerdem wird das Eingangs-Flip-Flop des Zugreifers gelöscht, der mit B_2 in die zweite Gruppe der Ausgangs-Flip-Flops durchgeschaltet wurde.

Wartezeit auf Ausgangssignal des Speicherwerks 1. Zugreifer

- Taktzeit B_3: Durch das gesetzte Flip-Flop FFSp wird sämtlichen Zugreifern der Vorrang genommen, und das umgeschaltete Flip-Flop FFU aktiviert wieder die erste Gruppe der Ausgangs-Flip-Flops. War die zweite gestartete Operation eine Abspeicherung, so wird jetzt die zweite Gruppe der Ausgangs-Flip-Flop gelöscht. Das gesetzte Ausgangs-Flip-Flop der ersten Gruppe schaltet die Informationsleitungen des ersten Zugreifers auf das Speicherwerk durch. Wäh-

7.3 Einrichtungen, die Parallelarbeit mit Ein-Ausgabegeräten ermöglichen 149

Wartezeit 2. Zugreifer
{
                rend der Taktzeit B wird das Löschen des Sperr-Flip-Flops vorbereitet, sie erfolgt am Ende des Taktes.

Taktzeit A_4: Übernahme neuer Zugriffswünsche in die Eingangs-Flip-Flops. Umschaltung des U-Flip-Flops am Ende der Taktzeit. War die zweite gestartete Operation ein Lesevorgang, so wird wieder das Setzen des Sperr-Flip-Flops vorbereitet. Das Löschen eines Eingangs-Flip-Flops unterbleibt, weil durch den vorherigen B-Impuls kein Ausgangs-Flip-Flop gesetzt wurde.

Taktzeit B_4: Wurde das Sperr-Flip-Flop vom vorigen A-Impuls gesetzt, so wird der zweite gestartete Lesevorgang zu Ende geführt. Im anderen Falle erfolgt die Einstellung eines neuen Ausgangs-Flip-Flops in der zweiten Gruppe.

Wir müssen noch kurz auf die Steuerung einer kombinierten Lese-Schreiboperation eingehen. Hier folgt auf eine Leseoperation unmittelbar eine Schreiboperation nach, bei der aber nicht das ausgelesene Wort zurückgespeichert, sondern ein anderes in die aufgerufene Zelle eingeschrieben wird. Dazu muß das Speicherwerk, kurz nach dem die gelesene Information abgegeben wurde, nochmals mit dem Zugreifer verbunden werden. Deshalb unterbindet das Mikroprogramm des Speicherwerks während der Taktzeit B_3 die Vorbereitung der Löschung des Sperr-Flip-Flops. Dadurch bleibt der absolute Vorrang auch während der Taktzeit A_4 beim bisherigen Zugreifer. Er kann demnach seine Information an das Speicherwerk abgeben. Ebenfalls durch das Speichermikroprogramm gesteuert unterbleibt das Umschalten des U-Flip-Flops am Ende der Taktzeit A_4. Der folgende B_4 Impuls löscht das Sperr- und das bis jetzt aktive Ausgangs-Flip-Flop. Nun folgen noch zwei Taktzeiten A_5 und B_5, sie entsprechen A_4 und B_4 bei der gewöhnlichen Leseoperation. Bei der kombinierten Lese-Schreiboperation werden also 2 Taktzeiten eingeschoben.

8 Automatischer Verkehr zwischen Arbeitsspeicher und den Hintergrundspeichern

8.1 Grundsätzliche Überlegungen

Für Rechenanlagen mit mehreren Rechnerkernen müßten eigentlich Arbeitsspeicher vorhanden sein, deren Kapazität ausreicht, um alle Programme und Daten der Probleme, die zu einem bestimmten Zeitpunkt in den Rechenwerken verarbeitet werden, aufnehmen zu können.

Ähnliche Überlegungen gelten für Anlagen, die Daten und Programme von verschiedenen Datenstationen bearbeiten können, insbesondere, wenn außerdem noch ein Dialogverkehr zwischen Benutzer und Maschine möglich sein soll. Dann werden sehr oft laufende Programme unterbrochen, um nach kurzer Zeit wieder aufgenommen zu werden. Der Arbeitsspeicher sollte hier möglichst viele Programme gleichzeitig aufnehmen können.

Aber auch schon bei einfachen Anlagen mit einem Rechnerkern und keinen angeschlossenen Datenstationen sind mehrere rechenfähige Programme im Arbeitsspeicher notwendig, damit eine kontinuierliche Auslastung der Anlage möglich ist. Der Grund ist der große Unterschied in den Operationszeiten des Rechnerkerns und der E-A-Geräte. Diese Probleme wurden im Kapitel 7 ausführlich geschildert.

Alle diese Forderungen führen nun, wollte man alle Programme, die zu einem bestimmten Zeitpunkt zur Verfügung stehen sollten, in ihrer gesamten Länge im Arbeitsspeicher halten, zu unwirtschaftlich hohen Kernspeicherkapazitäten. Mit der Kapazität des Arbeitsspeichers wächst auch – wenn auch nur mit dem Logarithmus – die Länge des Befehlswortes. Die meisten Befehle eines Programms beziehen sich aber bei vernünftiger Programmierung stets auf ein eng begrenztes Speichergebiet. Es sind also die am linken Ende des Adreßteils des Befehlswortes stehenden Bit immer konstant. Bei Anlagen mit größeren Arbeitsspeichern müßten deshalb Vorkehrungen getroffen werden, die es gestatten, das Herumschleppen dieser konstanten Bit in den Adreßteilen der Befehle zu vermeiden (vgl. 8.5.3.6).

Man hat nun in den letzten Jahren Verfahren entwickelt, die es gestatten, die aufgeführten Probleme auch mit kleineren Kernspeichern zu lösen. Sie basieren alle auf dem Grundgedanken, durch schnelle Austauschoperationen, gerade nicht gebrauchte Programmteile und Datenblöcke vom Arbeitsspeicher in die Hintergrundspeicher und solche, die aufgerufen werden und nicht im Arbeitsspeicher stehen, in umgekehrter Richtung zu transportieren.

Die Entscheidung, welches von den sich in der Anlage befindlichen Programmen zu einem bestimmten Zeitpunkt zum Rechnen kommt, hängt in sehr verwickelter Weise vom Zustand der Anlage, von Prioritätsverhältnissen und von bereits verbrauchten Rechenzeiten der Programme ab, um nur einige Punkte zu nennen. Die Steuerung kann daher in keinem Fall durch eine Art Vorrangwerk, ähnlich wie in Abschnitt 7.3.6 beschrieben, durchgeführt werden. Sie wird vom Betriebssystem, einem umfangreichen komplizierten Programm, erledigt. Hier soll nur auf Einrichtungen eingegangen werden, die aus zeitlichen Gründen als elektronische Netzwerke ausgeführt werden müssen. Die wichtigsten und umfangreichsten dieser Schaltungen dienen dazu, den Verkehr Kernspeicher-Hintergrundspeicher in beiden Richtungen zu bewältigen.

Angestoßen werden diese Teile der Anlage entweder durch gewisse Teile der Mikroprogramme oder durch spezielle Befehle des Betriebssystems. Der „Normalprogrammierer" braucht von ihrer Existenz nichts zu wissen.

Je nachdem, welchen Aufwand man für diese Einrichtungen investieren will und welche Arbeitsgeschwindigkeit man fordert, kann man zwischen verschiedenen Verfahren unterscheiden. Die meisten dieser Verfahren erfordern eine besondere Form der Programme, auf die zunächst eingegangen werden soll.

8.2 Lageinvariante und eingriffsinvariante Programme

Bei Rechenanlagen, die eine Mehrfachprogrammierung gestatten, ist es die Regel, daß ein Programm nicht in einem Zug, sondern in mehreren Etappen abgearbeitet wird. Es wird dazu eventuell mehrere Male vom Hintergrundspeicher in den Arbeitsspeicher gebracht. Läßt man zu, daß nur gewisse Teilstücke eines Programms ausgewechselt oder im Arbeitsspeicher als Kopie aufgebaut werden, so ergibt sich folgendes Problem: Bei jedem Aufruf des Programms aus dem Hintergrundspeicher wird die Speicherverteilung im Arbeitsspeicher eine andere sein. Man würde sich viele Möglichkeiten verbauen, wollte man einem Programm im Arbeitsspeicher immer seinen festen Platz zuweisen. Variable Lage eines Programms im Arbeitsspeicher bedeutet aber, daß wir den Befehlen im Hintergrundspeicher noch nicht die endgültigen Adreßteile geben können. Sie werden deshalb zunächst nur in relativer Form eingesetzt. Das heißt aber, es wird so adressiert, als ob das Programm, jedes von ihm angesprochene weitere Programm und jeder verwendete Datensatz in der Zelle Null beginnen würde.

Vor der Ausführung eines Programms mit relativen Adressen müssen diese erst in die absolute Form umgeschrieben werden. Die ersten Überlegungen dieser Art gehen auf John v. Neuman zurück, er nannte sie Adreßänderung I. Art. In der Frühzeit der Entwicklung elektronischer Rechenanlagen, wo ein rechenfähiges Programm einschließlich der Datensätze in einem zusammengehörigen Speicherbereich abgelegt wurde, konnte die Umwandlung der relativen in die absoluten Adressen meist durch das Einleseprogramm erledigt werden.

Wollte man diese Technik auf die heutigen Anlagen übertragen, so wären die Adreßmodifikationen während des Transportvorganges eines Programms vom Hintergrund- in den Arbeitsspeicher durchzuführen. Dazu müßten aber alle Anfangsadressen der verwendeten Datensätze und die aller Programme, die eventuell angesprungen werden, bekannt sein. Das heißt aber, es könnten zwar allen Teilstücken eines Problems beliebige Speicherbereiche zugewiesen werden, die Zuweisung hätte jedoch vor dem Transportvorgang des Hauptprogramms in den Arbeitsspeicher zu erfolgen. Man geht daher heute meist einen anderen Weg.

Hier wird das Programm mit den relativen Adressen in den Arbeitsspeicher übernommen. Die Modifikation des Adreßteils erfolgt vor jeder Ausführung eines Befehls im Befehlswerk mit Hilfe eines Basisregisters (vgl. 5.4.1). Für jedes Teilstück, dessen Adressierung relativ zur Zelle Null vorgenommen wird, ist ein besonderes Basisregister erforderlich. Die Nummern der entsprechenden Basisregister müssen dazu im Befehlswort angegeben

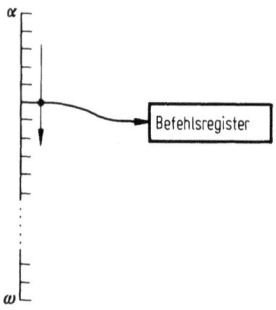
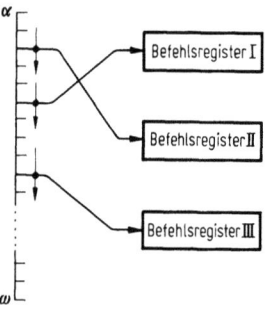

In einer Rechenanlage mit einem Rechnerkern ist es nicht sinnvoll, vor der Beendigung eines Programms mit einem anderen Datensatz neu zu beginnen. Es gelangt also zu einem bestimmten Zeitpunkt immer nur ein Befehl zur Ausführung.

Hat die Anlage mehrere Rechnerkerne, so ist es von Vorteil, wenn ein Programm, auch wenn es seinen Lauf noch nicht beendet hat, erneut gestartet werden kann. Hier können also mehrere Befehle gleichzeitig aufgerufen sein.

Abb. 113 Zum „eingriffsinvarianten" Programm

werden können. Man nennt ein Programm mit relativ geschriebenen Adreßteilen, welches mit Hilfe einer Adreßmodifikation in jeder Lage im Arbeitsspeicher rechenfähig ist, *lageinvariant*.

Wird die Adreßmodifikation mit Hilfe von Basisregistern durchgeführt, so ist es durch die Bereitstellung mehrerer solcher Register möglich, einem Programm gleichzeitig mehrere Datensätze zuzuordnen. Beim Aufruf eines solchen Programms muß nur noch festgelegt werden, mit welchen dieser Sätze gerechnet werden soll. Bei dieser Art der Programmierung kann z.B. eine Prozedur, unabhängig davon ob sie gerade mit einem Problem beschäftigt ist oder nicht, erneut aufgerufen werden. Wie oft sie während der Ausführung der Arbeiten früherer Aufrufe neu gestartet werden kann, hängt von der Anzahl der ihr zugeordneten Basisregister ab. Die angedeuteten Probleme treten vor allem bei Standardprozeduren in Anlagen mit mehreren Rechnerkernen auf. Man nennt solche Programme auch *eingriffsinvariant*.

8.3 Identische Abbildung des Inhalts eines zusammenhängenden Teils des Hintergrundspeichers auf den Arbeitsspeicher

Hier werden die einzelnen rechenfähigen Programme in bestimmten Sektionen auf einem Trommel-, Platten- oder Massenkernspeicher bereitgehalten. Innerhalb des Betriebssystems existiert eine Liste, aus der die Zuordnung Programmnummer–Sektionsnummer zu ersehen ist. Wird nun ein Programm, welches sich gerade nicht im Kernspeicher befindet, vom Betriebssystem aufgerufen, so wird im einfachsten Fall der gesamte Inhalt des Kernspeichers ab einer bestimmten Adresse mit dem Inhalt der entsprechenden Sektion des Hintergrundspeichers ausgewechselt. Etwas aufwendiger sind die Steuerungen, die es gestatten, nur einen kleineren, an beliebiger Stelle im Kernspeicher liegenden Teil durch einige Blöcke des Hintergrundspeichers auszutauschen. Das Auswechseln des gesamten Kernspeichers kommt nicht vor, da ja das diese Operation steuernde Programm, das Betriebssystem, in allen Fällen im Kernspeicher verbleiben muß.

8.3.1 Einrichtungen zur Beschleunigung des Wechselvorgangs

Bei der heutigen großen Bitdichte bei Trommel- und Plattenspeichern kommen Übertragungsraten von 10^6 bis $2 \cdots 3 \cdot 10^7$ Bit pro Sekunde und Kopf zustande. Es treten daher Wortübertragungsraten von 10^5–10^6 Worte/sec auf. Eine Rate von $3 \cdot 10^6$ Worten läßt sich bei schnellen Kernspeichern gerade durch optimales Ineinanderschachteln von Lese-Schreibzyklen erreichen. Ein Auslesen und Beschreiben des Kernspeichers durch eine aus mehreren Befehlen bestehende Programmschleife scheidet daher aus zeitlichen Gründen aus. Die optimale Übertragungsrate läßt sich nur durch Anpassen der Schreibdichte

154 8 Automatischer Verkehr zwischen Arbeitsspeicher und Hintergrundspeichern

des Hintergrundspeichers an die durch die Dauer des Speicherzyklus bestimmte Schreib- und Lesegeschwindigkeit des Kernspeichers, sowie durch eine entsprechende Auslegung der Kanalwerke erreichen.

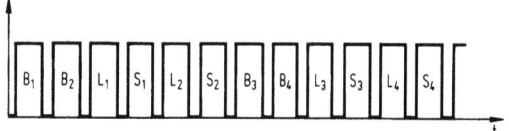

B_i = Beginn eines Speicherzyklus
L_i = Lesen der gespeicherten Information
S_i = Speichern der neuen Information

Abb. 114 Verschachtelte Lese-Schreibzyklen in verschiedenen Moduln eines Kernspeichers

Das Auslesen und Einschreiben in den Kernspeicher geschieht durch sogenannte *Wortgruppentransferbefehle*. Bei diesen Befehlen wird die Schleife, die beim normalen Auslesen und Einspeichern mehrerer Worte in den Kernspeicher nötig wäre, in das Mikroprogramm verlegt. Die Hochzählung der Zellen des Kernspeichers geschieht entweder im Adreßregister des Speichers selbst oder mit Hilfe eines Indexregisters. Die einfachste Steuerung ergibt sich, wenn der gesamte Kernspeicherinhalt ab einer bestimmten Zelle (sie kann durch den Adreßteil des Wortgruppentransferbefehls angegeben werden) bis zum Speicherende ausgewechselt werden soll. Will man den Inhalt eines beliebigen Teilgebiets des Kernspeichers auswechseln, so erhält man

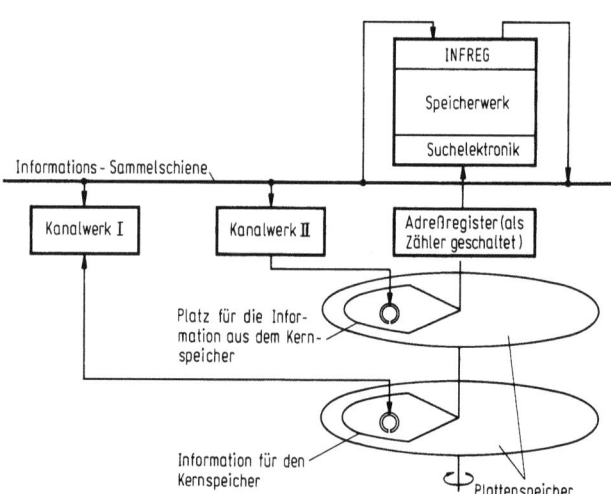

Abb. 115 Beschleunigtes Auswechseln des Kernspeicherinhalts

8.3 Identische Ausbildung des Hintergrundspeichers auf den Arbeitsspeicher 155

die einfachste Elektronik, wenn man die Endadresse des Gebiets etwa als Adreßteil des Blocktransferbefehls vorgibt und wenn die Möglichkeit besteht die Anzahl der zu übertragenden Zellen negativ in ein Indexregister zu bringen. Nachdem vor jedem Schritt der Inhalt des Indexregisters um eins erhöht wurde, wird die Zelle aufgerufen, die sich aus der Summe Indexregister + Adreßteil des Befehlsregisters ergibt. Wenn die Zelle erreicht ist, bei der der Inhalt des Indexregisters Null geworden ist, ist die Operation beendet. Der Start des Wortgruppentransfers muß vom Hintergrundspeicher bestimmt werden, wenn dieser ein Trommel- oder Plattenspeicher ist. Er soll in dem Moment erfolgen, in dem das erste Wort der Sektion, deren Inhalt in den Kernspeicher transportiert werden soll, unter den Leseköpfen steht.

Natürlich muß der Hintergrundspeicher so organisiert sein, daß immer, wenn ein bestimmter Sektor dieses Speichers in den Kernspeicher gelesen wird, ein ebenso großer freier Sektor gleichzeitig unter einer anderen Kopfgruppe steht, der die Information vom Kernspeicher aufnimmt.

Die Zeit, die zum Auswechseln eines Speichergebiets von 32 K nach diesem Verfahren erforderlich ist, liegt in der Größenordnung von 10 bis 100 ms.

8.3.2. Das Master-Slave-Prinzip bei Speichern

Durch das Auswechseln des Inhalts eines Großteils des Arbeitsspeichers wird im allgemeinen eine Menge von Information völlig unnötig transportiert, weil auf sie während des Aufenthalts im Arbeitsspeicher nicht zugegriffen wird. Verwendet man als Hintergrundspeicher einen random access-Speicher, so kann man durch die Anwendung des bereits von den Flip-Flops bekannten *Master-Slave-Prinzips* einen Teil der Übertragungszeit einsparen. Radom-access-Speicher als Hintergrundspeicher kommen bei der Kombination zweier Kernspeicher vor, bei denen der eine, der Arbeitsspeicher, eine nicht zu große Kapazität ($\sim 32 - 64$ K), aber dafür eine möglichst kleine Zykluszeit hat. Der andere, der Hintergrundspeicher ist ein Großkapazitätskernspeicher, bei dem natürlich, bedingt durch die in Kapitel 6 erwähnten Gründe, die Zykluszeit größer wird. In neuerer Zeit gewinnt auch die Kombination Halbleiterspeicher (Zykluszeit ca. 10 bis 50 ns) und Kernspeicher an Bedeutung.

Der Grundgedanke des Master-Slave-Prinzips ist wie folgt: Sämtliche Programme stehen mit ihren Zahlsätzen im Hintergrundspeicher. Der erste Aufruf eines Wortes holt dieses vom Hintergrundspeicher ins Rechen- oder Befehlswerk. Gleichzeitig wird aber eine Kopie desselben im Arbeitsspeicher angefertigt. Bei weiteren Aufrufen wird es stets vom Arbeitsspeicher geholt. Bei der Veränderung eines Wortes im Arbeitsspeicher wird gleichzeitig auch das entsprechende Wort im Hintergrundspeicher geändert.

Man erhält von seiten der Elektronik die einfachsten Lösungen, wenn man eine Sektion des Hintergrundspeichers identisch auf den Arbeitsspeicher abbildet. Das heißt, der Zelle Nr. n der Sektion wird die Zelle Nr. n des Arbeitsspeichers zugeordnet. Ist ein Wort in den Arbeitsspeicher übernommen, so finden es die dazugehörigen Befehle einfach durch Ignorieren der vordersten Bit im Adreßteil, die im Hintergrundspeicher die Sektion auswählen. Ob eine Zelle des Arbeitsspeichers, auf die ein Befehl zugreift, bereits mit einem Wort aus dem Hintergrundspeicher besetzt ist, erkennt die Maschine aus einem dafür bereitzustellenden Markenbit. Abspeicherbefehle beschreiben immer beide Speicher.

Das Master-Slave-Prinzip wird besonders dann angewandt, wenn der Arbeitsspeicher seine Information bei einem Netzausfall nicht behält. Dies trifft bei der in neuester Zeit immer wichtiger werdenden Speicherkombination, bei der ein Halbleiterspeicher als Arbeitsspeicher und ein Kernspeicher als Hintergrundspeicher verwendet wird, zu.

8.4 Nichtidentische Abbildung des Hintergrundspeichers auf den Arbeitsspeicher

8.4.1 Allgemeines

Weder das in 8.2 genannte Verfahren, bei dem bei jedem Aufruf eines gerade nicht im Arbeitsspeicher vorhandenen Programms ein Großteil des Inhalts dieses Speichers mit dem eines Hintergrundspeichers ausgetauscht werden muß, noch das in 8.2.2 beschriebene, bei dem nach dem Aufruf eines Programms aus dem Hintergrundspeicher erst ein Bild desselben im Arbeitsspeicher aufgebaut werden muß, entsprechen ganz den Forderungen der Praxis. Hier ist es die Regel, daß vor allem wegen Wartezeiten bei E-A-Vorgängen, Eingriffen von Datenstationen und Starts von Programmen höherer Priorität dauernd Programmunterbrechungen und Umschaltungen auf andere Programme auftreten. Es ist nicht die Regel, daß selbst ein kurzes Programm mit nur wenig E-A-Verkehr in einem Zug bis zum Ende gerechnet wird. Diese Umschaltungen würden eine Menge, meist nutzlosen Verkehr zwischen Arbeits- und Hintergrundspeicher auslösen, der die Anlage stark verzögern würde. Man hat sich deshalb Verfahren überlegt, die bei einigem technischen Aufwand diesen Verkehr gering halten und es gestatten, den Arbeitsspeicher optimal auszunutzen.

Sie beruhen alle auf dem gleichen Grundgedanken. Man teilt die Programme in gewisse gleichgroße Teile (*Seiten*). Beim Aufruf des Programms bringt man nicht das ganze Programm, sondern zunächst nur eine Seite in den Arbeitsspeicher. Erst wenn ein Befehl aus dieser Seite herausweist, holt man sich eine neue usw. ... Dabei fordert man aber nicht, und das ist von ausschlaggebender Bedeutung, daß aufeinanderfolgende Seiten in aufeinanderfolgende Bereiche (*Kacheln*) des Arbeitsspeichers überführt werden. So ist es möglich, ein größeres Programm, welches als ganzes keinen Platz im Arbeitsspeicher finden könnte, mosaikartig dennoch zu speichern. Wir wollen nun auf die technische Realisierung zweier solcher Verfahren eingehen. Für das einfachere der beiden hat sich die Bezeichnung „*paging*" eingebürgert.

8.4.2 Seitenweise – identische Abbildung des Hintergrundspeichers auf den Arbeitsspeicher (paging)

Teilt man die einzelnen Programme und Datensätze in Teilabschnitte passender Größe ein und bildet man jeden dieser Abschnitte identisch in den Arbeitsspeicher ab, läßt aber die Reihenfolge, wie die Teilabschnitte im Arbeitsspeicher angeordnet werden offen, so ergeben sich einige wichtige Vorteile gegenüber den beiden in 8.3 und 8.3.2 erwähnten Verfahren.

Wir wollen annehmen, im Hintergrundspeicher seien einige Programme mit ihren Datensätzen gespeichert. Beginnt jedes Programm am Anfang einer Seite, ist die Seitengröße innerhalb der Anlage konstant und umfaßt eine Seite eine ganze Zweierpotenz einzelner Speicherzellen, so braucht man bei einer Verschiebung des Programms um Vielfache von Seitenlängen im Speicher nur die Bits in den Adreßteilen der Befehle zu ändern, die links von den Bits stehen, die eine Zelle innerhalb einer Seite bestimmen.

Befehlswort:	Op.-Teil	Nummer der Seite	Nummer der Zelle innerhalb 1 Seite

(Adr.-Teil umfaßt die beiden rechten Spalten)

Abb. 116
Aufteilung des Adreßteils eines Befehlswortes beim „paging"-Verfahren

Bei der Eingabe der einzelnen Probleme in den Hintergrundspeicher legt das Betriebssystem eine Liste an, in der neben dem Programmnamen noch die Nummer a_i der Seite steht, an deren Anfang das erste Wort eingelaufen ist. Die Programme stehen als lageinvariante Programme im Hintergrundspeicher, nimmt man jedoch den Aufwand in Kauf, die Adressen bezüglich des Hintergrundspeichers absolut zu machen, so erspart man sich das Aufaddieren eines Basisregisters bei der Ausführung der Befehle.

Um eine möglichst gute Ausnützung des Arbeitsspeichers sicherzustellen, müssen beim Verkehr zwischen den Speichern folgende Bedingungen erfüllt werden:
a) Beim Start eines Programms wird zunächst nur eine Seite in den Arbeitsspeicher gebracht.
b) Weitere Seiten werden erst dann übernommen, wenn Daten aus diesen durch Befehle des Programms im Arbeitsspeicher aufgerufen werden *(demand-paging)*.
c) Hat ein Programm seinen Lauf beendet, oder wird es durch ein anderes höherer Priorität zeitweilig aus dem Arbeitsspeicher verdrängt, so werden alle von ihm besetzten Bereiche im Arbeitsspeicher freigegeben.

Die beliebige Verteilung der Seiten im Arbeitsspeicher erfordert natürlich eine Zuordnungsliste, in der die jeweilige Verteilung festgehalten wird. Wir

158   8 Automatischer Verkehr zwischen Arbeitsspeicher und Hintergrundspeichern

werden gleich zeigen, daß mit Hilfe dieser Liste sehr viele Adreßteile des im Arbeitsspeicher stehenden Programms bei jeder Ausführung des betreffenden Befehls geändert werden müssen. Obwohl diese Änderungen auch ohne zusätzliche Einbauten durchgeführt werden könnten, ist es aus zeitlichen Gründen vorteilhaft, hier einige zusätzliche Elektronik vorzusehen. Bevor wir jedoch auf diese eingehen, soll erst der Ablauf der Transportoperationen vom Hintergrundspeicher in den Arbeitsspeicher und umgekehrt, sowie der Ablauf bei der Ausführung eines Befehls besprochen werden. Für jedes im Hintergrundspeicher aufgenommene Problem existiert innerhalb des Betriebssystems eine Liste, *die Problemliste,* in der dem Namen des Problems die Seitennummer a_i zugeordnet ist, unter der es in diesem Speicher abgelegt wurde (vgl. Abb. 117). Wird nun irgendein Programm zum Rechnen aufgerufen, so übergibt das Betriebssystem die Kontrolle an dasselbe, indem es einen Sprungbefehl aufruft, der zum ersten auszuführenden Befehl desselben führt.

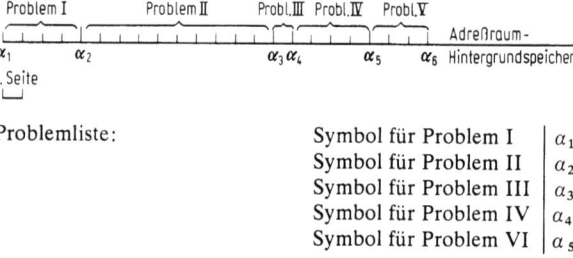

Abb. 117   Problemliste

In Wirklichkeit sind die Vorgänge innerhalb des Betriebssystems, die zum Start eines Problems führen, wesentlich komplizierter. Es würde weit über den Rahmen dieses Buches hinausgehen, wenn wir uns auch nur näherungsweise mit diesen umfangreichen und schwierigen Software-Steuerungen befassen wollten.

Dieser Sprungbefehl weist aus dem Speicherbereich des Betriebssystems hinaus auf irgendeine Zelle des Problemprogramms, deren relative Adresse dem Betriebssystem bekannt sein muß. Durch Addition der dem Problemnamen zugeordnete Anfangsseitennummer a_0 auf die linke Bitgruppe des Sprungbefehls erhält dieser seine absolute Adresse a_a.

Innerhalb des Betriebssystems existiert nun eine zweite Liste, die *Seiten-Kacheln-Zuordnungsliste,* mit sovielen Elementen, wie Seiten im Hintergrundspeicher vorhanden sind. Wird die Seite, die mit der Nummer a_i in Hintergrundspeicher steht so in den Arbeitsspeicher übernommen, daß sie dort mit der Adresse β_i beginnt, so wird in das a_i-te Element der Liste die Adresse β_i eingetragen. Am einfachsten werden die Steuerungen, wenn man für jedes

8.4 Nichtidentische Abb. d. Hintergrundspeichers auf den Arbeitsspeicher 159

Element der Liste eine Speicherzelle vorsieht und die Liste an den Beginn des Arbeitsspeichers legt.

Vor der Ausführung jedes Befehls wird mit Hilfe der linken Bitgruppe seines Adreßteils, auf die bei Programmen mit relativen Adressen im Hintergrundspeicher noch der Inhalt a_0 eines Basisregisters aufaddiert werden muß, die a_i-te Zelle der Seiten-Kachel-Zuordnungsliste aufgerufen und nachgesehen, ob diese beschrieben oder gelöscht ist. In unserem Fall, wo wir gerade ein neues Problem aufgerufen haben, ist diese Zelle natürlich gelöscht. Das hat zur Folge, daß der gerade anstehende Befehl (hier der Sprungbefehl) zunächst noch nicht ausgeführt wird. Statt dessen geht die Steuerung zurück an das Betriebssystem, welches jetzt eine Transportoperation vom Hintergrundspeicher in den Arbeitsspeicher auslöst, bei der die Seite in den Arbeitsspeicher gebracht wird, in der sich die Zelle befindet, auf die der Adreßteil des zurückgestellten Befehls weist. Dieser Transportvorgang kann nur dann gestartet werden, wenn bekannt ist, welche Kacheln im Arbeitsspeicher gerade frei sind. Dazu muß noch eine dritte Liste, die *Liste der freien Kacheln* im Betriebssystem vorhanden sein, in welcher über die freien Kacheln im Arbeitsspeicher Buch geführt wird. Diese Liste enthält für jede Kachel des Arbeitsspeichers eine adressierbare Bitgruppe. Diese Bitgruppe zeigt an, ob die betreffende Kachel belegt, freigegeben oder nichtbelegt ist. Die Adresse der Bitgruppe entspricht bis auf eine Konstante der Kachelnummer. Die Quellenadresse für den Blocktransferbefehl erhält man also aus der linken Bitgruppe a_i des Adreßteils des Befehls, der in eine noch nicht im Arbeitsspeicher vorhandene Seite führte. Die Zieladresse ist die Adresse β_i der ersten Bitgruppe, die in der Liste der freien Kacheln als nichtbelegt gekennzeichnet ist. Wird in der gesamten Liste der freien Kacheln keine nichtbelegte mehr gefunden, so muß auf die freigegebenen Kacheln zurückgegriffen werden, das sind solche, die noch von unterbrochenen Programmen im Arbeitsspeicher belegt werden. In diesem Fall muß aber im allgemeinen erst die in der Kachel stehende Information in den Hintergrundspeicher transportiert werden, bevor sie mit der neuen Information überschrieben wird. Die aus der Liste der freien Kacheln gefundene Kachelnummer β_i wird nach Beendigung des Blocktransfers in die a_i-te Zelle der Seiten-Kachel-Zuordnungsliste eingetragen. Jetzt endlich kann der zurückgestellte Befehl weiter bearbeitet werden.

Nun wird in der a_i-ten Zelle der Seiten-Kachel-Zuordnungsliste die Nummer β_i gefunden, sie wird ausgelesen und damit die linke Gruppe des Adreßteils des zur Ausführung kommenden Befehls überschrieben. Mit dem so erhaltenen Adreßteil wird der Befehl schließlich ausgeführt.

Der Modifikationsvorgang ist also nichts anderes, als eine Basisregistermodifikation mit nachfolgender „indirekter Adresse", beides angewandt auf einen Teil (der linken Gruppe) des Adreßteils. Leider muß man auch den Nachteil der „indirekten Adresse", den zusätzlichen Speicherzugriff in Kauf nehmen. Stehen die Programme mit absoluten Adreßteilen im Hintergrundspeicher, so kann die Basisregistermodifikation entfallen.

8 Automatischer Verkehr zwischen Arbeitsspeicher und Hintergrundspeichern

Während der Adressenmodifiziervorgang über die Zuordnungsliste vor der Ausführung jedes Befehls durchgeführt werden muß, wird der Transport einer Seite nur dann eingeleitet, wenn die Seitennummer im Adreßteil des Befehls aus der Seite hinausweist und wenn die entsprechende Zelle der Zuordnungsliste noch unbesetzt ist.

Hat das aufgerufene Programm seine Arbeit beendet, so müssen seine Kacheln als freigegeben in der Liste der freien Kacheln vermerkt werden. Wird es dagegen durch ein anderes Programm höherer Priorität zeitweilig verdrängt und wird eine seiner Kacheln von einem anderen Programm benötigt, so muß diese, wie schon erwähnt, wieder in den Hintergrundspeicher zurückgeschrieben werden. Um diese Vorgänge zu erleichtern, hat das Betriebssystem bei jedem Transportvorgang innerhalb eines Problems eine *probleminterne Liste* aufgebaut.

In dieser Liste steht in jeder Zelle die Nummer einer vom Problem belegten Kachel des Arbeitsspeichers neben der Nummer der dazugehörigen Seite im Hintergrundspeicher. Die Liste enthält soviel Zellen, wie das Problem Seiten im Arbeitsspeicher belegt. Beim Rücktransport der Kachelinhalte in den Hintergrundspeicher nimmt der Blocktransferbefehl seine Quelladresse aus der Kachelnummer, seine Zieladresse aus der Seitennummer dieser Liste. Nach jedem Blocktransfer wird die entsprechende Zelle der probleminternen Liste, sowie die der Seiten-Kachel-Zuordnungsliste gelöscht. Außerdem wird die betreffende Kachel in der Liste der freien Kachel wieder als frei gekennzeichnet.

Typische Vorgänge beim Verfahren „paging"

Der Ablauf der einzelnen Teilschritte soll für ein Programm gezeigt werden, dessen Befehle absolute Adreßteile bezüglich des Hintergrundspeichers haben. Bei der Verwendung relativer Adreßteile a müßten diese erst mittels eines Basisregisters, in dem die jeweilige Anfangsadresse des Programms im Hintergrundspeicher steht, modifiziert werden.

a) Eine Seite wird nicht im Arbeitsspeicher gefunden (vgl. Abb. 118).
   ⓪ Die erste Seite des Problems wird in den Arbeitsspeicher eingelesen.
   ① Die Zelle a_{i+5} wird in der Seiten-Kachel-Zuordnungsliste aufgesucht und als gelöscht registriert.
   ② Die Steuerung geht ans Betriebssystem.
   ③ In der Liste der freien Kacheln des Arbeitsspeichers wird eine als frei gekennzeichnete aufgesucht.
   ④ Ihre Adresse, aus der die Anfangsadresse der freien Kachel durch Aufaddition einer Konstanten erhalten werden kann, wird gespeichert und diese Kachel durch Kennzeichnung des Listenelements als belegt registriert.
   ⑤ Die Anfangsadresse der freien Kachel im Arbeitsspeicher und die Seitennummer, auf welche der Adreßteil des Befehls weist, werden

8.4 Nichtidentische Abb. d. Hintergrundspeichers auf den Arbeitsspeicher 161

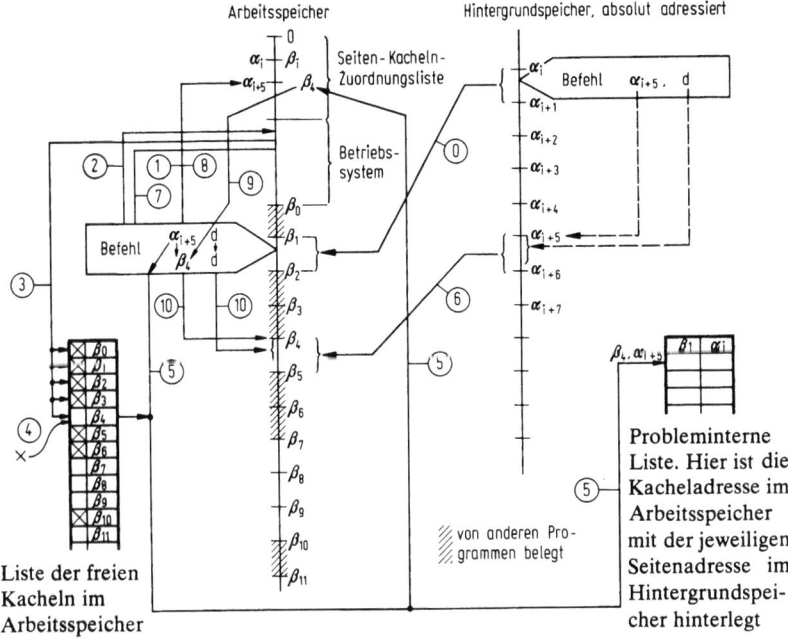

Abb. 118 Typische Vorgänge beim „paging"-Verfahren

in die Liste der Seiten des Problems I eingetragen, die Anfangsadresse der Kachel β_4 außerdem in die Zelle a_{i+5} der Seiten-Kachel-Zuordnungsliste.

⑥ Die 6. Seite des Problems I wird von a_{i+5} des Hintergrundspeichers nach β_4 des Arbeitsspeichers übertragen.

⑦ Die Kontrolle wird vom Betriebssystem an den Befehl zurückgegeben.

⑧ Die Zelle a_{i+5} wird erneut aufgesucht und als nicht gelöscht registriert.

⑨ Mit ihrem Inhalt (β_4) wird die Seitennummer a_{i+5} des Befehls überschrieben.

⑩ Der Befehl wird ausgeführt.

b) Der Adreßteil eines Befehls bleibt innerhalb der Seiten, die bereits im Arbeitsspeicher stehen. In diesem Fall werden nur die Punkte 8, 9 und 10 ausgeführt.

Wird einem Programm zeitweilig die Regie entzogen, so werden zwar seine Kacheln freigegeben; das bedeutet aber noch nicht, daß sie tatsächlich überschrieben werden. Das geschieht erst dann, wenn für das Programm, das die

162 8 Automatischer Verkehr zwischen Arbeitsspeicher und Hintergrundspeichern

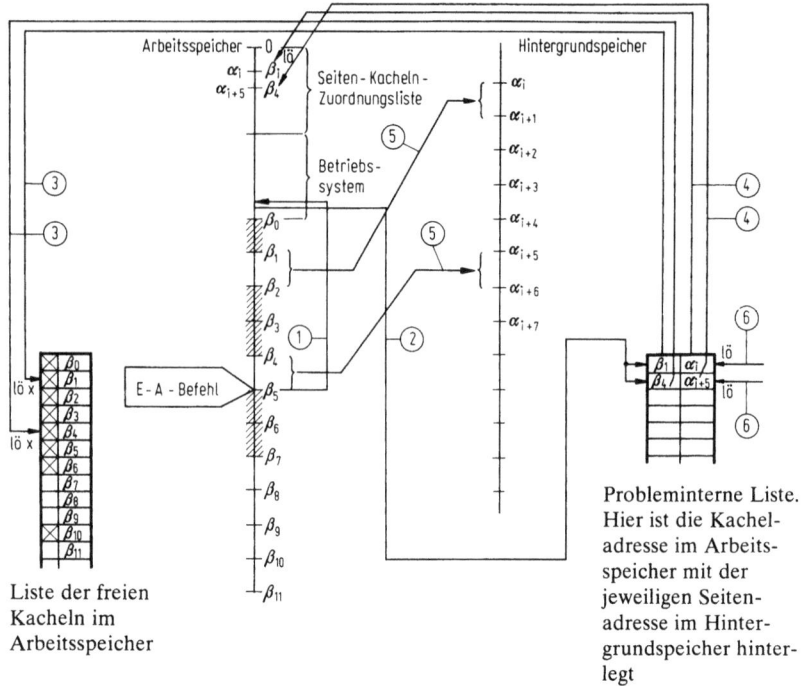

Abb. 119 Vorgänge nach Unterbrechung eines Programms und Verdrängung seiner Kachelinhalte in den Hintergrundspeicher

Regie übernommen hat, keine Kacheln mehr zur Verfügung stehen. Erst jetzt müssen die Transportoperationen gestartet werden.
  c) Ein unterbrochenes Programm P soll besetzte Seiten im Arbeitsspeicher abgeben (Abb. 119).
   ① Das Betriebssystem hat z. B. nach Durchsicht der probleminternen Listen festgestellt, daß das unterbrochene Programm P noch Seiten im Arbeitsspeicher besetzt hält.
   ② Die erste Zelle der probleminternen Liste wird aufgesucht.
   ③ Mit β_i wird das Besetztzeichen in der β_i-ten Bitgruppe der Liste der freien Kacheln gelöscht.
   ④ Mit α_i wird die Zelle α_i der Seiten-Kachel-Zuordnungsliste gelöscht.
   ⑤ Die Information wird von der Seite β_i des Arbeitsspeichers nach Seite α_i des Hintergrundspeichers übertragen.
   ⑥ Die betreffende Zelle der probleminternen Liste wird gelöscht.
      Zurück nach ③, und Weiterschaltung auf die nächste Zelle der problemorientierten Liste, wenn weitere Seiten benötigt werden.

8.4 Nichtidentische Abb. d. Hintergrundspeichers auf den Arbeitsspeicher 163

Manchmal kann man sich den Rücktransport einer Seite in den Hintergrundspeicher sparen. Nämlich dann, wenn der Inhalt der Seite nicht verändert wurde. Um das entscheiden zu können, wird vielfach, entweder in der probleminternen Liste der gebrauchten Kacheln oder auch in der Seiten-Kacheln-Zuordnungsliste, beim ersten Speicherungsbefehl auf eine Kachel in der betreffenden Zelle der Liste ein dafür vorgesehenes Bita gesetzt. Nur bei so gekennzeichneten Seiten braucht der Rücktransport durchgeführt zu werden. Natürlich entfällt der Rücktransport aller Seiten von Programmen, die ihren Lauf beendet haben.

Nun noch ein Wort darüber, wie groß die Seiten zweckmäßigerweise gemacht werden sollten. Hier muß ein Kompromiß zwischen nicht ausgenutztem Speicherplatz, der bei angebrochenen, zu großen Seiten entsteht und zu umfangreichen Listen und häufigen Aufrufen des Betriebssystems bei zu kleinen Seiten, geschlossen werden. Eine Seitengröße von ca. 1 000 Speicherplätzen (1 k) hat sich als günstiger Wert erwiesen.

8.4.2.1 *Möglichkeiten zur Beschleunigung des Vorgangs „paging"*

Beim „paging"-Verfahren müssen wir zwischen zwei verschiedenen Gruppen von Operationen unterscheiden, nämlich zwischen denen, die hauptsächlich durch das Betriebssystem erledigt werden und solchen, die bei der Ausführung eines jeden Befehls ablaufen müssen.

Die Vorgänge im Betriebssystem lassen sich vor allem durch die Verwendung mehrerer, auf die einzelnen Suchprozesse angepaßter Listen beschleunigen. Unter einer dem Suchprozeß angepaßten Liste wollen wir eine solche verstehen, in der die Elemente so geordnet sind, daß die Suchgröße entweder direkt zur Adressierung verwendet werden kann, oder daß die Adresse auf einfache Art aus der Suchgröße hervorgeht.

Wir hätten beim „paging"-Verfahren statt der Problemliste, der Seiten-Kachel-Zuordnungsliste, der Liste der freien Kacheln und der probleminternen Liste auch mit nur einer Liste arbeiten können, deren Elemente wie folgt aufgebaut sind:

Seiten Nr. Hintergr. Sp.	Kachel Nr. Arb. Sp.	Probl. Name	Kennbit für Veränd. in der Seite

Dadurch wären aber die Suchprozesse, da jetzt kein gezieltes Suchen mehr möglich ist, ungleich länger geworden.

Besonders wichtig ist aber eine Beschleunigung der Vorgänge, die bei der Ausführung jedes Befehls durchgeführt werden müssen. Es ist dies vor allem die Beschleunigung des Ersetzungsvorgangs der Seitennummer des Hintergrundspeichers durch die Kachelnummer des Arbeitsspeichers. Hier muß, will man die Anlage durch den „paging"-Prozeß nicht zu sehr verlangsamen, zusätzliche Elektronik eingebaut werden. Die einfachste Methode ist, die Zuordnungsliste vom Arbeitsspeicher abzutrennen und speziell für sie einen Speicher mit geringer Zugriffszeit bereitzustellen. Verwendet man als Arbeitsspeicher einen Kernspeicher mit einer Zugriffszeit einiger hundert Nanosekunden, so ist es heute einfach, die Zugriffszeit auf eine Zelle der Zuordnungsliste auf ca. 10 % der Zugriffszeit des Arbeitsspeichers zu reduzieren. Damit wird der Befehlsablauf nur noch geringfügig verzögert. Speicher mit Zugriffszeiten einiger zehn Nanosekunden lassen sich als Halbleiterspeicher realisieren. Sie werden heute fast ausnahmslos in hochgradig integrierter Technik hergestellt. Bei einer Seitengröße von 1 k braucht dieser Speicher nur 1 ‰ der Kapazität des Hintergrundspeichers zu besitzen. Außerdem genügt eine wesentlich kleinere Wortlänge. Der zusätzliche Aufwand bleibt also in Grenzen.

In den folgenden Abschnitten wollen wir etwas abschwenken und die wichtigsten Eigenschaften der Halbleiterspeicher besprechen.

8.4.1.1.1 Aufbau eines Lese-Schreib-Halbleiterspeichers (random access memory, RAM)

Man unterscheidet statische und dynamische Lese-Schreib-Halbleiterspeicher. Bei der statischen Ausführung erfolgt die Speicherung der einzelnen Bit in Flip-Flopschaltungen, während bei den dynamischen Speichern als informationstragendes Element die Gate-Substrat-Kapazität eines MOS-Transistors verwendet wird. Hier ist eine periodische Auffrischung der gespeicherten Information notwendig. Dynamische Halbleiterspeicher werden also stets in MOS-Technik ausgeführt, während statische, insbesonders wenn sie schnell sein sollen, auch mit bipolaren Transistoren gebaut werden können. Alle Lese-Schreib-Halbleiterspeicher sind flüchtig *(volatile)*, d. h. bei einem Stromausfall geht die gespeicherte Information verloren. Man muß daher Maßnahmen treffen, daß bei einer Netzstörung wenigstens die den Speicher versorgende Spannung erhalten bleibt. Dies kann z. B. durch Pufferung dieser Spannung mit einer Akkumulatorenbatterie erfolgen.

Abb. 120 zeigt den prinzipiellen Aufbau eines Speichers, bei dem die einzelnen Bit in diskreten Elementen festgehalten werden. Neben den Speicherelementen selbst sind Vorkehrungen zur Auswahl eines solchen erforderlich, damit Information in dasselbe eingeschrieben und ausgelesen werden kann. Hat der Speicher eine größere Kapazität, so ist es zweckmäßig, die Anwahl mehrdimensional auszulegen. Abb. 120 zeigt eine zweidimensionale Anwahlschaltung. Sie besteht aus Und-Gliedern, die den einzelnen Speicherelementen zugeordnet sind.

Beim praktischen Aufbau eines Halbleiterspeichers ist zu beachten, daß die Schaltungen der speichernden Elemente und der Und-Glieder so einfach

8.4 Nichtidentische Abb. d. Hintergrundspeichers auf den Arbeitsspeicher 165

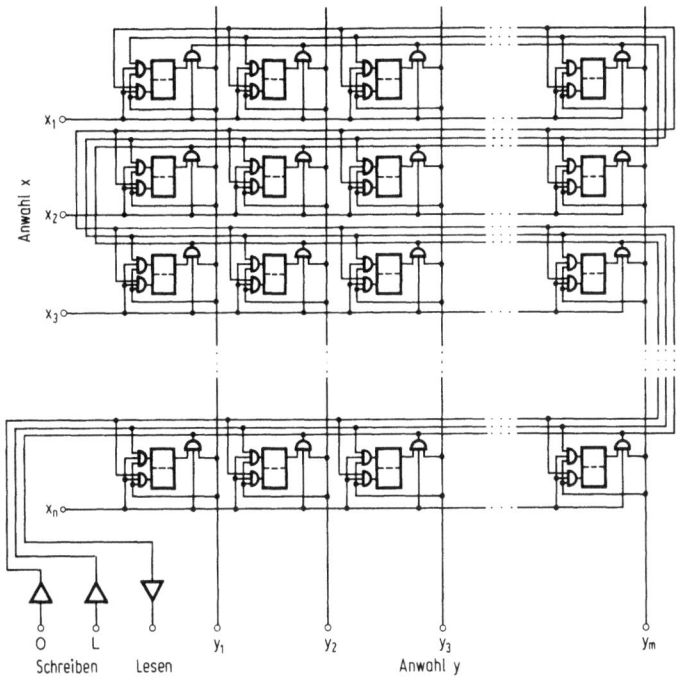

Abb. 120 Prinzipieller Aufbau eines Halbleiterspeichers

wie möglich wird. Wenn möglich, sollten die Und-Glieder mit in den Aufbau des Speicherelements einbezogen werden (vgl. Stromkoinzidenz beim Kernspeicher).

Halbleiterspeicher werden heute immer durch hochgradig integrierte Schaltkreise (engl.: *l*arge *s*cale *i*ntegrated circuits, LSI-circuits) realisiert. Die Kapazität einer solchen Einheit (engl.: chip) wird unter anderem durch die Anzahl der notwendigen Anschlußstifte begrenzt. Sie kann beträchtlich reduziert werden, wenn man die Adreßdekodierer mit in die Integration einbezieht. Wählt man für die Zahl der waagrechten und senkrechten Anwahlleitungen eines zweidimensionalen Arrays ganze Zweierpotenzen m und n, so erhält man die Anzahl z der Stifte des Speichers mit $k = m \cdot n$ Worten zu einem Bit:

$z = \operatorname{ld} k + 5 = \operatorname{ld} m + \operatorname{ld} n + 5$ (Die 5 ergibt sich aus:

2 Versorgungsanschlüssen +
1 Leseausgang +
1 Schreibeingang O +
1 Schreibeingang L)

166 8 Automatischer Verkehr zwischen Arbeitsspeicher und Hintergrundspeichern

Da der Logarithmus eine schwach wachsende Funktion ist, wird die Kapazität eines Chips kaum durch die Stiftzahl begrenzt. Ein heute herstellbarer Chip mit k = 2048 benötigt z. B.
$$z = \operatorname{ld} 2048 + 5 = 16 \text{ Stifte } [3].$$

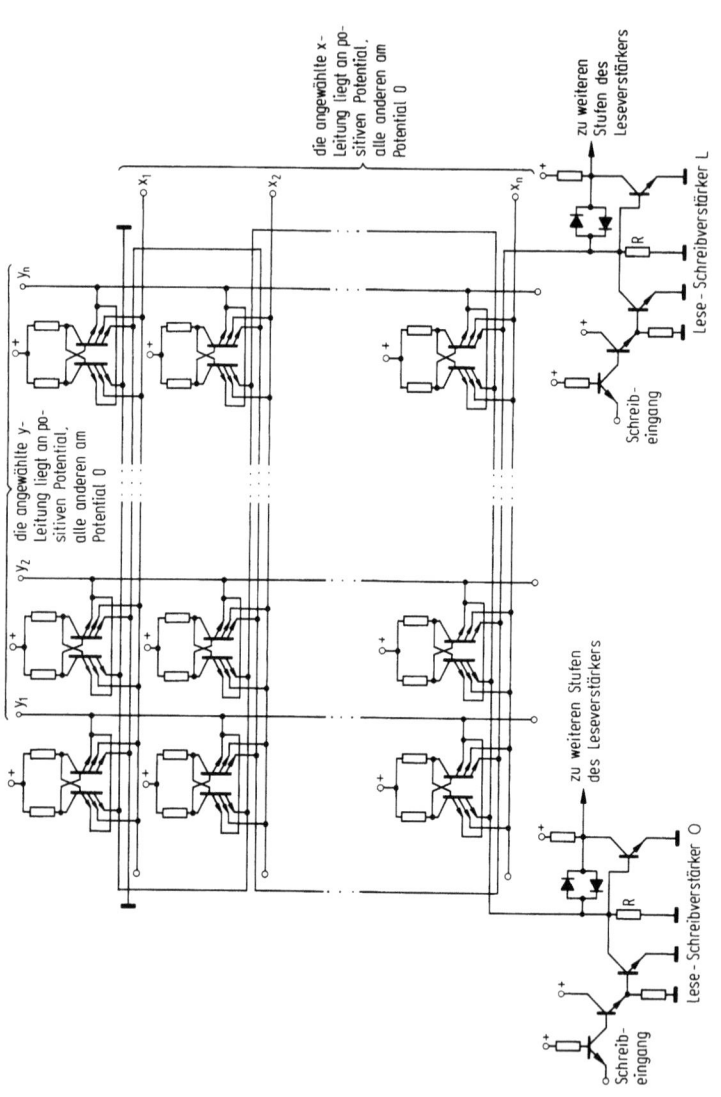

Abb. 121 Aufbau eines Halbleiterspeichers mit bipolaren Transistoren

8.4.2.1.1.1 Halbleiter-Lese-Schreib-Speicher mit bipolaren Transistoren

Hier läßt sich die Vereinigung der Und-Glieder mit den speichernden Elementen sowie die Vereinigung von Lese- und Schreibleitungen in besonders eleganter Weise lösen. Dazu wird jeder der zwei Transistoren der Flip-Flops mit drei Emittern ausgestattet. Je einer davon ist an die x- bzw. an die y-Leitung, an die das Flip-Flop gekoppelt ist, angeschlossen. Die dritten Emitter aller linken und die aller rechten Transistoren aller Flip-Flops des Arrays sind mit den Informationsleitungen O und L verbunden (vgl. Abb. 121).

Befindet sich der Speicher im Ruhezustand, so liegen alle x- und y-Leitungen auf niedrigem Potential, so daß die Ströme der durchgeschalteten Transistoren über zwei Emitter abfließen können. Soll nun der gespeicherte Wert eines Flip-Flops ausgelesen werden, so werden diejenigen x- und y-Leitungen auf positives Potential gehoben, in deren Kreuzungspunkt sich das gewünschte Flip-Flop befindet. Dadurch können die mit diesen x- und y-Leitungen verbundenen Emitter der Flip-Flops keinen Strom mehr abführen. Er wird von einem der dritten Emitter übernommen, der ihn zu einem geeigneten Stromindikator führt. Wir erhalten also beim Anheben des Potentials gewisser x- und y-Leitungen ein Signal am Ausgangsindikator O bzw. am Ausgangsindikator L, je nachdem, ob das Flip-Flop im Kreuzungspunkt der x-y-Leitungen gesetzt oder gelöscht war. Nachdem das Ausgangssignal erschienen ist, werden die betreffenden x-y-Leitungen wieder auf das Potential O gesenkt.

Man kann die Stromindikatoren der O- bzw. der L-Leitung nicht einfach als Widerstände realisieren, an denen der Strom als Spannungsabfall registrierbar ist. Durch diesen Spannungsabfall würden nämlich die Potentiale innerhalb des Flip-Flops so verändert, daß die Fähigkeit, zwei stabile Zustände zu bilden, verloren ginge (vgl. Abb. 122).

Die Instabilität läßt sich vermeiden, wenn man dafür sorgt, daß an den Widerständen R bzw. R' ein vom Strom unabhängiger Spannungsabfall ent-

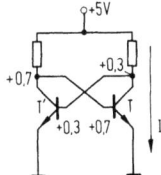
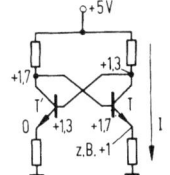

Nicht angewähltes Flip-Flop: Stabil!

Angewähltes Flip-Flop: Nicht stabil! Es werden beide Transistoren leitend.

Abb. 122 Spannungsverschiebungen im angewählten Flip-Flop eines bipolaren Halbleiterspeichers

steht, der eine gewisse obere Grenze nicht übersteigt. Dies kann man durch eine Gegenkopplungsschaltung erreichen. Betrachten wie Abb. 123.

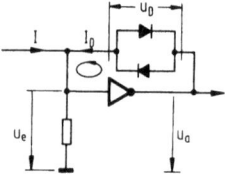

Abb. 123
Gegenkopplungsschaltung
zur Stabilisierung des
angewählten Flip-Flops

Hier ist die Ausgangsspannung der ersten Stufe des Leseverstärkers über ein Diodennetzwerk, das einen konstanten Spannungsabfall von ca. 0,5 V erzeugt, auf die Eingangsklemme zurückgeführt. Die erste Stufe des Leseverstärkers soll so ausgeführt sein, daß eine Invertierung der Eingangsspannung auftritt. Dann gilt, wenn U_B die Spannung der Stromversorgung und v der Verstärkungsfaktor sind:

$u_a = U_B - v u_e$

$u_a - u_e = u_D = $ const (Kirchhoff)

$U_B - v u_e - u_e = u_D$

$u_e = (U_B - u_D)/(v + 1) = $ const und weil U_B, U_D u. v = const

auch $(I + I')R = $ const

Jetzt tritt unabhängig von Strom I an beiden Widerständen R und R' ein konstanter Spannungsabfall ein. Die Schaltung bleibt daher stabil (vgl. Abb. 124). Dieser Spannungsabfall bewirkt weiterhin, daß die O- bzw. L-Leitung gegenüber den auf Ruhepotential befindlichen Anwahlleitungen eine kleine positive Vorspannung erhalten. Dadurch kann nur der Strom des ausgewählten Flip-Flops zu den Indikatoren gelangen.

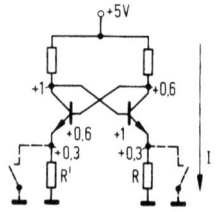

Abb. 124
Potentiale im angewählten
Flip-Flop bei stromunabhängigen
Spannungsabfällen an R

Das Auslesen geschieht hier im Gegensatz zum Kernspeicher zerstörungsfrei. Die Zugriffszeit ist nur durch die Umladezeiten der beteiligten Leitungen, sowie durch die Schaltzeiten der Transistoren bestimmt. Sie liegt bei einigen 10 Nanosekunden.

Soll eines der Flip-Flops mit einem bestimmten Wert beschrieben werden, so wird es zunächst durch je eine der x- und y-Leitungen ausgewählt. Dadurch muß der Strom des leitenden Transistors über eine allen Flip-Flops gemeinsamen Leitungen O bzw. L und einen der Widerstände R bzw. R' nach Masse abfließen. Wegen der Gegenkopplung der ersten Stufe des Leseverstärkers ändert sich der Spannungsabfall an R bzw. an R' nicht, so daß der Zustand des ausgewählten Flip-Flops nicht gestört wird. Wird aber R bzw. R' kurzgeschlossen, so übernimmt der damit verbundene Transistor den Strom des Flip-Flops. Man schaltet daher sowohl R als auch R' jeweils den Ausgangstransistor eines Schreibverstärkers parallel.

8.4.2.1.1.2 Statische Halbleiterspeicher in MOS-Technik

Durch die Fortschritte auf dem Gebiet der Halbleitertechnologie ist es möglich geworden, schnelle Halbleiterspeicher auch mit Feldeffekttransistoren herzustellen. Diese benötigen nur etwa $1/2$ bis $1/5$ der Fläche eines bipolaren Transistors. Als Zugriffszeit erreicht man heute Werte um 100 ns. Hier wird die Auswahl eines Flip-Flops durch das Durchschalten der Punkte A und B (Abb. 125) auf den Schreib- bzw. Leseverstärker erreicht. Als Und-Glieder verwendet man hier zwei in Serie geschaltete Feldeffekttransistoren (T_3, T_4).

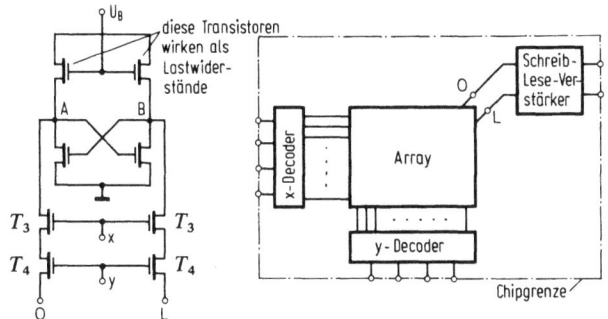

Abb. 125 Zelle für ein Bit und Organisation eines statischen MOS-Speichers

Die in MOS-Technik ausgeführten Leseverstärker haben einen hohen Eingangswiderstand, so daß dadurch das angewählte Flip-Flop kaum belastet wird und deshalb stabil bleibt.

8.4.2.1.1.3 Dynamische Halbleiterspeicher in MOS-Technik

Eine weitere Reduzierung des Platzbedarfs eines Bit kann durch die Speicherung der Information in dem durch die Gate-Subtrat-Kapazität gebildeten Kondensator erreicht werden. Durch den hohen Isolationswiderstand des Gates entsteht eine Zeitkonstante von einigen ms. Um die Information beliebig lange halten zu können, müssen die Inhalte sämtlicher Zellen dieses Speichers periodisch (alle 4 ms) aufgefrischt werden.

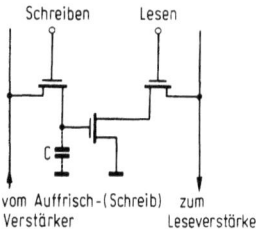

Abb. 126
Zelle für ein Bit bei einem dynamischen MOS-Speicher

Wie aus Abb. 126 ersichtlich, enthält ein Speicherplatz nur noch 3 MOS-Transistoren. Dazu kommen aber noch vier Schalttransistoren zum Ansteuern der Schreib- bzw. Leseklemme, wenn über zwei Koordinatenwerte x und y angesteuert werden soll.

Um hier Schalttransistoren einzusparen, geht man manchmal auch folgenden Weg: Man wählt nur über eine Koordinate an und erhält dann z. B. die Information aller Speicherplätze einer Zeile gleichzeitig. Die Informationsausgänge der Speicherplätze sind jetzt nur kolonnenweise verbunden, für jede Kolonne ist ein Schreib-Leseverstärker vorgesehen. Einer davon wird über den zweiten Koordinatenwert ausgewählt.

Bei einem quadratischen Array mit n^2 Plätzen erspart man sich dadurch $4n^2$ Schalttransistoren im Array, muß aber dafür bei den Schreib-Leseverstärkern n schaltbare Eingänge und geradesoviel schaltbare Ausgänge vorsehen. Abb. 127 zeigt das Blockschaltbild eines solchen Speichers.

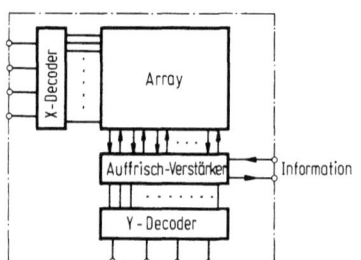

Abb. 127
Organisation eines dynamischen MOS-Speichers

8.4 Nichtidentische Abb. des Hintergrundspeichers auf den Arbeitsspeicher

Die Lese-Schreib-Verstärker werden so ausgeführt, daß sie gleichzeitig die Funktion des Auffrischens übernehmen können. Zur Erhaltung der Information müssen durch einen geeigneten Steuermechanismus innerhalb der Zeitkonstanten von 4 ms alle Zellen einmal aufgerufen werden [3, 5, 17].

Nach dieser kurzen Abschweifung in das Gebiet der Halbleiterspeicher wollen wir uns wieder den Problemen beim Speicherverkehr Arbeitsspeicher-Hintergrundspeicher zuwenden.

8.4.2.2 Ein Problem, das durch „paging" nicht gelöst werden kann

Wir wollen die Gesamtheit der Programme, Unterprogramme und Datensätze, die für die Lösung einer Aufgabe erforderlich sind, einen *Operator* nennen. Bei manchen Problemen sind die Längen dieser Operatoren vor ihrem Lauf bekannt. In solchen Fällen können alle Adressen in relativer Form im Hintergrundspeicher bereitgestellt werden. Die endgültigen Arbeitsspeicheradressen ergeben sich dann wie unter 8.4.2 beschrieben.

Die meisten Operatoren werden jedoch so ausgelegt, daß man, um möglichst viele gleichartige Probleme bearbeiten zu können, verschiedene Parameter offen läßt, die man erst unmittelbar vor der Benutzung des Operators einzusetzen hat. So kann ein bestimmter Operator auf Gebilde verschiedener Mächtigkeit, verschiedenen Grades oder Dimension angewendet werden, oder man kann innerhalb einer mathematischen Beziehung beliebige Funktionen einer bestimmten Art zulassen. So kann ein einmal hergestellter und getesteter Operator für eine ganze Reihe von Aufgaben wieder verwendet werden, wodurch die Effektivität der aufgewandten Programmierungsarbeit sehr stark erhöht wird.

Leider ergibt sich aber dadurch für die Adressierung ein Problem, zu dessen Lösung zusätzliche Elektronik erforderlich wird. Hängt nämlich die Länge mehr als eines Teilprogramms oder Datensatzes eines Operators von Werten ab, die sich erst zur Laufzeit des Programms ergeben, so ist es nicht mehr möglich, die relative oder die absolute Adressierung im Hintergrundspeicher in der in 8.4.2 beschriebenen Weise durchzuführen, es sei denn, man sieht für jedes solche Teilstück variabler Länge den maximalen Speicherbedarf vor. Selbst wenn dieser allgemein angebbar wäre, wäre die dadurch bedingte schlechte Ausnutzung des Hintergrundspeichers nicht vertretbar. Es wurden deshalb Verfahren entwickelt, mit deren Hilfe es möglich ist, die einzelnen Programmstücke eines Operators mit den jeweils auf ihren Anfang bezogenen relativen Adreßteilen lageinvariant im Hintergrundspeicher festzuhalten. Sprünge bzw. Informationstransporte von einem Teilstück zum anderen sind entweder mit Hilfe der Namen dieser Teilstücke oder durch spezielle Adressen derselben, die jetzt relativ zum Operatoranfang angegeben werden, durchzuführen. Diese Verfahren sind unter dem Namen Segmentierungsverfahren bekannt geworden.

8.4.3 Segmentierung

Die Adressierungsschwierigkeiten, die sich wegen Programmteilen variabler Länge ergeben, lassen sich dadurch beheben, daß man den Operator für eine bestimmte Aufgabe so in Teile zerlegt, daß jedes dieser Teilstücke höchstens einen Abschnitt mit variabler Länge enthält. Man nennt ein solches Teilstück ein *Segment*. Innerhalb solcher Segmente kann die Adressierung relativ zum ersten Wort desselben vorgenommen werden. Die Längen der einzelnen Segmente eines Operators sind beliebig, sie können sich zudem während der Laufzeit eines Programms verändern. Alle Segmente erhalten Namen, mit deren Hilfe sie erreicht werden können. Im einfachsten Fall werden diese Namen durch Binärziffern repräsentiert, welche als Adressen relativ zum Operatoranfang verstanden werden können. Diese Namen oder Binärziffern müssen in den Adreßteilen der Befehle angegeben werden können. Es sind also dafür besondere Bit bereitzustellen. Die Durchführung des Segmentierungsverfahrens kann ebensowenig wie das paging-Verfahren allein von der Elektronik einer Anlage gesteuert werden. Wie dort muß auch hier ein Großteil des Steueraufwands vom Betriebssystem her erfolgen. Bevor auf die zusätzliche Elektronik für die Segmentierung eingegangen wird, soll an einem Beispiel der Aufbau der notwendigen Listen und der grundlegende Steuerungsablauf erläutert werden.

8.4.3.1 Aufbau der notwendigen Listen für das Segmentierungsverfahren

Wir wollen annehmen, ein Operator bestünde aus einem Hauptprogramm und einem Unterprogramm fester Länge. Außerdem soll aber noch ein weiteres Unterprogramm aus der Programmbibliothek verwendet werden. Dieses Unterprogramm wird aus einer Reihe ähnlicher Programme ausgewählt, abhängig von einer Bedingung, die erst während der Laufzeit des Hauptprogramms bekannt wird. Deshalb ist der Speicherbedarf für dieses Unterprogramm zur Zeit der Eingabe unbekannt. Schließlich kommt noch ein Datensatz für Eingabegrößen bekannter Länge und je ein Datensatz unbekannter Länge für Zwischenergebnisse und Ausgabegrößen hinzu. Der gesamte Operator hat also folgende Form:

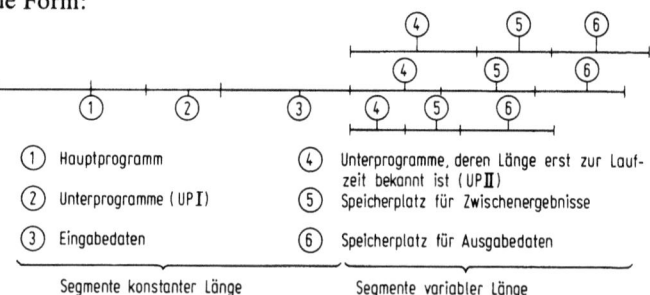

Abb. 128   Ein aus mehreren Segmenten aufgebautes Programm

8.4 Nichtidentische Abb. d. Hintergrundspeichers auf den Arbeitsspeicher 173

Die Anfangsadresse des ersten Teilstückes variabler Länge kann also noch angegeben werden. Die Adressen weiterer variabler Teilstücke sind zur Zeit der Eingabe noch nicht bestimmbar, wenn die Teilstücke hintereinander im Hintergrundspeicher abgelegt werden sollen.

Wird nun das Segmentierungsverfahren angewendet, so muß dem Betriebssystem mitgeteilt werden, welche Programmteile ein Segment bilden sollen. In einer problemorientierten Sprache besorgt dies der Übersetzer. Er sieht z. B. für das Hauptprogramm, für Prozeduren und insbesondere für Arrays mit variablen Grenzen eigene Segmente vor.

Das Betriebssystem legt beim Einlauf jedes Operators im Kernspeicher eine Liste, die *Segmentliste* an. Der Anfang dieser Liste kann über den dem Operator zugeordneten Namen erreicht werden. Sie enthält soviele Einträge, wie der jeweilige Operator Segmente besitzt. Jeder Eintrag besteht aus zwei Teilen, der erste weist auf den Anfang einer segmentinternen Seiten-Kachel-Zuordnungsliste, in den zweiten wird die Lage des Segments im Hintergrundspeicher vermerkt, falls diese zum Zeitpunkt der Eingabe bekannt ist.

Verwendet man für die Kennzeichnung der Segmente laufende Nummern, so kann der entsprechende Eintrag direkt über die, um die Anfangsadresse der Liste erhöhte Segmentnummer erreicht werden. Bei der internen Verwendung von Segmentnamen müßten diese mit in die Liste aufgenommen werden und statt der gezielten Suche müßte eine Überprüfung des vorgegebenen Namens mit den in den Listenelementen gespeicherten vorgenommen werden. Aus diesem Grund werden die Segmente intern ausschließlich nach der ersten Methode gekennzeichnet.

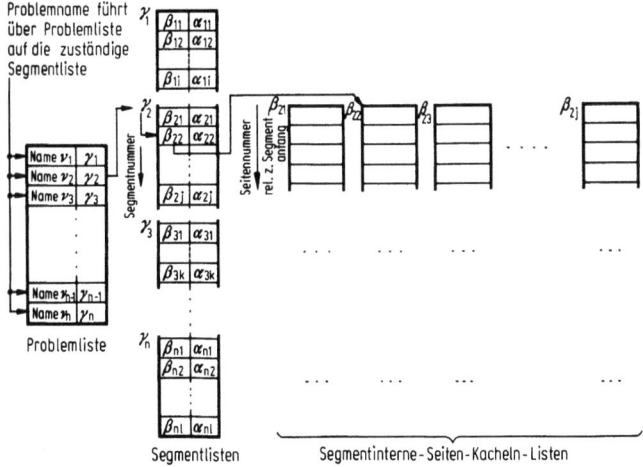

Abb. 129 Problem-Segment- und Seiten-Kacheln-Listen beim Segmentierungsverfahren

174 8 Automatischer Verkehr zwischen Arbeitsspeicher und Hintergrundspeichern

Die maximale Seitenzahl für ein Segment ist für eine gegebene Anlage durch die Anzahl der Bit bestimmt, die im Adreßteil für die Seitennummer vorgesehen sind. Die Länge der segmentinternen Seiten-Kachel-Zuordnungsliste kann also eine bestimmte Schranke nicht überschreiten. Faßt man möglichst viele Einträge dieser Liste in einer Speicherzelle zusammen, so beanspruchen diese Listen nicht allzuviele Speicherplätze, so daß es möglich ist, für die Seiten-Kachel-Zuordnungslisten der Segmente, deren Länge noch unbekannt ist, die maximale Länge vorzusehen. Alle Listen eines Operators werden im Arbeitsspeicher abgelegt.

Beim Einlauf der Programme in den Hintergrundspeicher sind diese Listen noch leer, es werden lediglich bei jedem Segmentbeginn die Adressen der ersten Zellen derselben in die Segmentliste des Problems eingetragen.

8.4.3.2 Befehlsformat beim Segmentierungsverfahren

Um den Vorgang „Segmentierung" durchführen zu können, müssen die Adreßteile der Befehle in drei Teile unterteilt werden:

Abb. 130
Befehlsformat beim Segmentierungsverfahren

Die Kapazität des Kernspeichers kann natürlich kleiner als 2^{m+n} sein, da sich zu jedem gegebenen Zeitpunkt nur wenige Seiten der zum Rechnen aufgerufenen Probleme im Kernspeicher befinden. Ebensowenig braucht der Hintergrundspeicher die Kapazität 2^{m+n+k} zu haben, da nicht alle Segmente die maximale Länge besitzen.

8.4.3.3 Teilschritte bei der Ausführung eines Befehls

Wird ein Befehl zur Ausführung aufgerufen, so läuft folgendes ab: Zuerst wird die Segmentnummer s aus dem Adreßteil ausgeblendet und der Inhalt eines Basisregisters, in welchem die Anfangsadresse der zum Operator gehörigen Segmentliste steht, aufaddiert. Die entsprechende Zelle wird gelesen. Ihr Inhalt ist die Anfangsadresse der zum Segment s gehörenden Seiten-Kachel-Zuordnungsliste β und die Adresse des ersten Wortes des betreffenden Segments im Hintergrundspeicher α. Erstere wird nun zu der im Adreßteil des Befehls angegebenen Seitennummer i addiert und der Kernspeicher aufgerufen. Ist die betreffende Zelle der Zuordnungsliste noch nicht besetzt, so läuft mit kleinen Unterschieden der gleiche Vorgang ab, wie bereits beim „paging"-Verfahren unter 8.4.2 beschrieben. Diese bestehen darin, daß jetzt die relative Adressierung bezüglich der Segmentanfänge im Hintergrundspeicher Bedin-

8.4 Nichtidentische Abb d. Hintergrundspeichers auf den Arbeitsspeicher

gung ist, es gibt daher bei allen Operatoren, die aus mehr als einem Segment bestehen, mehrere Bezugspunkte für diese relativen Adressierungen. Welcher jeweils gemeint ist, ergibt sich über die Segmentnummer aus dem Eintrag a in der Segmentliste des Operators.

Beim Sementierungsverfahren kann noch der Fall eintreten, daß beim ersten Aufruf bestimmter Segmente diese überhaupt noch nicht im Hintergrundspeicher vorhanden sind. In unserem Beispiel trifft dies für das Unterprogramm II zu, denn es soll ja ein gerade passendes Exemplar aus einer gewissen Klasse erst während der Laufzeit bestimmt werden. Weiterhin kann weder für die Zwischenergebnisse noch für die Endergebnisse zu Beginn der Laufzeit Speicherplatz im Hintergrundspeicher vorgesehen werden, wenn die Anzahl der anfallenden Daten vom speziellen Verlauf des Programms abhängt. Hier liegen die Verhältnisse noch verwickelter. Spätestens beim Aufruf eines Unterprogramms ist bekannt, welches aus der Klasse der möglichen Unterprogramme angesprungen werden soll. Also ist in diesem Zeitpunkt auch die Länge desselben bekannt, und es kann entweder von einem tertiären Speicher in eine genügend große Lücke des Hintergrundspeichers transportiert werden, oder es kann die Adresse seines ersten Befehls direkt in der Segmentliste angegeben werden, wenn von der Bibliothek eine direkte Transportmöglichkeit in den Arbeitsspeicher besteht.

Beim ersten Aufruf des Segments für die Zwischen- oder Endergebnisse unseres Beispiels braucht deren Anzahl und damit die Länge des Bereichs im Hintergrundspeicher nicht bekannt zu sein. Mit der bis jetzt beschriebenen Technik muß man, wenn man Doppelbelegungen vermeiden will, für jedes dieser Segmente soviel Speicherplatz im Hintergrundspeicher vorsehen, wie die maximale Seitenzahl eines Segments benötigt. Dies führt natürlich zu einer ungünstigen Belegung des Hintergrundspeichers.

Es sei darauf hingewiesen, daß es durch das Segmentierungsverfahren ohne Schwierigkeiten möglich ist, Bibliotheksunterprogramme mit einer Segmentnummer zu versehen und sie von mehreren Programmen gleichzeitig zu benützen. Hat eine Anlage mehrere Rechnerkerne, so müssen solche Unterprogramme eingriffsinvariant geschrieben sein (vgl. 8.2).

Die Abb. 131 soll nochmals einen Überblick an Hand unseres Beispiels über das bisher gesagte geben.

Beim Aufruf eines Speicherplatzes können verschiedene Fälle eintreten:
a) Die ausgewählte Zelle befindet sich in einer Seite, die bereits im Kernspeicher ist.
   Ablauf: Aus der Segmentliste und der Segmentnummer s wird die zuständige Seiten-Kachel-Liste ermittelt. Die Seitennummer p führt auf die zuständige Zelle in derselben.
   In ihr steht die Kachelnummer. Wird dieser rechts um die Bit der Wortnummer d verlängert, so erhält man die Kernspeicheradresse.
b) Die ausgewählte Zelle befindet sich in einer Seite, die nicht im Kernspeicher, jedoch im Hintergrundspeicher steht.

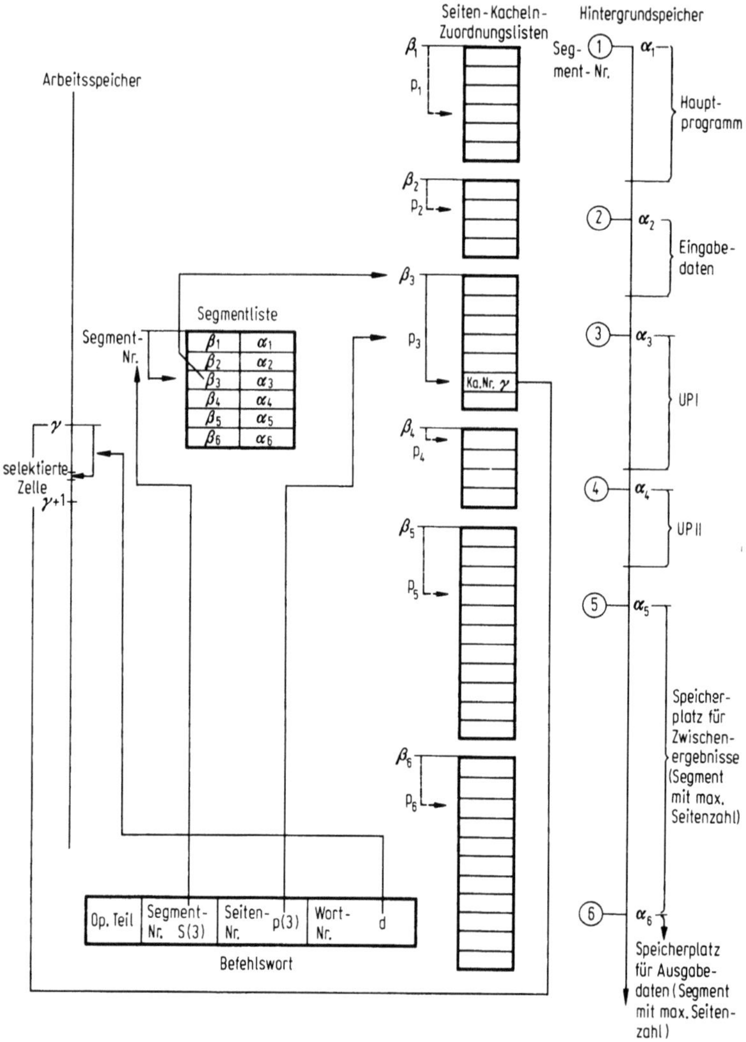

176   8 Automatischer Verkehr zwischen Arbeitsspeicher und Hintergrundspeichern

Abb. 131   Aufsuchen einer Speicherzelle beim Segmentierungsverfahren

8.4 Nichtidentische Abb. d. Hintergrundspeichers auf den Arbeitsspeicher

Ablauf: Aus der Segmentliste und der Segmentnummer s wird die zuständige Seiten-Kachel-Liste ermittelt. Die Seitennummer i führt auf die zuständige Zelle in derselben. Diese Zelle ist gelöscht. Nun wird das Betriebssystem aufgerufen. Durch die Addition der Seitennummer i und der in der ausgewählten Zelle der Segmentliste gespeicherten Adresse des Segmentanfangs im Hintergrundspeicher wird die Adresse der fehlenden Seite in diesem Speicher ermittelt. Sie wird in eine freie Kachel des Arbeitsspeichers transportiert und die Anfangsadresse dieser Kachel in die Seiten-Kachel-Zuordnungsliste eingetragen.

c) Die ausgewählte Zelle befindet sich in einer Seite eines Segments, welches sich noch nicht im Hintergrundspeicher befindet, dessen Länge aber bekannt ist.

Ablauf: In der Segmentliste fehlt in der Zelle s der Eintrag der Anfangsadresse des Segments im Hintergrundspeicher. Das Betriebssystem sucht entweder einen genügend langen freien Bereich im Hintergrundspeicher, streicht ihn dabei aus einer vorhandenen Liste des freien Hintergrundspeichers, trägt die Adresse seiner ersten Zelle in die Segmentliste ein und liest die betreffenden Daten in diesen Bereich ein. Alles andere verläuft wie unter b).

d) Die ausgewählte Zelle befindet sich in einer Seite eines Segments, welches sich noch nicht im Hintergrundspeicher befindet und dessen Länge nicht bekannt ist.

Ablauf: Wie bei c), jedoch wird ein freier Bereich im Hintergrundspeicher gesucht, der die maximale Seitenzahl eines Segments enthält.

8.4.3.4 Eine Möglichkeit, den Hintergrundspeicher besser auszunutzen

Durch das Einführen der Segmentliste wurde erreicht, daß die einzelnen Segmente eines Operators als geschlossene Einheiten, jedoch in beliebiger Reihenfolge im Hintergrundspeicher stehen können. Die einzelnen Elemente dieser Einheiten können über eine relative Adressierung bezüglich des nullten Elements erreicht werden. Wenn man den Verweis auf die Lage der Teilstücke im Hintergrundspeicher nicht in der Segmentliste, sondern in den Seiten-Kachel-Zuordnungslisten vornimmt, so kann man statt auf die Segmentanfänge auf die Anfänge der Seiten verweisen. Die Segmente brauchen jetzt nicht mehr als geschlossene Einheiten im Hintergrundspeicher zu stehen, es können beliebige Seiten beliebiger Segmente hintereinander folgen. Dadurch kann ein Nachteil des Segmentierungsverfahrens, nämlich die Notwendigkeit für Segmente unbekannter Länge immer einen Hintergrundspeicherbereich mit maximaler Seitenzahl vorsehen zu müssen, beseitigt werden.

Im Fall a) steht also in der betreffenden Zelle der Seiten-Kachel-Zuordnungsliste sowohl die Adresse der Kachel im Arbeitsspeicher wie auch die der Seite im Hintergrundspeicher. Im Fall b) fehlt die Adresse der Kachel. Nachdem das Betriebssystem eine freie Kachel gefunden hat, wird nicht die durch die Summe Segmentanfangsadresse + Seitennummer bestimmte Seite des

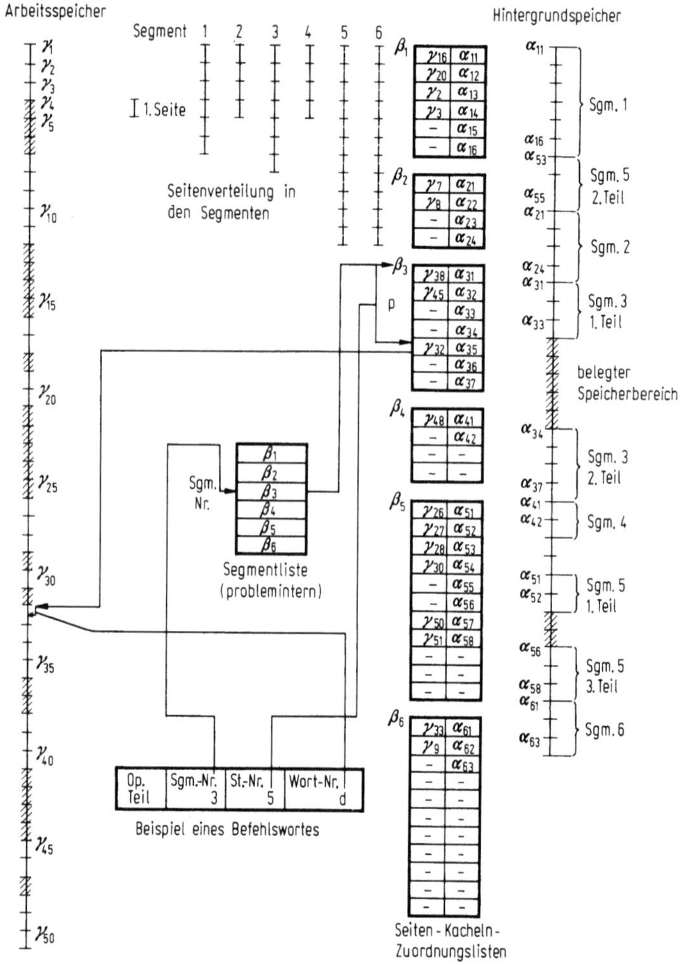

178   8 Automatischer Verkehr zwischen Arbeitsspeicher und Hintergrundspeichern

Abb. 132 Listenorganisation für das Segmentierungsverfahren mit seitenweise belegbarem Hintergrundspeicher

Hintergrundspeichers in die Kachel überführt, sondern die Seite, deren Adresse in der betreffenden Zelle der Seiten-Kachel-Zuordnungstabelle steht. Sie wurde beim Einlauf des Programms in den Hintergrundspeicher in die betreffende Zelle der Liste eingetragen.

Im Fall c) und d) schließlich fehlt auch der zweite Eintrag in der Seiten-Kachel-Zuordnungsliste. Wenn es sich um den Aufruf eines Bibliotheksprogramms handelt, brauchen nur die Anfangsadressen seiner Seiten in die Zellen der ausgewählten Seiten-Kachel-Liste eingesetzt zu werden. Handelt es sich aber um einen Datensatz unbekannter Länge, so wird zunächst nur eine Seite für ihn im Hintergrundspeicher bereitgestellt. Die Anfangsadresse derselben kommt in die Zelle der zu diesem Segment gehörigen Seiten-Kachel-Teilliste, die mit der Nummer der Seite im Befehl übereinstimmt. Werden weitere Seiten gebraucht, so wiederholt sich der Vorgang und eine weitere Seite wird bereitgestellt.

Durch diese Organisation können also die Seiten im Hintergrundspeicher, wie die Kacheln des Arbeitsspeichers sämtlicher Probleme in beliebiger Folge gespeichert sein. Dabei kann jedes Segment bis zur vollen Größe anwachsen, ohne daß es nötig wäre, dafür bestimmte zusammenhängende Speicherintervalle vorzusehen.

Die Ordnung wird durch zwei Listen hergestellt, der Segment- und der Seiten-Kachel-Zuordnungsliste. In letzterer müssen allerdings Zellen für die maximale Seitenzahl der Segmente bereitgestellt werden, wenn deren Länge unbekannt ist.

Würde man alle Seiten-Kachellisten für die maximale Seitenzahl der Segmente auslegen, so könnte bei diesem Verfahren die Segmentliste entfallen. Doch erscheint dieser Weg wegen der Speicherplatzverschwendung in den Seiten-Kachellisten nicht gangbar zu sein.

8.4.3.5 Beschleunigung des Segmentierungsverfahrens

Wie beim Vorgang „paging" muß auch beim Segmentierungsverfahren zwischen Transportvorgängen, Zuweisungen von Arbeitsspeicher und Hintergrundspeicher und ähnlichen Operationen, die vom Betriebssystem gesteuert werden und die nur relativ selten ablaufen und solchen, die bei der Ausführung jedes Befehls angestoßen werden, unterschieden werden. Auf letztere ist beim Entwurf der Anlage besonders zu achten, denn durch sie können beträchtliche zeitliche Verzögerungen entstehen.

Würde man jeden Befehl, wie im vorigen Abschnitt beschrieben, ausführen, so wären drei Arbeitsspeicherzugriffe nötig, bis der Befehl mit seiner endgültigen Adresse im Befehlsregister steht. Der erste Zugriff wird gebraucht, um den Befehl aus dem Speicher zu holen, der zweite, um aus der Segmentliste die Anfangsadresse der zuständigen Seiten-Kachel-Zuordnungsliste zu ermitteln und der dritte, um aus dieser Liste die Anfangsadresse der Kachel zu erhalten, auf die der Adreßteil des Befehls weist. Dazu kommen noch die Zeiten für die Additionen der Segmentnummer auf die Anfangsadresse, der für das Problem zuständigen Segmentliste, und der Seitennummer auf die Anfangsadresse der Seiten-Kachel-Zuordnungstabelle. Dieser zusätzliche Zeitbedarf bei der Ausführung jedes Befehls verlangsamt die Anlage so, daß das Verfahren für eine Realisierung ausscheiden würde, ergriffe man nicht Maßnahmen zur Beschleunigung.

Durch zusätzliche Elektronik gelingt es, diesen Zeitbedarf bei der Ausführung der meisten Befehle auf ein erträgliches Maß zu reduzieren. Man macht sich dabei die Tatsache zunutze, daß bei der Abarbeitung eines bestimmten Programmstückes die Daten im allgemeinen aus einem eng begrenzten Speichergebiet geholt und in ein ebenso begrenztes Gebiet abgespeichert werden. Sprünge in andere Seiten oder Segmente, sowohl innerhalb der Befehlssequenz wie auch innerhalb der Datensätze, sind relativ selten. Hat man daher einmal aus Segment und Seitennummer mit Hilfe der zuständigen Listen die Anfangsadresse der Kachel bestimmt, so bleibt diese im allgemeinen auch für gewisse Folgebefehle gültig. Man tut daher gut daran, die Zuordnung Segment-Seiten und Kachelnummer zu speichern. Treten nun im Folgebefehl die gleichen Segment-Seitennummern auf, so können diese nach einem nur wenig Zeit in Anspruch nehmenden Vergleichsvorgang sofort durch die Kachelnummer ersetzt werden. Allerdings wäre die Speicherung einer einzigen solchen Zuordnung nur von geringem Nutzen, denn für gewöhnlich liegen die Verhältnisse so, daß sich zwar die Adreßteile der Befehle, die sich auf einen bestimmten Datensatz beziehen, nur wenig verändern, jedoch liegt das Programm und damit der Folgebefehl meist in einem ganz anderen Speichergebiet. In vielen Programmen müssen zudem Daten aus mehreren Sätzen verarbeitet werden. Man muß daher die Speicherung mehrerer Segment-Seitennummer – Kacheladressen – Zuordnungen ermöglichen. Bei ausgeführten Anlagen wurden für diesen Zweck 4 bis 16 Speicher vorgesehen.

Würde man nach Aufruf eines Befehls diesen Speicher erst Zelle für Zelle abfragen, ob die im Adreßteil angegebene Segment-Seitennummer bereits gespeichert ist, so wären dafür bis zu vier bzw. sechzehn Speicherzyklen und Zeiten für ebensoviele Vergleiche notwendig. Damit wäre aber das skizzierte Verfahren sinnlos. Es muß vielmehr möglich sein, durch parallele Vergleiche festzustellen, ob sich in einer der vier bis sechzehn Zellen die gerade vorliegende Segment-Seitennummer befindet, wenn ja, wird sie durch die in dieser Zelle vorhandenen Kacheladresse ersetzt. Der ganze Vorgang soll zeitlich weit unter einem Kernspeicherzyklus, etwa im Bereich einiger zehn Nanosekunden liegen. Man nennt Speicher, die das ermöglichen, *Assoziativspeicher* (engl.: content addressable memories (CAM)). Wegen der geforderten Zeiten kommt für die Realisierung hier nur ein Halbleiterspeicher in Frage. Assoziativspeicher sind, verglichen mit anderen Speichern wesentlich aufwendiger, so daß man sich hier wirklich den Einbau jeder einzelnen Zelle überlegen muß. Es soll nun auf den Aufbau eines solchen Assoziativspeichers eingegangen werden.

8.4 Nichtidentische Abb. d. Hintergrundspeichers auf den Arbeitsspeicher 181

8.4.3.5.1 *Aufbau eines Assoziativspeichers*

Die Abb. 133 zeigt das Blockschaltbild eines Assoziativspeichers. Der Einschreibevorgang verläuft in der gleichen Weise, wie schon beim Halbleiterspeicher beschrieben. Allerdings verzichtet man bei Assoziativspeichern mit geringer Zellenzahl auf eine zweidimensionale Ansteuerung der Zellen.

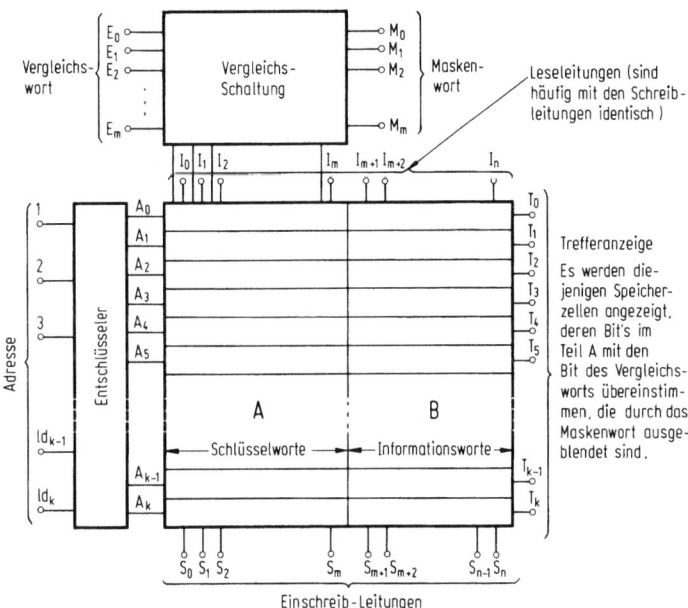

Abb. 133 Blockschaltbild eines Assoziativspeichers

Das Lesen des Inhalts einer bestimmten Zelle erfolgt bei einem Assoziativspeicher nicht durch eine Adressierung. Es wird vielmehr ein Bitmuster vorgegeben (z. B. Segment-Seitennummer). Stimmt dieses Bitmuster mit einem gewissen Teilbereich einer beliebigen Zelle des Speichers überein, so wird diese Zelle ausgelesen. Man unterscheidet daher bei einem Assoziativspeicher zwei Teile (A und B in der Abb. 133.) Teil A enthält die Bits, welche mit dem vorgegebenen Wort, dem Vergleichswort, das an die Klemmen E_0 bis E_m angelegt wird, verglichen wird, Teil B die übrige Information. Manchmal ist es wünschenswert, nur eine Teilmenge der Bit im A-Teil zu vergleichen, die sich aber von Suchvorgang zu Suchvorgang verändern kann. Deshalb werden viele Assoziativspeicher so aufgebaut, daß die jeweils zu Vergleich zugelassenen Bit durch ein Maskenwort ausgeblendet werden können. Bei solchen Speichern kann sich der A-Teil auch über das ganze Speicherwort erstrecken,

Schlüssel- und Informationswort wird hier durch das Maskenwort bestimmt. (Das Teilwort im A-Teil wird häufig *Schlüsselwort,* das im B-Teil *Informationswort* genannt.) Wird der Assoziativspeicher für das Segmentierungsverfahren verwendet, so würde der Teil A die Segment-Seitennummer enthalten, Teil B die Kacheladresse. Damit die Zugriffszeit gering bleibt, müssen die Vergleichsvorgänge des vorgegebenen Wortes mit den A-Teilen aller Speicherzellen zeitlich parallel erfolgen.

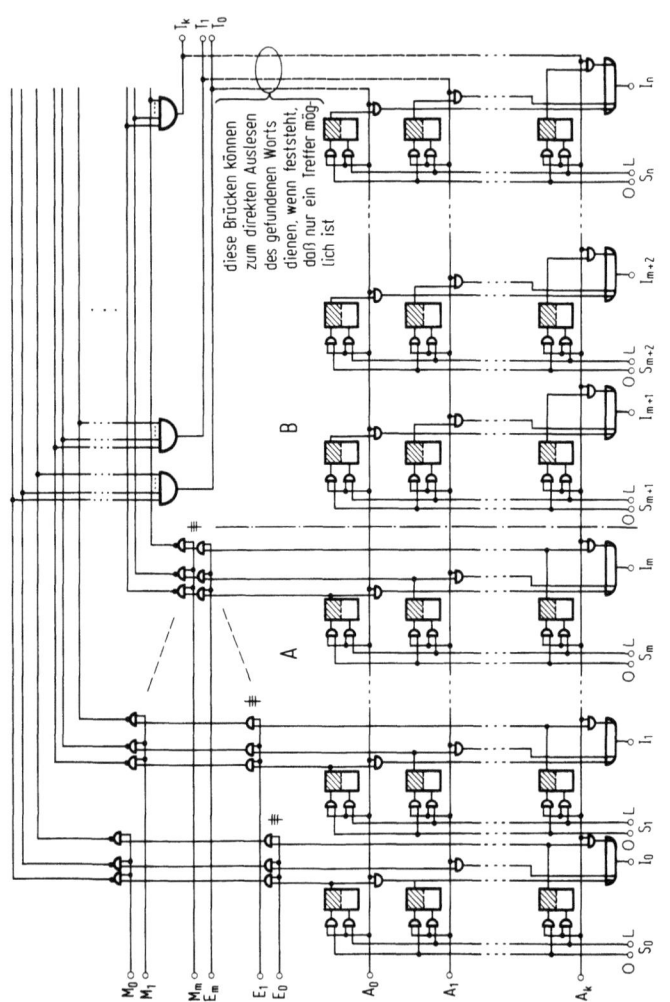

Abb. 134   Prinzipschaltbild eines Assoziativspeichers

8.4 Nichtidentische Abb. d. Hintergrundspeichers auf den Arbeitsspeicher 183

Die Abb. 134 zeigt das Prinzipschaltbild eines Assoziativspeichers. Das Einschreiben geschieht wie bereits beim Halbleiterspeicher beschrieben (vgl. 8.4.2.1.1). Das Auslesen von Information erfolgt, wenn einer oder mehrere der Ausgänge, T_0, T_1... T_4 den Wert L hat. Für T ergibt sich aus der Schaltung:

$$T_v = \overline{(E_o\,\overline{Q}_{vo} + \overline{E}_o\,Q_{vo})\,M_o} \cdot \overline{(E_1\,\overline{Q}_{v1} + \overline{E}_1\,Q_{v1})\,M_1} \ldots \overline{(E_m\,\overline{Q}_{vm} + \overline{E}_m\,Q_{vm})\,M_m}$$

oder nach den Regeln der Booleschen Algebra umgeformt:

$$T_v = (E\,Q_{vo} + E_o\,Q_{vo} + M_o)(E_1 Q_{v1} + \overline{E}_1 \overline{Q}_{v1} + \overline{M}_1)\ldots(E_m Q_{vm} + \overline{E}_m \overline{Q}_{vm} + \overline{M}_1)$$

Es müssen also alle die Bit des Schlüsselwortes mit denen des Vergleichsworts übereinstimmen, für die das entsprechende Bit des Maskenregisters gesetzt ist. Die restlichen Bit werden beim Vergleich ignoriert. Für die Durchführung der Vergleichsoperation sind also $m \cdot k$ Antivalenz-Glieder, ebenso viele NAND-Glieder mit zwei Eingängen sowie k Und-Glieder mit jeweils n Eingängen erforderlich.

Ähnlich wie beim Lese-Schreib-Halbleiterspeicher, wo sich die Gatter für die Zellenauswahl bei geeigneten Ausbau der Lese-Schreibverstärker mit geringen Aufwand in die speichernden Elemente einbauen ließen, gelingt dies auch unter bestimmten Bedingungen beim Halbleiter-Assoziativspeicher. Wir betrachten zuerst einen Assoziativspeicher mit bipolaren Transistoren.

8.4.3.5.1.1 Assoziativspeicher mit bipolaren Transistoren

Hier ist eine wesentliche Vereinfachung möglich, wenn man den Speicher wortorientiert ausführt und die Boolesche-Funktion für T_v etwas umformt. Um die Stiftzahl der Chips für den Assoziativspeicher gering zu halten, empfiehlt es sich, möglichst viele Ansteuerleitungen als Zweirichtungsleitungen auszuführen.

Betrachten wir zuerst die Boolesche-Funktion für T_v:

$$T_v = \bigwedge_{\lambda=0}^{m} (E_\lambda Q_{v\lambda} + \overline{E}_\lambda \overline{Q}_{v\lambda} + \overline{M}_\lambda).$$

Für eine Trefferanzeige läßt sich natürlich ebensogut die Negation verwenden. Durch mehrfache Anwendung der Morganschen Regel und einigen einfachen Umformungen erhalten wir für $\overline{T}_v$

$$\overline{T}_v = \bigvee_{\lambda=0}^{m} (E_\lambda\,Q_{v\lambda} M_\lambda + \overline{E}_\lambda\,Q_{v\lambda} M_\lambda).$$

Aus der Und-Verknüpfung der Ausgänge der einzelnen Bit einer Speicherzelle, des Vergleichs- und des Maskenregisters ist also eine Oder-Verknüpfung geworden. Werden die Variablen in einer geeigneten Weise z. B. als Ströme dargestellt, so lassen sich diese Oder-Verknüpfungen durch einfache Leitungszusammenführungen (wired-or) realisieren. Betrachten wir Abb. 135.

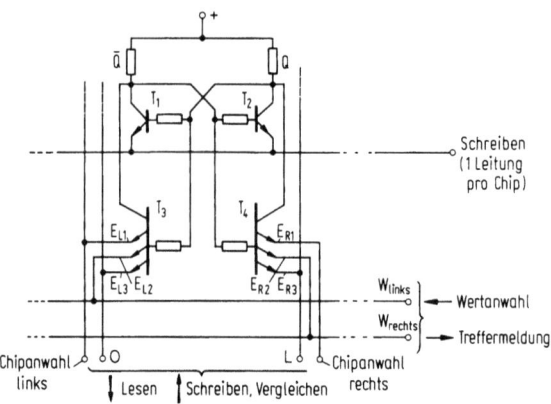

Abb. 135 Speicherelement eines Halbleiterspeichers mit bipolaren Transistoren, der als Assoziativspeicher und als adressierbarer Speicher mit doppeltem Lesezugriff verwendet werden kann.

Bei einer Vergleichsoperation werden die Emitter E_{L1} und E_{R1} auf positives Potential angehoben. An den Emittern E_{L3} und E_{R3} liegt über je einem Lese-Schreib-Anwahlverstärker (Abb. 136) ein leicht negatives bzw. ein positives Potential an oder umgekehrt, je nachdem ob die Bedingungen $V \vee M = L$ und $Le = S = O$ erfüllt sind oder nicht. Ist in einem Flip-Flop eine L gespeichert, soll dies durch hohes Potential am Punkt Q dargestellt sein. Das heißt, durch die Transistoren T_1 und T_3 des Speicher-Flip-Flops fließt Strom. Wenn die entsprechenden Bit im Vergleichs- oder im Maskenregister ebenfalls gesetzt sind, liegt am Emitter E_{L3} ein leicht negatives Potential, er übernimmt daher den ganzen Strom von T_3. Stimmen die Werte aller Bit einer Speicherzelle, für die die entsprechenden Bit des Maskenregisters gesetzt sind, mit denen des Vergleichsregisters überein, so fließt weder in W_L noch in W_R Strom. Dies kann von den an diesen Leitungen liegenden Lese-Schreib-Anwahlverstärker erkannt werden, die zu diesem Zweck als gegengekoppelte Verstärker geschaltet werden, vgl. 8.4.2.1.1.1. Ist das betreffende Bit des Maskenregisters nicht gesetzt, so wird an beiden Leitungen O und L leicht negatives Potential angelegt. Hier wird der Strom bei beliebiger Stellung des Speicher-Flip-Flops entweder von O oder von L übernommen. Damit wegen der unsymmetrischen Beschaltung der Emitter keine Veränderung der gespeicherten Information eintritt, dürfen die Mehrfachmitter nicht direkt an den Flip-Flop-

8.4 Nichtidentische Abb. d. Hintergrundspeichers auf den Arbeitsspeicher 185

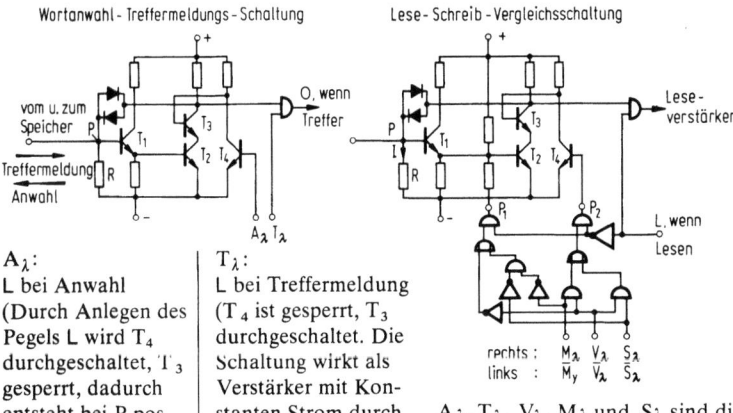

A_λ:
L bei Anwahl
(Durch Anlegen des
Pegels L wird T_4
durchgeschaltet, T_3
gesperrt, dadurch
entsteht bei P pos.
Potential)

T_λ:
L bei Treffermeldung
(T_4 ist gesperrt, T_3
durchgeschaltet. Die
Schaltung wirkt als
Verstärker mit Konstanten Strom durch
R)

A_λ, T_λ, V_λ, M_λ und S_λ sind die Aus-
bzw. Eingänge der Pufferregister (vgl.
Abb. 137)

Pegel an P_1	Pegel an P_2	Pegel an P
O	O	Durch I und R bestimmt
L	O	leicht-negativ
O	L	positiv
L	L	positiv

Abb. 136 Schaltungen zum Anwählen, Einschreiben, Auslesen, Ausblenden, Vergleichen und zur Trefferanzeige

Transistoren T_1 und T_2 angebracht werden, sondern an besonderen Vortransistoren T_3 und T_4.

Soll ein neues Wort in den Assoziativspeicher eingeschrieben werden, so sind die zugehörigen Leitungen W_L und W_R und die Anwahlleitungen Y_L und Y_R auf positives Potential zu heben. Außerdem werden durch den Schreibimpuls S auch die Emitter der Transistoren T_1 und T_2 angehoben. Beim Einschreiben einer O bzw. einer L wird an Leitung O ein positives Potential an L ein leicht negatives Potential angelegt bzw. umgekehrt. Bei einem der Transistoren T_3 oder T_4 bleibt also ein Emitter auf niedrigem Potential. Durch das Anheben der Emitter von T_1 und T_2 (Abb. 135) erhöhen sich auch Basis und Kollektorspannungen dieser Transistoren, mit Ausnahme der Spannung des Kollektors, der mit dem Kollektor des Transistors T_3 oder T_4 zusammengeschaltet ist, dessen Emitter auf niedrigem Potential liegt. Dieser Transistor wird nämlich, falls er durch die Stellung des Flip-Flops nicht schon durchgeschaltet war, durch das Anheben der Emitter von T_1 und T_2 durchgeschaltet.

Durch das niedrige Kollektorpotential des durchgeschalteten Transistors wird der mit diesem verbundene Transistor T_1 oder T_2 gesperrt.

Das adressierte Auslesen aus dem Assoziativspeicher kann entweder über die linken T_3 oder über die rechten Transistoren T_4 erfolgen. Es kann also gleichzeitig aus zwei beliebigen Speicherzellen gelesen werden. Zum Lesen wird durch Anheben von Y_L und W_L bzw. von Y_R und W_R auf positives Potential die Transistoren T_3 bzw. T_4 eines Wortes angewählt; die entsprechenden Lese-Schreib-Anwahlverstärker an den Leitungen O bzw. L werden als Leseverstärker geschaltet. Die Abb. 137 zeigt die Organisation eines solchen Speichers.

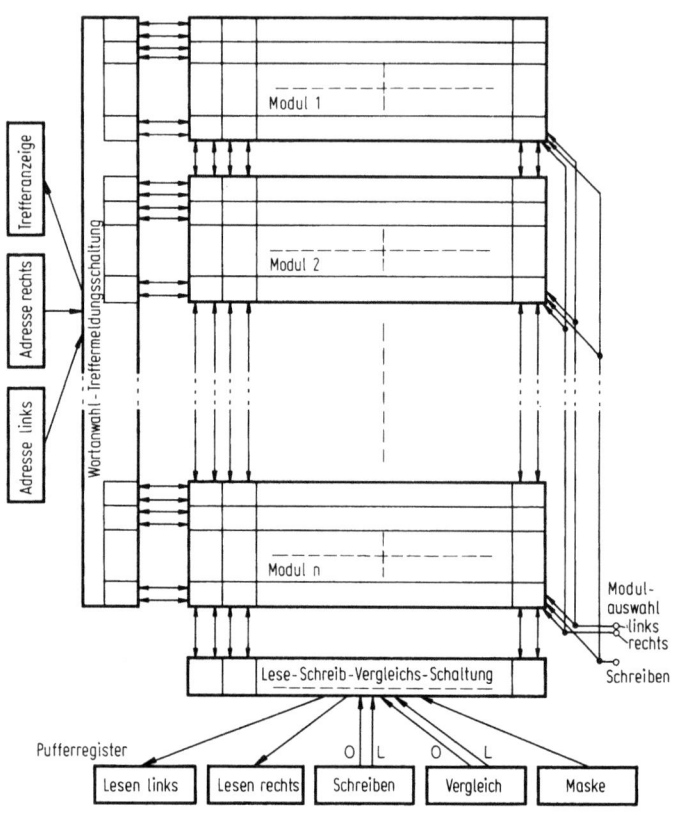

Abb. 137   Organisation eines Assoziativspeichers mit zweifachen adressierten Lese- und einfachen Schreibzugriff

8.4.3.5.1.2 Assoziativspeicher in MOS-Technik

Ähnlich wie der im vorigen Abschnitt beschriebene bipolare Speicher ist auch ein Assoziativspeicher in MOS-Technik aufgebaut. Auch hier kann man durch die Verwendung von „verdrahteten Oder-Gliedern" Schaltelemente sparen. Die Und-Gatter, die in der bipolaren Technik durch Mehrfachermitter realisiert werden konnten, müssen hier durch in Serie geschaltete Feldeffekttransistoren gebildet werden. Dafür können aber die Trennstufen vor den Flip-Flop-Transistoren entfallen. Die Abb. 138 zeigt ein Speicherelement eines Assoziativspeichers in MOS-Technik. Auch hier können zwei Speicherzellen gleichzeitig adressiert gelesen werden. Der Transistor T braucht für eine Wortzeile nur einmal vorhanden zu sein.

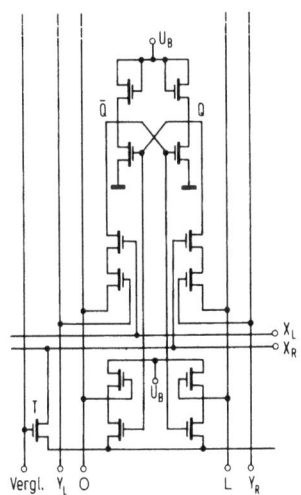

Operation	X_L	X_R	Y_L	Y_R	O	L	Vgl.
Einschreiben O	L	L	L	L	L	O	O
Einschreiben L	L	L	L	L	O	L	O
Adressiertes Lesen links	L	O	L	O	Ve	–	O
Adressiertes Lesen rechts	O	L	O	L	–	Ve	O
Vergleichen O	–	Ve	–	–	L	O	L
Vergleichen L	–	Ve	–	–	O	L	L
Abdeckung einer Stelle durch Maske	–	Ve	–	–	O	O	L

Ve bedeutet: Die Leitung liegt am Leseverstärkereingang

Abb. 138 Speicherelement eines Assoziativspeichers in MOS-Technik

Die einzelnen Moduln eines Assoziativspeichers besitzen bei verhältnismäßig wenigen Ein- und Ausgangsklemmen eine hohe Komplexität. Sie eignen sich daher gut für die Realisierung durch hochintegrierte Bauelemente. Dadurch wird es möglich, Assoziativspeicher auch mit größeren Kapazitäten herzustellen. So kann z. B. eine große Zeitersparnis erzielt werden, wenn Listen, aus denen wiederholt bestimmte Einträge herausgesucht werden müssen, in assoziativen Speichern abgelegt werden. Solche Listen kommen besonders in Betriebssystemen und Compilern vor.

Hier stehen wir erst am Anfang einer Entwicklung. Denn größere Datenmengen, die nach gewissen veränderbaren Gesichtspunkten durchsucht werden sollen, können heute wegen des zu großen Aufwands noch nicht in Assoziativspeichern untergebracht werden. Solche Datenmengen treten z. B. auf, wenn die Werke einer Bibliothek so katalogisiert werden sollen, daß man mittels möglichst weit streuender Stichworte auf die richtigen Exemplare geführt wird.

Außer einer noch weitergehenden Vereinfachung und Verbilligung der Elektronik der Assoziativspeicher sind hier noch grundlegende Arbeiten über die Anordnung und die Verknüpfung der Daten durch Verweisketten nötig.

Hier kann als Vorbild das menschliche Gehirn dienen, in dem das ganze Leben hindurch, aber vor allem in den Jahren der Entwicklung, Erlebtes und Erlerntes so abgelegt und mit Querverbindungen versehen wird, daß nach und nach ein assoziativer Speicher entsteht, dessen Leistung selbst die der größten ausgeführten Anlagen um viele Zehnerpotenzen übertrifft. Literatur über Assoziativspeicher [3,5].

8.4.3.5.1.3 Spezielle Assoziativspeicher für den „paging"- bzw. Segmentierungsprozeß

Der Assoziativspeicher beim Paging- bzw. Segmentierungsverfahren wirkt als Transformationsglied für einen Teil der Adresse des Arbeitsspeichers. Er ist daher in den Adressierungsweg dieses Speichers geschaltet. Da ein Teil der Adresse (die seiteninterne Zellennummer) direkt ins Adreßregisters des Arbeitsspeichers übertragen wird, ruft die Suchzeit im Assoziativspeicher in jedem Fall eine Verzögerung hervor.

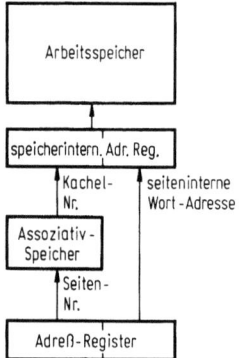

Abb. 139
Adressentransformation durch den Assoziativspeicher

Er sollte deshalb so schnell wie irgend möglich arbeiten. Da für diese Anwendung nur eine geringe Kapazität (10 Zellen) verlangt wird, wird dieser Speicher heute im allgemeinen nicht durch hochintegrierte Schaltkreise realisiert, sondern aus digitalen Schaltgliedern und Flip-Flops einer schnellen Schaltkreisfamilie aufgebaut (z. B. ECL III).

8.4 Nichtidentische Abb. d. Hintergrundspeichers auf den Arbeitsspeicher 189

Solange man als Arbeitsspeicher einen Kernspeicher benutzt, können die Verzögerungen durch den Assoziativspeicher hingenommen werden. Bei neueren Anlagen wird jedoch in immer größerem Maß der Halbleiterspeicher als Arbeitsspeicher verwendet werden. Hier ist die Zugriffszeit des Arbeitsspeichers etwa gleich groß, wie die des Assoziativspeichers. Also würde durch den Assoziativspeicher eine Verlängerung der Zugriffszeit auf das Doppelte verursacht werden. Um hier zu rationellen Lösungen zu kommen, muß man versuchen, die Suchzeit des Assozitativspeichers ganz oder teilweise mit in die Zugriffszeit des Arbeitsspeichers einzubetten.

Eine weitere Besonderheit des für die Adreßtransformation beim „paging"-Verfahren verwendeten Assoziativspeichers ist die Tatsache, daß bei jedem Suchvorgang nur eine Treffermeldung erfolgen kann. Dies führt aber eher zu technisch einfacheren Lösungen.

8.4.3.5.2 Der Verkehr mit dem Assoziativspeicher, Alterung

Der Assoziativspeicher, der beim „paging"-Verfahren verwendet wird, ist ein Teil des Befehlswerks. Jedesmal wenn ein Befehl aus dem Speicher gelesen wird, erfolgt ein Vergleich, ob eine gewisse Bitgruppe (die Segment-Seitennummer) irgendeiner Zelle dieses Speichers mit den Segment-Seitennummernbits des Befehls übereinstimmt. Verläuft der Vergleich negativ, so wird über die Segmentliste und die Seiten-Kachel-Zuordnungstabelle die Kachelnummer bestimmt, auf die der Adreßteil des Befehls weist. Diese Kachelnummer rechts verlängert durch die Zellennummer in der Seite ergibt die Zieladresse mit der der Befehl eventuell nach einer Modifikation ausgeführt wird. Außerdem wird die ursprüngliche Segment-Seitennummer und die ermittelte Kachelnummer so in einer freien Zelle des Assoziativspeichers abgelegt, daß erstere die Bit des Schlüsselworts bilden.

Zu Beginn eines Programmlaufs sind alle Zellen des Assoziativspeichers frei, es ist deshalb nicht schwierig, eine freie Zelle zu finden. Da aber ein Assoziativspeicher nur über wenige Zellen verfügt, werden diese rasch besetzt sein. Man muß daher bald schon verwendete Zellen überschreiben. Dafür wird entweder die Zelle vorgesehen, deren Inhalt der älteste ist, oder die am längsten nicht aufgerufen wurde. Man nennt das Schaltwerk, mit dessen Hilfe man diese Zelle finden kann, einen Alterungsmechanismus.

8.4.3.5.2.1 Einfacher Alterungsmechanismus mit Schieberegister

Der einfachste Alterungsmechanismus kann mit einem Schieberegister, welches aus so vielen bistabilen Elementen besteht, wie Zellen im Assoziativspeicher vorhanden sind, aufgebaut werden. Eines dieser Elemente ist im gesetzten Zustand. Nach jedem Beschreiben einer Zelle des Assoziativspeichers wird das Schieberegister um eine Stelle weitergeschoben. Nachdem es einmal umgelaufen ist, werden immer die Zellen überschrieben, bei denen der Zeitpunkt des Einschreibens am weitesten zurückliegt. Dieser Mechanismus gestattet es jedoch nicht, die Zellen des Assoziativspeichers optimal auszunutzen. Man kommt der optimalen Lösung näher, wenn man die Zelle als älteste erklärt, deren Verwendung am weitesten zurückliegt. Dies führt jedoch zu weit aufwendigeren Schaltungen für den Alterungsmechanismus.

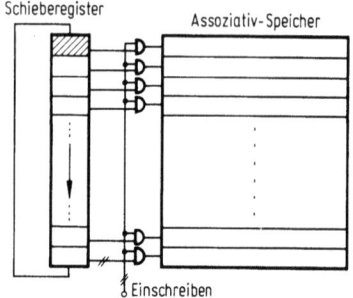

Abb. 140
Einfacher Alterungsmechanismus
mit Schieberegister

8.4.3.5.2.2 Alterungsmechanismus mit Schalt-Flip-Flop

Ein Alterungsmechanismus, der die Forderungen, die beim Betrieb eines Assoziativspeichers für das Segmentierungs- oder paging-Verfahren anfallen, besser erfüllt, soll folgendes leisten: Wird eine Zelle des Assoziativspeichers aufgerufen, so wird sie als „jüngste" deklariert und die anderen Zellen entsprechend gealtert. Soll eine Zelle überschrieben werden, so wird immer die älteste ausgewählt. Das jeweilige Alter einer Zelle des Assoziativspeichers kann auf folgende Weise bestimmt werden: Man ordnet bei einem n-zelligen Assoziativspeicher jeder Zelle $n-1$-Boolesche Variable zu. Wenn eine Zelle des Speichers aufgerufen wird, erhalten alle Booleschen Variablen, die zu derselben gehören, den Wert O. Gleichzeitig wird jeweils eine Boolesche Variable aller anderen Zellen auf den Wert L gesetzt. Die älteste Zelle ist dann die, bei der die meisten ihrer Booleschen Variablen den Wert L haben. Wir wollen den Alterungsmechanismus am Beispiel eines Assoziativspeichers mit sechs Zellen erläutern. Am leichtesten durchschaut man die Verhältnisse mit Hilfe eines geometrischen Modells. Wir symbolisieren die Zellen des Assoziativspeichers als die Eckpunkte eines regelmäßigen Sechs-(n)ecks. Die Booleschen Variablen, die den Zugang zu einer Zelle steuern, sind durch die möglichen Verbindungslinien von einer Ecke zu allen anderen (hier 5 bzw. $n-1$) dargestellt. Den Verbindungslinien werden Richtungen so zugeordnet, daß, wenn der Pfeil auf eine durch einen Eckpunkt des Polygons symbolisierte Zelle gerichtet ist, die zugehörige Boolesche Variable den Wert 0 hat. Bei der Realisierung des Alterungsmechanismus wird jede der Booleschen Variablen durch ein Flip-Flop dargestellt.

Die Abb. 141 a zeigt die bei sechs Zellen notwendigen 14 Flip-Flops in Grundstellung. Zelle 6 ist die älteste, gefolgt von 5, 4, 3, 2, 1. Als erste Zelle würde

8.4 Nichtidentische Abb. d. Hintergrundspeichers auf den Arbeitsspeicher 191

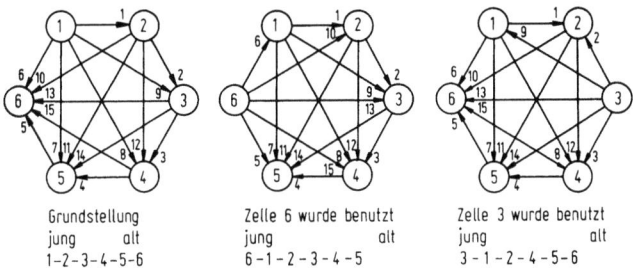

Abb. 141 Geometrische Veranschaulichung eines Alterungsmechanismus, bei dem die Zelle überschrieben wird, die am längsten nicht benutzt wurde

also Zelle 6 beschrieben werden. Nun soll aber jedesmal, wenn eine Zelle benutzt wird, dieselbe zur jüngsten gemacht werden. Das geschieht einfach dadurch, daß sämtliche Flip-Flop, die den Zugang zur Zelle steuern, so umgestellt werden, daß die Pfeile, die sie symbolisieren, vom betreffenden Punkt wegzeigen. Wie man aus Abb. 141c erkennt, werden dadurch alle Zellen, die jünger waren als die eben benutzte, um eine Einheit gealtert; bei den übrigen bleibt die Alterungsstufe erhalten. Die Abb. 142 zeigt das vollständige Schaltbild des Alterungsmechanismus.

Man überlegt sich mit Hilfe der oben angedeuteten symbolischen Methode leicht, daß man für einen Alterungsmechanismus für n Assoziativspeicherzellen so viele Flip-Flops benötigt, wie es Verbindungslinien zwischen n-Punkten gibt, nämlich

$$z = \frac{n(n-1)}{2}$$

Der Aufwand steigt also quadratisch mit der Zahl der Zellen an.

Wir fassen zusammen: Wird die Segment-Seitennummer in einer Zelle des Assoziativspeichers gefunden, so werden die Segment-Seitennummernbits im Befehlsregister durch den Inhalt der betreffenden Zelle, der Kachelnummer, überschrieben und der Befehl zu Ende geführt. Parallel dazu werden die Flip-Flops des Alterungsmechanismusses so umgestellt, daß die gerade aufgerufene Zelle zur jüngsten wird.

8.4.3.6 Einsparungen von Bits beim Befehlswort

Durch Segment-Nr., Seiten-Nr. und Nr. der Zelle innerhalb einer Seite wird der Adreßteil eines Befehls ziemlich lang. Nun ändern sich aber die am weitesten links stehenden Bits des Adreßteils (Segmentnummer) innerhalb eines Programms nur selten. Man schleppt sie also fast nutzlos mit. Deshalb werden bei vielen Anlagen die Befehle mit verkürztem Adreßteil gespeichert und erst im Befehlswerk mit der vollständigen Adresse versehen. Man sieht dazu Re-

192 8 Automatischer Verkehr zwischen Arbeitsspeicher und Hintergrundspeichern

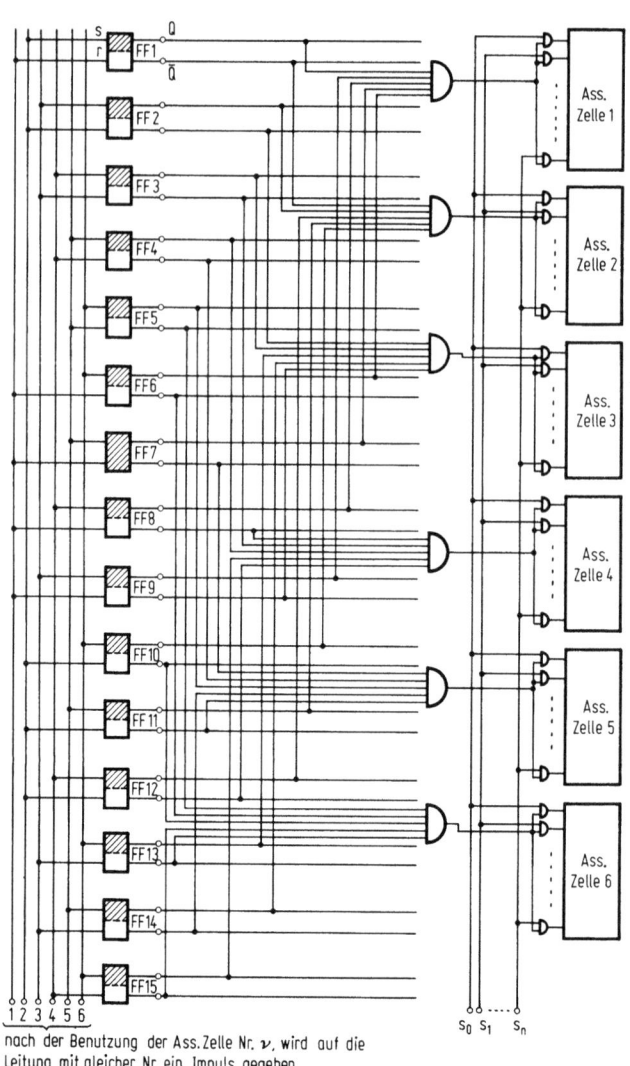

nach der Benutzung der Ass. Zelle Nr. ν, wird auf die
Leitung mit gleicher Nr. ein Impuls gegeben

Abb. 142 Schaltbild eines Alterungsmechanismus

gister, sogenannte Adreßbasisregister vor, in die die vordersten Bit des Adreßteils gespeichert werden und die beim Aufruf eines Befehls vorne an dessen Adreßteil angesetzt werden. Das Einspeichern dieser Bits muß vom Betriebssystem aus erfolgen.

8.4.3.7 Besondere Vorkehrungen in der Elektronik einer Anlage für den Speicherschutz

Unter Speicherschutz versteht man das Sperren gewisser Speicherbezirke für nichtbefugte Benutzer.

Solange ein Programm mit seinen Datensätzen zusammen in einem Block gespeichert ist, bereitet die Durchführung eines wirksamen Speicherschutzes keine großen Schwierigkeiten. Man hat, nachdem der Adreßteil eines Befehls im Befehlsregister steht, nur zu überprüfen, ob dieser kleiner oder höchstens gleich der Adresse der letzten vom Problem besetzten Speicherzelle ist (ω in Abb. 143). Das kann mit einem im Befehlswerk vorhandenen Grenzregister geschehen, welches mit dem Adreßteil des Befehlsregisters durch eine Vergleichsschaltung verbunden ist.

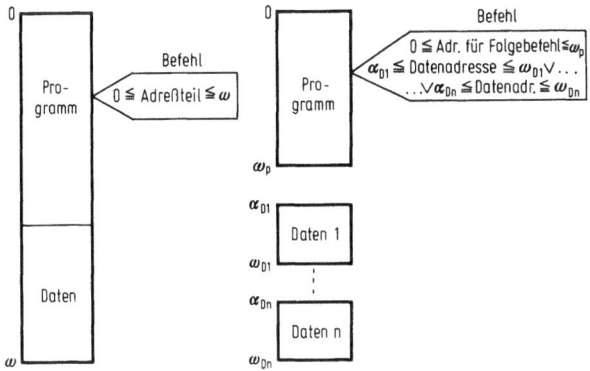

Abb. 143   Erlaubte Adreßbereiche von Befehlen

Sind jedoch Programm und Daten in getrennten Bereichen abgespeichert, so benötigt man ein Grenzregister, welches sicherstellt, daß der Folgebefehl nur aus dem Programmbereich geholt wird, ein zweites ist für die Überwachung des Datenbereichs notwendig. Im allgemeinen wird jedem Datensatz ein eigenes Basisregister zugeteilt. Verlängert man dieses um die Bitzahl, die für die Grenzangabe benötigt wird, so kann man auf ein eigenes Grenzregister verzichten. Dieses Konzept bewährt sich insbesondere dann, wenn ein Problem aus mehreren getrennt gespeicherten Datensätzen besteht, weil jetzt die Selektion der richtigen Grenzregister bereits mit dem Aufruf des Basisregisters erfolgt.

194   8 Automatischer Verkehr zwischen Arbeitsspeicher und Hintergrundspeichern

Vielfach muß noch unterschieden werden, für welche Art von Operationen ein gewisser Speicherbetrieb freizugeben ist. Die drei wichtigsten Operationen, die beim Verkehr mit dem Speicherwerk auftreten sind:
a) Einschreiben in den Speicher,
b) Auslesen von Daten aus dem Speicher,
c) Auslesen und Ausführen von Befehlen aus dem Speicher.
  (a) umfaßt b) und c), b) umfaßt c))
Will man, daß für einen bestimmten Speicherbereich nur eine bestimmte der genannten Operationen oder bestimmte Kombinationen zugelassen werden, so muß dies noch zusätzlich mit der Grenzadresse angegeben werden.

8.4.3.7.1 Speicherschutz und Speicherabbildungen

Werden die bisher beschriebenen Verfahren zum Speicherschutz bei kleineren Anlagen ohne Adreßtranformationen durch „paging" bzw. Segmentierung angewandt, so werden dadurch gewisse Gebiete des Kernspeichers ganz oder teilweise gesperrt. Beim „paging"-Verfahren, wo den Programmen keine festen Plätze mehr im Kernspeicher zugeordnet werden, trifft dies nur für den Hintergrundspeicher zu. Wird in einer Anlage das Segmentierungsverfahren angewendet, so sind die Segmente der einzelnen Operatoren auch im Hintergrundspeicher nicht mehr blockweise abgelegt. Die Grundbedingung für einen einfach aufgebauten Speicherschutz ist aber die Blockstruktur des Problems. Diese kommt beim Segmentierungsverfahren nur noch in den Segment- und Seiten-Kachel-Zuordnungslisten zum Ausdruck. Deshalb müssen hier die Maßnahmen zum Speicherschutz angesetzt werden.

Zunächst ist eine Grenzangabe für die Segmentnummer notwendig. Diese Größe kann mit der Basisadresse, die über den Problemnamen auf die Segmentliste führt, abgespeichert werden. Werden Segmente mit verschiedenen Seitenzahlen zugelassen, so ist jeder Eintrag in der Segmentliste durch die

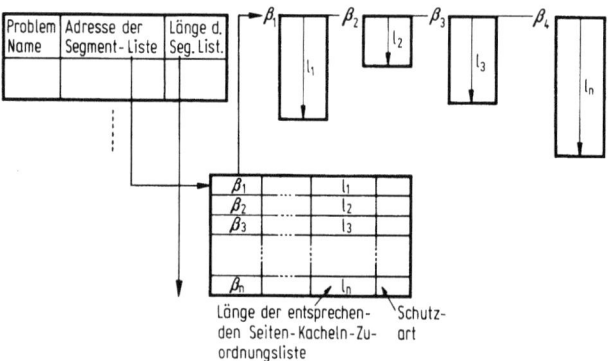

Abb. 144   Speicherschutz beim Segmentierungsverfahren

Länge der jeweiligen Seiten-Kachel-Liste zu ergänzen. Sollen für die einzelnen Segmente nur bestimmte Speicheroperationen zugelassen werden, so sind die betreffenden Angaben ebenfalls in die Segmentliste einzutragen (Abb. 144).

Natürlich benötigen die Teiloperationen zum Speicherschutz Zeit. Doch braucht ein Adreßteil nur dann überprüft zu werden, wenn er aus einer Seite hinausweist. Adreßtransformationen, die im Assoziativspeicher vorgenommen werden, werden also durch den Speicherschutz nicht verzögert.

8.4.3.7.2 Schutz besonderer Speichergebiete

Außer den beschriebenen Schutzmaßnahmen, die ein Übergreifen auf fremde Probleme verhindern sollen, können noch andere eingebaut werden, die bestimmte Gebiete des Arbeits- und des Hintergrundspeichers sperren. So müssen z. B. große Teile des Betriebssystems oder der Verteilerprogramme gegen Überschreiben geschützt werden oder bestimmte Bibliotheken dürfen nur für privilegierte Benutzer zugänglich sein.

Technisch läßt sich das Abriegeln gewisser Speicherbereiche dadurch realisieren, daß man besondere Sperregister vorsieht. In eines dieser Register wird ein bestimmtes Bitmuster eingelesen, es kann aber durch kein Mittel ausgelesen und zur Anzeige gebracht werden, es ist nur möglich, den Inhalt dieser Register in Vergleichsoperationen zu benutzen. Die Freigabe eines bestimmten Speicherbereichs geschieht nur dann, wenn bei der Anforderung ein angegebenes Codewort mit dem Inhalt des Sperregisters übereinstimmt.

8.4.3.8 Virtueller Speicher

Betrachtet man die Segmentnummer, die Seitennummer und die Nummer des Wortes in der Seite als numerische Adresse eines Speichers, so muß dieser sehr große Speicher keinesfalls in der Anlage vorhanden sein. Für den Arbeitsspeicher ist dies ohne weiteres einleuchtend, denn in ihm befinden sich ja nur einzelne Seiten, die gerade für die Bearbeitung freigegeben worden sind. Der Hintergrundspeicher müßte diese große Kapazität nur dann besitzen, wenn wir alle Segmente mit der maximal möglichen Seitenzahl ausgestattet hätten und wenn wir alle möglichen Segmente belegen würden. Ein Segment war aber dadurch bestimmt, daß wir die Seiten eines bestimmten Problems zusammengefaßt hatten. Dabei wird aber nur in den seltensten Fällen die maximale Seitenzahl erreicht. Außerdem brauchen natürlich nicht alle Probleme mit verschiedenen Segmentnummern gleichzeitig im Hintergrundspeicher zu sein und schließlich können, da aufeinanderfolgende Seiten eines Problems nicht unbedingt hintereinander im Hintergrundspeicher stehen müssen (vgl. 8.4.3.4), die Probleme verschachtelt gespeichert werden.

Man bezeichnet den durch Segment-Seiten und Wortnummer in der Seite bestimmten nicht wirklich vorhandenen Speicher auch als „virtuellen Speicher". Der Programmhersteller kann so operieren, als ob der virtuelle Speicher wirklich vorhanden wäre. Er braucht also von dem paging- bzw. Segmentierungsprozessen nichts zu wissen. Durch die Größe des virtuellen Speichers entstehen zwischen den einzelnen Segmenten große Lücken. Diese Lücken bringen den Vorteil, daß sich jedes Segment dynamisch bis zur vollen Seitenzahl ausdehnen kann, ohne eine Verschiebung dahinterliegender Programmteile zu verursachen.

8.5 Schlußbetrachtung zum Kapitel 8

Die Steuerung der in den Kapiteln Rechenwerk, Befehlswerk und Speicherwerk beschriebenen Elektronik erfolgte durch besondere Mikroprogramme. Dies trifft für die auf höheren Ebenen liegenden Hardware-Einheiten des Kapitels 8 bei den heutigen Maschinen im allgemeinen nicht zu. Natürlich wäre auch hier eine Mikroprogrammierung denkbar. Auf Grund der jüngsten Entwicklungen auf dem Gebiete der Halbleiterphysik, die es ermöglichen, billige und schnelle ROM's herzustellen, geht man im steigenden Maße daran, gewisse Teile der Betriebssysteme und auch der Übersetzerprogramme auf der Mikroprogrammebene zu realisieren. Man spart damit wertvollen Platz im Hauptspeicher und verkürzt außerdem die Ausführungszeiten dieser Programme. Da Befehlsfolgen im ROM nicht verändert werden können, muß man die in 5.4 beschriebenen Methoden anwenden, will man Befehle während der einzelnen Abläufe modifizieren. Natürlich wird man, schon aus Gründen der Flexibilität, nicht ein gesamtes Betriebssystem bzw. einen Übersetzer auf der Mikroprogrammebene ausführen. Welche Teile man zweckmäßig auf dieser und welche man auf höheren Ebenen programmiert hängt stark vom jeweiligen Teilproblem ab.

9 Die peripheren Geräte

9.1 Gemeinsame Gesichtspunkte

Die peripheren Geräte sind mit dem zentralen Rechner über die Kanalwerke verbunden. Diese Verbindung muß so beschaffen sein, daß es möglich ist, außer den zu übertragenden Daten noch bestimmte Hilfszeichen zu übermitteln, mit denen der Informationstransport gesteuert werden kann. Die Aktivierung eines peripheren Gerätes wird in den meisten Fällen von der zentralen Einheit aus über ein Kanalwerk eingeleitet. Dazu sendet das entsprechende Kanalwerk eine Anfrage an die periphere Einheit. Ist diese zum betreffenden Zeitpunkt fähig, die durch die Anfrage spezifizierte Aufgabe zu übernehmen, so antwortet sie mit einem Freizeichen an das Kanalwerk, welches dann den Start des peripheren Gerätes vornimmt. Wenn dagegen das aufgerufene Gerät noch mit einer Tätigkeit, die durch einen vorangegangenen Start, oder auch manuell ausgelöst wurde (z. B. Umspulen bei einem Magnetbandgerät) beschäftigt ist, so wird ein Belegtzeichen an das Kanalwerk gesendet. Dieses wiederholt dann die Anfrage in gewissen Zeitabständen solange, bis das angesprochene Gerät frei ist. Erhält ein Kanalwerk auf eine Anfrage weder das Frei- noch das Belegtzeichen, dies tritt dann ein, wenn das angesprochene Gerät abgeschaltet ist oder eine Störung hat, so wird ein Alarm für den Operateur ausgelöst.

Während der Start einer E-A-Operation i. a. von der zentralen Einheit über ein Kanalwerk erfolgt, kann der Abbruch derselben auch von der peripheren Einheit eingeleitet werden. Dies geschieht etwa dann, wenn von dieser das Ende eines Blocks festgestellt wird, das Kanalwerk aber noch weitere Informationen verlangt, oder wenn die periphere Einheit eine fehlerhafte Information erkannt hat. In beiden Fällen wird eine Fehlermeldung ausgelöst. Ob diese einen vollständigen Abbruch dieses E-A-Verkehrs auslöst, hängt von der Art des Fehlers ab. Bei fehlerhaft gelesener Information, festgestellt etwa durch das Paritybit, kann durch die Wiederholung des Lesevorgangs u. U. der Fehler beseitigt werden.

Die Steuerung für die Wiederholung des Lesevorgangs kann entweder vom peripheren Gerät selbst oder auch vom Kanalwerk her erfolgen. Dies führt uns zur Frage, inwieweit ein peripheres Gerät selbständig gesteuerte Operationen durchführen sollte. Hierzu kann gesagt werden, daß dies in um so größerem Maße erwünscht ist, je häufiger im betreffenden Gerät Hilfsfunktionen auftreten, zu deren Bearbeitung keine Information aus der Zentraleinheit benötigt wird. Diese Hilfsfunktion wäre z. B. eine Steuerung für die Wiederholung eines Lesevorgangs im Falle eines Fehlers bei externen Speichern. Bei Bildsichtgeräten können diese Hilfsfunktionen so umfangreich werden, daß für deren Bewältigung dem Gerät ein kleiner Rechner zugeordnet werden muß. Ähnliche Überlegungen gelten auch für Konsolen, Terminals oder Plotter.

9.2 Massenkernspeicher

Der funktionelle Aufbau eines Massenkernspeichers entspricht genau dem eines gewöhnlichen Kernspeichers. Der eigentliche Unterschied der beiden Speicher liegt darin, daß man beim Massenkernspeicher die Forderung nach kleinstmöglicher Zykluszeit fallen läßt. Man kann also beim Massenkernspeicher Kernchen mit etwas größerem Durchmesser wählen. Bei diesen Kernchen ist das Einfädeln der Drähte wesentlich einfacher, was zu einer Verbilligung der Matrizen führt. Wegen der größeren Zykluszeit spielt auch die Induktivität der Treiberdrähte keine so große Rolle mehr. Die einzelnen Matrizen können daher größer ausgelegt werden als beim schnellen als Arbeitsspeicher verwendeten Kernspeicher.

Während alle anderen noch zu beschreibenden peripheren Geräte ausschließlich über Kanalwerke mit dem zentralen Rechner in Verbindung stehen, können die Zellen bei verschiedenen Massenkernspeichern auch direkt oder indirekt über Adressen erreicht werden. Hier ergibt sich meist das Problem, daß wegen der Größe des Massenkernspeichers die Adreßlänge im Befehlswort für die Adressierung nicht mehr ausreicht. Man löst dieses Problem meist dadurch, daß man im Befehlswort nur die weniger signifikanten Bits der Adresse angibt, während man die meist-signifikanten in einem Basisregister zur Verfügung stellt. Vor Ausführung eines Befehls, der sich auf eine Zelle des Massenkernspeichers bezieht, werden der Adreßteil des Befehls und der Inhalt des Basisregisters zur vollständigen Adresse zusammengesetzt (vgl. 8.5.3.6). Etwas umständlicher ist das Verfahren der indirekten Adressierung. Hier wird die endgültige Adresse der gewünschten Zelle des Massenkernspeichers in einem Wort des Hauptspeichers aufbewahrt. Dadurch stehen für diese Adresse nicht nur die Bit des Adreßteils, sondern sämtliche Bit des Maschinenworts zur Verfügung. Der Befehl, der sich auf die Zelle des Massenkernspeichers bezieht, erhält als Adreßteil die Adresse der Zelle im Hauptspeicher, in der die endgültige Adresse der Massenkernspeicherzelle steht. Ihr gesamter Inhalt kommt ins Befehlswerk und mit ihr wird der Befehl zu Ende geführt (vgl. 5.4.2.2).

Ist dagegen der Massenkernspeicher so in die Anlage eingebaut, daß man Information zwischen Haupt- und Massenkernspeicher nur über ein Kanalwerk transportieren kann, so interessiert die Übertragungsgeschwindigkeit, für die das Kanalwerk ausgelegt werden muß. Gewöhnlich wird man die Information zwischen diesen Speichern blockweise transportieren. Die einzelnen Elemente eines Blocks befinden sich natürlich in aufeinanderfolgenden Speicherzellen. Im Interesse einer hohen Übertragungsgeschwindigkeit ist es hier von besonderer Bedeutung, daß sowohl im Hauptspeicher wie auch im Massenkernspeicher eine Adreßverschränkung durchgeführt ist (vgl. 7.2.1). So können die einzelnen Lese-Schreib-Zyklen bis zu etwa $2/3$ ihrer Dauer überlappt werden. Die Übertragungsgeschwindigkeit ist dann durch den langsameren der beiden Speicher, also den Massenkernspeicher, bestimmt. Beträgt dessen Zykluszeit τ Sekunden und werden parallel n Bit übertragen, so ist die Übertragungsgeschwindigkeit

$$v = \frac{3 \cdot n}{\tau} \left[\frac{\text{Bit}}{\text{sec}}\right] \quad oder \quad \frac{3}{\tau} \left[\frac{\text{Worte}}{\text{sec}}\right].$$

Nimmt man für den Massenkernspeicher eine Zykluszeit von 3 µs an und überträgt Worte mit 50 Bit parallel, so erreicht man eine Übertragungsgeschwindigkeit von $5 \cdot 10^7$ Bit/sec.

9.3 Bewegte magnetische Schichten als Datenträger (Magnetomotorische Speicher)

9.3.1 Allgemeines

Bei der Verwendung bewegter, magnetischer Schichten als Speichermedium muß auch für kleine Kapazitäten ein beträchtlicher apparativer Aufwand aufgebracht werden. Da dieser Aufwand bei der Erhöhung der Kapazität innerhalb bestimmter Grenzen nahezu konstant bleibt, eignen sich solche Speicher besonders als Massenspeicher. Der Preis pro gespeichertes Bit ist hier wesentlich geringer als bei Massenkernspeichern. Der Hauptnachteil aller Schichtspeicher gegenüber dem Massenkernspeicher ist der, daß eine relative lange Suchzeit notwendig ist, um den Anfang eines Blockes zu erreichen. Bei Bitdichten, die heute bis etwa 100 Bit/mm gehen und Relativgeschwindigkeiten Schicht-Kopf, die in der Größenordnung zwischen einigen m/sec und einigen 10 m/sec liegen, kann aber die Übertragungsgeschwindigkeit der Information eines Blockes sogar die eines Kernspeichers übertreffen. Heute werden Magnetschichtspeicher fast nur als Massenspeicher, die als Hintergrundspeicher geschaltet sind, verwendet. Früher wurden sie manchmal auch als Arbeitsspeicher eingesetzt.

9.3.1.1 Arten der Informationsablage im magnetischen Schichtspeicher

9.3.1.1.1 Serienspeicherung

Hier werden die zeitlich hintereinander ankommenden Informationsworte in örtlich hintereinanderliegenden Positionen längs der Bewegungsrichtung der Schicht in einer sog. *Spur* abgelegt. Es wäre also nur ein Kopf und ein Zuleitungskanal erforderlich. Die Spurbreite braucht nicht größer als 1 mm zu sein, um einen ausreichenden Störabstand, bei der aus dem Speicher gelesenen Information zu erhalten. Deshalb kann man auch bei einem Magnetbandspeicher, bei dem die kleinste Schichtbreite verwendet wird, mehrere Spuren vorsehen. Um jede der Spuren erreichen zu können, ist deshalb entweder ein senkrecht zur Spur verschiebbarer Kopf, oder aber für jede Spur ein Kopf mit Zuführungskanal und eine Vorrichtung notwendig, die es gestattet, einen bestimmten Kopf auszuwählen. Nachteilig ist diese Serienspeicherung, wenn die gespeicherte Information nach bestimmten Bitgruppen innerhalb der Worte durchsucht werden soll. Bei serieller Speicherung muß hier auch die Information der einzelnen Worte am Kopf vorbeilaufen, in der die zu suchende Bitgruppe garnicht vorkommt.

9.3.1.1.2 Teilweise parallele Speicherung

Eine vollständige Parallelspeicherung, bei der also soviele Spuren, Köpfe und Zuführungskanäle verwendet werden, wie eine adressierbare Informationseinheit Bit enthält, ist nur bei solchen Speichern üblich, bei denen einzelne Worte selektiert werden sollen, also bei Arbeitsspeichern. Da aber Magnetschichtspeicher heute fast nur als Massenspeicher verwendet werden, wo die kleinste adressierbare Einheit ein Block mit einigen 10 bis einigen 1 000 Wörtern ist, kommt die reine Parallelspeicherung hier nicht in Frage. Man kann aber mit Vorteil eine teilweise parallele Speicherung verwenden. Als parallel zu speichernde Bitgruppen bieten sich die natürlichen Unterteilungen des Blockes, also Worte bzw. ein oder mehrere Bytes an.

9.3.1.2 Informationssuche bei magnetischen Schichtspeichern, Taktspur

Im allgemeinen sind zum Auffinden eines bestimmten Informationsblocks drei Koordinaten notwendig:
 a) Die Nummer der magnetischen Schicht, falls mehrere solche vorhanden sind (z. B. Plattenspeicher, Kartenspeicher).
 b) Die Nummer der Spur oder der Spurgruppe, falls mehrere vorhanden sind (mehrere Spuren bzw. Spurgruppen sind immer vorhanden, da die magnetische Schicht aus technischen Gründen breiter gemacht werden muß, als es zur Unterbringung einer Spur oder Spurgruppe nötig ist.)
 c) Der Ort auf der Spur, an welchem der Informationsblock beginnt.

9.3 Bewegte magnetische Schichten als Datenträger

Während die Auswahl der im Punkt a) und b) angeführten Koordinaten durch Schaltmatrizen oder Schalterbäumen, die von bestimmten Bit des Adreßteils gesteuert werden, erledigt werden kann, sind zur Bestimmung des richtigen Ortes auf der Spur andere Verfahren notwendig. Grundsätzlich kann dieser Ort auf zwei Arten bestimmt werden:
1. Durch Angabe der Zeit, die notwendig ist, bis sich der Anfang der gewünschten Informationen unter den Köpfen befindet, wenn vorher eine definierte Stelle der Spur unter diesen war (z. B. der Spuranfang).
2. Durch dauerndes Lesen einer oder mehrerer Spuren und Vergleich dieser Information mit einem vorgegebenen Bitmuster.

Während das Verfahren unter 1 meist bei „gezieltem" Suchen nach dem Speicherplatz – er ist hier durch eine Adresse gegeben – angewendet wird, trifft man Verfahren 2 dann an, wenn in einem Datensatz nach einem Teilstück gesucht werden soll, in welchem eine bestimmte Bitkombination vorkommt (Assoziativ-Speicher).

Beim Verfahren 1 tritt eine Schwierigkeit auf. Es ist mit einem vernünftigen technischen Aufwand nicht möglich, die Relativgeschwindigkeit Kopf-Schicht so konstant zu halten, daß etwa die quarzkontrollierte Zeit des zentralen Impulsgebers dazu verwendet werden könnte, um den Anfang eines Informationsblocks zu finden, es sei denn, man macht den Abstand zwischen zwei aufeinanderfolgenden Blöcken verschwenderisch groß. Man kann die Schwierigkeit z. B. dadurch umgehen, daß man auch beim gezielten Suchen durch einen Adreßteil das Verfahren 2 anwendet. Dazu wird dauernd eine Hilfsspur gelesen, auf der jeder Blockanfang durch seine laufende Nummer vermerkt ist. Diese laufende Nummer braucht nur mit dem Adreßteil verglichen zu werden. Nach einem anderen Verfahren verschafft man sich die Zeitmarken statt vom Impulsgeber vom magnetomotorischen Speicher. Bringt man an äquidistante Stellen einer Hilfsspur z. B. die Information L auf und liest diese Spur dauernd ab, so erhält man eine Impulskette, deren Impulsabstand die gleichen Unregelmäßigkeiten zeigt, wie die Relativgeschwindigkeit Kopf-Schicht des Speichers. Verwendet man als Grundlage der Zeitmessung diesen Impulszug, den man auch den Takt nennt, so heben sich die Fehler heraus. Läßt man von einem willkürlich gewählten Punkt der Taktspur ein Zählwerk löschen und dieses durch den Takt hochzählen, so ergibt sein jeweiliger Stand den Abstand, der gerade unter den Kopf befindlichen Stelle der Taktspur zum Anfangspunkt, gemessen in Vielfachen des äquidistanten Abstands der Taktimpulse. Durch eine Koinzidenzschaltung des Adreßregisters mit diesem Zählwerk kann die exakte Stelle auf der Schicht gefunden werden, an der ein Informationsblock beginnt. Oder anders ausgedrückt, es kann der exakte Zeitpunkt bestimmt werden, an dem die Köpfe eingeschaltet werden müssen, um mit der richtigen Information in Verbindung zu kommen.

Während bei „breiten" magnetischen Schichten der Aufwand einer oder mehrerer Taktspuren nicht ins Gewicht fällt, sucht man manchmal insbesondere bei Bandgeräten die Taktspur einzusparen. Dies ist z. B. möglich, wenn man byteparallel speichert und einen Code verwendet, bei dem mindestens ein Bit den Wert L hat (z. B. 2 aus 5-Code). Durch eine disjunktive Verknüpfung ist es dann möglich, aus den informationstragenden Spuren den Takt zu gewinnen.

9.3.1.3 Die Magnetköpfe

Die Magnetköpfe zum Aufschreiben und zur Abnahme der Information sind bei allen magnetischen Schichtspeichern ähnlich aufgebaut, so daß sie hier gemeinsam behandelt werden können. Auf den üblichen magnetischen Schichten aus rotem Eisenoxyd oder Nickel-Kobaltlegierungen könnte theoretisch mit einer Bitdichte von 10^4 Bit/mm geschrieben werden. Dieser Wert wird aber nicht annähernd erreicht, da es nicht gelingt, ein Magnetfeld von geeigneter Stärke auf einen genügend kleinen Raum zu konzentrieren. Die üblichen Kopfformen für Längsmagnetisierung, mit denen Bitdichten, je nachdem, ob die Schicht mit dem Kopf mechanischen Kontakt hat oder nicht, von 20 bis 400 Bit/mm erreicht werden können, zeigen die Abb. 145a und 145b.

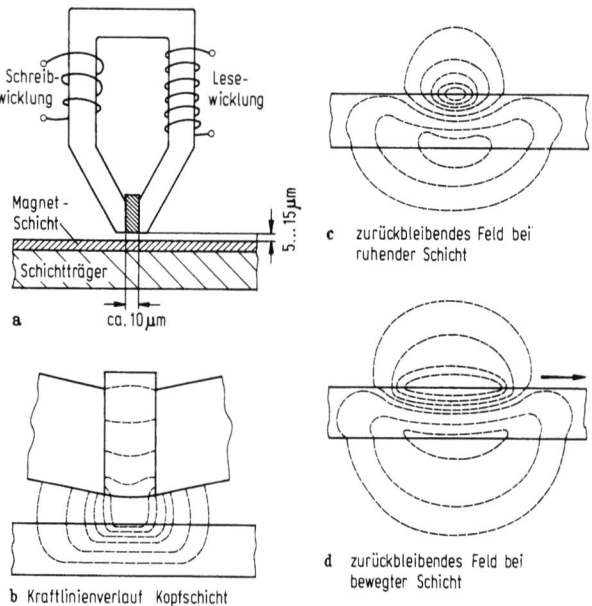

Abb. 145 Magnetkopf und Kraftlinienbilder bei Längsmagnetisierung

Der Luftspalt des Kopfes wird mit einem unmagnetischen aber elektrisch leitenden Material ausgefüllt. Das verhindert das Auffüllen des Spaltes mit magnetischem Staub, und die auftretenden Wirbelströme verdrängen das Feld in Richtung der Schicht. Die austretenden Kraftlinien lassen sich um so besser konzentrieren, je höher die magnetische Leitfähigkeit des Kopfmaterials ist. Da alle weichmagnetischen Legierungen ihr hohes μ nur in einem eng begrenzten Feldstärkegebiet haben, muß darauf geachtet werden, daß insbesondere die Polspitzen der Köpfe in diesem Gebiet liegen.

Die Abb. 145c zeigt das auf der Schicht zurückbleibende Magnetfeld eines in der Schreibwicklung wirkenden Stromimpulses, wenn der Impuls so kurz ist, daß der Weg, den die Schicht in dieser Zeit zurücklegt, vernachlässigbar klein ist. Bei längeren Impulsen verbreitert sich das zurückbleibende Magnetfeld. Die Zeitdauer des kürzesten anwendbaren Impulses ist im wesentlichen eine Funktion der Induktivität der Schreibwicklung. Im Interesse hoher Schreibdichten muß diese klein gehalten werden.

Die Lesewicklung sollte wegen hoher Ausgangsspannungen viel Windungen, also eine hohe Induktivität, haben. Die Forderung an die Schreib- und Lesewicklung widersprechen sich also. Deshalb werden vielfach zwei getrennte Wicklungen oder auch getrennte Köpfe verwendet.

Sorgt man dafür, daß beim Schreibvorgang die Feldstärke in der Magnetschicht so groß wird, daß dabei die Sättigung des Schichtmaterials eintritt, so kann bei einigen Aufzeichnungsarten ein vorheriger Löschvorgang entfallen.

9.3.1.4 Die Aufzeichnungsarten

Im Gegensatz zu Ton- und Bildaufzeichnungen auf bewegte magnetische Schichten spielt bei digitalen Aufzeichnungen die Linearität keine Rolle. Hier ist es wichtig, daß auch bei hohen Schreibdichten eine sichere Identifizierung jedes einzelnen Bits möglich ist. In der folgenden Tabelle sind die wichtigsten bei digitalen magnetomotorischen Speichergeräten verwendeten Aufzeichnungsarten zusammengestellt.

Man kann aus der Abb. 147 entnehmen, daß bei Folgen gleichartiger Informationswerte und höheren Schreibdichten die Ausgangssignale bei den RZ- und NRZ-Verfahren bis zu einem gewissen Grade ähnlich werden. Insbesonders unterscheiden sich die Spannungspegel, die zu benachbarten Bits gehören, nur wenig. Dies kommt durch die Überlagerung der Magnetfelder benachbarter Bit zustande. Um eine einigermaßen brauchbare Ausgangsinformation zu erhalten, kann man das Ausgangssignal um einen gewissen Betrag zeitlich verzögern und dann mit dem unverzögerten die Differenz bilden (vgl. Abb. 147). Höhere Schreibdichten erreicht man jedoch durch die sogenannten *Taktschriften*. Hier wird bei der Aufzeichnung jedes Bits das Magnetfeld mindestens einmal in der Polarität verändert. Dadurch ist sichergestellt, daß im Lesekopf genügend große Spannungen induziert werden. Das Nutzsignal kann daraus eindeutig durch Ausblendung erhalten werden.

Schriftart / Eigenschaften	Einfache Impulsschrift (Return to Bias RB)	Bipolare Impulsschrift (Return to Zero RZ)	Richtungsschrift (No return to Zero (change) NRZ (c)	Wechselschrift (No return to Zero (mark)) NRZ (M)	Richtungstaktschrift (Zweiphasenschrift)	Wechseltaktschrift (Zweifrequenzschrift)
Gespeichertes Bitmuster	L O L L O O O L	L O L L O O O L	L O L L O O O L	L O L L O O O L	L O L L O O O L	L O L L O O O L
Idealer Feldverlauf						
Spannung am Lesekopf						
Darstellung der O	Keine Änderung der Magnetisierung	Impulsförmige Magnetisierung in negativer Richtung	Abfall der Magnetisierung für die erste O einer Serie	Keine Änderung der Magnetisierung	Abfall der Magnetisierung für jede O	Keine Änderung der Magnetisierung in der Zellenmitte
Darstellung der L	Impulsförmige Magnetisierung in positiver Richtung	Impulsförmige Magnetisierung in positiver Richtung	Anstieg der Magnetisierung für die erste L einer Serie	Veränderung der Magnetisierung	Anstieg der Magnetisierung für jedes L	Veränderung der Magnetisierung in der Zellenmitte
Ist vor dem Neubeschreiben eine Löschung erforderlich?	ja	nein	nein	nein	nein	nein

9.3 Bewegte magnetische Schichten als Datenträger

Maßnahmen am Lese-Kanal, die zur sicheren Identifizierung der gelesenen Information erforderlich sind	Impulsausblendung, Verwendung von Schwellwertverstärkern zur Unterdrückung von Störsignalen				
	Differenzbildung mit dem verzögerten Signal			Gegentakt-eingang	Gleichrichter-eingang
	Gegentakteingang	Speicher-Flip-Flop für Serien	Gleichrichter-eingang Umschalt-Flip-Flop mit Taktimpulsen		
Ist das Verfahren zur Aufzeichnung von Einzelsignalen geeignet?	ja	ja	nein	nein	ja

Abb. 146 Schreibverfahren bei magnetomotorischen Speichern

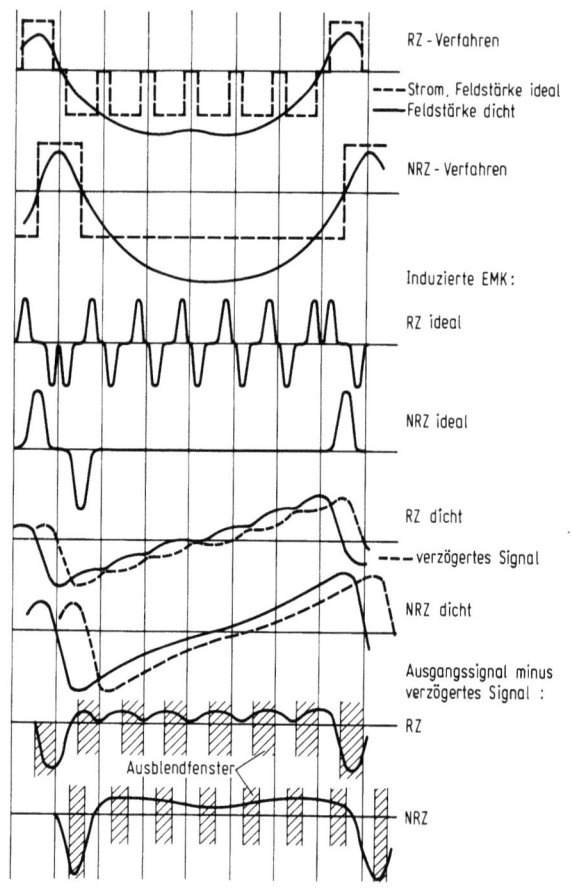

Abb. 147   RZ- und NRZ-Verfahren bei größeren Schreibdichten

9.3.2 Trommelspeicher

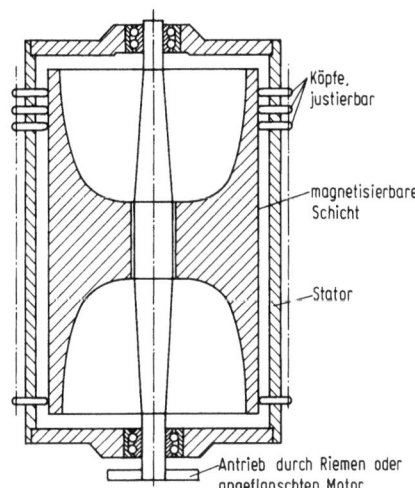

Abb. 148
Trommelspeicher

Unter allen magnetomotorischen Schichtspeichern ist der Trommelspeicher der älteste. Er wurde bei Maschinenentwicklungen in der 50er Jahren oft als Arbeitsspeicher verwendet. Man ging bei diesen Speichern mit der Umdrehungszahl an die obere Grenze, die durch die Festigkeit der verwendeten Materialien gegeben ist, um so die Zugriffszeit klein zu halten. Bei Trommeldurchmessern von ca. 10 cm konnten Umdrehungszahlen von 15 000 Umdr./min und damit mittlere Zugriffszeiten von 2 ms erreicht werden. Die Kapazität lag bei ca. 10^5 Bit. Heute werden Trommelspeicher fast nur noch als Hintergrundspeicher verwendet. Man erreicht bei Kopfabständen von 10 bis 50 µm thermisch und mechanisch stabile Konstruktionen und eine Schreibdichte von 20 bis 40 Bit/mm. Die Anzahl der Spuren auf der Trommel liegt größtenteils zwischen 100 und 1 000. Bei Hintergrundspeichern ist vor allem eine große Kapazität von Bedeutung. Deshalb erhalten solche Speicher relativ große Trommeln mit Durchmessern und Längen bis ca. 500 mm. Man erreicht damit Kapazitäten bis etwa 10^8 Bit. Natürlich muß bei großen Trommeln die Umdrehungszahl kleiner gewählt werden. Damit steigt die Zugriffszeit entsprechend an. Die Umdrehungszahl bei ausgeführten Trommelspeichern, die als Hintergrundspeicher Verwendung finden, liegt zwischen 1 500 und 6 000 Umdr./min.

Um einen möglichst kleinen Spurabstand ($\approx$ 1 mm) realisieren zu können, werden die Schreib-Leseköpfe längs Schraubenlinien auf dem Kopfträgerzylinder angeordnet. Sie müssen einzeln justierbar sein oder man verwendet eine bei Plattenspeichern übliche Konstruktion, wobei jeder Kopf beweglich ist und durch entsprechende Formgebung durch die von der Trommel mitgeführten Luftschichten im richtigen Abstand von der Trommeloberfläche gehalten wird.

Um zu einer gewünschten Information auf der Trommel zu gelangen, muß zunächst die richtige Spur über einen entsprechenden Kopf, der über eine Matrix oder Baumschaltung gefunden wird, ausgewählt werden. Die richtige Stelle innerhalb der Spur findet man dann mit Hilfe einer besonderen Taktspur (vgl. 9.3.1.2).

9.3.3 Plattenspeicher

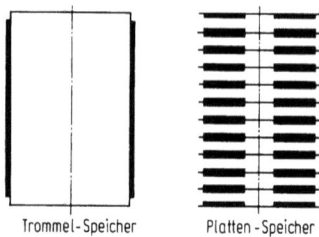

Abb. 149
Gegenüberstellung der für die Speicherung ausnutzbaren Oberflächen, beim Trommel- und Plattenspeicher

Beim Trommelspeicher kann nur die Zylinderoberfläche für die Speicherung verwendet werden. Baut man einen gleich großen Zylinder aus einzelnen Platten auf, deren Abstand so gewählt wird, daß gerade ein Abtastkopfpaar dazwischen paßt, so wird die für die Speicherung verwendbare Oberfläche in erster Näherung proportional dem Zylindervolumen. Dieser an sich einfache Gedanke konnte zunächst nicht verwirklicht werden, da es unmöglich ist, den relativ dünnen Platten eine so gute Rundlaufgenauigkeit zu geben, daß der geringe Kopf-Schichtabstand von einigen zehn µm beherrscht werden konnte. Außerdem scheiterte die Ausführung an genügend starren Kopfhalterungen. Erst als man die schwimmende Lagerung der Magnetköpfe sicher beherrschte, konnte man an die Konstruktion funktionssicherer Plattenspeicher gehen.

Bei der schwimmenden Lagerung werden die Köpfe durch ein Luftkissen gegenüber der Schicht abgestützt und auf einen Abstand von 5 bis 10 µm gehalten. Dieses Luftkissen entsteht entweder durch die von der Plattenoberfläche mitgeführte Luftschicht und einer tragflügelähnlichen Ausbildung des der Schicht zugewandten Kopfendes oder durch das Ausblasen von Preßluft aus einer Bohrung in der Mitte des Kopfes. Dadurch wird der Kopf gegen die Schicht gepreßt (hydrodynamisches Paradoxon). Durch eine entgegenwirkende Federkraft und entsprechender Luftgeschwindigkeit kann der Abstand Kopf-Schicht eingestellt werden. Wird die Masse des Kopfes klein gehalten, so kann der Kopf kleinen Schlagbewegungen der Scheibe folgen.

Ebenfalls durch die schwimmende Kopflagerung bedingt können beim Plattenspeicher die Köpfe leicht beweglich angeordnet werden. Man braucht also nicht für jede Spur einen Kopf vorzusehen. Natürlich erhöht eine solche

9.3 Bewegte magnetische Schichten als Datenträger

Kopfbewegung die Zugriffszeit. Manchmal wird daher auch beim Plattenspeicher für jede Spur ein Kopf vorgesehen. Man spricht dann von Plattenspeichern mit Trommelcharakteristik. Bei den meisten Plattenspeichern macht man die Köpfe radial verschiebbar. Seltener wird nur ein Kopfpaar vorgesehen, welches radial und axial verschiebbar ist.

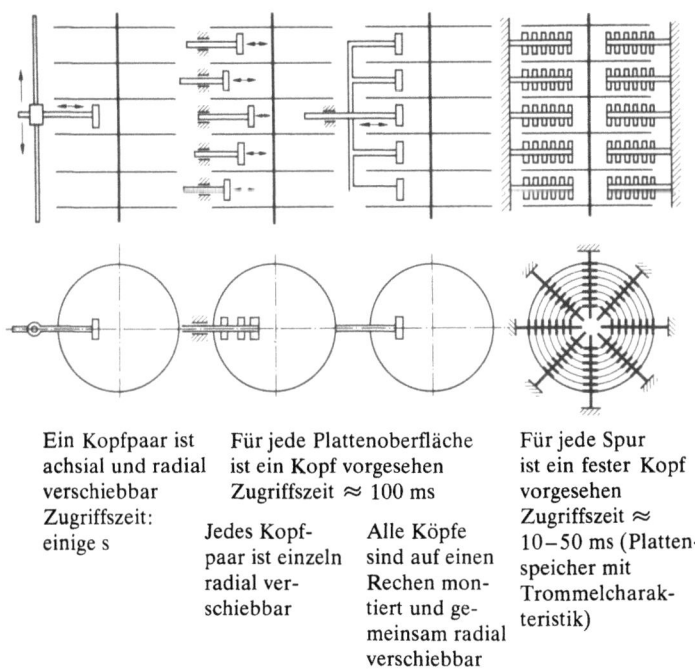

Ein Kopfpaar ist achsial und radial verschiebbar Zugriffszeit: einige s	Für jede Plattenoberfläche ist ein Kopf vorgesehen Zugriffszeit ≈ 100 ms	Für jede Spur ist ein fester Kopf vorgesehen Zugriffszeit ≈ 10–50 ms (Plattenspeicher mit Trommelcharakteristik)
	Jedes Kopfpaar ist einzeln radial verschiebbar	Alle Köpfe sind auf einen Rechen montiert und gemeinsam radial verschiebbar	

Abb. 150   Kopfanordnungen bei Plattenspeichern

Die Kapazität ist beim Plattenspeicher durch die Anzahl der Platten, durch den Durchmesser derselben, durch die Zahl der Spuren pro mm und durch die Bitdichte innerhalb der Spur bestimmt. Wie hoch man mit diesen Werten gehen kann, hängt davon ab, ob man die Platten des Speichers auswechselbar vorsieht oder nicht.

Bei festen Plattensätzen haben die Scheiben Durchmesser zwischen 50 und 100 cm, die Anzahl der Platten pro Turm kann bis 50 betragen, es werden bis zu vier Spuren pro mm und Schreibdichten bis 80 Bit/mm beherrscht. Das führt zu Kapazitätswerten, die an Größenordnungen von 10^{10} Bit heranreichen.

Anders bei auswechselbaren Plattentürmen; hier liegen die Plattendurchmesser bei 30 bis 40 cm, es werden höchstens sechs Platten pro Turm verwendet und der Spurabstand muß wegen der Auswechselbarkeit etwas größer gewählt werden, man beherrscht etwa zwei Spuren pro mm. Hier erreicht man Kapazitäten bis zu 10^8 Bit.

Die Umdrehungszahl der Platten liegt je nach Durchmesser und festen oder auswechselbaren Platten zwischen 1 500 und 4 000 Umdr./min.

Um einen bestimmten Platz auf den Magnetschichten eines Plattenspeichers finden zu können, muß neben der Spurnummer noch die Nummer der Plattenoberfläche angegeben werden. Beim Verkehr mit den Plattenspeichern werden wie bei jedem Hintergrundspeicher nur größere Informationseinheiten transportiert. Man teilt daher die Spuren in größere Abschnitte, sogenannte Sektoren, ein, die adressiert werden können. Um nicht zu einem zu großen Unterschied in der Schreibdichte zu kommen, werden auf den inneren Spuren weniger Sektoren angeordnet als auf den äußeren. Werden Spuren mit gleichen Spurnummern, die auf verschiedenen Plattenseiten angeordnet sind zu einer Informationseinheit zusammengefaßt, so spricht man von einem *Zylinder*. Bei Plattenspeichern mit hohen Schreibdichten ist es nicht möglich die mechanische Konstruktion so starr auszuführen, daß man mit den Spuren eines Zylinders z. B. byteparallel verkehren kann.

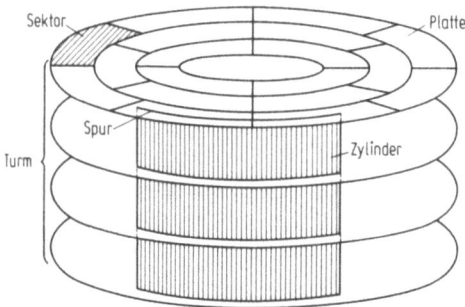

Abb. 151
Einteilung eines Plattenturms

9.3.4 Magnetbandspeicher

Als Informationsträger werden hier Kunststoffbänder, die eine magnetisierbare Schicht tragen, verwendet. Die Kunststoffschicht ist je nach Festigkeit des verwendeten Materials 25 bis 40 µm stark, die Magnetschicht ca. 8 bis 20 µm. Die Breite der Bänder beträgt entweder 1 oder ½", neuerdings werden auch Versuche mit ¼" Bändern gemacht, die von Tonbandgeräten her bekannt sind. Die üblichen Bandlängen liegen bei 500 bis 1 600 m, wobei 750 m die meist verwendete Länge darstellt.

Im Gegensatz zu den bisher besprochenen magnetomotorischen Schichtspeichern hat die magnetisierbare Schicht beim Bandspeicher direkten Kon-

9.3 Bewegte magnetische Schichten als Datenträger

takt mit dem Kopf. Der Band- und Kopfabrieb bleibt bei den verwendeten Laufgeschwindigkeiten von 2,85 m/s (112,5″/s) oder 1,90 m/s (75″/s) bzw. 0,95 m/s (37,5″/s) in Grenzen. Man beherrscht Schreibdichten bis zu 64 Bit/mm. Dieser Wert erscheint, verglichen mit den Bitdichten der Plattenspeicher (80 Bit/mm), gering, da man ja wegen des Kontakts Kopf-Schicht zu besser konzentrierten Feldern kommen müßte. Bei den Bandgeräten kann jedoch dieser Gewinn nicht ausgenutzt werden, da man die Bandführung an den Köpfen nicht so exakt beherrscht.

Bei den Bandspeichern erreicht man Kapazitäten bis zu max. 10^9 Bit pro Bandspule. Auf einem $1/2''$ Band können bis zu 9 Spuren aufgezeichnet werden. Meist werden diese Spuren parallel gelesen und beschrieben. Dabei wird die Information eines Bytes übertragen. Wegen der bei Beschleunigungs- und Verzögerungsvorgängen auftretenden Längskräfte lassen sich Längsdehnungen nicht vermeiden. Durch diese Dehnungen werden zeitliche Verschiebungen der byteparallelen Signale verursacht, wenn die Kopfspalte für die einzelnen Spuren in der Längsrichtung des Bandes versetzt ist. Daher ist es notwendig, alle zu einem Byte gehörigen Aufzeichnungen auf einer Linie senkrecht zur Laufrichtung anzuordnen. Die Köpfe können also nicht wie beim Trommel- oder Plattenspeicher versetzt angebracht werden. Man muß die Köpfe auf relativ kleinem Raum zusammenbringen und bei der Konstruktion darauf achten, daß ein „Übersprechen" vermieden wird. Die folgende Abbildung zeigt einen Doppelkopf, wie er in Bandgeräten verwendet wird.

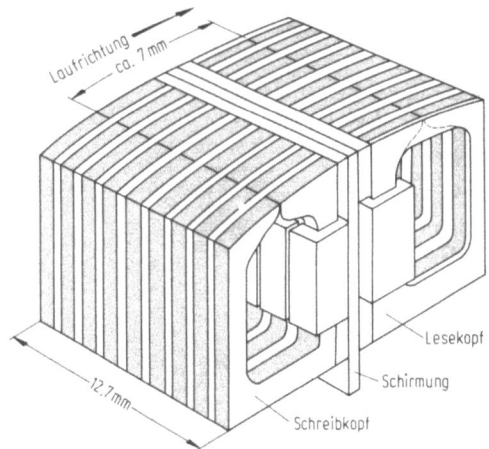

Abb. 152
Lese-Schreib-Doppelkopf
für Bandgeräte

Damit beim Lesen wirklich nur die Information der jeweiligen Spur abgenommen wird, führt man die Leseköpfe etwas dünner als die Schreibköpfe aus. Ein wichtiges Problem ist die flatterfreie Führung des Bandes über die Köpfe, die außerdem kein Schief- oder Querlaufen des Bandes zulassen darf. Bei höheren Schreibdichten ist ein Schieflaufen nur bis zu einer Winkelminute zulässig, ein Querlaufen bis zu ± 0,01 mm.

Als Aufzeichnungsart eignet sich die Richtungs- oder Wechselschrift, in neuerer Zeit bei größeren Schreibdichten wird jedoch immer häufiger die Richtungstakt- oder Wechseltaktschrift verwendet. Wie auch bei den anderen magnetomotorischen Speichern erhält die Zwischenelektronik, die die Information an das Kanalwerk weitergibt, ihren Takt vom Band. Statt einer besonderen Taktspur verwendet man häufig für die Aufzeichnung einen Code, bei dem kein Zeichen durch lauter O verschlüsselt wird. Der Takt kann daher aus einer Oder-Verknüpfung der Ausgangssignale sämtlicher Leseköpfe erhalten werden.

9.3.4.1 Maßnahmen zur Erkennung und Korrektur von Fehlern bei Bandspeichern

Trotz Einhaltung engster Toleranzen bei der Herstellung der Bänder und bei der Bandführung über die Köpfe ist die Übergangsstelle Band-Kopf dennoch eines der schwächsten Glieder innerhalb einer Rechenanlage. Es müssen deshalb umfangreiche Einrichtungen vorgesehen werden, um hier auftretende Fehler zu erkennen und nach Möglichkeit zu korrigieren. Der Code auf dem Band weicht daher im allgemeinen von dem in der übrigen Anlage verwendeten ab. Man fügt einem Byte bzw. einer Bitgruppe grundsätzlich noch ein Paritybit hinzu und prüft auf gerade oder ungerade Quersumme. Dazu wird mit Hilfe eines Doppelkopfes (Abb. 152) jede auf das Band geschriebene Information meist unter erschwerten Bedingungen, die z. B. durch die Erhöhung der Ansprechschwelle der Leseverstärker erhalten werden, zur Prüfung gelesen. Wird ein unrichtiger Code festgestellt, so wird das Band um eine Blocklänge zurückgesetzt und der Schreibvorgang wiederholt. Tritt bei der Wiederholung der Fehler an der gleichen Stelle wieder auf, so kann auf eine fehlerhafte Stelle im Band geschlossen werden. In diesem Fall wird automatisch das Bandstück vom Blockanfang bis zur fehlerhaften Stelle ausgelassen und der Block weiter nach hinten geschrieben werden. Vielfach verprobt man die einzelnen Blöcke noch dadurch, daß man für jede Spur ein Längsparitybit hinzufügt. Durch das Längsparitybit können auch noch Fehler innerhalb des Blockes erkannt werden, die durch zwei fehlerhafte Bit innerhalb eines Bytes unerkannt bleiben würden. Statt einfach die Längssumme innerhalb eines Blocks über eine Spur zu bilden, werden vielfach, etwa durch die Anwendung zyklischer Codes, wirksamere Kontrollen eingesetzt.

Manchmal vergleicht man auch die beim Prüflesen gewonnene Information direkt mit der Information im Pufferspeicher oder Arbeitsspeicher, die in diesem Falle noch erreichbar sein muß. Durch letzteres Verfahren wird jedoch das Kanalwerk zusätzlich belastet. Insbesondere bei großen Schreibdichten müßte der Pufferspeicher bei einem Abstand von Schreib- und Lese-

9.3 Bewegte magnetische Schichten als Datenträger

kopfspalte von ca. 7 mm mehrere hundert Worte lang sein, um den Vergleich durchführen zu können.

9.3.4.2 Das Laufwerk

Die Bandspeicher sind so eingerichtet, daß Information nur blockweise geschrieben und gelesen werden kann. Es ist möglich, mit fester oder variabler Blocklänge zu arbeiten. Um das Band auf die notwendige Geschwindigkeit vor einem Übertragungsvorgang zu bringen und es nach einem solchen wieder zu stoppen, sind nichtbeschriebene Abschnitte zwischen den Blöcken vorzusehen. Damit die Länge dieser Abschnitte kurz bleibt, muß man, da auf das Band nur begrenzte Kräfte zur Beschleunigung bzw. Verzögerung einwirken dürfen, die Masse des Bandes, dessen Geschwindigkeit verändert werden soll, so klein wie möglich halten. Man erreicht dies, indem man die Bandmasse auf den Spulen zunächst nicht mitbeschleunigt. Dazu schaltet man zwischen Bandspulen und dem Bandstück über den Köpfen zwei losehängende Schleifen ein. Wird das mittlere Bandstück durch den Andruck an eine laufende bzw. stillstehende Rolle beschleunigt oder verzögert, so verändern sich die Längen der Schleifen. Die Schleifenlängen werden optisch, pneumatisch oder durch ihr Gewicht ständig gemessen und über einen Regelmechanismus, der die Wickelmotore nachsteuert, auf gleiche Länge gehalten. Auf diese Weise gelingt es, einen Blockabstand mit 18 mm ($^3/_4''$) zu beherrschen.

Viele Laufwerke sind so eingerichtet, daß sie das Band auch rückwärts lesen können. Man erspart sich damit in vielen Fällen das zeitaufwendige Rückspulen. Ein bestimmter Block auf dem Band kann entweder dadurch erreicht werden, daß man die Operationen, „gehe einen Block voran bzw. zurück", vorsieht und in einem speziellen Programm über die auf dem Band stehenden Informationsblöcke Buch führt. Will man bei einem nach dieser Methode organisierten Gerät ein um viele Blöcke weiter vorne oder hinten liegendes Stück erreichen, so muß das Band viele Male nach jedem Blockende kurz angehalten werden. Dies kann vermieden werden, wenn man in den Bandtransportanweisungen auch die Operationen, „gehe um n Blöcke vor oder zurück", vorsieht. Man kann auch jedem Block an geeigneter Stelle ein Kennzeichen, z. B. eine laufende Nummer, zuordnen. Diese Kennzeichen werden beim Vor- oder Rücklauf gelesen, mit dem Vergleichszeichen verglichen und das Band an den Anfang (oder an das Ende) des gefundenen Blocks gefahren. Es sei erwähnt, daß alle Bandlaufwerke so eingerichtet sein müssen, daß auch während des schnellen Vor- und Rücklaufs wenigstens die Blockgrenzen erkannt werden können. Das Band darf also während dieser Operation nicht von den Köpfen gehoben werden. Die einzige Ausnahme wäre das Rückspulen eines Bandes, hier könnte dasselbe zur Schonung vom Kopf getrennt werden.

Viele Störungen werden durch Staubpartikelchen verursacht, die zwischen Band und Kopf gelangen. Um das Eindringen von Staub in die Bandgeräte zu verhindern, werden diese nur bei geschlossener Fronttür betrieben, im In-

214   9 Die peripheren Geräte

nern wird ein konstanter Überdruck aufrechterhalten, der aus gefilteter Luft erzeugt wird. So kann keine staubbeladene Luft eindringen.

Neben den Spulenlaufwerken findet man ab und zu auch Schleifenlaufwerke. Hier wird eine endlose Bandschleife verwendet, die meist frei in einen Trog fällt und dort einen gewissen Vorrat bildet. Solche Geräte lassen nur eine begrenzte Laufgeschwindigkeit zu. Es sind aber auch Konstruktionen bekannt geworden, bei denen das endlose Band im Trog zickzackförmig geführt wird. Die Bandlänge in Schleifenlaufwerken liegt zwischen einigen Metern und ca. 100 m.

Die bezüglich der Laufrichtung hinter den Köpfen befindliche Antriebsrolle wirkt als mechanisches Filter

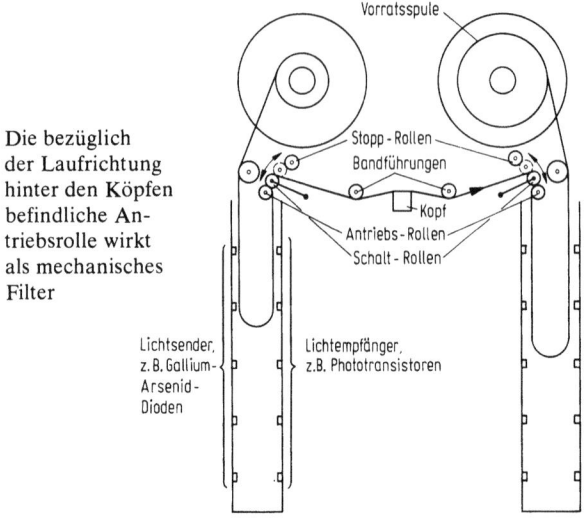

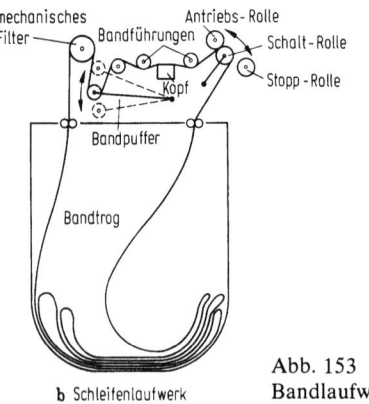

Abb. 153
Bandlaufwerke

9.3.5 Magnetkartenspeicher

Zum Schluß des Kapitels magnetomotorische Schichtspeicher sei noch kurz der Magnetkartenspeicher erwähnt. Er wurde seinerseits entwickelt, um aus Datenmengen, vergleichbar mit denen, die durch ein Magnetband festgehalten werden können, mit einer Zugriffszeit von einigen 100 ms beliebig gelegene Informationsmengen herauszugreifen. (Bei Bandgeräten kann die Zugriffszeit ungünstig gelegener Blöcke in der Größenordnung der Minute liegen).

Eine gewisse Anzahl n (n = Zweierpotenz, z. B. 256) Magnetkarten, ähnlich aufgebaut wie ein Magnetband, tragen am oberen Rand Einkerbungen, die entweder an der linken oder an der rechten Seite hakenförmig ausgebildet sind. Durch sie sind Profilstangen gesteckt, von denen jede um einen gewissen Winkel drehbar ist. Je nachdem, ob eine Stange die eine oder die andere Stellung einnimmt, greift sie in einen Haken ein oder nicht. Die Haken sind nun so angeordnet, daß bei jeder der n möglichen Einstellungen der Stangen genau eine Karte herunterfällt. Sie wird auf pneumatischen Weg auf eine Trommel gesaugt, dort gelesen oder beschrieben und danach wieder in den Kartenstapel zurückgebracht.

Dem mechanisch komplizierten Kartenspeicher steht heute der wesentlich einfacher aufgebaute Plattenspeicher mit auswechselbaren Plattentürmen gegenüber.

9.4 Lochkartengeräte und Lochstreifengeräte

9.4.1 Allgemeine Gesichtspunkte

Als Datenträger wird bei diesen Geräten Papier oder dünner Karton verwendet. Die Information wird mittels eines Stanzwerkzeuges, welches an bestimmten Stellen des Trägermaterials Löcher stanzt oder nicht, auf dasselbe aufgebracht. Die Größe des Stanzwerkzeugs wird so ausgelegt, daß Gruppen, die durch das Trägermaterial gegeben sind, parallel gestanzt werden können.

Solche Gruppen sind z. B. eine Lochreihe senkrecht zur Bewegungsrichtung eines Lochstreifens oder eine Spalte bzw. eine Zeile einer Lochkarte. Bei schnellen Lochkartenstanzern werden die Stanzwerkzeuge auch für die Parallellochung aller Löcher einer Karte vorgesehen. Die Betätigung der Stempel erfolgt nur bei sehr langsamen Geräten auf direktem Weg, d. h. z. B. durch Magnetspulen, die von der ankommenden Information erregt werden und die dann dem Stempel den nötigen Kraftimpuls, der zur Durchführung des Stanzvorgangs ausreicht, mitteilen. Zu wesentlich höheren Stanzgeschwindigkeiten kommt man durch die indirekte Methode. Hier wird die Stanzbewegung für alle Stempel durch einen Antriebsmotor erzeugt. Ob ein bestimmter Stempel diese Bewegung zu einem bestimmten Zeitpunkt mitmacht oder nicht, hängt von der Stellung einer Mitnehmerklinke ab, die über einen kleinen Elektromagnaten von der ankommenden Information betätigt wird. Da diese Klinken nur kleine Massen haben, bleiben trotz hoher Geschwindigkeiten die zu überwindenden Trägheitskräfte und damit der Verschleiß klein.

Das Abfragen der aufgebrachten Information, wobei ein Loch meist ein L, kein Loch eine O bedeutet, kann entweder bei ruhendem oder bewegtem Datenträger erfolgen. Wird die Abtastung bei ruhendem Datenträger vorgenommen, so müssen Einrichtungen für eine schrittweise Fortbewegung desselben vorgesehen werden. Die Abtastung erfolgt mit Hilfe kleiner Fühlstifte, die gegen das geeignete abgestützte Trägermaterial gedrückt werden und im Falle eines Loches eine kleine Bewegung machen. Diese wird auf einen Kontaktsatz übertragen. Mit solchen Lesegeräten erreicht man Geschwindigkeiten bis zu ca. 20 Lochgruppen/sec. Sollen höhere Geschwindigkeiten beim Lesen erreicht werden, so muß man mit kontinuierlich bewegten Datenträgern arbeiten. Hier kann man folgende Leseverfahren anwenden:
1. Bürstenabfühlung
2. Optische Abtastung: a) mit sichtbarem Licht
                        b) mit infrarotem Licht
3. Kapazitive Abtastung

Eine Zusammenstellung der gebräuchlichsten Verfahren mit den wichtigsten Eigenschaften zeigt Abb. 154.

Da die Fehlerhäufigkeit bei den Stanz- und Lesevorgängen der Karten- und Streifengeräte etwa vergleichbar ist mit den Übertragungsfehlern bei Bandgeräten, müssen wie dort Übertragungskontrollen eingebaut werden. Bei den Stanzgeräten wird deshalb vielfach die Bewegung der einzelnen Stempel registriert und mit der Information verglichen, die diese Bewegung ausgelöst hatte. Sicherer ist es jedoch, wenn man durch einen besonderen Prüflesevorgang die wirklich gestanzten Löcher abliest. Die Prüflesestation sollte, um einen möglichst kleinen Pufferspeicher zu erhalten, in dem die den Stanzvorgang ausgelöste Information solange aufbewahrt werden muß, bis der Lesevorgang abgeschlossen ist, möglichst nahe an der Stanzstation angebracht sein. Handelt es sich um einen optischen Leser, so entsteht die Schwierigkeit, daß dieser durch den vom Stanzvorgang herrührenden Staub in seiner Funktion beeinträchtigt wird. Deshalb sind besondere konstruktive Maßnahmen und ein Kompromiß bezüglich des Pufferspeichers notwendig.

Beim Lesen werden entweder zwei identische Lesestationen hintereinander angeordnet und die Ausgangsinformation beider ständig verglichen, oder man ordnet bei einem lichtelektrischen Leser in einer Lesestation zwei unabhängig arbeitende Systeme um einen gewissen Winkel versetzt an.

Locher und Leser kann man entweder mit der ihnen eigenen Geschwindigkeit frei laufen lassen; man spricht dann von *Dauerdurchlaufbetrieb*. In diesem Fall wird die das Gerät versorgende Elektronik, z. B. das der Peripherie zugewandte Register des Kanalwerks, vom Leser oder Locher synchronisiert. Oder man stoppt und startet diese Geräte nach jedem bzw. vor jedem zu übertragenden Zeichen; man spricht dann vom *Einzelabruf*. Hier wird also der

9.4 Lochkartengeräte und Lochstreifengeräte

Verfahren	Fühlstifte	Kontaktbürsten	Optisch	Infrarot	Kapazitiv
Skizze des Verfahrens	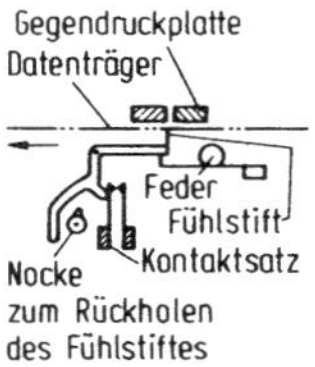 Gegendruckplatte, Datenträger, Feder, Fühlstift, Kontaktsatz, Nocke zum Rückholen des Fühlstiftes	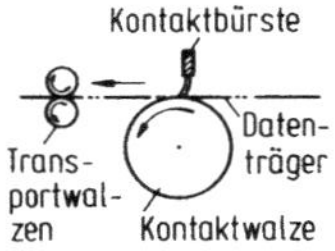 Kontaktbürste, Datenträger, Kontaktwalze, Transportwalzen	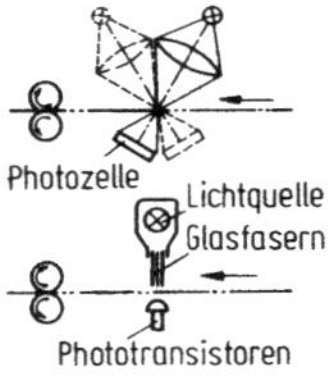 Photozelle, Lichtquelle, Glasfasern, Phototransistoren	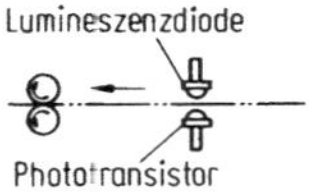 Lumineszenzdiode, Phototransistor	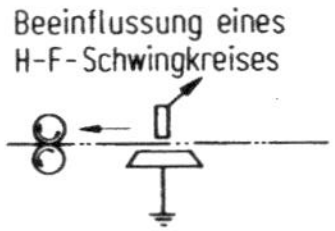 Beeinflussung eines H-F-Schwingkreises
Max. Lesegeschwindigkeit (Zeichen/sec)	bis 20	bis 200	bis 2 000	bis 2 000	bis 2 000
Vorteile		Einfacher Aufbau nicht staubempfindlich	Keine mechanische Beanspruchung des Datenträgers außer durch die Transportrollen. Bei der Version mit Linsen besteht die Möglichkeit, die Lese- und die Prüflesestation an einer Stelle unterzubringen	Einfacher Aufbau, einfache Justierung. Unempfindlich gegen Fremdlichteinflüsse	Unempfindlicher gegen Papierstaub in den Löchern als die optischen Leser. Unempfindlich gegen Fremdlichteinflüsse
Nachteile	Langsam. Kontaktunsicherheiten. Diskontinuierlicher Vorschub des Datenträgers, damit größere Abnützung	begrenzte Geschwindigkeit. Abrieb an den Bürsten, an der Kontaktwalze u. am Datenträger	Empfindlich gegenüber Staub im Strahlengang. Lichtquelle hat begrenzte Lebensdauer. Beim Auswechseln in derselben ist eine Neujustierung notwendig	Empfindlich gegenüber Staub im Strahlengang	Komplizierte Eingangsschaltung. Stellt besondere Anforderungen an die Papierqualität des Datenträgers

Abb. 154 Abtastverfahren für Lochkarten- und Lochstreifengeräte

Leser oder Locher von den Einheiten synchronisiert, die Information aufnehmen oder abgeben. Natürlich wird man wegen der geringeren Geräteabnützung und der größeren Übertragungsrate wo immer möglich den Dauerdurchlaufbetrieb anstreben, selbst wenn man dabei einen zusätzlichen Pufferspeicher benötigen sollte. Die Geschwindigkeit der Lochstreifen, wie auch der Lochkartengeräte liegt weit unter der, mit welcher Daten von der Zentraleinheit einer elektronischen Rechenanlage angenommen oder abgegeben werden können. Deshalb vermeidet man bei größeren schnellen Anlagen den direkten Datentransport von und zu diesen Peripheriegeräten *(on – line – Betrieb)*. Man läßt die Eingabedaten, die im allgemeinen von einer ganzen Reihe von Problemen stammen können, zuerst auf ein Magnetband laufen und arbeitet anschließend dieses Band ab. Umgekehrt setzt man die Ausgabeinformation erst auf Band ab und führt sie von dort der eigentlichen Ausgabemaschine (Lochkarten – Lochstreifenstanzer, Schnelldrucker) zu (vgl. auch 9.5.1). Die Umsetzung der Daten von dem langsamen Datenträger auf das Magnetband und umgekehrt kann entweder mit Hilfe eines kleinen Satellitenrechners erfolgen oder man sieht Kanalwerke vor, die eine autonome Steuerung besitzen. Bei modernen Anlagen wird durchwegs der letztere Weg gegangen.

9.4.2 Lochstreifengeräte

Die Lochstreifengeräte in der Datenverarbeitung haben sich aus den Geräten der Fernschreibtechnik entwickelt. Die Fernschreibtechnik verwendet 5-Kanal-lochstreifen mit einer zusätzlichen Transportlochung, die zur Erzeugung von Synchronisationssignalen verwendet werden kann. Mit fünf möglichen Löchern pro Zeile lassen sich mit Hilfe von zwei Fluchtsymbolen (Buchstaben, Ziffern) etwa 60 verschiedene Zeichen darstellen. Würde man die Daten eines Lochstreifens direkt abspeichern, so wäre die Bedeutung eines einzelnen 5-er-Zeichens noch davon abhängig, ob das letzte gespeicherte Fluchtsymbol „Buchstabe" oder „Ziffer" war. Das bringt jedoch einigen Aufwand bei der alphanumerischen Zeichenerkennung mit sich. Deshalb verwendet man bei Geräten, die in der Datenverarbeitung eingesetzt sind, besser 6-, 7- oder auch 8-Kanal-Lochstreifen. Meist lassen sich die Lochstreifengeräte leicht auf verschiedene Anzahl von Kanälen umstellen.

Man unterscheidet langsame Lochstreifengeräte, die bis zu 50 Zeichen in der Sekunde verarbeiten, und schnelle Geräte. Langsame Geräte werden in der Fernschreibtechnik, bei der Steuerung von Werkzeugmaschinen und Zeichentischen sowie zur Ein- und Ausgabe kleinerer elektronischer Rechenanlagen benützt. Für die direkte Kopplung mit Geräten, die höhere Übertragungsraten haben, in der Regel handelt es sich um mittlere elektronische Rechenanlagen, sind Lochstreifenleser bis zu etwa 1 000 Zeichen/sec und Stanzer bis zu 300 Zeichen entwickelt worden. Während bei den langsamen Geräten der Lochstreifen im allgemeinen frei ohne besondere Vorrichtungen zu- und abgeführt werden kann, arbeiten die schnellen Geräte nur dann einwandfrei, wenn besondere Auf- und Abwickelvorrichtungen für den Streifen vorgesehen werden.

Der Streifentransport muß so eingerichtet sein, daß er sowohl für den Durchlaufbetrieb, wie auch für den Einzelabruf geeignet ist. Man kann den Streifen entweder durch ein mit einer geeigneten Verzahnung versehenem Rad, welches in die Transportlochung eingreift, oder durch zwei glatte Walzen transportieren lassen. Beim Einzelabruf und beim Lochen, wo der Streifen immer diskontinuierlich bewegt wird, muß insbesonders bei schnellen Geräten darauf geachtet werden, daß nur ein kleines Stück des Streifens beschleunigt und verzögert werden muß und daß die Masse des Antriebsrades oder Rolle möglichst klein bleibt. Ein schnell ein- und ausschaltbarer Streifenvorschub läßt sich z. B. dadurch erreichen, daß man eine leichte Transportwalze elektromagnetisch entweder an eine ruhende oder an eine mit konstanter Geschwindigkeit laufende Scheibe drückt.

9.4.3 Lochkartengeräte

Die Lochkarte als Datenträger hat gegenüber dem Lochstreifen den Vorteil, daß die Datenmenge durch die einzelnen Lochkarten in Einheiten unterteilt wird, die leicht ausgetauscht werden können. Außerdem sind Lochkarten robuster als Lochstreifen, was jedoch auch zu unhandlichen und schweren Transporteinheiten führt. Wegen der erstgenannten Eigenschaft gibt es außer den Lochkartenlesern und Stanzern noch besondere Maschinen zum Mischen und Sortieren von Karten. Hier sollen aber nur die zur direkten Peripherie gehörigen Kartenleser und -stanzer besprochen werden.

Die Karten, die gelesen oder gestanzt werden sollen, befinden sich stapelweise in einem Magazin (Abb. 155). Die unterste Karte kann durch eine Friktionswalze durch einen Spalt hindurch, der die Weite einer Kartenstärke hat, zwei Transportwalzen zugeführt werden, die sie weiter zur Lese- oder Stanzstation befördern. Statt der Walzen trifft man insbesondere bei langsameren Geräten einen Schieber an, der am hinteren Ende eine Nase hat, deren Höhe gleich einer Kartenstärke ist. Der Schieber befördert die Karten direkt zur Lese- bzw. Stanzstation. Bei den meisten Geräten erfolgt das Abtasten und Lochen zeilenweise. Da die Information jedoch spaltenweise codiert ist, muß bei diesen Anlagen ein Pufferspeicher mit einer Kapazität von mindestens einem Karteninhalt vorgesehen werden. Mit solchen Einheiten wird beim Stanzen eine Geschwindigkeit bis zu 500 Karten/min erreicht. Für kleinere Lese- und Schreibgeschwindigkeiten werden Maschinen gebaut, bei denen das Lesen und Stanzen spaltenweise geschieht. Bei ihnen kann, sieht man von einer Prüfleseoperation ab, ein Pufferspeicher entfallen. Man baut aber auch Anlagen, die alle zur Information gehörigen Löcher auf einer Karte gleichzeitig einstanzen bzw. ablesen. Die Prüfleseoperation beim Stanzen und Lesen von Lochkarten sollte zur Normalausrüstung eines jeden Gerätes gehören. Es werden die in 9.4.1 beschriebenen Verfahren angewandt. Wird bei der Prüfung ein Fehler bemerkt, so wird die betreffende Karte in einem Sonderfach abgelegt und die Anlage gestoppt. Sehr häufig wird als Ein-Ausgabegerät für elektronische Rechenanlagen eine in einer Maschine kombinierte Lochkartenstanz- und Leseeinrichtung verwendet.

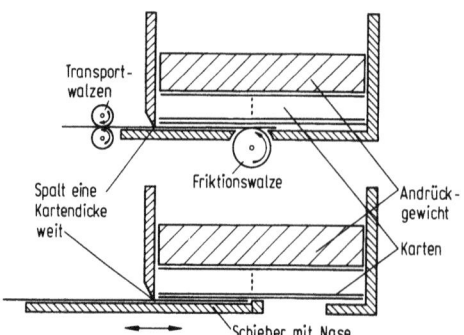

Abb. 155
Kartenzuführungsmechanismen

9.5 Druckwerke

9.5.1 Allgemeines

Druckwerke dienen dazu, die in elektrischer Darstellung vorliegende Information in eine für den Menschen lesbare Form umzuwandeln. Man kann sie je nachdem, ob der Druck mechanisch oder nichtmechanisch erfolgt, in zwei Gruppen einteilen. Jede dieser beiden Gruppen kann man wieder danach unterteilen, ob ein Zeichen als ganzes ausgedruckt wird; man spricht dann vom *Typendruck* oder ob das Zeichen elementweise geschrieben wird; in diesem Fall spricht man vom *Elementdruck*. Außer durch das Druckverfahren wird die Form und die Größe der Druckgeräte hauptsächlich von der geforderten Geschwindigkeit bestimmt. Für kleinere Geschwindigkeiten, d. h. bis zu etwa 20 Zeichen/sec verwendet man im allgemeinen elektrisch gesteuerte Typenhebel- oder Kugelkopfeinheiten. Bei Geschwindigkeiten bis zu ca. 100 Zeichen/sec kann man Elementdrucker verwenden, bei denen das zu druckende Zeichen aus Nadeln geformt wird. Diese Nadeln sind zu einer 4×5 oder besser zu einer 5×7 Matrix zusammengefaßt und können elektromagnetisch nach vorne bewegt werden. Um ein bestimmtes Zeichen zu drucken, wird die interne Darstellung so umgeschlüsselt, daß ein Bitmuster entsteht, durch welches gerade jene Magnete der Nadelmatrix erregt werden, die die Nadeln nach vorne bewegen, welche das Schriftzeichen entstehen lassen. Dabei müssen nur sehr kleine Massen bewegt werden; deshalb ist es möglich, die Druckgeschwindigkeit auf relativ hohe Werte zu bringen. Bleibt die Zeit des Anschlags unter einer bestimmten Grenze, so kann die Nadelmatrix beim Drucken kontinuierlich über das Papier bewegt werden (fliegender Abdruck). Werden noch höhere Geschwindigkeiten gefordert, so muß man zu *Zeilendruckern* übergeben.

Nur selten werden Druckwerke direkt von der zentralen Einheit der Rechenanlage mit Information versorgt (on-line-Betrieb). Schon bei relativ kleinen Anlagen sind Pufferspeicher vorgesehen, aus denen die Information zeichenweise abgearbeitet wird, während die Anlage weiterrechnet. Bei größeren Anlagen wird in der Regel als Pufferspeicher ein Magnetband verwendet. Aber nicht nur die, verglichen mit den anderen Einheiten, geringe Geschwindigkeit der Druckwerke zwingt zu einem off-line-Betrieb. Gerade bei schnellen Druckwerken unterliegen manche Teile einem hohen Verschleiß. Dies führt zu gelegentlichen Ausfällen trotz intensiver Wartung. Nur beim off-line-Betrieb wird dadurch nicht der ganze übrige Betrieb aufgehalten.

9.5.2. Mechanische Zeilendrucker

Bei älteren mechanischen Zeilendruckern wurde das Schriftbild einer Zeile vor dem eigentlichen Druck durch Verschieben oder Verdrehen von Elementen, von denen jedes den gesamten Zeichenvorrat des Gerätes trägt, gebildet. Nachdem dieses geschehen ist, erfolgt schließlich der Druckvorgang. Bei numerischen Druckwerken werden als Typenelemente meist Stangen verwendet, die die Breite einer Schreibstelle haben, bei alphanumerischen Geräten würden diese Stangen etwas lang werden; hier werden deshalb Scheiben, ebenfalls eine Schreibstelle breit verwendet, auf deren Umfang sich die alphanumerischen Zeichen befinden. Die Voreinstellung und der statische Abdruck bei solchen Geräten begrenzen entweder die Geschwindigkeit, oder es treten derart große Massenkräfte auf, die den Verschleiß gewisser Geräteteile bedenklich erhöhen, so daß ihr Einsatz unrationell wird.

Alle modernen mechanischen Zeilendrucker arbeiten deshalb nach dem *fliegenden Abdruckverfahren,* d. h. zwischen Papier und Typen bleibt während des Druckvorgangs eine gewisse Relativgeschwindigkeit erhalten; die Anschlagzeit wird dabei so kurz gewählt, daß während der Kontaktzeit Papier – Type trotz der Relativbewegung beider Medien ein klares Schriftbild entsteht. Nur so können die geforderten hohen Druckgeschwindigkeiten von 300 bis 1 500 Zeilen/min bei geringem Verschleiß erreicht werden.

Mechanische Druckwerke bestehen aus vier Hauptteilen: dem Anschlagmechanismus, dem Typenträger, dem Papiervorschub und dem Einfärbmechanismus.

Die Anschlagmechanismen der verschiedenen Typen von Zeilendruckern basieren auf demselben Grundprinzip. Für jede Schreibstelle längs einer Zeile (bis zu 160) ist ein kleiner Hammer angebracht, der dann kurzzeitig betätigt wird, wenn gerade die richtige Type vorbeiläuft. Die folgende Abbildung zeigt die drei wichtigsten Arten von Typenträgern, die heute verwendet werden.

9.5.2.1 *Ansteuerung der Anschlaghämmer*

Bei den in der Abb. 156 gezeigten Zeilendruckern kommt es darauf an, daß die Anschlaghämmer in dem Moment betätigt werden, in dem an den einzelnen Schreibstellen gerade die richtigen Typen vorbeilaufen. Die für die einzelnen Typen notwendigen Ansteuerschaltungen sind ähnlich aufgebaut, so daß es genügt, sie für ein Beispiel, nämlich für den Trommeldrucker, zu erläutern.

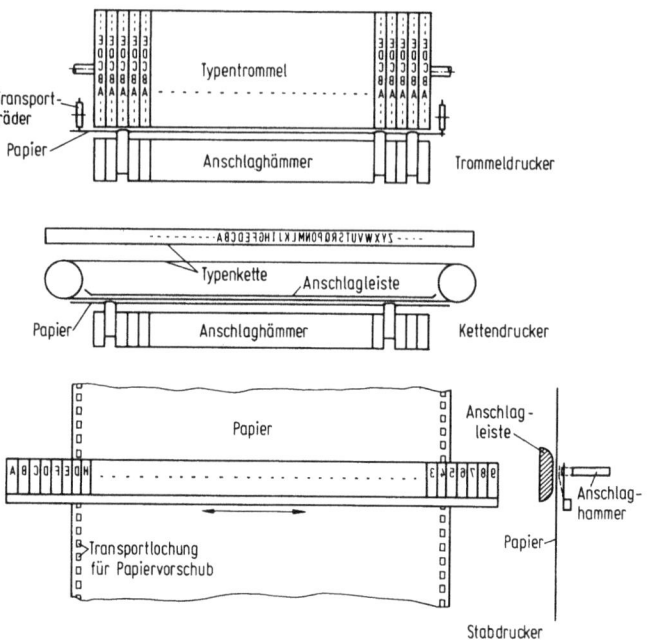

Abb. 156 Anschlagmechanismen bei Zeilendruckern

Die einzelnen Schriftzeichen werden so auf der Trommel angeordnet, daß ihre Codeworte eine aufsteigende, lückenlose Folge bilden. Ein Binärzähler mit der Stellenzahl der Codewortlänge, der synchron mit der Trommel läuft, gibt für jede Winkelstellung derselben den Code des gerade an den Hämmern vorbeilaufenden Zeichens. Die Information für eine auszudruckende Zeile wird in ein Register gegeben.

Jedes in diesem Register stehende Zeichen steht über eine Koinzidenzeinheit mit dem Binärzähler in Verbindung. Soll ein Druckvorgang ausgelöst werden, erfolgt bei einer bestimmten Stellung der Typenwalze die Aktivierung sämtlicher Koinzidenzeinheiten. Jedesmal, wenn nun der Code des gerade

9.5 Druckwerke

vorbeilaufenden Zeichens im Zähler erscheint und dieser mit irgendeinem im Register stehenden Zeichen übereinstimmt, gibt die Koinzidenzeinheit einen Impuls ab, der den Anschlaghammer auslöst. Natürlich muß im Binärzähler der Code eines Zeichens etwas früher erscheinen, als das Zeichen selbst hinter den Hämmern, weil diese ja erst beschleunigt werden müssen. Nach spätestens einer Umdrehung der Typenwalze ist der Abdruck einer Zeile beendet. Neben diesem synchronen Abdruckmodus gibt es noch den asynchronen. Hier setzt der Druckvorgang nicht bei einer bestimmten Stellung der Typenwalze ein, sondern sobald die zu druckende Information im Register steht, der Papiervorschub durchgeführt wurde und die erste Type vorbeikommt, die gedruckt werden kann. Der Druckvorgang ist beendet, wenn alle Zeichen des Registers gedruckt sind. Dies kann festgestellt werden, indem man jedes Zeichen im Register, nachdem es gedruckt ist, löscht. An der Löschung des gesamten Registers kann erkannt werden, daß der Druckvorgang einer Zeile beendet ist. Dieses asynchrone Drucken ist dann von Vorteil, wenn viele gleiche Zeichen in einer Zeile gedruckt werden, z.B. bei Kurvenausdruck.

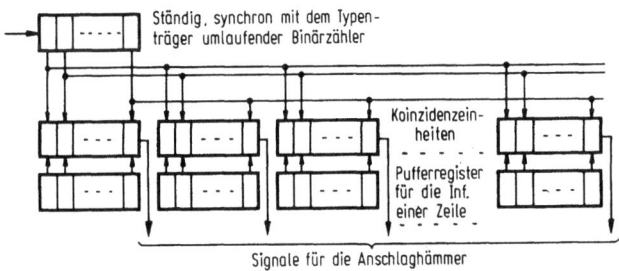

Abb. 157   Ansteuerelektronik für die Anschlaghämmer eines Zeilendruckers

9.5.3 Nichtmechanische Zeilendrucker

Auch die schnellsten der mechanischen Druckgeräte (1 500 Zeilen/min) bleiben um Größenordnungen hinter der Ausgabegeschwindigkeit elektronischer Rechenanlagen zurück. Man läßt die Information deshalb nur zeitweilig auf den Drucker laufen, sonst arbeitet man off-line mit einem Magnetbandgerät als Puffer. Aber auch die Ausgabegeschwindigkeit der Bandgeräte liegt noch um einen Faktor 2 bis 3 über der den schnellen Druckgeräte. Man hat schon vielfach versucht, die Geschwindigkeiten der mechanischen Druckgeräte der der Bandgeräte auszugleichen, doch steigt dann der Verschleiß derart an, daß solche hochgezüchteten Geräte nur kurze Zeitperioden ohne Fehler laufen. Hier bieten die nichtmechanischen Geräte einen Ausweg. Mit den schnellsten

dieser Verfahren werden Schreibgeschwindigkeiten bis zu 30 000 Zeilen/min erreicht. Folgende Verfahren eignen sich für den nichtmechanischen Druck und werden praktisch eingesetzt:
a) Elektrostatische Verfahren
b) Elektromagnetische Verfahren
c) Elektrochemische Verfahren
d) Photographische Verfahren

9.5.3.1 Elektrostatische und elektromagnetische Druckverfahren

Bei diesen Verfahren erzeugt man auf einem Hilfsträger oder auf dem Druckmedium direkt ein latentes Bild der auszugebenden Information in Form von elektrischen oder magnetischen Feldern. Dann wird der Träger mit einem elektrisch geladenen oder mit magnetischem Farbstoff betreut. Dieser bleibt nur entlang der Schriftzeichen haften. Er wird dann nach einer evtl. Übertragung auf den endgültigen Träger thermisch fixiert. Das Aufbringen der Ladung kann z.B. mit Hilfe einer Braunschen Röhre erfolgen. In die Schirmfläche dieser Röhre sind entweder eine Zeile (Elementschrift) oder auch so viele Zeilen wie es die Schrifthöhe erfordert (Typenschrift) metallische Stifte eingesetzt. Diese Stifte können nach Art des auszugebenden Zeichens durch den Kathodenstrahl geladen und entladen werden (vgl. 9.9.2.3). Direkt an diesen Stiften wird das gut isolierende Papier vorbeigeführt, auf dem durch Influenz ein entsprechendes Ladungsbild zurückbleibt. Bei elektromagnetischen Verfahren läuft ein magnetisierbarer Zwischenträger an einer Typenwalze, ähnlich wie bei einem Trommeldrucker, vorbei. Auf der Rückseite des Trägers befinden sich Magnetspulen, durch die ein magnetisches Bild der Type erzeugt werden kann. Nun wird dieser Hilfsträger mit magnetischem Farbstoff bestreut und dieser durch Andrücken des Hilfsträgers auf das Druckpapier übertragen. Anschließend wird der Hilfsträger, der als endloses Band ausgebildet ist, gelöscht. Mit elektrostatischen Verfahren erreicht man Druckgeschwindigkeiten bis 30 000 Zeilen/min, mit elektromagnetischen solche bis 1 200 Zeilen/min.

9.5.3.2 Elektrochemische Druckverfahren

Von den vielen elektrochemischen Druckverfahren eignen sich natürlich nur solche für schnelle Zeilendrucker, bei denen zur Einleitung des elektrochemischen Umsetzungsprozesses ein Stromimpuls in der Größenordnung 100 µsec ausreicht. Vielfach werden Drucker verwendet, die mit einem Spezialpapier arbeiten. Dieses Papier ist mit einer Flüssigkeit getränkt, in welcher stiftförmige Elektroden eine lokale pH-Wert-Änderung hervorrufen. An diesen Stellen wird eine Reaktion eingeleitet, die die Färbung des Papiers verursacht. Nach diesem Prinzip arbeitende Drucker erreichen eine Arbeitsgeschwindigkeit bis zu 6 000 Zeilen/min.

9.5.3.3 *Photographische Druckverfahren*

Dieses Verfahren verwendet man insbesondere dann, wenn man die ausgehende Information auf Mikrofilm festhalten will. Der Hauptbestandteil des Gerätes ist eine spezielle Braunsche Röhre, die wie folgt aufgebaut ist (vgl. Abb. 158):

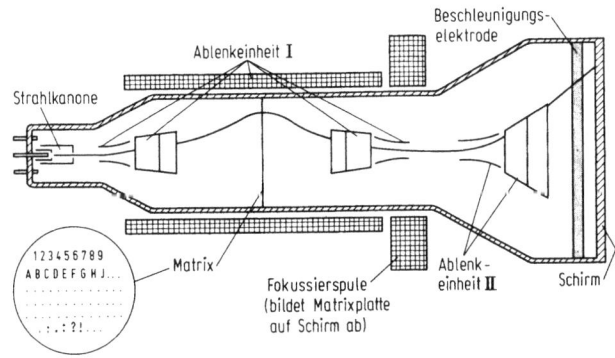

Abb. 158 Charaktron-Röhre

Ein Elektronenstrahl durchläuft zwei Ablenkeinheiten. Die erste führt ihn an eine bestimmte Stelle einer Matrixplatte. In diese Matrixplatte ist der Schriftzeichensatz eingraviert. Das Material ist so gewählt, daß der Elektronenstrahl durch das entsprechende Zeichen geformt wird. Durch eine Fokusierspule wird die Matrixplatte auf den Schirm abgebildet. Die Stelle, an der das betreffende Zeichen auf dem Schirm erscheint, bestimmt die zweite Ablenkeinheit. Der Mikrofilm wird direkt am Schirm vorbeigeführt und belichtet. Mit dieser Anordnung erreicht man Druckgeschwindigkeiten bis zu 30 000 Zeilen/min.

9.6 Plotter (X-Y-Schreiber)

Plotter dienen als Ausgabegeräte für digital und auch für analog arbeitende Rechenanlagen, wenn die auszugebende Information als Graph oder als geometrische Figur erscheinen soll. Verglichen mit elektronischen Rechenanlagen haben Plotter nur eine geringe Geschwindigkeit. Um die Ergebnisse einer minutenlangen Rechnung aufzuzeichnen, sind Stunden erforderlich. Deshalb werden diese Geräte fast immer im off-line-Betrieb eingesetzt. Als Zwischenspeicher verwendet man entweder Magnetband oder man trennt den Plotter vollständig von der Anlage; dann erzeugt man einen Lochstreifen, mit dem dann das Zeichengerät gesteuert wird. Man unterscheidet analog und digital arbeitende Plotter.

9.6.1 Analog arbeitende Plotter

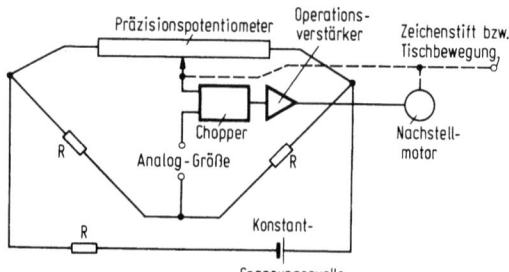

Abb. 159
Analog arbeitender Plotter

Es gilt eine einer als Spannungswert zugeführten analogen Größe proportionale Wegstrecke zu erhalten. Dazu wird dieser Spannungswert in den Brückenzweig einer mit einer Konstantspannungsquelle ($\Delta U < 0,5\, ‰$) gespeisten Wheatstonschen Brücke gelegt. Die Differenz der angelegten Spannung zur Diagonalspannung der Brücke wird in einem Zerhacker zu einer Wechselgröße gemacht und diese anschließend verstärkt. Die am Verstärkerausgang erscheinende Spannung treibt einen Motor an, durch den der Zeichenstift in einer Koordinatenrichtung bewegt wird und der gleichzeitig das Brückenpotentiometer in Richtung Brückengleichgewicht nachstellt. Damit wird die Stellung des Potentiometerabgriffs und damit die des Zeichenstiftes unmittelbar ein Maß für die zugeführte analoge Größe. Bei einem Plotter werden zwei solcher Brückenschaltungen, eine für Bewegungen in der x-, die andere für solche in der y-Richtung, verwendet. Soll ein solches Gerät mit einer digitalen Rechenanlage zusammenarbeiten, so ist ein Digital-Analog-Wandler vorzusehen. Man erreicht mit solchen Geräten Genauigkeiten von ca. 1 ‰ (Abb. 159).

9.6.2 Digital arbeitende Plotter

Bei den sogenannten Inkrementalschrittschreibern werden die Bewegungen in beiden Koordinatenrichtungen durch Schrittmotore ausgelöst. Jeder Schrittmotor erzeugt, wenn auf ihn ein Impuls gegeben wird, eine inkrementale Weglänge, die ungefähr bei 1/10 mm liegt. Um zu digitalen Größen proportionale Weglängen zu erhalten, müssen diese nur in eine, ihnen äquivalente Anzahl von Impulsen umgewandelt werden, was z. B. mit Hilfe von voreinstellbaren Zählern möglich ist. Gibt man auf beide Schrittmotore gleichzeitig Impulszüge mit variablen Impulsfolgefrequenzen und sieht außerdem ein vom Digitalrechner gesteuertes Heben und Senken des Schreibstiftes vor, so lassen sich beliebige Kurven und Schriftzeichen niederschreiben.

9.6 Plotter (X-Y-Schreiber)

Die variablen Impulsfrequenzen werden über die Größen Δx und Δy der Kurve gewonnen. Man verwendet dazu zweckmäßigerweise eine software-Steuerung in einem Satellitenrechner.

Hier wird für die Erzeugung dieser Frequenzen jeweils eine Programmschleife verwendet, in der eine Boolesche Variable B auf true und nach Ablauf einer geeigneten Anzahl von Befehlen wieder zurück auf false gesetzt wird. Diese Variable gibt man über einen Ausgabekanal auf einen Leistungsverstärker. Durch sie wird der Impuls dargestellt. Die variable Impulsfolgefrequenz erreicht man durch das Einschalten mehr oder weniger Befehle am Ende der Schleife. Diese Befehle können aus einer Folge von Zähl-, Vergleichs- und bedingten Sprungbefehlen bestehen (vgl. Abb. 160). Die Impulsfolgefrequenz muß periodisch nach Ablauf einer gewissen Zeitspanne den inzwischen veränderten Δx- und Δy-Werten angeglichen werden.

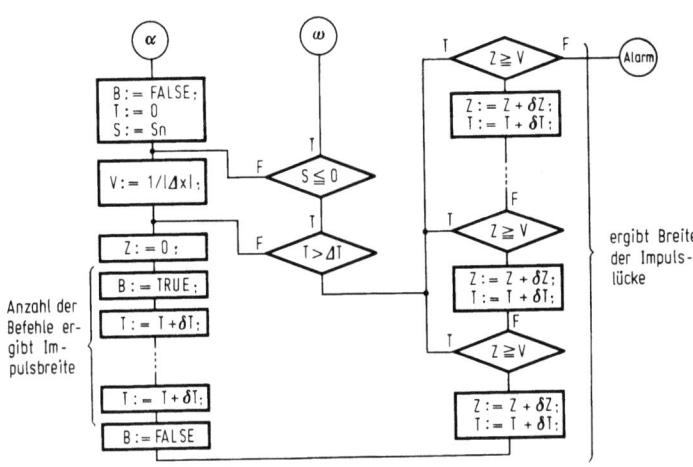

Abb. 160 Erzeugung einer Δx-proportionalen Impulsfolgefrequenz mittels eines Mikrocomputer-Satelliten

Die sogenannten geschwindigkeitsgesteuerten Schreiber verwenden statt der Schrittmotoren Motore mit konstanter Drehzahl. Sie treiben aber die Antriebsspindeln für die Zeichenbewegungen über Getriebe an, deren Übersetzungsverhältnis vom Programm her wählbar ist. Auf diese Weise lassen sich ebenso beliebige Bewegungen steuern.

Man hat für Maschinen, die solche Plotter verwenden, geeignete Programmiersprachen eingeführt, deren Compiler spezielle Unterprogramme für die in der Geometrie häufig vorkommenden Aufgaben (z. B. Verbindungsgerade zweier Punkte, Kreis mit geg. Mittelpunkt und Radius usw.) und solche für Schriftzeichen enthalten. Ähnliche Überlegungen wie bei Plottern gelten auch für die digitale Steuerung von Arbeitsmaschinen, z. B. Werkzeugmaschinen.

9.7 Analog-Digital-Wandler

Analog-Digital-Wandler werden bei der Eingabe analoger Werte in digitale Datenverarbeitungssysteme, vielfach auch nur zur digitalen Anzeige solcher Werte benützt. Es ist üblich, die Umwandlung beliebiger analoger Größen in die Digitalform über bestimmte analoge Zwischengrößen vorzunehmen. Als solche sind besonders geometrische Verschiebungen, Zeitintervalle und Frequenzen von Wechselströmen geeignet. Der Aufbau eines Wandlers hängt vor allem von der Art der verwendeten Zwischengröße ab.

9.7.1 Analog-Digital-Wandler für geometrische (Zwischen-) Größen

Hier unterscheidet man zwischen Wandlern, die die wirklichen Abstände eines Punktes von dem festen Nullpunkt eines Maßstabes oder den Drehwinkel, ebenfalls auf einen festen Nullpunkt bezogen angeben und solchen, die nur den Zuwachs dieser Größe registrieren. Erstere werden codierte Analog-Digital-Umsetzer, letzter inkrementelle Umsetzer genannt.

9.7.1.1 Codierte Analog-Digital-Wandler für geometrische Eingangsgrößen

Bei diesen Wandlern führt man mit dem bewegten Teil, dessen Lage digital angegeben werden soll, ein Code-Lineal bei Längsbewegungen oder eine Code-Scheibe bei Drehbewegungen mit.

Die Code-Lineale oder Scheiben, bestehen entweder aus Isolierplatten die eine leitende Schicht tragen, welche je nach dem verwendeten Code entsprechend geätzt wird oder aus durchsichtigem Material auf welches das Codemuster auf photographischen Weg als Schwärzung aufgebracht ist. In einem Fall erfolgt die Abnahme der Werte mittels Bürsten, im anderen Falle auf lichtelektrischem Wege. Die Abnahmeorgane sind mit den Flip-Flops eines Registers verbunden. Der Inhalt dieses Registers gibt den *Istwert* einer Koordinate des bewegten Teils an; er kann z. B. mit dem eines zweiten verglichen werden, in dem der *Sollwert* steht.

Die Ablesung kann bei Codes, an Stellen bei denen sich gleichzeitig die Werte mehrerer Spuren verändern (wie z. B. beim Übergang 7–8 beim binären Code) zur Mehrdeutigkeit führen; denn man kann nicht garantieren, daß alle Abtastorgane im gleichen Zeitpunkt auf den neuen Wert umschalten. Man muß daher entweder die Ablesung an den kritischen Stellen durch eine entsprechende Steuerspur unterbinden oder man verwendet bei solchen Li-

9.7 Analog-Digital-Wandler 229

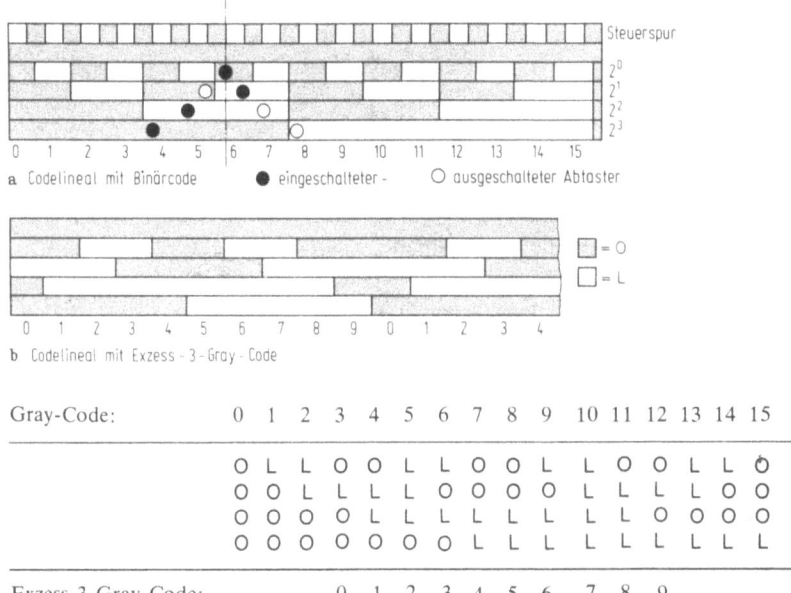

Abb. 161 Code-Lineale

nealen Codes, bei denen sich immer nur ein Wert verändert (Gray-Codes). Die Abbildung 161b) zeigt ein Code-Lineal mit einem dekadischen Code, dem Gray-Exzeß-drei-Code. Eine andere Möglichkeit, die sich für den binären Code eignet, ist die Verwendung zweier Abtastelemente bei allen Spuren, welche zu 2er-Potenzen ≥ 1 gehören. In Abb. 161a ist diese Art von Abtastung gezeigt (die dunklen Stellen der Spuren sollen immer den Wert L bedeuten). Mit dem um jeweils $\pm \frac{1}{4}$ der Spurteilung versetzten Abtastern erreicht man, daß sich bei beliebiger Lage der Abtastlinie immer nur der Wert einer Spur verändert. Um den Wert der Information an der Leselinie zu erhalten, muß bei allen Spuren mit zwei Abtastorganen immer dasjenige für den Lesevorgang verwendet werden, bei dessen Spur zur Abtastlinie hin kein Wertewechsel eintritt. Man trifft die Auswahl nach folgender Überlegung: Betrachten wir eine Binärzahl, die rechts mit ein O endet, so verändert sich beim Hochzählen um 1 nur die am weitesten rechtsstehende Ziffer, umgekehrt bleibt eine Binärzahl in allen Stellen, mit Ausnahme der am weitesten rechts stehenden erhalten, wenn wir eine mit L endende Binärzahl abwärts zählen. Diese Eigenschaft macht man sich zu Nutze und schaltet die Abtaster nach folgender Regel ein: Wird durch den eingeschalteten Abtaster einer beliebigen Spur der Wert O gelesen, so wird in der Spur mit der um eins höheren Zweierpotenz der Abtaster eingeschaltet, der in Richtung kleiner Werte liegt.

9.7.1.2 Inkrementelle Analog-Digital-Wandler für geometrische (Zwischen-) Größen

Bei diesem Verfahren reduziert sich das Code-Lineal bzw. die Code-Scheibe zu einem einfachen Strichgitter bzw. zu einer gleichmäßig unterteilten Scheibe. Der Umsetzvorgang ist hier ein reiner Zählvorgang. Zu Beginn eines Bewegungsvorgangs wird ein Zählwerk gelöscht; am Ende desselben kann in ihm die Anzahl der Vielfachen der Gitterbreite abgelesen werden. Man bezeichnet die Gitterbreite allgemein als *Quantisierungseinheit,* durch die die Auflösung des Verfahrens bestimmt wird. Man erreicht bei Strichgittern bis zu 1 000 Striche/mm und bei Scheiben je nach Durchmesser eine Auflösung bis zu 0,3 Bogensekunden. Sie kann bei Verwendung von Interferenzmethoden (Laserlicht) bis zur Lichtwellenlänge (ca. $0,5 \cdot 10^{-3}$ mm) gesteigert werden. Da die Lichtmenge, die bei diesen feinen Teilungen durch den Ausblendspalt hindurchgeht sehr klein ist, werden Anordnungen mit Mehrfachspalten, sog. Ablesegitter, verwendet. Durch zwei derartige Ablesegitter, die um $1/4$ Strichteilung versetzt sind, und die zwei getrennte Photozellen speisen, kann durch Messung der Phasenlage der entstehenden Impulszüge die Richtung der Bewegung bestimmt werden.

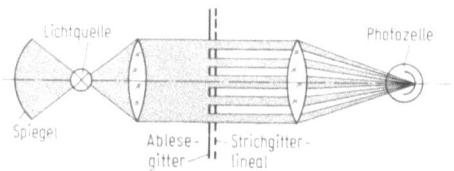

Abb. 162 Vergrößerung der Lichtintensität durch Ablesegitter

9.7.2 Analog-Digital-Wandler für zeitliche (Zwischen-)Größen

Diese Wandler arbeiten nach folgendem Grundprinzip: Man läßt die Meßgröße selbst oder eine Vergleichsgröße vom Wert Null bis zum jeweiligen Istwert gleichmäßig hochlaufen. In der dazu notwendigen Zeit wird ein Oszillator auf ein vorher gelöschtes Zählwerk geschaltet. Das Zählwerk gibt am Ende des Vorgangs den digitalen Wert der verbrauchten Zeit und damit den der Meßgröße.

Auf diese Weise könnte z. B. die Umlaufzeit bei einer Drehbewegung bestimmt werden, indem man mit einer geeigneten Schaltvorrichtung zu Beginn und Ende eines bestimmten Winkelintervalls einen Zähler ein- und ausgeschaltet. Oder man kann eine unbekannte elektrische Spannung digital angeben, indem man sie mit der eines Sägezahn- oder Treppenspannungsgenerator vergleicht. Der gelöschte Zähler wird eingeschaltet, wenn die Vergleichsspannung durch Null geht und ausgeschaltet, wenn sie mit der zu messenden Spannung übereinstimmt.

9.7.3 Analog-Digital-Wandler für Frequenz-(Zwischen-)Größen

Bevor wir auf die technische Ausführung dieser Wandler eingehen, sei bemerkt, daß im biologischen Bereich ähnlich wirkende Analog-Digitalwandler eingesetzt sind. Sie verwandeln elektrische Potentialwerte, die durch die von den Sinnesorganen empfangenen Reize (Geruch, Licht, Schall, Druck, Temperatur) erzeugt werden, in Impulsserien, deren Frequenzen dem Potentialen proportional sind. Die interne Informationsübertragung im Nervensystem wird durch diese Impulsserien übernommen, sie erfolgt also digital.

Bei diesem Wandler wird zuerst eine der Meßgröße proportionale Frequenz erzeugt und diese mit Hilfe eines Zeitgebers und eines Zählers gemessen. Die Umwandlung einer Spannung in eine ihr proportionalen Frequenz kann z.B. durch einen als Integrator geschalteten Operationsverstärker geschehen. Legt man an den Eingang dieses Verstärkers den zu messenden konstanten Spannungswert an, so erscheint an seinem Ausgang das Integral, eine mehr oder weniger steil ansteigende Spannung. Wird der zur Integration notwendige Kondensator entladen, wenn die Ausgangsspannung einen bestimmten Wert erreicht hat, so wiederholt sich das Spiel um so öfter pro Zeiteinheit, je steiler die Ausgangsspannung ansteigt, d.h. je größer die Eingangsspannung ist.

Beim Verfahren 9.7.2 wirkt sich der Wert der Frequenz des Oszillators, beim Verfahren 9.7.3 zusätzlich noch die Präzision des Zeitgebers sowie der Wert, bis zu dem die Ausgangsspannung ansteigen darf, auf die Genauigkeit, mit der die Umwandlung durchgeführt wird, aus. Durch eine Kombination beider Verfahren kann man erreichen, daß sich die Frequenz und die Zeitspanne, während der integriert wird, herausheben. Hier wird zunächst das Integral der Eingangsspannung über ein Zeitintervall gebildet, welches ein Vielfaches der Periodendauer des verwendeten Oszillators ist. Man erhält am Ausgang des Integrators:

$$U_a = K \cdot U_m \cdot n \cdot \frac{1}{f}.$$

n   = willkürliche Konstante
f   = Frequenz des Oszillators
U_a = Wert der Ausgangsspannung
K   = Gerätekonstante
U_m = Mittlerer Wert der Eingangsspannung während
      = der Integrationszeit

Nach Ablauf der Integrationszeit wird der Eingang des Integrators an eine konstante Referenzspannung mit umgekehrtem Potential wie die zu messende Spannung angelegt. Dadurch sinkt die Spannung am Ausgang des Integrators linear ab. Die Zeit bis zum Erreichen des Nullpunktes ist:

$$t_2 = \frac{U_a}{K \cdot U_R} = \frac{U_m}{U_R} \cdot n \cdot \frac{1}{f}. \quad U_R = \textit{Referenzspannung}$$

Wird der Oszillator während der Zeit t_2 auf den Anzeigezähler geschaltet, so ergibt sich für den Anzeigewert N:

$$N = f \cdot t_2 = \frac{U_m}{U_R} \cdot n.$$

Dieser Wert hängt also nur noch von der während der Integrationszeit ermittelten Eingangsgröße U_m der Referenzspannung und der Integrationszeit ab. Diese Zeit ergibt sich aus einer bestimmten Anzahl n von Perioden des Oszillators. Sie kann in einfacher Weise mit Hilfe eines Zählers, der vom Oszillator durchgezählt wird, vorgegeben werden.

9.7.4 Analog-Digital-Wandler nach dem Stufenkompensationsverfahren

Dieses Verfahren eignet sich gut zur Messung elektrischer Spannungen oder Größen, die sich leicht in solche umsetzen lassen. Man vergleicht die zu messende Spannung durch eine Vergleichsschaltung mit einer Referenzspannung (vgl. 9.8.2), die aus dem Zählerstand eines digitalen Zählers über einen Digital-Analog-Wandler erhalten wurde. Der Zähler wird periodisch auf Null gestellt und läuft dann mit einer bestimmten Frequenz hoch. Dabei entsteht am Ausgang des Digital-Analog-Wandlers eine treppenförmige Ausgangsspannung. Stimmt diese mit der Vergleichsspannung überein, wird der Zählerstand auf einen Speicher gegeben, der die digitale Anzeige steuert. Die Genauigkeit ist durch die Quantisierungseinheit, mit der die Treppenspannung erhöht wird, und durch die Schaltgenauigkeit des Vergleichers gegeben. Mit zunehmender Genauigkeit werden aber diese Geräte langsamer. Dies kann vermieden werden, wenn man zunächst mit einer großen Treppenhöhe beginnt und diese, je näher man dem Meßwert kommt, verfeinert.

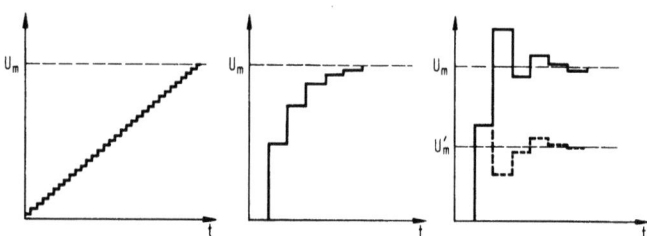

Abb. 163   Treppenspannungen mit fester und variabler Stufenhöhe

Das kann entweder durch verschieden grob arbeitende Vergleicher gesteuert werden, oder man verkleinert die Treppenhöhen nach einer geometrischen Reihe, verwendet einen Zweirichtungszähler und zählt diesen immer dann nach unten, wenn die Treppenspannung den Meßwert überschritten hat.

9.8 Digital-Analog-Wandler

9.8.1 Digital-Analog-Wandler für geometrische Größen
Hier muß man zwischen direkten und indirekten Verfahren unterscheiden.

9.8.1.1 Direkt arbeitende Digital-Analog-Wandler

Direkt arbeitende Digital-Analog-Wandler arbeiten mit Schrittschaltwerken. Ein Schrittschaltwerk wird durch Impulsspannungen betrieben. Es kann für lineare, wie auch für Drehbewegungen ausgelegt sein (Schrittmotore). Die Impulse die eine bestimmte Bewegung erzeugen, werden z.B. von einem Zählwerk erhalten, welches auf Null hin abgezählt wird. Schrittschaltwerke müssen so ausgelegt sein, daß durch sie die bei der Bewegung auftretenden Trägheits- und Reibungskräfte sicher überwunden werden. Sie diese Kräfte zu groß, so muß zur indirekten Methode übergegangen werden (Werkzeugmaschinensteuerung).

9.8.1.2 Indirekt arbeitende Digital-Analog-Wandler

Hier werden Ist- und Soll-Größe miteinander verglichen und die Antriebsmaschine solange eingeschaltet bis deren Differenz zu Null geworden ist. Als Meßverfahren für die Ist-Größe können die unter 9.7.1.1 oder 9.7.1.2 angegebenen Verfahren verwendet werden.

9.8.2 Digital-Analog-Wandler für elektrische Größen

Das Prinzip nach denen die meisten dieser Wandler arbeiten ist folgendes: Die digitale Größe wird in einem Flip-Flop-Register gespeichert. Die Aus-

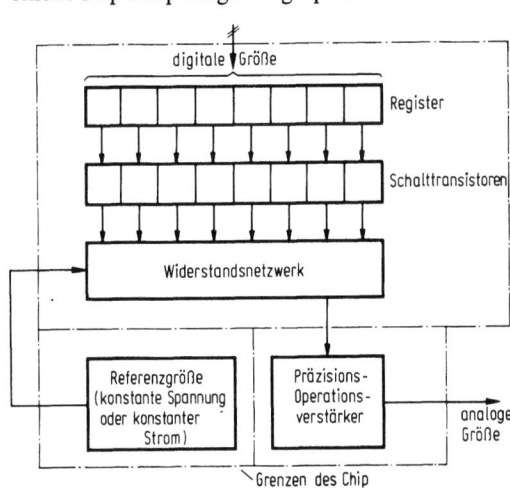

Abb. 164
Digital-Analog-Wandler

gänge dieser Flip-Flops steuern Schalttransistoren, die in einem Widerstandsnetzwerk (T-, π-Glieder oder Potentiometerschaltung) einen der digitalen Größe proportionalen Widerstandswert einstellen.
Dieses Netzwerk wird von einem sehr präzisen Spannungs- bzw. Stromgenerator gespeist und der an dem eingestellten Widerstandswert entstehende Spannungs- oder Stromwert über einen präzisen Verstärker ausgegeben. Es ist möglich, einen kompletten Digital-Analog-Wandler über drei Dekaden in drei Chips zu integrieren.

9.9 Konsolen, Bildschirmgeräte, Satellitenrechner, Datenstation

Bei kleineren Anlagen früherer Jahre war es durchaus üblich, Programme direkt an der Maschine auszutesten und dabei zu korrigieren. Bei diesen schon immer sehr umstrittenen Verfahren wurde natürlich eine Menge Maschinenzeit vergeudet, weil der menschliche Partner Zeit zum Überlegen beim Erkennen und Eliminieren von Fehlern braucht. Da die Maschinenzeit bei moderneren Anlagen immer kostspieliger wurde, konnte dieses Verfahren nicht mehr angewendet werden. Da aber ein Dialog Mensch – Maschine durchaus fruchtbar sein kann, hat man diesen Dialog in jüngster Zeit durch spezielle Einrichtungen wieder ermöglicht. Diese Einrichtungen müssen einmal dafür sorgen, daß die Anlage während der Denkzeiten des menschlichen Partners andere Aufgaben erfüllen kann. Zum anderen müssen sie an der Schnittstelle Mensch – Maschine dafür Sorge tragen, daß die dem Menschen geläufige Informationsdarstellung in eine maschinengeläufige und umgekehrt umgesetzt wird. Reichen Schriftzeichen und Ziffern für die Darstellung der zu verarbeitenden Information aus, so verwendet man an der Schnittstelle sogenannte *Konsolen;* sollen dagegen auch bildliche Darstellungen in die Verarbeitung einbezogen werden, so sind *Bildschirmgeräte* für den Dialog erforderlich.

9.9.1 Konsolen

Eine Konsole besteht aus einem Fernschreiber oder einer elektrischen Schreibmaschine, die über ein Kanalwerk Zugang zur Rechenanlage hat. Da der Datenfluß einer einzigen solchen Maschine viel zu gering ist, um ein Kanalwerk auszulasten, können bis zu etwa 100 solcher Maschinen an ein Kanalwerk angeschaltet werden.
In der Abb. 165 ist prinzipiell gezeigt, wie mehrere Konsolen an eine Anlage angeschlossen werden können. Jede Konsole sendet und empfängt ihre Information über eine Anpassungselektronik, in der die extern verwendeten Pegel O und L in die intern verwendeten umgewandelt werden. Eventuell enthalten diese Einheiten noch Serien-Parallel-Umsetzer. Nun werden sämtliche Informationen, die von und zu den Anpassungseinheiten fließen, zu einem Ka-

9.9 Konsolen, Bildschirmgeräte, Satellitenrechner, Datenstation

nal zusammengefaßt. Man verwendet dazu einen Multiplexer, der nach dem Zeitmultiplexverfahren arbeitet. Er besteht aus zwei Schaltern A und B, die z. B. aus ringförmig geschlossenen Schieberegistern bestehen und die mit konstanter Frequenz umlaufen (mit einigen 100 Hz). Synchron dazu werden im Speicherwerk Zellen aufgerufen. Jede so aufgerufene Zelle ist also kurzzeitig immer mit derselben Konsole verbunden. Sie dienen also als Pufferspeicher für die Ein- und Ausgabevorgänge. Der Datentransport in beiden Richtungen kann z. B. so ermöglicht werden, daß Schalter U nach jedem Umlauf von A und B umgelegt wird. In den Anpassungselektroniken der Konsolen müssen auf der Schalterseite, je nach Übertragungsweise, Speichermöglichkeiten für ein oder so viele Bits vorgesehen werden, wie für ein zu übertragendes Zeichen benötigt werden. Die Gesamtsteuerung des Ein-Ausgabeverkehrs erfolgt vom Leitwerk, evtl. unter der Dazwischenschaltung eines E-A-Leitwerks.

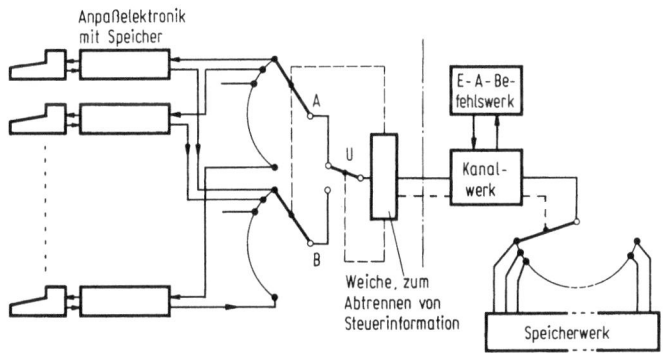

Abb. 165 Datenstationen an Multiplexkanal

Ein Dialogverkehr Benutzer – Maschine läuft mit dieser Einrichtung etwa in folgender Weise ab: Zuerst wird das „Gespräch" durch Eingeben eines bestimmten Schlüsselzeichens gestartet. Bei fehlerfreier Eingabe antwortet der Rechner mit einer Aufforderung, neue Kommandos einzugeben. Nun kann z. B. der ungefähre Speicherbedarf, die Art des folgenden Programms usw. angegeben werden. Ist der geforderte Platz im Speicher verfügbar, so antwortet die Maschine entsprechend. Nun kann das Programm eingegeben werden, die Übersetzung gestartet und auf die Ergebnisse bzw. Fehlermeldungen gewartet werden. Fallen solche an, so kann das Quellenprogramm, von welchem ein in Zeilen unterteiltes Protokoll ausgedruckt wurde, wort- oder zeilenweise korrigiert werden. Der ganze Dialog wird in einer besonderen dafür geschaffenen Kommandosprache geführt.

9.9.2 Bildschirmgeräte

Bildschirmgeräte ermöglichen neben dem alphanumerischen Dialogverkehr auch die Ein- und Ausgabe von geometrischen Figuren. Ähnlich wie die Konsolen benötigen auch Bildschirmgeräte einen gewissen Speicherbereich. Es soll nun auf den grundsätzlichen Aufbau solcher Geräte eingegangen werden.

Das Kernstück bildet eine Braunsche Röhre etwa in der Größe der Fernsehbildröhren. Die Bilderzeugung kann auf verschiedene Weisen erfolgen. Die wichtigsten seien hier genannt:

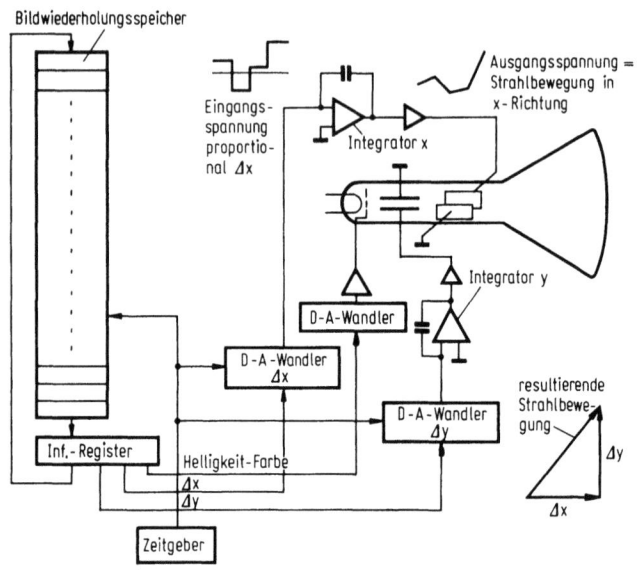

Abb. 166   Bildschirmgerät nach dem Vektorverfahren

9.9.2.1 Vektor-Verfahren

Hier wird das Bild aus Vektoren mit vorzugebender Länge und Richtung zusammengesetzt. Die Anzahl der für ein Bild höchstens zulässigen Vektoren hängt von der Größe der Bildröhre, von ihrer Auflösung und von der Größe der Bildwiederholungsspeicher ab. Sie liegt bei gängigen Geräten zwischen einigen 100 und 1 000. Apparatemäßig ist für das Vektorverfahren folgendes vorzusehen: Die Angaben für die einzelnen Vektoren (Δx, Δy, Hellsteuerung, Dunkelsteuerung, Flackern oder evtl. Farbe) werden in hintereinanderliegenden Speicherzellen des sog. *Bildwiederholungsspeichers* eingegeben. Er kann entweder Bestandteil des Bildsichtgeräts oder auch ein Teil des Speichers der

9.9 Konsolen, Bildschirmgeräte, Satellitenrechner, Datenstation

Anlage sein, an der das Sichtgerät angeschlossen ist. Dieser Speicher wird nun zyklisch abgefragt. Die Information Δx bzw. Δy, die in geeignet normierter digitaler Form vorliegt, wird über je einen Digital-Analog-Wandler (D-A-Wandler) in eine elektrische Spannung umgewandelt. Durch einen Zeitgeber, der auch das Auslesen aus dem Bildwiederholungsspeicher steuert, werden die den Inkrementen Δx und Δy proportionalen Ausgangsspannungen der D-A-Wandler eine bestimmte Zeit lang (ca. 50 µsec) auf die Eingänge von Integratoren gelegt. Diese wirken über Anpassungsverstärker auf die Strahlablenkung, die elektrostatisch oder elektromagnetisch ausgeführt sein kann, ein. Am Ende oder Anfang des Bildwiederholungsspeichers befindet sich eine Steuerinformation, durch welche die Integratoren wieder zurückgestellt werden. Durch die verschiedenen Strahlgeschwindigkeiten entsteht ein Bild mit verschieden hellen Teilen. Dies kann aber durch eine automatische Helligkeitsnachregelung, die von den Ausgangsspannungen der Digital-Analog-Wandler gespeist wird, ausgeglichen werden.

9.9.2.2 Punkt-Verfahren

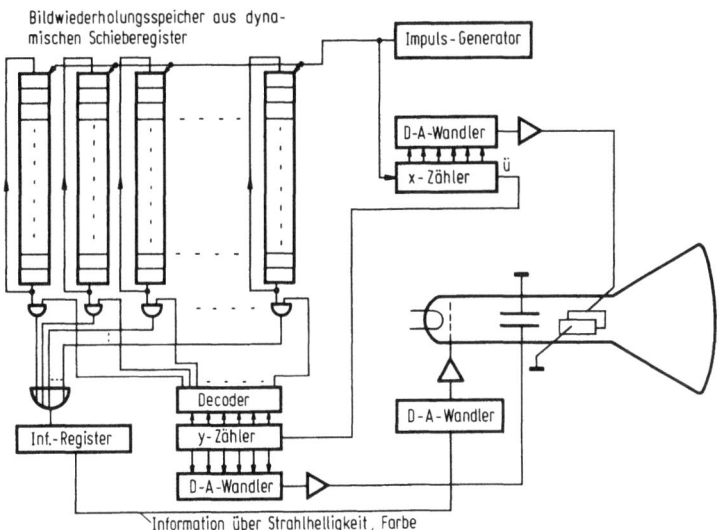

Abb. 167   Bildschirmgerät nach dem Punktverfahren

Bei diesem Verfahren durchläuft der Elektronenstrahl ein Zeilenraster, welches durch zwei mit entsprechenden Frequenzen umlaufende Zähler und nachfolgender D-A-Wandler und Anpassungsverstärker erzeugt wird. Die

Bitzahl der Zähler richtet sich nach dem Auflösungsvermögen und der Größe der Bildröhre. Im allgemeinen wird sie um 10 Bit herum gewählt. Synchron mit dem x-Zähler laufen Bildwiederholungsspeicher um, in denen die Information über die jeweilige Strahlhelligkeit und evtl. Farbe gespeichert ist. Zweckmäßigerweise ordnet man jedem Bildsichtgerät seinen eigenen Bildwiederholungsspeicher zu. Diesen baut man dann am besten aus seriell arbeitenden Speichern z. B. Platten- oder Schieberegisterspeichern auf. Für jede Zeile des Bildschirms ist ein spezieller Speicherteil vorzusehen. Welcher von diesen Teilen des Speichers jeweils mit der Bildröhre in Verbindung gebracht wird, hängt vom Stand des y-Zählers ab. Bei diesem Verfahren kann das Bild aus beliebig geformten Elementen aufgebaut werden. Es stellt aber an den Bildwiederholungsspeicher ziemliche Anforderungen. Die Bildwiederholungsfrequenz sollte, um flackerfreie Bilder zu erhalten, mindestens 30 Bilder/sec sein. Nehmen wir ein Bild von 512 Bildpunkten in beiden Koordinatenrichtungen an, so müssen die Schieberegister mit einer Frequenz von

$$f = \frac{1}{T} = 512 \cdot 512 \cdot 30 = 7{,}7 \text{ MHz}$$

umlaufen. Dieser Wert ist mit schnellen Platten und Schieberegisterspeichern gerade noch erreichbar. Außerdem muß die Kapazität dieses Speichers beträchtlich sein. Schon bei bloßer Hell-Dunkel-Tastung des Strahles sind $512 \cdot 512 = 262\,144$ Bit notwendig. Will man etwa mit 16 Grauwerten arbeiten, so vervierfacht sich diese Anzahl, bei Farbdarstellungen muß mit einer Versechsfachung gerechnet werden. Man setzt daher vielfach die Bilder nicht aus Einzelpunkten zusammen, sondern aus bestimmten Teilbildern (z. B.) Schriftzeichen), die man mittels Zeichengeneratoren erzeugt.

9.9.2.3 Zeichengeneratoren

Neben hohen Anforderungen an den Bildwiederholungsspeicher würde auch die Programmierung z. B. einer Schriftseite außerordentlich umfangreich wer-

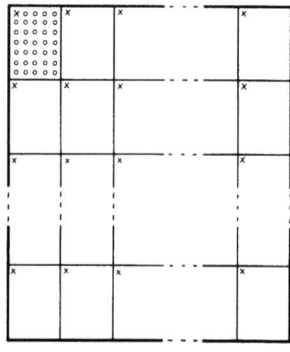

Abb. 168
Aufteilung des Gesamtrasters in Teilraster

9.9 Konsolen, Bildschirmgeräte, Satellitenrechner, Datenstation

den. Man geht daher folgenden Weg: Man legt für die oft wiederkehrenden Zeichen einen Vorrat von Unterprogrammen an. Werden die Zeichen durch die Zusammensetzung von hell- und dunkelgesteuerten Vektoren gebildet, so genügt es, wenn durch den Bildwiederholungsspeicher die einzelnen Unterprogramme aufgerufen werden. Baut man sie dagegen aus einem Punktraster auf, so kommt man, wie schon in 9.9.2.2 angedeutet, in zeitliche Schwierigkeiten. Man verwendet daher für die Erzeugung eines Zeichens besondere elektronische Geräte.

Um etwa ein Schriftbild zu erzeugen, faßt man eine gewisse Anzahl von Punkten des Gesamtrasters zu Teilrastern (z. B. 5 × 7) zusammen. Ein Schriftzeichen wird dann durch so ein Teilraster aufgebaut. Die Lage eines Zeichens wird z. B. durch den linken oberen Punkt – dem *Leitpunkt* – eines Teilrasters angegeben. Der Bildwiederholungsspeicher für Schriftseiten braucht jetzt nur noch die Koordinaten der Leitpunkte und die Nummer des zu erzeugenden Zeichens zur Verfügung stellen.

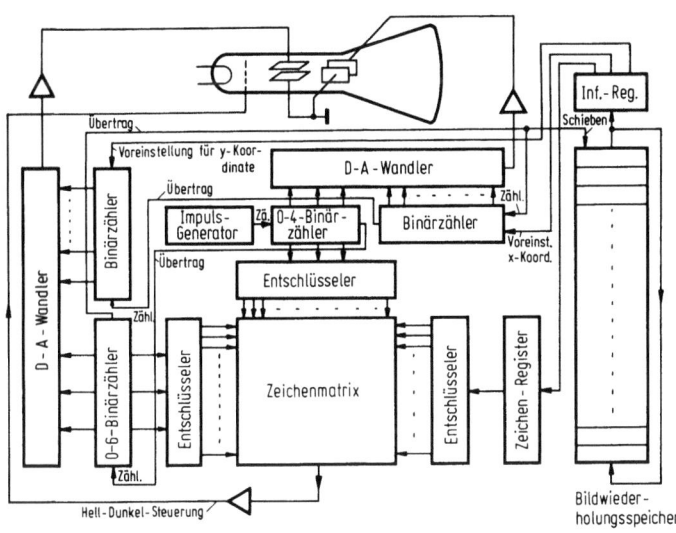

Abb. 169   Bildschirmgerät mit Zeichengenerator

Legt man z. B. eine 5 × 7-Matrix für ein Zeichen zu Grunde, so werden die drei am wenigsten signifikanten Bits der beiden Ablenkzähler mit je einem Entschlüßler verbunden, in dem der binäre Code in den Eins-aus-Fünf-Code bzw. Eins-aus-Sieben-Code umgewandelt wird. Außerdem sind diese drei Bits als 0-4- bzw. 0-6-Zähler geschaltet. Durch die Zeichenmatrix wird nun der Strahl hell bzw. dunkel gesteuert, je nachdem, welche Zeichennummer sich im

Zeichenregister befindet. Das Zeichenregister kann entweder als kombinatorisches Netzwerk oder als read-only Speicher aus Halbleiterelementen oder auch aus Magnetkernen aufgebaut sein. Zeichenmatrizen eignen sich wegen des komplexen Aufbaus bei relativ wenigen Ein- und Ausgangsleitungen gut für eine hochgradige Integration.

9.9.2.3.1 Aufbau der Zeichenmatrix

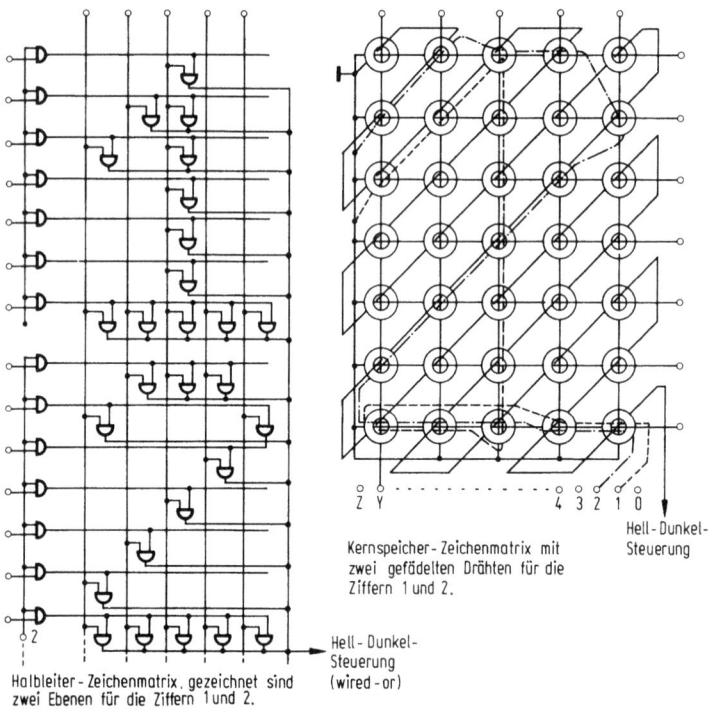

Abb. 170 Realisierungsmöglichkeiten für eine Zeichenmatrix

Die aus Halbleiterelementen aufgebaute Zeichenmatrix besteht aus einem sich kreuzenden Leitersystem. Die Kreuzungspunkte geben die Punkte des zur Zeichendarstellung verwendeten Teilrasters wieder. Soll ein bestimmtes Zeichen, auf dem Leuchtschirm erscheinen, so werden an alle diejenigen Kreuzungspunkte der Zeichenmatrix Und-Gatter mit zwei Eingängen angeschaltet, deren Abbilder auf der Braunschen Röhre leuchten sollen. Das Einschalten der zu einem Zeichen gehörenden Und-Gatter wird durch eine zeichenspezifische Steuerspannung, die von der Information aus dem Bildwiederholungsspeicher

9.9 Konsolen, Bildschirmgeräte, Satellitenrechner, Datenstation

gewonnen wird, über besondere Und-Glieder besorgt. Die Ausgangsinformation sämtlicher Und-Gatter der Zeichenmatrix werden über Oder-Gatter zusammengeführt und steuern die Strahlhelligkeit.

Bei der Zeichenmatrix aus Ferritkernen ist für jeden Gitterpunkt des Teilrasters ein Kern vorgesehen. Für jedes Zeichen, welches auf dem Bildschirm erscheinen soll, wird ein Draht in die Kerne so eingefädelt, daß alle die Kerne durchsetzt werden, deren Abbild leuchten soll. Zum Auslesen werden die Kerne der Matrix durch Koinzidenz der Ströme in einem x- und einem y-Draht nacheinander gelöscht. Alle Ausgangssignale werden durch einen Lesedraht abgenommen, dessen Ausgangssignal die Strahlhelligkeit steuert.

9.9.2.3.2 Zeichenerzeugung durch profilierten Elektronenstrahl

Bei diesem Verfahren wird der Hauptaufwand in die Braunsche Röhre verlegt. Man ordnet in ihr eine Metallplatte an, die die Schriftzeichen als Durchbrüche enthält. Dadurch wird der Elektronenstrahl entsprechend geformt. Bildet man diese Metallplatte auf den Schirm ab, so entstehen dort die Schriftzeichen (vgl. 9.5.3.3). Die Auswahl der Zeichen geschieht durch bestimmte Ablenkungsspannungen, die über D-A-Wandler aus der Information im Bildwiederholungsspeicher gebildet werden.

9.9.2.4 Eingabemöglichkeiten in Bildschirmgeräte

Bildschirmgeräte werden hauptsächlich für den Dialogverkehr Mensch – Maschine verwendet. Deshalb müssen bequeme Eingabe- und Eingriffsmittel zur Verfügung stehen, um die von der Maschine kommende Information zu modifizieren bzw. um neue Information einzugeben.

9.9.2.4.1 Tastatur

Das wichtigste Eingabemittel ist die Tastatur. Mit ihr kann die Information im Bildwiederholungsspeicher aufgebaut bzw. verändert werden. Drückt man die Taste für ein bestimmtes Zeichen, so wird im Bildwiederholungsspeicher die Nummer des entsprechenden Eingangs des Zeichengenerators festgehalten. Die Koordinatenwerte, unter welchen das Zeichen erscheinen soll, müssen entweder durch einen vorher eingegebenen „Steuerkopf" festgelegt werden oder, falls kein Einzelzeichen sondern Text geschrieben wird, erscheint das Zeichen automatisch hinter dem vorher eingegebenen. Die betreffende Stelle des Bildschirms wird durch ein Leuchtzeichen markiert. Außer Buchstaben und Ziffern können auf dem Tastenfeld nach Umschaltung auf den Vektormodus auch Vektoren, z. B. durch Angabe ihres Anfangs- und Endpunkts, eingegeben werden.

9.9.2.4.2 Lichtstift

Der Lichtstift dient dazu, sich durch einfaches Hindeuten auf beliebige Stellen des ausgegebenen Bildes Zugriff zu den Zellen des Bildwiederholungsspeichers zu verschaffen, die die betreffende Stelle des Bildes steuern. Der Lichtstift hat am vorderen Ende eine Optik, die ein möglichst eng begrenztes Flächenstück der Bildröhre auf eine ebenfalls im Lichtstift vorhandene Photozelle abbildet. Wird der Lichtstift z. B. an den Anfang eines Vektors gehalten, so erhält die Photozelle gerade dann einen Lichtimpuls, wenn mit dem Zeichnen des Vektors begonnen wird, d. h. wenn gerade eine bestimmte Zelle des Bildwiederholungsspeichers aufgerufen ist. Der Inhalt dieser Zelle kann dann markiert werden. Wird nun später zur geeigneten Zeit durch diese Markierung ein Unterprogramm aufgerufen, so kann z. B. dieser Vektor an eine andere Stelle transportiert, gedreht oder vergrößert werden. Was im einzelnen zu geschehen hat, kann z. B. noch durch das Drücken bestimmter Tasten bestimmt werden. Man kann dieses Verfahren dahin ausbauen, daß man z. B. am Bildrand verschiedene Unterprogramme auflistet; zeigt man nun mit dem Lichtstift auf den Markierungspunkt eines dieser Programme, so wird am übrigen Bild die Operation dieses Unterprogramms ausgeführt.

Eine andere Anwendung des Lichtstiftes ist das Beschaffen der Koordinaten eines beliebigen Punktes des Bildes. Dazu wird auf dem Bildschirm ein sehr schwach leuchtendes Zeilenraster erzeugt. Wird nun der Lichtstift an eine bestimmte Stelle des Bildschirms gehalten, so gibt die Photozelle genau dann einen Impuls ab, wenn der Strahl an der Stelle vorbeiläuft. Dieser Impuls wird dazu benutzt, um den Stand sowohl des Horizontal- wie auch des Vertikalzählers für die Strahlauslenkung zu speichern.

Natürlich lassen sich diese Hardware-Einrichtungen dazu benutzen, um mit Hilfe einiger Software direkt mit dem Lichtstift auf der Braunschen Röhre zu zeichnen.

9.9.2.4.3 Rollkugel

Die Rollkugel dient hauptsächlich zur Eingabe von geometrischen Figuren. Auf einer ebenen Tischplatte kann eine Kugel in zwei Dimensionsrichtungen abgerollt werden. Ihre Bewegungen werden auf zwei Codegeber übertragen, die die Koordinatenwerte x und y an den Rechner weitergeben. Dort werden periodisch die Inkremente zur letzten Position berechnet und im Bildwiederholungsspeicher abgelegt. Die jeweilige Lage der Rollkugel wird durch einen Punkt, dessen Helligkeit größer ist als die der übrigen Punkte, der schon auf dem Bildschirm befindlichen Figur angezeigt. Will man also eine bestimmte Figur auf den Bildschirm übertragen, so fertigt man eine Skizze an und fährt diese mit der Rollkugel nach.

9.9.3 Satellitenrechner, Datenstation

Manche Peripheriegeräte, als Beispiel seien Bildschirmgeräte genannt, benötigen zur Steuerung des internen Ablaufs eine Rechenanlage. Sie sind daher nur in Verbindung mit einer solchen betriebsfähig. Nun belasten aber solche

Geräte, wenn sie in größerer Zahl angeschlossen sind das Speicher-, Rechen- und die entsprechenden Kanalwerke der zentralen Einheit beträchtlich. Man sieht daher in manchen Fällen für ein oder eine Gruppe von Peripheriegeräten eine besondere kleinere Rechenanlage vor, auf der alle Operationen erledigt werden, die den internen Betrieb des oder der angeschlossenen Geräte steuern. Auf die zentrale Anlage wird nur dann zurückgegriffen, wenn auch Daten vom zentralen Speicherwerk mitverarbeitet werden sollen. Der Verkehr zwischen einem Satellitenrechner und der zentralen Einheit erfolgt über eine Kanalwerk in etwa folgender Weise: Hat ein Satellitenrechner Daten an die Zentraleinheit zu übergeben, so meldet er über das Kanalwerk seine Übergabebereitschaft an. Der Satellitenrechner setzt dann, falls dies möglich ist, seine Arbeit fort. Ist die zentrale Anlage an einem Punkt angekommen, wo sie die Übernahme der Daten vollziehen kann, so löst sie im Satellitenrechner einen Eingriff aus und übernimmt dieselben. Wann der betreffende Punkt von der zentralen Anlage erreicht wird, hängt von der Priorität ab, die dem Satellitenrechner eingeräumt wurde. Ähnlich erfolgt der Datentransport in umgekehrter Weise.

Konsolen, in die ein Satellitenrechner eingebaut ist, nennt man auch *Datenstationen* (eng.: *Terminals*). Diese Satellitenrechner dienen dazu, um den Hauptrechner von solchen Operationen zu entlasten, die eingegebene Größen miteinander oder mit Daten, die im Speicher des Terminals aufbewahrt sind, verknüpfen. Solche Terminals werden häufig im Bankwesen verwendet. Hier können etwa von der zentralen Einheit die Daten eines Kontos angefordert werden, der Satellitenrechner macht dann die Fortschreibungen und steuert die Ausgabe der Auszüge. Am Ende des Vorgangs wird der geänderte Kontostand wieder in den zentralen Speicher zurückgeschrieben.

9.10 Automatische Zeichenerkennung

9.10.1 Allgemeines

Innerhalb datenverarbeitender Geräte wird die Information durch Codes dargestellt, die entweder gar keine oder nur sehr wenig Redundanz besitzen. Beim Nachrichtenverkehr zwischen Menschen jedoch haben sich im Lauf der Geschichte Systeme von Datendarstellungen entwickelt, bei denen mit großer Redundanz gearbeitet wird. Sie sind unseren Sinnesorganen und dem dahinterliegenden Gehirn angepaßt. Die Übertragung erfolgt nahezu immer, entweder auf akustischem Wege durch die Sprache oder auf optischem durch Schriftzeichen. Beim Verkehr Mensch – Maschine gibt es also eine Schnittstelle, an der die beiden Darstellungen der Informationen umgewandelt werden müssen. Die Umwandlung der wenig redundanten Codes der maschineninternen Darstellung in Schriftzeichen (oder auch Sprachelementen) bereitet wenig Schwierigkeiten (vgl. Drucker). Dagegen ist das sichere Herauslösen der den einzelnen Schriftzeichen zugeordneten Information aus deren optischen Bildern eine äußerst schwierige Aufgabe. Handelt es sich zudem noch um handgeschriebene Zeichen, so kommt man schnell an die Grenze des technisch Möglichen.

9.10.2 Allgemeiner Aufbau technischer Erkennungsgeräte

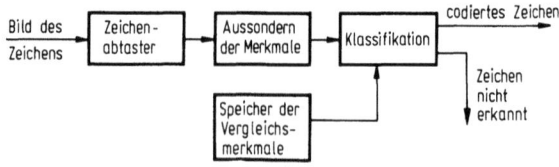

Abb. 171   Prinzipieller Aufbau technischer Zeichenerkennungsgeräte

Zunächst wird das Bild des Zeichens oder bestimmte charakteristische Teile desselben *abgetastet* und evtl. in einem Puffer gespeichert. Aus der sehr redundanten Information des Bildes wird nun, falls dies möglich ist, jene *ausgesondert* oder wenigstens *hervorgehoben,* die für das Zeichen bedeutsam ist. Dann erfolgt mit Hilfe eines Speichers, in dem die Merkmale der zu erkennenden Zeichen vermerkt sind, die *Klassifikation* des gelesenen Zeichens. Ist die Klassifikation aus irgendeinem Grund nicht möglich, so muß die Anlage das entsprechende Formular in einem besonderen Fach als unlesbar ablegen.

9.10.3 Verfahren zur Abtastung der Zeichen

Die meisten Abtastverfahren arbeiten auf optischer Grundlage; vereinzelt werden aber auch Methoden angewendet, bei denen die Schriftzeichen, die dann mit einem Leitlack oder mit einer magnetisierbaren Farbe geschrieben werden müssen, mittels Leitfähigkeitsmessungen oder auf magnetischem Wege abgetastet werden. Bei den optischen Verfahren können z. B. die von der Fernsehtechnik bekannten Aufnahmeröhren (Superorthikon, Vidikon) eingesetzt werden. Sie liefern die Helligkeitsverteilung der Schriftzeichen seriell nach einem Zeilenraster. Das Auflösungsvermögen dieser Röhren ist ziemlich hoch (bis 1 000 Zeilen bei einer Bildgröße von 24 × 36 mm), so daß man insbesondere, wenn man den Lesevorgang schrittweise führt und pro Schritt immer nur ein Zeichen liest, diese hohe Auflösung nicht ausnützt. Es reichen hier mechanische Bildauflöser, wie etwa bewegte Schlitzblenden oder Nipkowscheiben, vollständig aus.

9.10 Automatische Zeichenerkennung

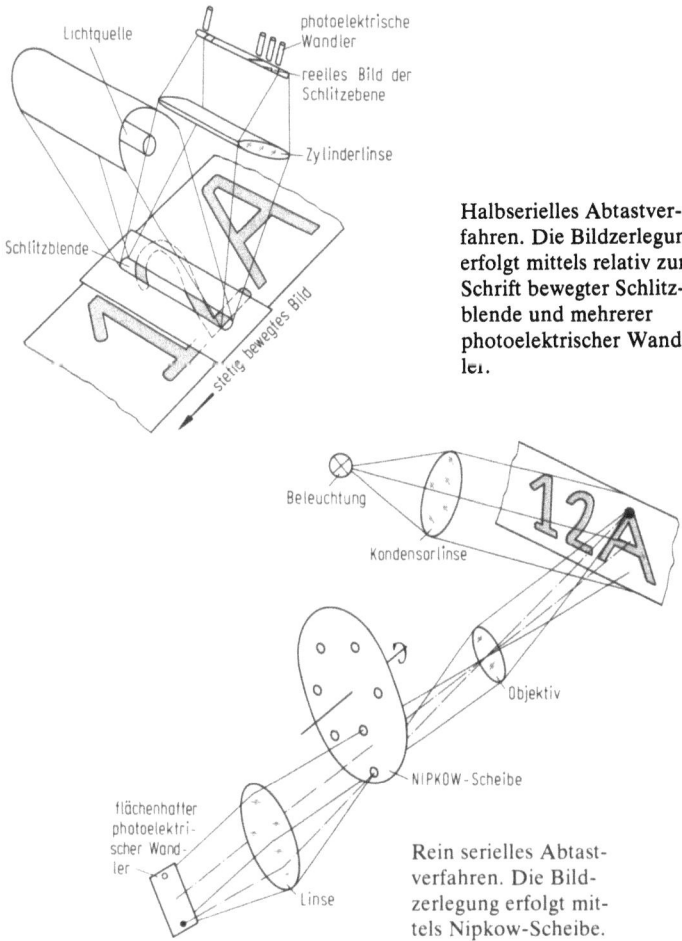

Halbserielles Abtastverfahren. Die Bildzerlegung erfolgt mittels relativ zur Schrift bewegter Schlitzblende und mehrerer photoelektrischer Wandler.

Rein serielles Abtastverfahren. Die Bildzerlegung erfolgt mittels Nipkow-Scheibe.

Abb. 172   Abtastverfahren für Schriftzeichen

Ein anderes Verfahren verwendet zur Beleuchtung der Schriftzeichen das Bild des Leuchtflecks einer Braunschen Röhre, welches ein kreisförmig bewegter Elektronenstrahl erzeugt. Das von den Schriftzeichen reflektierte Licht wird über einen photoelektrischen Wandler und einen Verstärker zur Strahlablenkung in folgender Weise verwendet: Wird bei der kreisförmigen Bewegung des Elektronenstrahls vom photoelektronischen Wandler eine Intensitätsänderung festgestellt, so überschreitet das Bild des Leuchtflecks eine Kontur eines Zeichens. Durch eine entsprechende Steuerung kann der Strahl der Kontur nachgeführt werden. Die dazu notwendigen Steuerspannungen ergeben ein charakteristisches Abbild des gelesenen Zeichens. Um überhaupt an eine Kontur heranzukommen, wird der Strahl zuerst etwa von der oberen linken Ecke des Bildfeldes zeilenweise nach unten geführt. Bei Zeichen mit einer äußeren und inneren Kontur (z. B. 0,8, *B*) genügt es, der äußeren Kontur nachzugehen, bis der Ausgangspunkt wieder erreicht ist (vgl. Abb. 173).

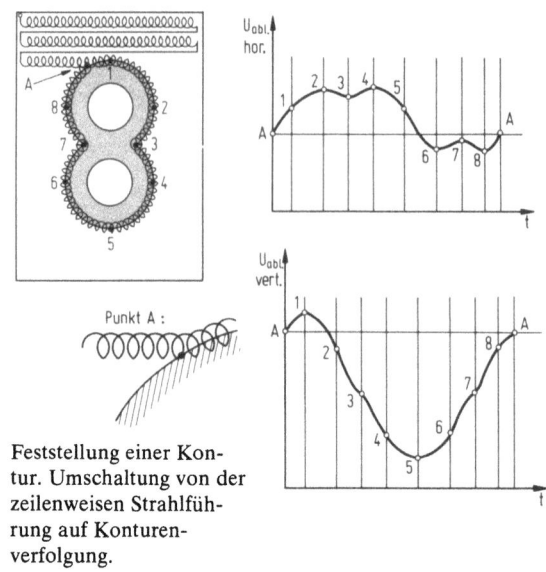

Feststellung einer Kontur. Umschaltung von der zeilenweisen Strahlführung auf Konturenverfolgung.

Abb. 173   Konturenverfolgung durch kreisenden Elektronenstrahl

Die stürmische Entwicklung auf dem Gebiete der photoelektrischen Wandler, es sind heute Photodioden und auch Phototransistoren verfügbar, die nur noch ca. 1 mm Außendurchmesser haben, macht es möglich, auch bildparallele Abtastverfahren einzusetzen. Man bildet dazu das abzulesende Schriftzei-

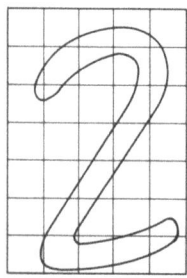 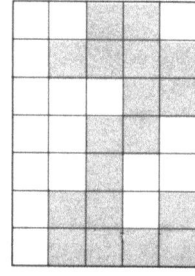

Abb. 174
Bild der Ziffer 2 dargestellt
durch ein Flip-Flop-Mosaik 5 × 7

chen auf ein Mosaik von photoelektrischen Wandlern ab. Jeder dieser Wandler liefert sein Ausgangssignal an einen Schwellwertverstärker; diese wiederum setzen, wenn die empfangene Lichtmenge einen bestimmten Wert überschreitet, mit ihnen verbundene Flip-Flop.

9.10.4 Aussondern der Merkmale

Es wurde schon mehrfach festgestellt, daß die Bilder der Schriftzeichen eine große Redundanz besitzen. Deshalb genügt es unter Umständen, nicht das ganze Bild, sondern nur bestimmte Charakteristika zur Erkennung herzuziehen. Das führt natürlich zu einfacheren Erkennungsschaltungen. Um diese Verfahren bei geringem Aufwand sicher zu machen, hat man besondere Schriften entwickelt, die für den Menschen gerade noch lesbar sind, bei denen sich aber die einzelnen Zeichen in irgendeinem Charakteristikum deutlich unterscheiden. Als solche Charakteristiken können verwendet werden:
a) die Lage und die Länge der Vertikalstriche eines Zeichens *(Vertikalstrichanalyse)*
b) die Lage und Länge der Horizontalstriche eines Zeichens *(Horizontalstrichanalyse)*
c) a) und b) gleichzeitig *(Orthogonalstrichanalyse)*
d) c) und die Hinzunahme von schrägen Strichen und Bögen *(Strichelementanalyse)*
e) Alle Formmerkmale der Zeichen *(Formelementanalyse)*

Die Verfahren a) und b) eignen sich nur für besonders dafür entwickelte Spezialzeichensätze. Für normale Druckschrift und selbstverständlich für Handschrift eignet sich nur die Formelementanalyse.

Natürlich hängt das spezielle Verfahren, welches man für die Zeichenabtastung verwendet, stark vom gewählten Analyseverfahren ab. So wird man z. B. bei der Abtastung vertikale bzw. horizontale Spalte verwenden, wenn man das Analyseverfahren a) oder b) anwendet.

Damit die charakteristischen Merkmale der einzelnen Zeichen immer an den jeweils gleichen Stellen im Pufferspeicher erscheinen, ist es notwendig, das gelesene Zeichen zu zentrieren. Das geschieht in grober Weise durch den Abtaster. Feinheiten werden im allgemeinen elektronisch ausgeglichen. Man baut deshalb den Pufferspeicher als Schieberegister aus und verschiebt die darin enthaltene Information solange, bis sie keine führenden O mehr enthält. Das entspricht einer Zeichenzentrierung in der Weise, daß z. B. der oberste und der am weitesten linksstehende schwarze Punkt des Zeichens an den jeweiligen Bildrand gerückt werden.

Als Beispiel sei der Aufbau einer Merkmalsaussonderung und Zentrierung für eine Spezialschrift (CZ 13) gegeben. Diese Schrift kann nach dem *Vertikalstrich-Bicode-Verfahren* analysiert werden. Das Vertikalstrich-Bicode-Verfahren verlangt eine Schrift, bei der neben vertikalen Strichen, die durch die ganze Zeichenhöhe gehen, nur noch solche mit der Länge der halben Zeichenhöhe auftreten, wobei noch die Zusatzbedingung einzuhalten ist, daß diese die horizontale Zeichenmittellinie nicht überschreiten. Die folgende Abbildung zeigt die CZ 13 Schrift.

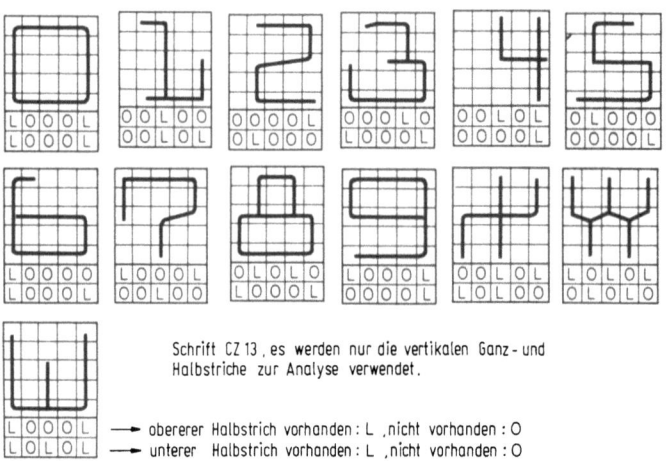

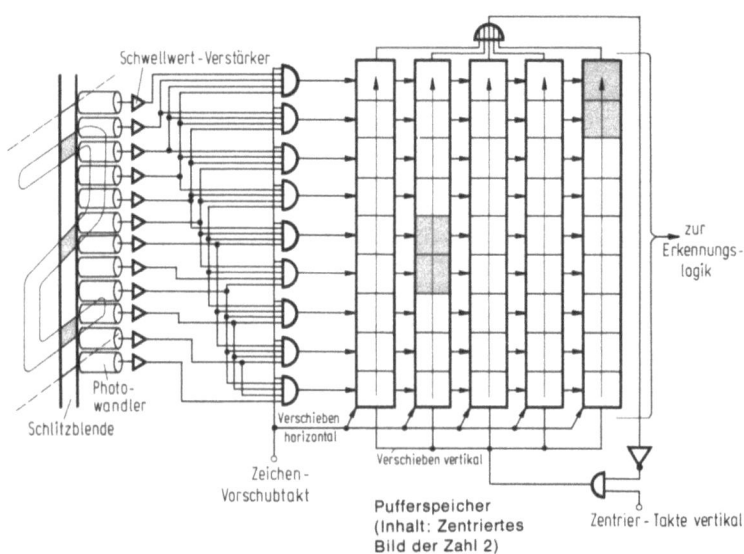

Abb. 175   Lese-Speicher- und Zentriereinheit für das Vertikal-Bicode-Verfahren

Die in der Abbildung erkennbare Abtasteinheit verwendet eine vertikale, lineare Anordnung von 12 Photowandlern. Ihre Ausgangsspannungen werden über Schwellwertverstärker so auf Und-Gatter geführt, daß diese nur dann ein Ausgangssignal abgeben, wenn mindestens vier aneinanderliegende Photowandler ansprechen (Halbstrichlänge). Die abgelesene Information wird von den Und-Gattern in einem Pufferspeicher abgesetzt, der als zweidimensionales Schieberegister aufgebaut ist. Nachdem ein Zeichen vollständig gelesen ist, erfolgt hier eine Verschiebung des Bildes des gelesenen Zeichens solange nach oben, bis der erste, einem Schwarzwert entsprechende Binärwert am Registerende ansteht. Eine Zentrierung in horizontaler Richtung kann hier entfallen.

9.10.5 Klassifikation

Die Klassifikation der einzelnen Zeichen ist um so einfacher, je mehr die Schriftart einem speziellen Lesemechanismus angepaßt ist. Für die Schriftart CZ 13 könnte die Klassifizierungselektronik etwa durch eine Baumschaltung realisiert werden (vgl. Abb. 176).
Die Steuerung der Vierfachumschalter erfolgt durch die Inhalte der fünf Schieberegister, welche durch je 2 Bit dargestellt werden können (kein Vertikalstrich, oberer Halbstrich, unterer Halbstrich, ganzer Vertikalstrich). Tritt beim Klassifizieren eine Stellung der Schalter auf, bei welcher Punkt E auf einen nicht weiterführenden Ausgang geschaltet wird, so wird das Zeichen als unlesbar zurückgewiesen.

Ein Klassifizierungsverfahren, welches sich auch für allgemeinere Druckschriften eignet, beruht darauf, daß man das Abbild des gelesenen Zeichens zunächst in einem zweidimensionalen Flip-Flop-Speicher festhält und die Verteilung der ja-nein-Werte mit den Normalwerten der zugelassenen Zeichen vergleicht. Diese Methode entspricht dem ältesten Leseverfahren, bei dem zwischen dem optischen Bild des Zeichens und dem Photowandler nacheinander Masken auf die einzelnen Zeichen des Satzes, entweder lichtdurchlässig oder lichtundurchlässig, aufgebracht wurden. Stimmt das gelesene Zeichen mit einem Zeichen des Satzes überein, so war die von den Wandlern aufgenommene Lichtmenge entweder ein Maximum oder ein Minimum.

Alle bisher besprochenen Verfahren sind sehr empfindlich gegenüber Zeichenverzerrungen und Verdrehungen. Mittels des Formelementanalyseverfahrens läßt sich die Sicherheit beim Lesen solcher verzerrter Zeichen etwas erhöhen. Neben den senkrechten, waagrechten und schrägen Strichelementen werden bei diesem Verfahren auch Bögen, die sich bezüglich der Leserichtung schließen (Konvergenz) oder öffnen (Divergenz), registriert.
Man findet solche Bögen, indem man die Helligkeitswerte zweier hintereinander liegender Spalten vergleicht.

Die Lesesicherheit läßt sich weiter erhöhen, wenn man bei der Klassifikation die Vergleichs- oder die gelesenen Zeichen nicht nur in ihrer ursprüngli-

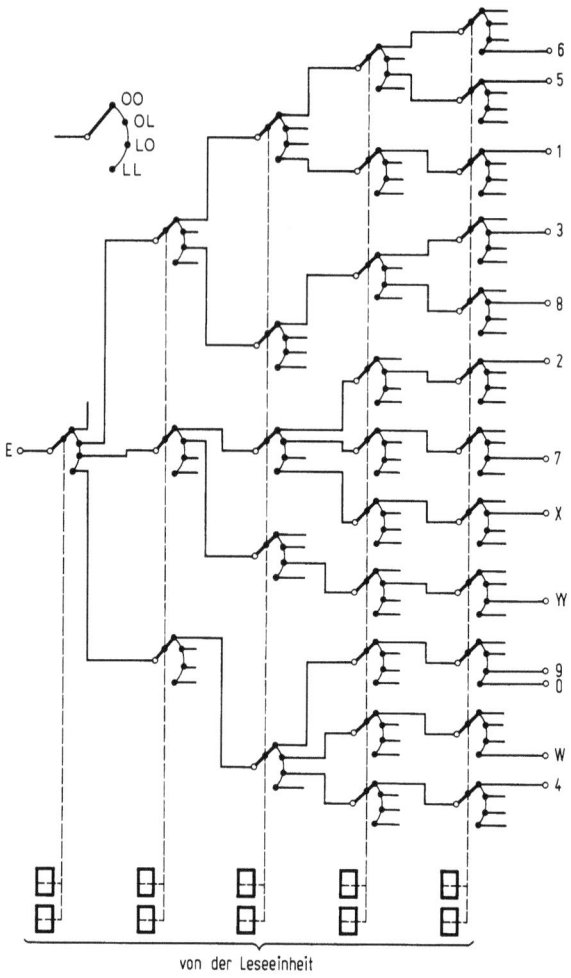

Abb. 176   Klassifizierungslogik für die CZ 13-Schrift

chen Form verwendet, sondern sie in gewissen Grenzen variiert. Das hat allerdings einen beträchtlichen apparativen Mehraufwand zur Folge. So kann z. B. das Vergleichszeichen (oder auch das Bild des gelesenen Zeichens) innerhalb gewisser Bereiche verdreht, verzerrt und in der Größe verändert werden. Dabei wird ständig versucht, ob eine Übereinstimmung zwischen gelesenen und Vergleichszeichen festgestellt werden kann.

9.10 Automatische Zeichenerkennung

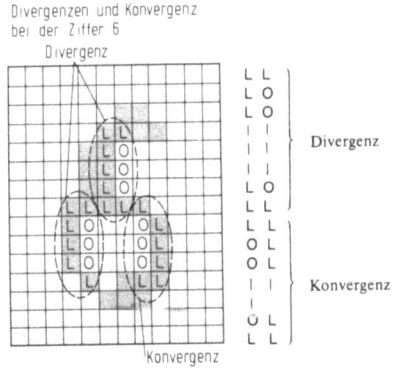

	–	–		Div	–
0	Div	Konv	5	–	–
	–	–		–	Konv
	–	–		Div	–
1	–	–	6	–	–
	–	–		Div	Konv
	Konv	–		–	Konv
2	–	–	7	–	–
	–	Div		–	–
	Konv	–		Div	Konv
3	–	Div	8	Konv	Div
	Konv	–		Div	Konv
	–	–		Div	Konv
4	(Div)	(Div)	9	–	–
	–	–		–	Konv

Abb. 177 Formelelementaranalyse

Natürlich können bei einem gelesenen Zeichen, das trifft insbesondere bei Handschriften zu, mehrere der aufgeführten Veränderungen gleichzeitig auftreten. Man muß daher versuchen, diese Veränderungen durch das Durchspielen gewisser Kombinationen der Grundveränderungen beim Vergleichszeichen zu kompensieren. Da diese Prozesse Zeit kosten und da die Lesezeit für ein Zeichen begrenzt ist (sie soll im allgemeinen im *ms* Bereich liegen), kann das Problem nur durch weitgehende Parallelarbeit gelöst werden.

Ein anderes Verfahren, welches auch mit einer gewissen Variation der Vergleichszeichen arbeitet, verwendet folgenden Grundgedanken: Man bestimmt die Art und die Breite der bei einem bestimmten Zeichen auftretenden

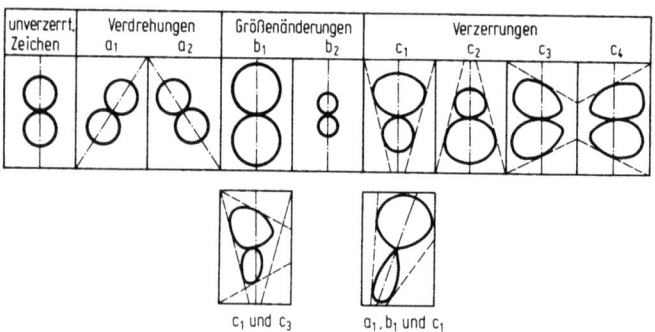

Abb. 178 Verzerrungen eines Zeichens

Variationen durch eine Schriftzeichenanalyse möglichst vieler Schriftarten. Man führt dann beim Klassifizierungsprozeß nur diejenigen Veränderungen durch, die innerhalb der ermittelten Grenzen liegen.

Insbesondere die automatische Erkennung von Handschriften bietet noch viele zu lösende Probleme. Es sei nur auf Unterbrechungen in der Linienführung, auf Kleckse, auf individuelle Schreibgewohnheiten (z. B. Häubchen an der Null, Querstrich an der Sieben) hingewiesen, um die nur wichtigsten zu nennen. Auf diesem Gebiet (und auf dem noch komplizierteren Gebiet der automatischen Spracherkennung) zeigt es sich deutlich, wie komplex unser Gehirn aufgebaut ist. Wir sind fähig, aus Schriftbildern oder akustischen Signalen auch noch die richtigen Informationen zu entnehmen, wenn deren Zustand so schlecht ist, daß jede maschinelle Auswertung mit den heute zur Verfügung stehenden Mitteln unmöglich ist. An diese Fähigkeiten unseres Gehirns und an manche andere – wir hatten im Rahmen dieses Buches noch die immensen Leistungen dieses Organs als Assoziativspeicher erwähnt – sollten wir denken, wenn wir für eine nur weniger Spezialfunktionen mächtigen Rechenanlage das Wort Elektronengehirn verwenden.

Literaturverzeichnis

1. Bauer, Heinold, Samelson, Sauer: Moderne Rechenanlagen, Stuttgart: B. G. Täubner 1965.
2. Bauer, Samelson: Verfahren zur automatischen Verarbeitung von codierten Daten und Rechenmaschinen zur Ausübung des Verfahrens. Deutsche Patentschrift Nr. 1094019 30. III. 1957.
3. Buch, R. H.: Seminar über Halbleiterspeicher. Internationaler Elektronik Arbeitskreis e. V. Kongreßzentrum München.
4. Dokter, F., Steinhäuser, J.: Digitale Elektronik I, II, Philips-Fachbücher 1970.
5. Eimbinder, J.: Semiconductor-memories. New York – London – Sidney – Toronto: Wiley-Intersience.
6. Hahn, Winfried W.: Elektronik-Praktikum für Informatiker, Heidelberger Taschenbücher, Band 85, Berlin-Heidelberg-New York: Springer 1971.
7. Husson, S. S.: Microprogramming Principles and Practices, Englewood Cliffs, N. J.: Prentice-Hall Inc.
8. Lewin, D.: Logical Design of Switching Circuits, London: Thomas Nelson and Sons Ltd.
9. Linvill, J. G., Gibbons, J. F.: Transistors and active Circuits, New York: McGraw-Hill 1961.
10. Millman, J., Taub, H.: Impuls und Digitalschaltungen, Stuttgart: Berliner Union 1963.
11. Phister, M.: Logical Design of Digital Computers, New York-London-Sidney: John Wiley and Sons Inc.
12. Richards, R. K.: Electronic Digital Components and Circuits, Van Nostrand Company 1967.
13. Röschlau, Helmut: Handbuch der angewandten Impulstechnik, R. v. Deckers Verlag G. Schenk 1965.
14. Samelson, K., Bauer, F. L.: Maßnahmen zur Erzielung kurzer, übersichtlicher Rechenprogramme für Rechenautomaten, z. Angew. Math. Mech. **34**, 262 (1954).
15. Samelson, K., Bauer, F. L.: Sequentielle Formelübersetzung. Elektronische Rechenanlagen 1, 176–182 (1959).
16. Schecher, H.: Maßnahmen zur Vereinfachung von Rechenplänen bei elektronischen Rechenanlagen. Z. Angew. Math. Mech. **36**, H. 9/10, Sept./Okt. 1956.

17. Schecher, H.: Eine Möglichkeit zur besseren Überlappung der Grundzyklen aufeinanderfolgender Befehle bei Rechenanlagen mit Halbleiterspeicher. Nachrichtentechnische Fachberichte **44**, 1972, VDE Verlag Berlin.
18. Schulte, D.: Kombinatorische und sequentielle Netzwerke, München-Wien: Oldenbourg.
19. Speiser, A. P.: Digitale Rechenanlagen, Berlin-Göttingen-Heidelberg: Springer 1961.
20. Steinbuch, K.: Taschenbuch der Nachrichtenverarbeitung, 2. Aufl., Berlin-Heidelberg-New York: Springer 1967.
21. Watson, R. W.: Timesharing-System-Design-Concepts New York: McGraw-Hill Computer-Sience-Service.
22. Weyh, U.: Elemente der Schaltalgebra, München-Wien: Oldenbourg.
23. Wickes, W. E.: Logic Design with Integrated Circuits, New York-London-Sidney: John Wiley and Sons Inc.
24. Wilkes, M. V.: Slave Memories and dynamic storage allocation, IEEE Trans. Vol. EC **14**, p. 270.
25. Wilkes, M. V.: Time-Sharing-Computer-Systems, London: McDonald & Co.
26. Wilkinson, J. H.: Rundungsfehler, Heidelberger Taschenbücher, Bd. 44, Berlin-Heidelberg-New York: Springer 1969.

Namen und Sachverzeichnis

Abbruch eines Ein- Ausgabevorgangs 132
Abfrageprogramm 135
Absolute Adressen 151
Abtastverfahren bei Lochkarten- und Lochstreifengeräten 217
Addiernetzwerk 30
Addier- und Subtrahierwerke mit Zählern 50
Addierwerke für das hexadezimale Zahlsystem 36
Additionstafel 50
Adreßänderungen I. Art 152
Adressierung 89
Adreßmodifikation durch Addition 76
—, mit Basisregister 159
Adreß-Sammelschiene 118
Adreßteil als Operand 80
Adreßtransformation mittels eines Assoziativspeichers 188
Adreßverschränkung 117
Aiken-Code 46
Akkumulator 29
Algol 68 65
Alterung 189
Alterungsmechanismus mit Schalt-Flip-Flop 190
—, mit Schieberegister 189
—, Schaltbild 192
Analog-Digital-Wandler 228
—, für Frequenzen 231
—, für geometrische Größen 228
—, für zeitliche Größen 230
—, nach dem Stufenkompensationsverfahren 232
Angepaßte Liste 163
Anwahlmatrix mit Halbleiterelementen 109
Anwahlmatrizen mit ferromagnetischen Elementen 111
Arbeitsspeicher 88
Arithmetischer Alarm 60, 62
Assoziativspeicher 180, 201
—, Aufbau 181
—, für den paging- bzw. Segmentierungsprozeß 188
—, in MOS-Technik 187
—, mit bipolaren Transistoren 183
—, Organisation 186
—, Prinzipschaltbild 182
—, Speicherelement 184
Asynchrone Zähler 18
Astabile-Flip-Flop 15
Auffrischverstärker 171
Ausblendimpuls 103
Ausgangskennlinienfeld eines Transistors 107
Auswahl der Treiberdrähte beim Kernspeicher 107
Automatische Zeichenerkennung 243
—, Abtastung der Zeichen 244
—, Allgemeiner Aufbau 244
—, Aussondern der Merkmale 247
—, Klassifikation 249
—, Klassifizierlogik für die CZ 13-Schrift 250
—, Zeichenverzerrungen 252
—, Zentriereinheit 248

Bandspeicher, Bandabmessungen 210
—, Bandgeschwindigkeiten 211
—, Doppelkopf 211
—, Laufwerk 213
—, Maßnahmen zur Fehlererkennung 212

Bandspeicher, Schleifenlaufwerke 214
Basisregister 76, 152, 159, 198
Basisspeicher 77
BCD-Code 18, 46
Befehlsformat beim „paging"-Verfahren 157
Befehlsregister 71
Befehlswerk 71, 72
—, Mikroprogramm 73, 74, 75, 77, 81, 85, 86
—, mit mehreren Modifikationsregistern 79
Befehlswort 71
Befehlszähler 73
Beschleunigung d. Transportes „Arbeitsspeicher-Hintergrundspeicher" 153
Bewegte magnetische Schichten als Datenträger 199
Bildschirmgeräte 236
—, Eingabemöglichkeiten 241
—, Lichtstift 241
—, Punktverfahren 237
—, Rollkugel 242
—, Tastatur 241
—, Vektorverfahren 236
Bildwiederholungsspeicher 236
—, Kapazität 238
—, Steuerkopf 241
Binäre Zähler 16
Biteinsparungen bei Befehlsworten 191
Blockendebefehl 129

carry look ahead 34
Charaktron-Röhre 225, 241
Chip 165
—, Anzahl der Anschlußstifte bei Speichern 165
Codes für Dezimalmaschinen 45
Code-Lineale 229
Code-Lineal-Mehrfachabtastung 229
Codiermatrix 108
Codierte Analog-Digitalwandler 228
Codierte Kernmatrize 113
content addressable memories 180
CZ 13-Schrift 248, 249, 250

Darstellung negativer Zahlen 25
Datensicherung beim Speicherwerk 91

Datenstationen 242
Dauerdurchlaufbetrieb 216
demand paging 157
Denormalisierung 57
Dezimaladdierwerke 48
Dezimale Dividierwerke 54
Dezimales Multiplizierwerk mit Zählersteuerung 51
Dezimale Zähler 18
D-Flip-Flop 13
Dialog-Verkehr 235
Digital-Analog-Wandler 233
—, direkt arbeitend 233
—, für elektrische Größen 233, 237
—, indirekt arbeitend 233
Digitale Verknüpfungsglieder 5
Dioden-Transistor-Logik-Familie 8
Dividierwerke 41
—, für das hexadezimale Zahlsystem 44
Division mit Rückstellung des Restes 41
—, ohne Rückstellung des Restes 43
Dreierprobe 92
Druckwerke 220
—, fliegende Abdruckverfahren 221
Dynamische Halbleiterspeicher in MOS-Technik 170
Dynamische Schieberegister 23
Dynamische Veränderung der Rangstufen von schnellen Kanalwerken 143

Echtes Komplement 25, 28
Ein-Ausgabe-Befehle Format 126
—, -Befehlswerk 125, 130, 131
—, -Operationen 128
—, -Programme 127
—, -Start-Programm 134
Einbitspeicher 11
Eingriff 134, 138
Eingriffsinvariantes Programm 151
Eingriffsprogramm beim Ein-Ausgabe-Verkehr 134, 136
Eingriffssperre 139
Eingriffswerk 138
—, bei mehreren Rechnerkernen 141
—, Mikroprogramm 141

Namen- und Sachverzeichnis

Eingriffswort 139
—, Aufbau 140
Ein Kern-pro-Bit-Schieberegister 21
Einschrittige Multiplikation 39
Einschrittiges Paralleladdierwerk 34
Einzelabruf 216
Elektrochemische Druckverfahren 224
Elektrostatische und elektromagnetische Druckverfahren 224
Elementdruck 220
Emitter-Coupled-Logik-Familie 9
Emitterfolger 107
end around carry 28
Erzeugung von variablen Impulsfolgefrequenzen mittels software 227
Exponent 55, 56, 57
Exzeß-3-Code 47
Exzeß-3-Gray-Code 229

Fädelspeicher 68
fan in 8
fan out 8
Festwertspeicher 89
Flip-Flop 11
Fluchtsymbol 125, 218
Flußdiagramm 66
Folgeadresse 127
Formelementanalyse 247, 251

Gegenkopplung 168
Gestörte Kerne 102
Gleitpunktaddition 56
Gleitpunktarithmetik 55
Gleitpunktdivision 61
Gleitpunktmultiplikation 60
Gray-Code 229
Grenzregister 193

Halbaddierer 31
Halbleiter RAM-Speicher mit bipolaren Transistoren 167
Halbleiterspeicher 164
—, Einschreibvorgang 169
—, prinzipieller Aufbau 165

Halbleiterspeicher, Zugriffszeit 169
hardware-Steuerung 64
Hilfsregister für Sprungbefehle 86
Horizontalstrichanalyse 247
Hystereseschleife 96

Identische Abbildung eines zusammenhängenden Teils des Hintergrundspeichers auf den Arbeitsspeicher 153
Impulserzeuger 15
Impulstransformator 112
Indexregister 77
Indirekte Adresse 81, 159, 198
Induktionsspannung 97
Informationsregister 73
Informationssammelschiene 118
Informationswort 182
Inkrementelle Analog-Digital-Wandler für geometrische Größen 230
Instabilitäten beim Auslesen aus einem Halbleiterspeicher 167
Integrierte Schaltkreise mit Feldeffekttransistoren 9
Interrupt 134, 138
Irreversible Feldänderungen 97

J-K-Flip-Flop 12

Kachel 156
Kanalwerk 122
—, Aufbau 123
Kapazität eines Speichers 90
Karnaugh-Diagramm 30
Kellerprinzip 85
Kennzeichnungsbit bei Befehlen 82
Kern-Arrays 98
Kernspeicher, Auslesen der Information 104
—, Einschreiben 105
—, Gesamtschaltbild 114
—, für Parallelarbeit 118
—, Impulsprogramm 104
—, Lese-Schreib-Zyklus 104
Kettendrucker 222

Kombinatorisches Netzwerk 1
Komplement 25
Komplementbildung im BCD-Code 49
—, im hexadezimalen Zahlsystem 29
Komplementierendes Flip-Flop 12
Konsolen 234
Konturenverfolgung 246
Korrektur der Pseudotetraden 48
Kritische Änderungsgeschwindigkeit 13
Kritischer Pegel 13

Lageinvariantes Programm 151
Large scale integrated circuits 165
Leseverstärker 103
Lesewicklung 101
Linksverschiebung von Komplementen 44
Liste der abgeschlossenen Ein-Ausgabe-Vorgänge 136
—, der freien Kacheln 159
Listen für das Segmentierungsverfahren 172
Lochkartengeräte 215, 219
—, Geschwindigkeiten 219
Lochstreifengeräte 215, 218
—, Geschwindigkeiten 218

Magnetbandspeicher 210
Magnetkartenspeicher 215
Magnetkernspeicher 96
Magnetköpfe 202
Magnetomotorische Speicher 199
—, Aufzeichnungsarten 203
—, Bitdichten 202
—, Informationssuche 200
—, serielle Speicherung 200
—, teilweise parallele Speicherung 200
Mantisse 55
Maschinenwort 55
Maskenwort 181
Massenkernspeicher 106, 198
Master-Slave-Flip-Flop 14
Master-Slave-Prinzip bei Speichern 155

Mechanische Zeilendrucker 221
Mehrfache Adressmodifikation 82
Mikroprogramm 64, 73, 74, 75, 77, 81, 85, 86
Mikroprogrammierung 196
Mikroprogrammspeicher 65, 67, 70
Modifikationen an Befehlsworten 76
Modifikationsregister 76
Monostabiles Flip-Flop 14
Mosaikartige Speicherung von Information 156
MOS-Technik 9
Multiplikation binärer Zahlen 38
—, negativer Zahlen 40
Multiplizierwerke 38
—, die gewisse Vielfache des Multiplikanden verwenden 53
—, für das hexadezimale Zahlsystem 41
—, mit Einmaleinskörpern 52

Negation 6
—, mit Halbleitern 7
Nichtideale Kerne 102
Nichtidentische Abbildung des Hintergrundspeichers auf den Arbeitsspeicher 156
Nichtmechanische Zeilendrucker 223
—, Druckverfahren 224
Nichttetradische Codes 47
Normalisierung 57
Nutzsignal 102

Oder-Schaltung allgemein 5
—, mit Halbleitern 6
on line-Betrieb 218
Operator 171, 172
Orthogonalstrichanalyse 247
Paging-Verfahren 157
—, typische Vorgänge 160
—, Vorgänge bei der Verdrängung eines Programms 162
—, Möglichkeiten zu seiner Beschleunigung 163
Paralleladdierwerke 33
Paralleladdition in zwei Schritten 33, 35

Namen- und Sachverzeichnis

Parallelarbeit 74, 116
—, abhängiger Werke 116
—, bei einem Speicherwerk mit mehreren Moduln 117
—, unabhängiger Werke 116
Paritybit 91, 212
Pegelregenerierung 8
Periphere Geräte 197
Photographische Druckverfahren 225
Plattenspeicher 208
—, Einteilung eines Plattenturms 210
—, Kapazität 210
—, Kopfanordnungen 209
—, Plattenabmessungen 209
—, Schreibdichten 209
—, Umdrehungszahlen 210
Plotter 225
—, analog arbeitend 226
—, digital arbeitend 226
Prioritäten von Teilwerken 142
Probleminterne Liste beim paging-Verfahren 160
Problemliste 158
Programm aus mehreren Segmenten aufgebaut 172
Programmliste 136
Programmteile variabler Länge 172
Prüflesen 212, 216, 219
Pseudobefehl 134
Pseudotetraden 48

Quantisierungseinheit 230
Quersumme 92

Random Access Memory 90, 164
Rangstufen der einzelnen Teilwerke einer Rechenanlage 142, 144
Read-only-memory 89, 240
Rechenwerke 25
—, für das binäre und hexadezimale Zahlsystem 25
—, für Dezimalzahlen 44
Rechteckigkeit magnetischer Materialien 96
Redundanz 91, 243
Referenzstufe 80
Referenzstufenänderung 80
Rekursive Unterprogramme 84

relative Adressierung 151, 159, 172, 174
Reversible Feldänderungen 97
RS-Flip-Flop 11
Rückkehrsprung 83
Rückkopplung 1
Rundung, mathematisch korrekt 55

Sammelschienenkonzept 142
Satellitenrechner 242
Schalterbäume 108, 201
Schaltkonstante 98, 104
Schaltkreisfamilien 8
Schaltmatrizen 201
Schaltsymbole digitaler Verknüpfungsglieder 9
Schaltverhalten des Master-Slave-Flip-Flops 14
Schaltwerk 1
Schaltzeiten 9
Schieberegister 19
—, mit Ferritkernen 20
—, mit Flip-Flop-Ketten 20
—, mit MOS-FET-Schaltungen 21
—, verzweigte 67
Schlüsselwort 182
Schmitt-Trigger 15
Schnellkanal 123
Schutz besonderer Speichergebiete 195
Schutzstelle 57
Schwellwertverstärker 103
schwimmende Kopflagerung 208
Segment 172
Segmente, Kennzeichnung 173
Segmentierung, Ablauf, wenn sich ein Segment nicht im Hintergrundspeicher befindet 175
Segmentierungsverfahren 171, 172
—, Aufsuchen einer Speicherzelle 176
—, Befehlsformat 174
—, Beschleunigung 179
—, mit seitenweise belegbarem Hintergrundspeicher 177
—, Teilschritte bei der Ausführung eines Befehls 174
—, zeitliche Nachteile 179
Segmentinterne Seiten-Kacheln-Listen 173

Segmentliste 173
Segment, maximale Seitenzahl eines 174
Seitengröße 163
Seiten-Kacheln-Zuordnungsliste 158
Seitenunterteilung 156
Selektion 89, 98
—, einer Kerngruppe 100
—, eines Einzelkerns 98
Selektionsebenen 98
Selektionsdrähte 98
Selektionsverhältnis 98, 104
Sequentielles Netzwerk 68
Serienaddierwerke 29
software-Steuerung 64
Speichermodul 117
Speicherschutz 193
—, beim Segmentierungsverfahren 194
—, und Speicherabbildungen 194
—, verschiedene Arten 194
Speicherwerke 88
Sperrwicklung 101
Sprungbefehle 75
Spur 200
Stabdrucker 222
Standard-Kanal 123
Startliste beim Ein-Ausgabeverkehr 134
Statische Halbleiterspeicher in MOS-Technik 169
—, Schieberegister 22
Stellen-Komplement 25
Steuersammelschiene 118
Störsignal 102
Stoppbefehl bei Ein-Ausgabe-Programmen 129
Strichelementanalyse 247
Synchrone Zähler 17

Taktgesteuerte Flip-Flop 12
Taktimpuls 14, 23
Taktschriften 203
Taktspur 201
Teilerregung nach dem Beschreiben eines Kerns 102
Terminals 243
Transistor-Transistor-Logik-Familie 9
Transportbefehle 74

Treiberverstärker für Kernmatrizen 106
Trommeldrucker 222
Trommelspeicher 207
—, Zugriffszeit, Schreibdichte, Kapazität 207
Typendruck 220
Typenkennungsalarm 71

Überlaufsbit 28
Übertragungsgeschwindigkeit Massenkernspeicher-Arbeitsspeicher 199
Umklappzeit 98
Und-Schaltung allgemein 5
—, mit Halbleitern 6
Unterbrechung eines Programms durch einen Ein-Ausgabe-Vorgang 135
Unterprogramme 83
—, Auschlußtechnik 83
Unterprogrammordnungszähler 84
Unterschleifen 97

Verdrängung eines Programms 162
Vergleichswort 181
Versorgungszellen 83
Verteilerprogramme 134
Vertikalstrichanalyse 247
Vertikalstrich-Bicode-Verfahren 247
Virtueller Speicher 195
Volatile Speicher 164
Volladdierer 32
Vorrangwerk 142
—, Arbeitsweise 147
—, höchste Rangstufe 144
—, Realisierung 145
Vorzeichenbit 26

Warteschleife 132, 139
Wortgruppentransferbefehl 154
Wortorientierter Kernspeicher 100

Zähler 16
Zeichengeneratoren 238
—, Leitpunkt 239
Zeichenmatrizen 240

Namen- und Sachverzeichnis

Zeilendrucker 221
—, Anschlagmechanismen 221
—, Ansteuerung der Anschlaghämmer 222
Zeitdauer der Multiplikation 38
Zeiteinsparungen bei der Multiplikation 39, 52, 53
Zeitkonstante 15, 22
Zeitmultiplexverfahren 235
Zeitschwierigkeiten beim Ein-Ausgabe-Verkehr 133

Zellenanwahl beim Halbleiterspeicher 164
Zugriff 89
Zugriffswunsch 145
Zugriffszeit 90
Zusammenspiel mehrerer Programme mit Ein-Ausgabe-Vorgängen 136
Zwei aus fünf Code 47, 202
Zwei Kern-pro-Bit-Schieberegister 21
Zweitbefehl als Modifikationsregister 78

Heidelberger Taschenbücher

Mathematik – Physik – Informatik – Technik

1. M. Born: Die Relativitätstheorie Einsteins. 5. Auflage. DM 10,80
2. K. H. Hellwege: Einführung in die Physik der Atome. 3. Auflage. DM 8,80
6. S. Flügge: Rechenmethoden der Quantentheorie. 3. Auflage. DM 10,80
7/8. G. Falk: Theoretische Physik I und Ia auf der Grundlage einer allgemeinen Dynamik.
    Band 7: Elementare Punktmechanik (I). DM 8,80
    Band 8: Aufgaben und Ergänzungen zur Punktmechanik (Ia). DM 8,80
9. K. W. Ford: Die Welt der Elementarteilchen. DM 10,80
10. R. Becker: Theorie der Wärme. DM 10,80
11. P. Stoll: Experimentelle Methoden der Kernphysik. DM 10,80
12. B. L. van der Waerden: Algebra I. 8. Auflage der Modernen Algebra. DM 10,80
13. H. S. Green: Quantenmechanik in algebraischer Darstellung. DM 8,80
15. L. Collatz/W. Wetterling: Optimierungsaufgaben. 2. Auflage. DM 14,80
16/17. A. Unsöld: Der neue Kosmos. DM 18,–
19. A. Sommerfeld/H. Bethe: Elektronentheorie der Metalle. DM 10,80
20. K. Marguerre: Technische Mechanik. I. Teil: Statik. 2. Auflage. DM 12,80
21. K. Marguerre: Technische Mechanik. II. Teil: Elastostatik. DM 10,80
22. K. Marguerre: Technische Mechanik. III. Teil: Kinetik. DM 12,80
23. B. L. van der Waerden: Algebra II. 5. Auflage der Modernen Algebra. DM 14,80
26. H. Grauert/I. Lieb: Differential- und Integralrechnung I. 3. Auflage. DM 12,80
27/28. G. Falk: Theoretische Physik II und IIa.
    Band 27: Allgemeine Dynamik. Thermodynamik (II). DM 14,80
    Band 28: Aufgaben und Ergänzungen zur Allgemeinen Dynamik und Thermodynamik (IIa). DM 12,80
30. R. Courant/D. Hilbert: Methoden der mathematischen Physik I. 3. Auflage. DM 16,80
31. R. Courant/D. Hilbert: Methoden der mathematischen Physik II. 2. Auflage. DM 16,80
33. K. H. Hellwege: Einführung in die Festkörperphysik I. DM 9,80
34. K. H. Hellwege: Einführung in die Festkörperphysik II. DM 12,80
36. H. Grauert/W. Fischer: Differential- und Integralrechnung II. 2. Auflage. DM 12,80
37. V. Aschoff: Einführung in die Nachrichtenübertragungstechnik. DM 11,80
43. H. Grauert/I. Lieb: Differential- und Integralrechnung III. DM 12,80
44. J. H. Wilkinson: Rundungsfehler. DM 14,80
49. Selecta Mathematica I. Verf. und hrsg. von K. Jacobs. DM 10,80
50. H. Rademacher/O. Toeplitz: Von Zahlen und Figuren. DM 10,80
51. E. B. Dynkin/A. A. Juschkewitsch: Sätze und Aufgaben über Markoffsche Prozesse. DM 14,80
54. G. Fuchs: Mathematik für Mediziner und Biologen. DM 12,80
56. M. J. Beckmann/H. P. Künzi: Mathematik für Ökonomen I. 2. Auflage. DM 14,80
64. F. Rehbock: Darstellende Geometrie. 3. Auflage. DM 12,80
65. H. Schubert: Kategorien I. DM 12,80
66. H. Schubert: Kategorien II. DM 10,80
67. Selecta Mathematica II. Hrsg. von K. Jacobs. DM 12,80
71. O. Madelung: Grundlagen der Halbleiterphysik. DM 12,80

73 G. Pólya/G. Szegö: Aufgaben und Lehrsätze aus der Analysis I. DM 12,80
74 G. Pólya/G. Szegö: Aufgaben und Lehrsätze aus der Analysis II. 4. Auflage. DM 14,80
75 Technologie der Zukunft. Hrsg. von R. Jungk. DM 15,80
80 F. L. Bauer/G. Goos: Informatik – Eine einführende Übersicht. Erster Teil. 2. Auflage. DM 9,80
81 K. Steinbuch: Automat und Mensch. 4. Auflage. DM 16,80
85 W. Hahn: Elektronik-Praktikum für Informatiker. DM 10,80
86 Selecta Mathematica III. Hrsg. K. Jacobs. DM 12,80
87 H. Hermes: Aufzählbarkeit, Entscheidbarkeit, Berechenbarkeit. 2. Auflage. DM 14,80
91 F. L. Bauer/G. Goos: Informatik – Eine einführende Übersicht. Zweiter Teil. DM 12,80
93 O. Komarnicki: Programmiermethodik. DM 14,80
98 Selecta Mathematica IV. Hrsg. von K. Jacobs. DM 14,80
99 P. Deussen: Halbgruppen und Automaten. DM 11,80
102 W. Franz: Quantentheorie. DM 19,80
104 O. Madelung: Festkörpertheorie I. DM 14,80
105 J. Stoer: Einführung in die Numerische Mathematik I. DM 14,80
107 W. Klingenberg: Eine Vorlesung über Differentialgeometrie. DM 14,80
108 F. W. Schäfke/D. Schmidt: Gewöhnliche Differentialgleichungen. DM 14,80
109 O. Madelung: Festkörpertheorie II. DM 14,80
110 W. Walter: Gewöhnliche Differentialgleichungen. DM 14,80
114 J. Stoer/R. Bulirsch: Einführung in die Numerische Mathematik II. DM 14,80
117 M. J. Beckmann/H. P. Künzi: Mathematik für Ökonomen II. DM 12,80
120 H. Hofer: Datenfernverarbeitung. DM 16,80
126 O. Madelung: Festkörpertheorie III. DM 16,80
127 H. Schecher: Funktioneller Aufbau digitaler Rechenanlagen. DM 16,80
129 K. P. Hadeler: Mathematik für Biologen. DM 14,80
140 R. Alletsee/G. Umhauer: Assembler 1. Ein Lernprogramm. In Vorbereitung

Hochschultext

Mathematik

Gross, M./Lentin, A: Mathematische Linguistik. DM 28,-
Hermes, H.: Introduction to mathematical Logic. DM 28,-
Heyer, H.: Mathematische Theorie statistischer Experimente. DM 19,80
Hinderer, K.: Grundbegriffe der Wahrscheinlichkeitstheorie. DM 19,80
Kreisel, G./Krivine, J. L.: Modelltheorie. DM 28,-
Lüneburg, H.: Einführung in die Algebra. DM 19,-
MacLane, S.: Kategorien. DM 34,-
Owen, G.: Spieltheorie. DM 28,-
Oxtoby, J. C.: Maß und Kategorie. DM 16,-
Querenburg, B. v.: Mengentheoretische Topologie. DM 14,80
Preuss, G.: Allgemeine Topologie. DM 28,-
Werner, H.: Praktische Mathematik I. DM 14,-
Werner, H./Schaback, R.: Praktische Mathematik II. DM 19,80

Preisänderungen vorbehalten

Errata zu Heidelberger Taschenbücher,
Sammlung Informatik
Band 99, P. Deussen:
Halbgruppen und Automaten

Seite 11 Zeile 10 v. o. lies: ....., kommt
„ 20 „ 14 v. u. lies: Unterhalbgruppenkette
„ 31 „ 4 v. u. lies: $G_{\varrho_0 \mu}$
„ 42 „ 2 v. u. lies: $\phi \cdot \varrho = \phi = \varrho \cdot \phi$
„ 50 „ 13 v. u. lies: eine (statt die größte)
„ 53 „ 7 v. o. lies: ...... und $i_0 \in P$
„ 55 vorletzter lies: Jeder Vektorraum V mit einem
 Absatz Operatorenring R ist zugleich
 ein Semimodul, wobei V die
 Menge S ist, und die
 multiplikative Halbgruppe von R
 als Halbgruppe F dient.
„ 77 Zeile 12 v. o. lies: $s \in S_i$
„ 78 „ 12 v. o. lies: „Assoziativität"
„ 87 „ 8 v. u. lies: $\varkappa \in K_1$
„ 127 „ 1 v. u. lies: $\begin{pmatrix} M(f) & t(f) \\ 0 & 1 \end{pmatrix}$
„ 130 „ 7 v. o. lies: $\mathfrak{A} = <\ldots$
„ 145 „ 17 v. o. lies: überflüssigen oder äquivalenten
„ 153 „ 2 v. u. lies: Voraussetzung
„ 155 „ 6 v. u. lies: ϱ ist die größte Linkskongruenz
 in $_FS$, für die $\varrho \subset \sim$ gilt.
 Dazu zeige man .....
„ 163 oberste Zeile gehört nach ganz unten
„ 182 Zeile 3 v. u. lies: π_{D^*}
„ 184 „ 1 v. u. lies: $h'e = f$
„ 185 „ 4 v. o. lies: $f = h'e$
„ 187 „ 15 v. o. lies: (17.14) <u>Satz</u>
„ 192 „ 11 v. u. lies: $T\varrho A$ statt $A\varrho T$

MIX
Papier aus verantwortungsvollen Quellen
Paper from responsible sources
FSC® C105338

If you have any concerns about our products,
you can contact us on
ProductSafety@springernature.com

In case Publisher is established outside the EU,
the EU authorized representative is:
**Springer Nature Customer Service Center GmbH
Europaplatz 3, 69115 Heidelberg, Germany**

Printed by Libri Plureos GmbH
in Hamburg, Germany